일본유학시험 대비 개념서

하이레벨 수학 코스 2

오쿠야마 가케루 지음

HED
글로벌 인재육성, 1984년설립
(주)해외교육사업단

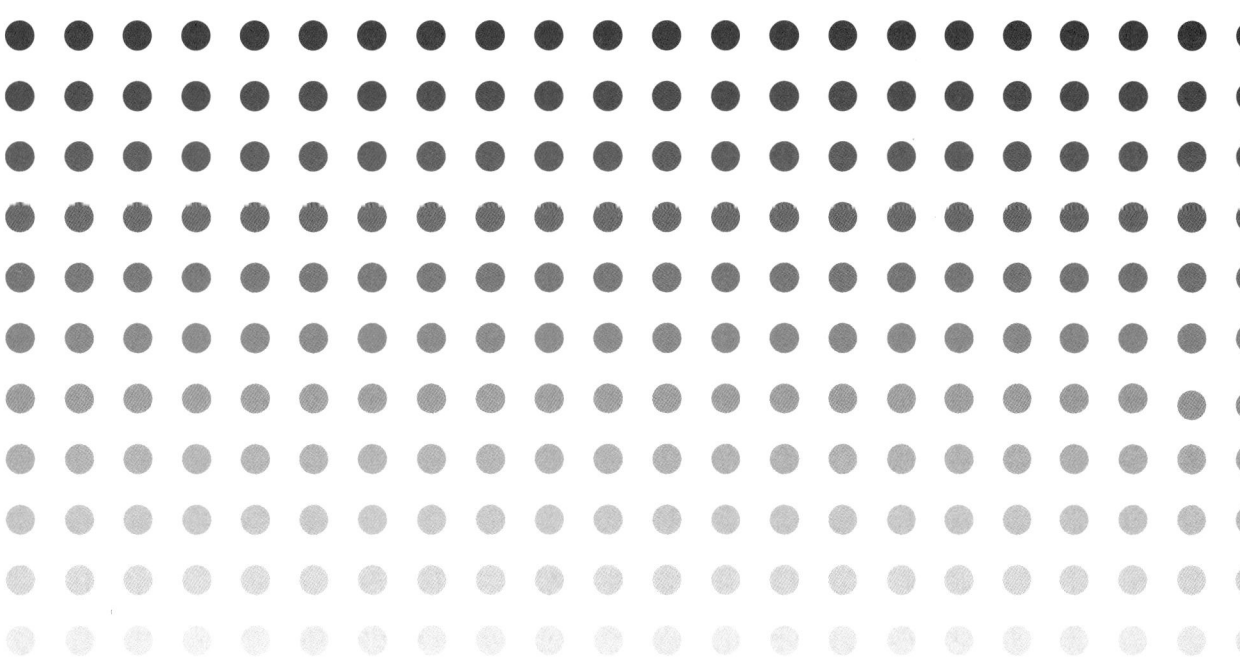

머리말

일본의 대학 입학 시험에서는 이과 코스의 경우는 수학III의 미분・적분에 익숙한지 여부가 중요하며 이것은 일본유학시험에서도 매회 출제되는 중요한 분야입니다.

하지만 일본의 고등학교 교과서의 순서에 따라 학습을 해간다면 수학III에 이르기까지 시간이 걸리고 시험 전까지 준비가 늦어질 우려가 있습니다. 이러한 문제를 해결하기 위해서 이 책에서는 다음과 같은 방침으로 편집되어 있습니다.

- 수학III의 미분・적분을 익히는 것을 목표로 하면서 부족한 부분을 보충하여 간다는 스타일을 기본으로 하고 있습니다. 이에 따라 효율적인 준비를 해 갈 수 있습니다.
- 고등학교 교과서의 순서에 얽매이지 않고 수학적으로 관계가 깊은 순서대로 학습이 가능하도록 배치하였습니다. 이로써 코스 2 의 내용을 단기간에 습득할 수 있도록 하였습니다. 특히, 수험생이 골칫거리로 여기기 쉬운「복소평면 표시」에 대해서는 그 본질 부분을 단시간에 알 수 있도록 배려하였습니다.
- 문제를 푸는 데에 필요한 사항을「요점정리」에 정리했습니다. 지식의 확인과 정리가 가능합니다.
- 이 책에 수록된 문제는「기본문제」와「실전문제」그리고「기출문제」로 나누어져 있습니다.「기본문제」에서는 기본적인 힘을 갖추기 위한 연습을 하고,「실전문제」에서는 실제 시험과 같은 레벨의 문제를 풀어 실전을 향한 준비를 할 수 있습니다.「기출문제」는 일본학생지원기구로부터 허락을 받아 이 책의 각 부 단원마다 5 문제씩 총 15 문제를 본문의 마지막 부분에 수록하였습니다. 모두 실제 시험과 같은 해답 형식이므로, 문제 연습을 통하여 해답 방법에 익숙해질 수 있습니다.

먼저「출제 내용의 분석과 대책」을 읽고 시험의 특징을 기억해 주십시오. 그리고, 제 1 부의 처음부터 차분히 대응하여 기초 지식을 굳혀 가면서 제 3 부까지 진행해 주십시오. 그런 뒤에 되돌아 보면 미분・적분을 포함한 코스 2 의 내용이 머릿속에 정리되어 있음을 알게 될 것입니다. 이 책을 중심으로 학습을 진행함으로써, 방향성을 잃지 않고 실전의 유학시험에 당당히 향해 갈 수 있을 것입니다.

별책 한국어 번역본에 대해서

이 책은 원래 일본의 아스크출판사가 발행하는「일본유학시험 하이레벨 시리즈」의 하나이며 모든 부분이 일본어로 편집되어 있습니다. 주로 일본에 유학하여 일본어학교에 다니면서 대학 진학을 준비하는 외국인 학생들이 참고로 하는 책입니다.

이번에 한국어판을 발행하는 데에 있어서는 별책으로 한국어 번역본을 마련하였습니다. 일본어 능력이 부족하여「일본어판 원서를 이해하기 어려운 사람」, 일본유학시험 수학 문제에 대해「내용을 잘 모르는 사람」, 나아가 수학에서 자신감 있게 공부하여「고득점을 노리고 싶은 사람」들을 위하여 한국어 번역본을 편집하게 되었습니다.

한국어 번역본에는「출제 내용의 분석과 대책」「실러버스(출제범위)」「요점정리」를 일본어 본문에 그대로 두면서 별도로 한국어로 번역 수록하였습니다. 나아가「연습문제」「실전문제」에 대한 해답 해설을 이해하기 쉽게 한국어로 번역 수록하였습니다. 한국에서 공부하는 학생들에게는 이처럼 상세한 개념 해설서는 보기 드문 것이라 생각합니다.

그리고 이 책에는「기출문제」를 수록하고 있습니다. 일본어판에는 없는 것이지만, 한국어판 발행에서는 시험 출제 기관인「일본학생지원기구」로부터 허가를 받아서 2012 년도부터 2019 년도까지의 기출문제 중에서 이 책의 각 단원에 맞춘 문제를 엄선하여 15 문제를 본문 말미에 수록하였습니다. 여러분에게 더 큰 만족감을 안겨드릴 것으로 믿습니다.

수학 코스 1 도 코스 2 와 마찬가지 방침으로 편집되어 있습니다. 함께 참고하시면 수학의 기초 실력을 쌓는 데에 많은 도움이 될 것으로 믿습니다.

수학의 일본어 용어가 이해되지 않는 사람은 별도로 제공하는 일한 대역「수학 주요 키워드 리스트집」을 이용해 주십시오. 본사의 홈페이지에서 다운로드가 가능합니다.

저자가 제시하는「출제 내용의 분석과 대책」을 숙독할 것을 권해 드리면서 많은 문제를 접하고 계산력을 높이는 것이 고득점의 바른 길이라는 점을 강조해 둡니다.

여러분의 건승을 기원합니다.

2020 년 9 월

(주)해외교육사업단

目 次 목차

出題内容の分析と対策

1．全般的な出題内容の分析と対策

(1)　問題数と出題分野の分析

コース２の大問数は，毎回 I ～ IV の４題です。ただし，１つの大問の中に，問１と問２という形で，別の分野が組み合わされて出題されることもあります。

I は，**コース１との共通問題**で，前半は「２次関数」から，後半は主に「場合の数・確率」，「集合と論理」などから出題されています。

II は，主に，「数列」，「ベクトル」，「複素数平面表示」，「図形と方程式」分野から出題されています。

III と IV では，主に，「微分・積分」とそれに関連する複合問題が出題されます。

(2)　全般的な対策

(1)で述べたように，出題内容には偏りがなく，日本の理系の大学入試問題としては典型的な出題になっています。ただし，日本の大学入試センター試験と異なり，コース２では必ず，**数学IIIの「微分・積分」から出題される**ことに注意しましょう。

コース２の対策としては，「微分・積分」を身につけることを学習の中心にしながら，そのために必要なことを補強していく，というスタイルが基本になります。

また，全体的には極端に難しい問題は出題されていませんが，試験時間 80 分の中ですべての問題に解答するには，確実な計算力が必要です。そのためには，一度だけ問題を解くのではなく，**必ず繰り返して，計算のスピードを上げるトレーニングをする**ことも大切です。

数学IIIの「微分・積分」は，入試だけでなく大学で専攻する理系科目の下地になるものなので，時間をかけてしっかり取り組んでください。

［新シラバスでの出題内容一覧］

コース１との共通問題						いろいろな式	図形と方程式	指数関数・対数関数	三角関数	微分・積分の考え	数列	ベクトル	複素数平面	平面上の曲線	極限	微分法	積分法
数と式	２次関数	図形と計量	場合の数と確率	整数の性質	図形の性質												
	○		○					○○		○	○		○		○	○	○
	○		○				○		○	○	○	○	○		○	○	○
	○		○						○	○		○	○			○	○
	○		○						○	○		○	○			○	○

※上記のリストは 2015 年度から 2017 年度までの出題内容を調査したものです。

2. 各分野の対策

⑴ コース１との共通問題

日本の高校数学の数学Ⅰ・数学Ａに相当し，「２次関数」と，主に「場合の数と確率」，「集合と論理」，「整数の性質」から出題されます。コース１に対する対策は「日本留学試験対策問題集ハイレベル数学コース１」で行うことができます。

⑵ 「微分・積分」のために必要となる基本

「第１部　微分積分に向けて」では，「多項式関数」，「分数関数・無理関数」，「指数関数・対数関数」，「三角関数」，「数列」を扱い，**微分・積分を学習するために必要となる関数の基本知識**をまとめています。

これらはコース２で必ず出題される重要な内容であり，試験までの限られた時間の中で，この分野を手際よく学習することが重要です。

⑶ 図形

「第２部　図形を調べる」では，「図形と方程式」，「ベクトル」，「複素数平面表示」を含む図形に関する内容を扱います。これらは必ずコース２で出題される重要な分野です。それぞれを別々なものとして学習するのではなく，おたがいの**関連性を理解する**ことによって，効率的に図形の分野を学習することができます。

第２部では，こうした内容の体系が短時間でマスターできるように，一つ一つの公式の関連性がわかるように工夫されています。

また，「複素数平面表示」は，「三角関数」と「ベクトル」が十分に身についていないと理解が難しいので，必要に応じて第１部の三角関数を復習しながら進めるといいでしょう。

⑷ 微分・積分

「第３部　微分積分の応用」では，数学Ⅲの「微分・積分」を含む内容を扱います。コース２の出題範囲の中で最も重要な分野であり，大学における理系コースの基盤になる分野でもあるので，十分に練習して，**微分と積分の計算力を確実に身につける**ことが大切です。

第３部では，効率よく微分・積分が習得できるように，微分・積分の基本公式を練習する問題の中で，特に重要なものをまとめるなどの工夫がされています。これらの内容の問題を確実に理解できるように，繰り返して取り組んでください。

微分・積分の問題では，計算を速く正確に行うことが要求されるので，計算力が不足していると感じる場合は，参考書などで計算問題を補ってください。

特に，日本の大学入試では，海外と比べると，置換積分，部分積分などの積分の計算力が重要とされるので，これらをしっかり習得することが必要となります。

シラバス（出題範囲）

（かっこ内に高校数学の科目との対照を示した）

出題項目	対応する単元
1. 数と式（数学Ⅰ） 2. 2次関数（数学Ⅰ） 3. 図形と計量（数学Ⅰ） 4. 場合の数と確率（数学A） 5. 整数の性質（数学A） 6. 図形の性質（数学A）	➡ （コース1編に収録）
7. いろいろな式（数学Ⅱ） (1) 式と証明 (2) 高次方程式	➡ 第1部第2章多項式関数
8. 図形と方程式（数学Ⅱ） (1) 直線と円 (2) 軌跡と領域	➡ 第2部第1章図形と方程式 第4章図形のまとめと応用
9. 指数関数・対数関数（数学Ⅱ） (1) 指数関数 (2) 対数関数	➡ 第1部第3章指数関数・対数関数
10. 三角関数（数学Ⅱ） (1) 一般角 (2) 三角関数とその基本的な性質 (3) 三角関数とそのグラフ (4) 三角関数の加法定理 (5) 加法定理の応用	➡ 第1部第4章三角関数
11. 微分・積分の考え（数学Ⅱ） (1) 微分の考え (2) 積分の考え	➡ 第1部第1章関数の動きを調べる 第2章多項式関数 第3部第1章微分法・積分法の手法 第3章微分法・積分法の応用

出題項目	対応する単元
12. 数列（数学Ｂ）	➡ 第１部第５章数列と数列の極限
(1) 数列とその和	第３部第２章数列の極限と無限級数
(2) 漸化式と数学的帰納法	
13. ベクトル（数学Ｂ）	➡ 第２部第２章ベクトル
(1) 平面上のベクトル	第４章図形のまとめと応用
(2) 空間座標とベクトル	
14. 複素数平面（数学Ⅲ）	➡ 第２部第３章複素数平面表示
(1) 複素数平面	第４章図形のまとめと応用
(2) ド・モアブルの定理	
(3) 複素数と図形	
15. 平面上の曲線（数学Ⅲ）	➡ 第１部第１章関数の動きを調べる
(1) 2次曲線	第４章三角関数
(2) 媒介変数による表示	
(3) 極座標による表示	
16. 極限（数学Ⅲ）	➡ 第１部第１章関数の動きを調べる
(1) 数列とその極限	第５章数列と数列の極限
(2) 関数とその極限	第３部第１章微分法・積分法の手法
	第２章数列の極限と無限級数
17. 微分法（数学Ⅲ）	➡ 第１部第１章関数の動きを調べる
(1) 導関数	第３部第１章微分法・積分法の手法
(2) 導関数の応用	第３章微分法・積分法の応用
18. 積分法（数学Ⅲ）	➡ 第３部第１章微分法・積分法の手法
(1) 不定積分と定積分	第３章微分法・積分法の応用
(2) 積分の応用	

※小学校・中学校で学ぶ範囲については学習したものとし，出題範囲に含まれているものとする。

解答に関する注意点

基本問題・実戦問題は，解答欄が実際の試験と同じ形式になっています。解答の際には次の点に注意しましょう。

(1) 問題文中のA，B，C，……には，それぞれ－（マイナス記号），または0から9までの数が1つずつ入ります。

例　[AB] に「－1」と答える場合は，Aは「－」，Bは「1」，と答える。

(2) 同一の問題文中に [AB] などが繰り返して現れる場合，2度目以降は [AB] のように表しています。

(3) 根号（$\sqrt{\ }$）の中に現れる自然数が最小となる形で答えてください。

例　$\sqrt{12}$ のときは $2\sqrt{3}$ と答える。

(4) 分数の場合，符号は分子につけ，分子・分母は既約分数にして答えてください。

例　$\frac{3}{6}$ は既約分数にして $\frac{1}{2}$ と答える。

$-\frac{3}{\sqrt{6}}$ は，$-\frac{3\sqrt{6}}{6}$ と有理化して，さらに既約分数にして $\frac{-\sqrt{6}}{2}$ と答える。

$\frac{\boxed{\text{A}}\sqrt{\boxed{\text{B}}}}{\boxed{\text{C}}}$ に $\frac{-\sqrt{6}}{2}$ と答える場合は，Aは「－」，Bは「6」，Cは「2」，と答える。

第１部　微分積分に向けて

第１部の目的は，微分積分を活用する際に必要となる関数の基本的性質を身につけるため，これらの重要な性質について確認していくことである。

このために，日本の高校教科書の順番通りではなく，以下のように，数学的に関係の深い順番に解説する。

第１章　関数の動きを調べる　（数学 III）
第２章　多項式関数　（数学 II）
第３章　指数関数，対数関数　（数学 II）
第４章　三角関数　（数学 II）
第５章　数列と数列の極限　（数学 B，III）

第１章では，関数と関数のグラフについての用語を整理して，後に続く章への準備をする。導入する記号は，後で役に立つ重要なものである。

第５章で数列が取り上げられているのは，数列が関数の極限を調べるための道具として使われるためである。

第1章　関数の動きを調べる

重要用語

日本語	韓国語	英語
関数	함수	function
実数	실수	real number
集合	집합	set
区間	구간	interval
開区間	개구간	open interval
閉区間	폐구간	closed interval
定義域	정의역	domain
値域	치역	range
逆関数	역함수	inverse function
極限	극한	limit
極限値	극한값	limit value
収束する	수렴하다	converge
発散する	발산하다	diverge
単調に増加する	단조증가하다	monotonically increase
単調に減少する	단조감소하다	monotonically decrease
合成関数	합성함수	composite function

要点のまとめ

1 実数全体の集合と区間

実数全体の集合を $\mathbb{R}$ と表す。すなわち

$\mathbb{R}=\{x \mid x\text{ は実数}\}$　（実数全体の集合）

である。$\mathbb{R}$ の部分集合で，次の形のものを区間という。

① $(a,\ b)=\{x \mid a<x<b\}$　　② $[a,\ b]=\{x \mid a\leqq x\leqq b\}$

③ $(a,\ b]=\{x \mid a<x\leqq b\}$　　④ $[a,\ b)=\{x \mid a\leqq x<b\}$

特に，$(a,\ b)$ を**開区間**，$[a,\ b]$ を**閉区間**と呼ぶ。

また，**無限大**の記号 ∞ を用いて，以下のように表される集合も区間と呼ぶ。

$(a,\ \infty)=\{x \mid a<x\}$　　$[a,\ \infty)=\{x \mid a\leqq x\}$

$(-\infty,\ b)=\{x \mid x<b\}$　　$(-\infty,\ b]=\{x \mid x\leqq b\}$

$(-\infty,\ \infty)=\mathbb{R}$

集合の記号を省略して，「区間 $a<x<b$」などとすることも多い。正しくは，ただの不等式ではなく上記のような集合である，と意識すること。

問1　空欄にあてはまる記号を入れなさい。

区間 $1<x\leqq 3$ は［　ア　］と書かれる。また，区間 $x\leqq 5$ は［　イ　］と書かれる。

2 関数，定義域，値域，関数のグラフ

▶関数 $f(x)$ の作り方

① 定義域(domain)と呼ばれる実数の集合 Dom(f) を用意する。

② Dom(f) の要素(ようそ) x を任意に1つ取り出す。

③ x の行先である実数 y を1つ決める。このとき

$$y=f(x) \quad \text{または} \quad x \overset{f}{\longmapsto} y \quad \text{または} \quad f : x \longmapsto y$$

などの記号で表す。

④ すべての要素 $x\in$ Dom(f) に対して，②，③を繰り返す。

このようにして定めた関数は，以下のような点の集合

$$C=\{(x,\ y)\,|\,y=f(x),\ x\in \mathrm{Dom}(f)\}$$

を用いて作図するとわかりやすい。集合 C を関数 $y=f(x)$ のグラフと呼ぶ。下の図は，実数全体で定義された関数 $f(x)=x^2$ のグラフである。

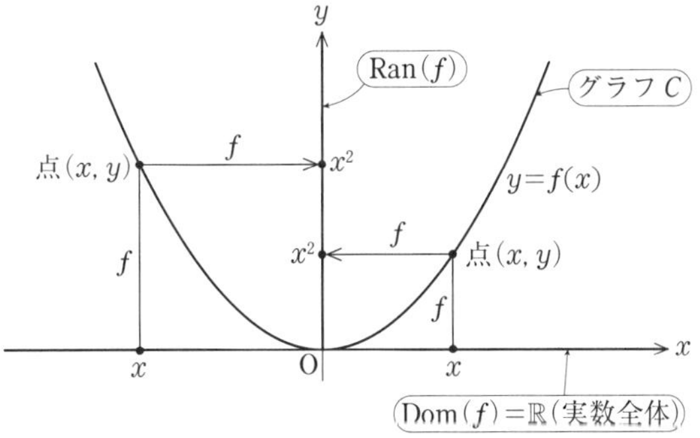

今後は，集合の記号を省略して，「$y=f(x)$ のグラフ」，あるいは，「曲線 $y=f(x)$」などと呼ぶが，正しくは「$y=f(x)$ を満たす点 $(x,\ y)$ の集合」であると意識しよう。

また，y のとる値の集合，すなわち

$$\mathrm{Ran}(f)=\{y\,|\,y=f(x),\ x\in \mathrm{Dom}(f)\}$$

を関数 $f(x)$ の値域(range)と呼ぶ。上の図の場合は

$$\mathrm{Ran}(f)=\{y\,|\,y\geqq 0\}$$

である。

問2　空欄にあてはまる記号を入れなさい。

関数 $f(x)=x^2$ の定義域が Dom$(f)=\{x\,|-2\leqq x\leqq 1\}$ であるとき，

値域は Ran$(f)=$［　　］である。

答え：問1　ア　$(1,\ 3]$　　イ　$(-\infty,\ 5]$　　問2　$\{y\,|\,0\leqq y\leqq 4\}$

3 逆関数

関数 $y=f(x)$ を定義域 $\mathrm{Dom}(f)$ で考えるとき

$$f : \mathrm{Dom}(f) \ni x \longmapsto y \in \mathrm{Ran}(f)$$

と書ける。逆に，任意の $y \in \mathrm{Ran}(f)$ について，$y=f(x)$ を満たす x が 1 つだけ存在するとき，次の関数

$$f^{-1} : \mathrm{Ran}(f) \ni y \longmapsto x \in \mathrm{Dom}(f)$$

を考えることができる。この関数を $f(x)$ の逆関数と呼ぶ。逆関数が存在するとき

$$\mathrm{Dom}(f^{-1}) = \mathrm{Ran}(f),\quad \mathrm{Ran}(f^{-1}) = \mathrm{Dom}(f)$$

が成り立つ。

例　**$f(x)=x^2$ の逆関数**

(1)　定義域 $x \geqq 0$ で考える。

$y \geqq 0$ である任意の y について，$y=x^2$ より $x=\sqrt{y}$ と書け，グラフを考えると右の図のようになる。

したがって，逆関数は $f^{-1}(x)=\sqrt{x}$ である。

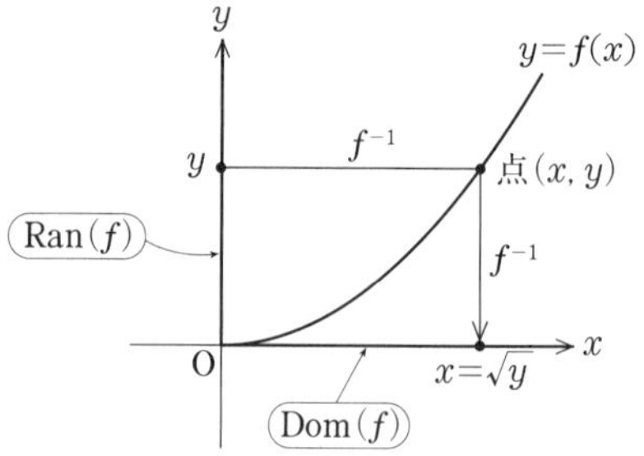

(2)　定義域を実数全体とする。

このとき，$y>0$ であれば，右の図のように，$y=x^2$ を満たす x は，$x=\pm\sqrt{y}$ の 2 つが存在する。

したがって，逆関数は存在しない。

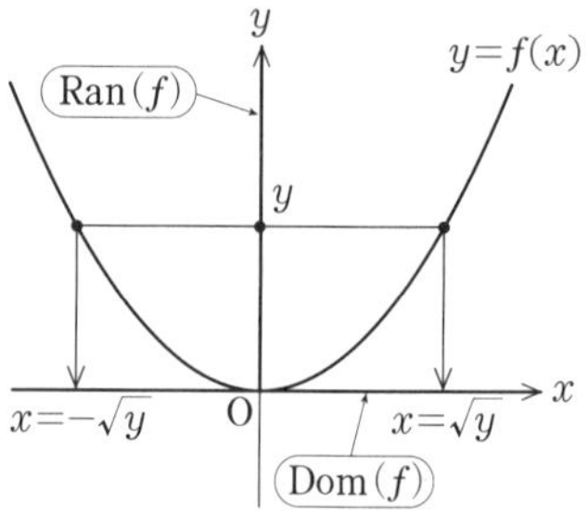

問 3　次の問いに答えなさい。

(1)　$f(x)=-3x+6$ の逆関数を求めなさい。

(2)　$f(x)=x^2-4$ を定義域 $x \leqq 0$ で考えるとき，逆関数 $f^{-1}(x)$ と逆関数の定義域を求めなさい。

4 極限の記号

a は実数の定数とする。

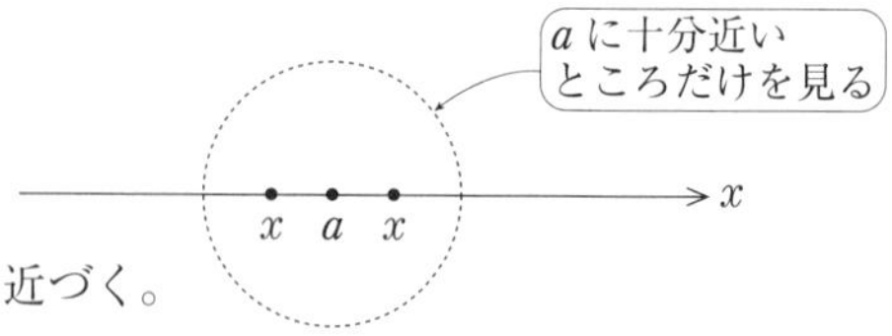

① $\boldsymbol{x \to a}$　　x が a に限りなく近づく。

② $\boldsymbol{x \to a+0}$　　x が，**$x>a$ を保って** a に限りなく近づく。
ただし，$a=0$ の場合は $x \to +0$ と書く。

③ $\boldsymbol{x \to a-0}$　　x が，**$x<a$ を保って** a に限りなく近づく。
ただし，$a=0$ の場合は $x \to -0$ と書く。

④ $\boldsymbol{x \to \infty}$　　x が限りなく大きくなる。

⑤ $\boldsymbol{x \to -\infty}$　　$x<0$ かつ $|x| \to \infty$ となる。

⑥ $\boldsymbol{x \fallingdotseq a}$　　x が a に十分近い。

（$+0$ は **0 より少しだけ大きい**，-0 は **0 より少しだけ小さい**，という意味の記号）

答え：問 3　(1)　$f^{-1}(x)=-\dfrac{1}{3}x+2$　　(2)　$f^{-1}(x)=-\sqrt{x+4}$　　逆関数の定義域 $\{x \mid x \geqq -4\}$

▶ 関数の極限

① **収束**

x が，$x \neq a$ を保って $x \to a$ となるときに関数の値が $f(x) \to \alpha$ となる場合

$$\lim_{x \to a} f(x) = \alpha \quad あるいは \quad x \to a のとき f(x) \to \alpha$$

などと表し，α を $x \to a$ のときの $f(x)$ の**極限値**という。また，$x \to a$ のとき $f(x)$ は α に**収束する**という。これは

$x \fallingdotseq a$ のときはいつでも $f(x) \fallingdotseq \alpha$ である

ことと同じである。このようにとらえておくと役立つことが後で多く出てくる。

② **発散**

$x \to a$ のとき，$f(x)$ がどんな定数にも収束しない場合，

$f(x)$ は**発散する**，または**極限値は存在しない**

という。

特に x が，$x \neq a$ を保って $x \to a$ となるときに，関数の値が $f(x) \to \infty$ となる場合，

$$\lim_{x \to a} f(x) = \infty \quad あるいは \quad x \to a のとき f(x) \to \infty$$

などと表し，「$f(x)$ の**極限は正の無限大**である」という。

x が，$x \neq a$ を保って $x \to a$ となるときに，関数の値が $f(x) \to -\infty$ となる場合

$$\lim_{x \to a} f(x) = -\infty \quad あるいは \quad x \to a のとき f(x) \to -\infty$$

などと表し，「$f(x)$ の**極限は負の無限大**である」という。

$x \to a+0$，$x \to a-0$，$x \to \infty$，$x \to -\infty$ の場合も同様に表すことができる。

例 $\lim_{x \to a+0} f(x) = \alpha$ 　　　$x \to \infty$ のとき $f(x) \to -\infty$

問 4 次の極限を調べなさい。

(1) $\lim_{x \to \infty} \frac{1}{x}$ 　　(2) $\lim_{x \to +0} \frac{1}{x}$ 　　(3) $\lim_{x \to -0} \frac{1}{x}$

補足 極限を考える目的は，「$x=a$ の近くでの関数 $f(x)$ の動きを調べる」ということである。このとき $x=a$ のときの値まで入れるといろいろと不都合が出てくる。

例 $f(x) = \frac{x^2}{x}$ の場合

$$x \neq 0 のとき f(x) = \frac{x^2}{x} = x \quad よって \lim_{x \to 0} f(x) = 0$$

であるが，$x=0$ のときは $f(x)$ が定義できない。①と②で，「$x \neq a$ を保って」としたのはこのような理由からである。

答え：問 4 (1) 0 　(2) ∞ 　(3) $-\infty$

5 関数の増減

① 単調に増加

関数 $f(x)$ について，ある区間の任意の値 x_1，x_2 について

$$x_1 < x_2 \implies f(x_1) < f(x_2)$$

が成り立つとき，$f(x)$ はその区間で**単調に増加する**という。

② 単調に減少

関数 $f(x)$ について，ある区間の任意の値 x_1，x_2 について

$$x_1 < x_2 \implies f(x_1) > f(x_2)$$

が成り立つとき，$f(x)$ はその区間で**単調に減少する**という。

「単調に」を省略して，「増加する」，「減少する」と呼ばれることも多い。

問５　空欄にあてはまる語句を入れなさい。

$f(x) = x^2$ は区間 $x \geqq 0$ で［　ア　］。また，区間 $x \leqq 0$ で［　イ　］。

6 関数のグラフ

▶ **関数 $y = f(x)$ のグラフ作図の手順**

① 定義域（$\mathrm{Dom}(f)$）を確かめる。

② 定義域の境界付近での $f(x)$ の動きを調べる。

［例］ $x \neq 0$ の場合は，下の図のように，$x \to \pm\infty$，$x \to \pm 0$ のときの $f(x)$ の動きを調べる。

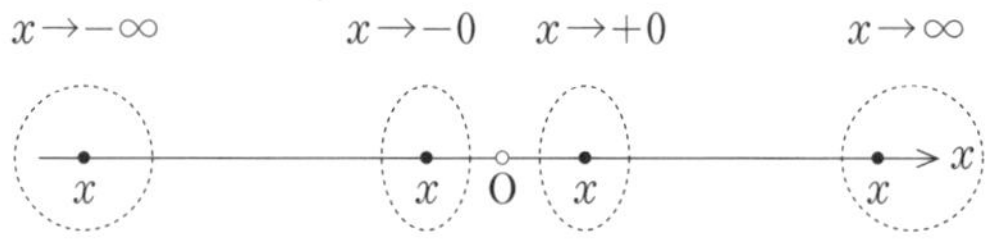

③ $f(x)$ の増減を調べる（微分法を学ぶと，この部分が簡単になる）。

［例］ 関数 $f(x) = \dfrac{1}{x}$ と $g(x) = \dfrac{1}{x^2}$ を，定義域 $x \neq 0$ で考えた場合のグラフは次のようになる。

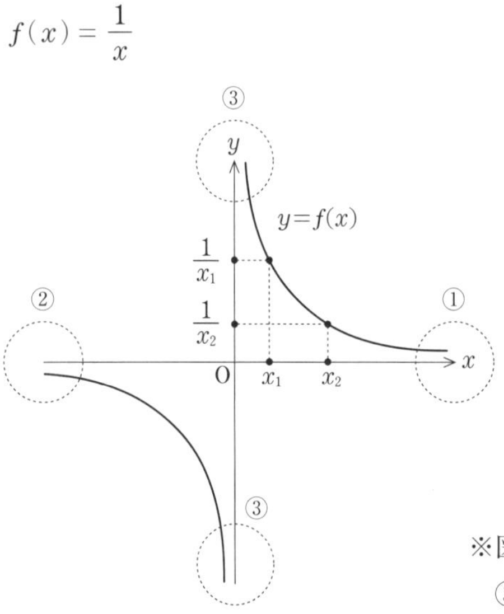

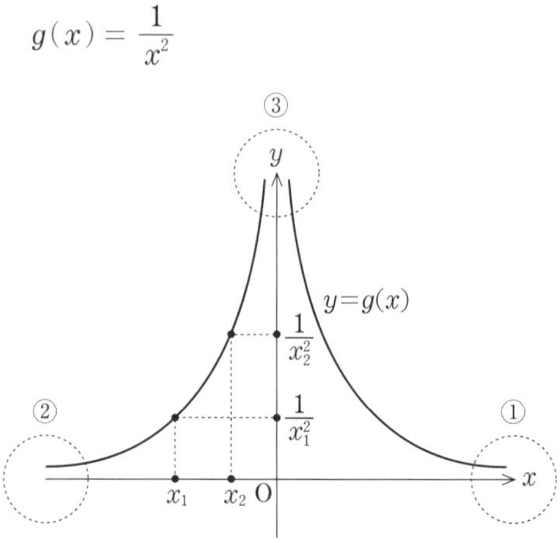

※図中の①は $x \to \infty$，②は $x \to -\infty$，③は $x \to +0$ と $x \to -0$ のときの極限を表す。

答え：問５　ア　（単調に）増加する　　イ　（単調に）減少する

問6　空欄にあてはまる記号または語句を入れなさい。

$\lim_{x\to+0}\frac{1}{x^2}=$ [ア] かつ $\lim_{x\to-0}\frac{1}{x^2}=$ [イ] であり，よって，$\lim_{x\to 0}\frac{1}{x^2}=$ [ウ] となる。

これに対して，$\lim_{x\to 0}\frac{1}{x}$ は [エ]。

7 合成関数

x の関数 $f(x)$ と u の関数 $g(u)$ があり，$y=g(u)$，$u=f(x)$ が成り立つとき

$$x \overset{f}{\longmapsto} u \overset{g}{\longmapsto} y$$

である，すなわち

$$y=g(u)=g(f(x))$$

となり，y は x の関数になる。これを，f と g の**合成関数**と呼ぶ。合成関数を

$$(g\circ f)(x)=g(f(x))$$

という記号で表すこともある。

$y=g(f(x))$ のとりうる値の範囲，すなわち値域は，xu 平面で $u=f(x)$ のグラフ，uy 平面で $y=g(u)$ のグラフ，という 2 つのグラフを作図するとわかる。

問7　空欄にあてはまる式を入れなさい。

$f(x)=x^2$，$g(x)=x+1$ のとき，$g(f(x))=$ [ア]，$f(g(x))=$ [イ] である。

答え：問6　ア　∞　　イ　∞　　ウ　∞　　エ　存在しない

問7　ア　x^2+1　　イ　$(x+1)^2$

基本問題

▶答えは別冊 p.64 ～ 69

1 極限の記号，分数関数(1)

空欄の中に入るものを下の⓪～⑨の中から選びなさい。

$x \neq 1$ の範囲で定義された分数関数

$$f(x)=\frac{3x-1}{x-1}\quad (x \neq 1)$$

の性質を調べよう。

最初に

$$f(x)=\boxed{\text{A}}+\frac{\boxed{\text{B}}}{x-1}$$

であり，$f(x)$ の極限について

$$\lim_{x\to-\infty} f(x)=\boxed{\text{C}},\quad \lim_{x\to\infty} f(x)=\boxed{\text{D}},$$
$$\lim_{x\to 1-0} f(x)=\boxed{\text{E}},\quad \lim_{x\to 1+0} f(x)=\boxed{\text{F}}$$

が成り立つ。

また，曲線 $C: y=f(x)$ は，曲線 $C_0: y=\dfrac{\boxed{\text{G}}}{x}$ を x 軸方向に $\boxed{\text{H}}$，y 軸方向に $\boxed{\text{I}}$ だけ平行移動したものである。

よって，$x<1$ の範囲では，$x_1<x_2$ ならば $f(x_1)>f(x_2)$ となる，すなわち，関数 $f(x)$ は $\boxed{\text{J}}$ である。

また，$x>1$ の範囲では，$f(x)$ は $\boxed{\text{K}}$ である。

⓪　0	①　1	②　2	③　3	④　4
⑤　5	⑥　∞	⑦　$-\infty$	⑧　増加	⑨　減少

2 極限の記号，分数関数(2)

空欄の中に入るものを下の⓪〜⑨の中から選びなさい。

$x \neq 1$ の範囲で定義された分数関数

$$f(x)=\frac{2}{(x-1)^2} \quad (x \neq 1)$$

の性質を調べよう。

最初に，$f(x)$ の極限について

$$\lim_{x \to -\infty} f(x) = \boxed{\text{A}}, \quad \lim_{x \to \infty} f(x) = \boxed{\text{B}},$$
$$\lim_{x \to 1-0} f(x) = \boxed{\text{C}}, \quad \lim_{x \to 1+0} f(x) = \boxed{\text{D}}$$

が成り立つ。

また，曲線 $C : y=f(x)$ は，曲線 $C_0 : y=\dfrac{\boxed{\text{E}}}{x^2}$ を x 軸方向に $\boxed{\text{F}}$ だけ平行移動したものである。

よって，$x<1$ の範囲では，$x_1<x_2$ ならば $f(x_1)<f(x_2)$ となる，すなわち，関数 $f(x)$ は $\boxed{\text{G}}$ である。

また，$x>1$ の範囲では，$f(x)$ は $\boxed{\text{H}}$ である。

⓪ 0	① 1	② 2	③ 3	④ 4
⑤ 5	⑥ ∞	⑦ $-\infty$	⑧ 増加	⑨ 減少

3 逆関数

実数 x を変数とする次の関数 $f(x)$ について，以下の問いに答えなさい。

(1) $f(x)=x^2+2x-3\ (x \geqq -1)$ の逆関数は

$$f^{-1}(x)=\sqrt{x+\boxed{\text{A}}}-\boxed{\text{B}}$$

であり，その定義域は

$$x \geqq \boxed{\text{CD}}$$

である。

(2) $f(x)=\dfrac{5x-1}{2x-1}\ \left(x \neq \dfrac{1}{2}\right)$ の逆関数は

$$f^{-1}(x)=\frac{x-\boxed{\text{E}}}{\boxed{\text{F}}\,x-\boxed{\text{G}}}$$

であり，その定義域は

$$x \neq \frac{\boxed{\text{H}}}{\boxed{\text{I}}}$$

である。

4 無理関数のグラフと不等式

(1) x の不等式

$$\sqrt{3-x} \leqq x-1 \quad \cdots\cdots ①$$

をグラフを利用して解いてみよう。

最初に，関数 $f(x)=\sqrt{3-x}$ は，定義域は $x \leqq \boxed{\text{A}}$ と考えてよい。

また，曲線 $y=f(x)$ と直線 $y=x-1$ の交点は $(\boxed{\text{B}},\ \boxed{\text{C}})$ である。これに注意して，曲線 $y=f(x)$ と直線 $y=x-1$ のグラフを作図して，y 座標の大小を比較すると，不等式①の解は $\boxed{\text{D}} \leqq x \leqq \boxed{\text{E}}$ であることがわかる。

(2) x の不等式 $\sqrt{x+5} \leqq x-1$ の解は $x \geqq \boxed{\text{F}}$ である。

5 接線の意味，関数の増減

$x>0$ で定義された関数

$$f(x)=x+\frac{1}{x}\quad(x>0)$$

の増減について，次の記述を読んで以下の問いに答えなさい。

曲線 $C: y=f(x)$ 上に点 $\mathrm{A}(a,\ f(a))$ をとる。ただし，a は $a>0$ を満たす定数である。次に，曲線 C 上に A と異なる点 $\mathrm{P}(x,\ f(x))$ をとる。ただし，x は $x\neq a$ を満たすとする。

関数 $f(x)$ の増減は

$$f(x)-f(a)=x+\frac{1}{x}-a-\frac{1}{a}=\left(1-\frac{1}{ax}\right)(x-a)$$

の正負を調べることでわかる。

ここで，点 P を定点 A に近づける，すなわち，

$$x\to a \text{ のとき } 1-\frac{1}{ax}\to 1-\frac{1}{a^2}$$

となる。このことから，定点 A の十分近くの点 P においては，近似的に

$$f(x)-f(a)=\left(1-\frac{1}{a^2}\right)(x-a)$$

が成り立つとみなせる。

この $f(x)-f(a)$ の正負を調べれば，$f(x)$ の増減がわかる。

(1) 直線

$$l: y=\left(1-\frac{1}{a^2}\right)(x-a)+f(a)$$

の傾き $1-\dfrac{1}{a^2}$ の正負に注目すると，$f(x)$ は [A] $<x<$ [B] のとき減少し，$x>$ [C] のとき増加する。

(2) $f(x)$ は $x=$ [D] のときに最小値 [E] をとる。

実戦問題

▶答えは別冊 p.69 ～ 70

1

(1)　区間[0, 2]を定義域とする x の 4 次関数

$$f(x)=-\frac{3}{2}(x^2-2x+2)^2+2(x^2-2x+2)+3 \quad (0 \leqq x \leqq 2)$$

の最小値，最大値を求めよう。

最初に，関数 $y=f(x)$ は，$t=g(x)=x^2-2x+2$ とおくことで，t の 2 次関数 $y=h(t)=-\dfrac{3}{2}t^2+2t+3$ とみなせる。

(i)　xt 座標平面で $t=g(x)$ のグラフをかいて，t のとりうる値の範囲を求める。まず，$g(x)$ の定義域 $0 \leqq x \leqq 2$ において，t は $x=$ [A] のとき最小値 [B] をとり，$x=$ [C]，[D] のとき最大値 [E] をとる。
ただし，[C] < [D] とする。

(ii)　ty 座標平面で $y=h(t)$ のグラフをかいて，定義域

[B] $\leqq t \leqq$ [E]

における y のとりうる値の範囲を求める。すると

$$y=h(t)=-\frac{\boxed{F}}{\boxed{G}}\left(t-\frac{\boxed{H}}{\boxed{I}}\right)^2+\frac{\boxed{JK}}{\boxed{L}}$$

であり，y は $t=$ [M] のとき最小値 [N] をとり，$t=$ [O] のとき最大値 $\dfrac{\boxed{P}}{\boxed{Q}}$ をとる。

したがって，$f(x)$ は

$x=$ [R]，[S] のとき最小値 [T] をとり，

$x=$ [U] のとき最大値 $\dfrac{\boxed{V}}{\boxed{W}}$ をとる。

ただし，[R] < [S] とする。

(2)　a を $a>1$ を満たす定数とするとき，x の 4 次関数

$$f(x)=(x^2-2x+a)^2+4(x^2-2x+a)+6$$

は $x=$ [X] のとき最小値 a^2+ [Y] $a+$ [Z] をとる。

第2章 多項式関数

重要用語

日本語	韓国語	英語
多項式	다항식	polynomial
除法	나눗셈	division
恒等式	항등식	identical equation
商	몫	quotient
余り	나머지	remainder
剰余の定理	나머지정리	remainder theorem
因数定理	인수정리	factor theorem
導関数	도함수	derivative
微分係数	미분계수	differential coefficient
微分可能性	미분가능성	differentiability
接線	접선	tangent line
接点	접점	point of contact
極大	극대	local maximum
極小	극소	local minimum

要点のまとめ

1 多項式の相等性と除法の原理

2つの多項式 $f(x)$，$g(x)$ について任意の x に対して $f(x)=g(x)$ が成立するとき，$f(x)$ と $g(x)$ は**多項式として等しい**，または，**恒等的に等しい**という。

このとき，$f(x)=g(x)$ は**恒等式**である，ともいう。

例 (1) $x^2-3x+2=(x-1)(x-2)$ は恒等式である。

(2) $x^2-3x+2=0$ は恒等式ではない。（等号が成立するのは $x=1$，2 のときだけ）

▶ 除法の原理

2つの多項式 $f(x)$，$g(x)$ について

$f(x)=g(x)Q(x)+r(x)$　ただし（$r(x)$ の次数）<（$g(x)$ の次数）　……①

を満たす多項式 $Q(x)$，$r(x)$ が唯一つ存在する。

ここで $Q(x)$：$f(x)$ を $g(x)$ で割ったときの商　　$r(x)$：余り

①式：$f(x)$ を $g(x)$ で割った形

①の右辺を計算すると $f(x)$ とまったく同じ形の式になること，すなわち，割った形は恒等式であることに注意しよう。

問１　$f(x)=2x^3-6x+7$ を $g(x)=x+3$ で割ったときの商 $Q(x)=ax^2+bx+c$ と余り r を求めなさい。

2 剰余と定理と因数定理

▶ **剰余の定理**

多項式 $f(x)$ と１次式 $x-a$（a は定数）について，

$(f(x)$ を $x-a$ で割った余り$)=f(a)$

▶ **因数定理**

多項式 $f(x)$ と１次式 $x-a$（a は定数）について，

$f(x)$ が $x-a$ で割り切れる　$\Longleftrightarrow$　$f(a)=0$

$f(x)=(x-a)Q(x)+r$（r は定数，$Q(x)$ は多項式）と書けることより，上の定理が導ける。

問２ (1)　$f(x)=2x^2-6x+7$ を $g(x)=x-1$ で割ったときの余りを求めなさい。

(2)　多項式 $f(x)=x^3+ax^2+bx+1$ は $x+1$ で割り切れ，かつ，$x-1$ で割ると余りが３であるとき，a，b を求めなさい。

第３部では微分積分を使っていろいろな関数のグラフを調べる。ここではその準備として，多項式関数のグラフの性質を調べる方法を解説する。

3 導関数の定義と公式

▶ **導関数**

関数 $f(x)$ に対して

$$f'(x)=\lim_{h\to 0}\frac{f(x+h)-f(x)}{h}$$

で定義される関数 $f'(x)$ を $f(x)$ の導関数という。

$f'(x)$ を $(f(x))'$，$\dfrac{df}{dx}$，$\dfrac{d}{dx}f(x)$ という記号で表すこともある。また，$f(x)$ の導関数 $f'(x)$ を求めることを**微分する**という。

▶ **導関数の性質**

①　実数 α，β に対して，$\{\alpha f(x)+\beta g(x)\}'=\alpha f'(x)+\beta g'(x)$

②　$f(x)=C$（定数）のとき，$f'(x)=0$

③　$f(x)=x^n$（$n=1, 2, \cdots\cdots$）のとき，$f'(x)=nx^{n-1}$

答え：問１　商　$2x^2-6x+12$　余り　-29　　問２　(1)　3　　(2)　$a=\dfrac{1}{2}$　$b=\dfrac{1}{2}$

問 3　空欄にあてはまる式を入れなさい。

$f(x)=x^2-2x+5$ のとき $f'(x)=$ [ア]

$f(x)=(x^2+1)(x+1)$ のとき $f'(x)=$ [イ]

4 接線の方程式とその性質

曲線 $y=f(x)$ 上に点 $\mathrm{A}(a,\ f(a))$ をとるとき，

$f'(a)$ を関数 $f(x)$ の $x=a$ における**微分係数**

という。

▶ 接線

点 $\mathrm{A}(a,\ f(a))$ を通り，傾きが $f'(a)$ の直線

$l : y=f'(a)(x-a)+f(a)$

を，曲線 $y=f(x)$ の点 A における**接線**と呼び，点 A を接線 l の**接点**という。

問 4　(1)　曲線 $C : y=x^2+2$ 上の点 $(-1,\ 3)$ における接線の方程式を求めなさい。

(2)　曲線 C の接線が原点を通るとき，その接線の方程式を求めなさい。

▶ 接線の性質

導関数の定義より，

$$f'(a)=\lim_{h\to 0}\frac{f(a+h)-f(a)}{h}=\lim_{x\to a}\frac{f(x)-f(a)}{x-a}$$

となるが，第 1 章で解説したように

$x \fallingdotseq a$ のときはいつでも

$$f'(a) \fallingdotseq \frac{f(x)-f(a)}{x-a}$$

という意味を持つ。これより

$x \fallingdotseq a$ のときはいつでも

$f(x) \fallingdotseq f'(a)(x-a)+f(a)$

となり，接点 A に十分近いところでは，

曲線 $y=f(x)$ は接線 $y=f'(a)(x-a)+f(a)$ にほぼ等しい。

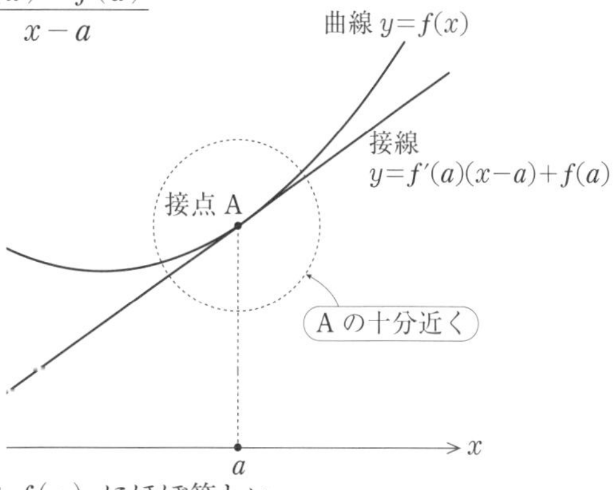

5 関数の増減と導関数の正負

接線が曲線を近似する直線であることから，接線の傾き，すなわち，導関数の正負で関数の増減がわかる。

▶ 関数の増減

区間 $(a,\ b)$ において

常に $f'(x)>0 \Longrightarrow f(x)$ は単調に増加する

常に $f'(x)<0 \Longrightarrow f(x)$ は単調に減少する

答え：問 3　ア　$2x-2$　　イ　$3x^2+2x+1$

問 4　(1)　$y=-2x+1$　　(2)　$y=2\sqrt{2}\,x,\ y=-2\sqrt{2}\,x$

問５　空欄にあてはまる式または語句を入れなさい。

$f(x)=x^3+4x$ について，$f'(x)=$ ［ア］ >0 であり，$f(x)$ は ［イ］。

$g(x)=x^3+6x^2+9x$ について，$g'(x)=$ ［ウ］ であり，$g(x)$ が単調に減少するとき

［エ］ $< x <$ ［オ］ である。

6 関数の極大，極小

① 極大

関数 $f(x)$ が，$x=a$ を境にして増加の状態から減少の状態に移るとき，次のようにいう。

$f(x)$ は $x=a$ において**極大**である。

このとき，$f(a)$ を**極大値**と呼ぶ。

② 極小

関数 $f(x)$ が，$x=a$ を境にして減少の状態から増加の状態に移るとき，次のようにいう。

$f(x)$ は $x=a$ において**極小**である。

このとき，$f(a)$ を**極小値**と呼ぶ。

次の図のように極大・極小は，導関数 $f'(x)$ の正負が変化する場所を調べればわかる。

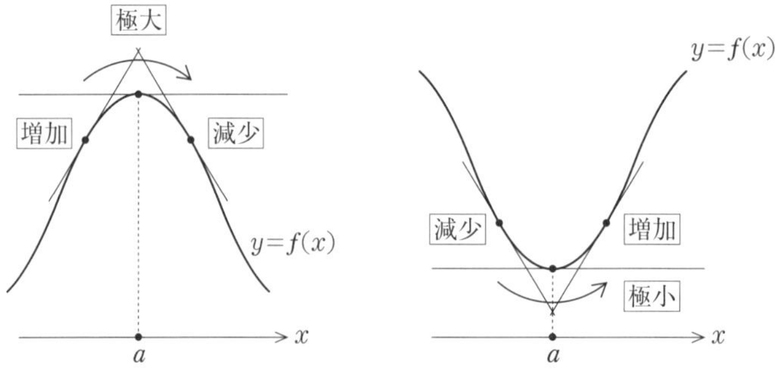

問６　空欄にあてはまる式または数を入れなさい。

$f(x)=x^3-6x^2+9x$ について，$f'(x)=$ ［ア］ であり，

$f(x)$ は $x=$ ［イ］ で極大値 ［ウ］，$x=$ ［エ］ で極小値 ［オ］ をとる。

基本問題

▶答えは別冊 p.71 ～ 74

1 多項式の割り算，恒等式

$x=2+\sqrt{5}$ のとき

$$f(x)=2x^3+x^2-x+3$$

の値を求めよう。

$x=2+\sqrt{5}$ は 2 次方程式

$$g(x)=x^2-\boxed{\text{A}}\,x-\boxed{\text{B}}=0$$

の解の 1 つである。ここで，$f(x)$ を $g(x)$ で割った形にすると

$$f(x)=g(x)\left(\boxed{\text{C}}\,x+\boxed{\text{D}}\right)+\boxed{\text{EF}}\,x+\boxed{\text{GH}}$$

である。したがって

$$f(2+\sqrt{5})=\boxed{\text{IJ}}+\boxed{\text{KL}}\sqrt{\boxed{\text{M}}}$$

となる。

同様に計算すると，$x=1+\sqrt{2}$ のとき

$$f(1+\sqrt{2})=\boxed{\text{NO}}+\boxed{\text{PQ}}\sqrt{\boxed{\text{R}}}$$

となる。

2 解と係数の関係，因数定理

3 次方程式

$$x^3+2x^2-4x+3=0$$

の 3 解を α，β，γ とする。

ここで，$f(x)=x^3+2x^2-4x+3$ とおくと

$$f(\alpha)=f(\beta)=f(\gamma)=0 \quad \cdots\cdots①$$

を満たすことから，恒等的に

$$f(x)=x^3+2x^2-4x+3=(x-\alpha)(x-\beta)(x-\gamma)$$

が成立する。よって

$$\begin{cases} \alpha+\beta+\gamma=\boxed{\text{AB}} \\ \alpha\beta+\beta\gamma+\gamma\alpha=\boxed{\text{CD}} \\ \alpha\beta\gamma=\boxed{\text{EF}} \end{cases}$$

が成り立つ。

これより

$$\frac{1}{\alpha}+\frac{1}{\beta}+\frac{1}{\gamma}=\frac{\boxed{\text{G}}}{\boxed{\text{H}}},\quad \alpha^2+\beta^2+\gamma^2=\boxed{\text{IJ}}$$

である。

さらに，①を用いて次数下げすると

$$\begin{aligned}\alpha^3+\beta^3+\gamma^3&=\boxed{\text{KL}}(\alpha^2+\beta^2+\gamma^2)+\boxed{\text{M}}(\alpha+\beta+\gamma)-\boxed{\text{N}}\\&=\boxed{\text{OPQ}}\end{aligned}$$

となる。

3 導関数の基本公式

空欄 $\boxed{\text{I}}$ には下の⓪～⑤の中から適切なものを選び，それ以外の空欄には適切な数字を入れなさい。

２項定理

$$(a+b)^n={}_n\mathrm{C}_0a^n+{}_n\mathrm{C}_1a^{n-1}b+\cdots\cdots+{}_n\mathrm{C}_{n-1}ab^{n-1}+{}_n\mathrm{C}_nb^n$$

を用いて，$f(x)=x^n$ $(n=1,\ 2,\ 3,\ \cdots\cdots)$ の導関数の公式を導いてみよう。

最初に，$f(x)=x^3$ のとき

$$f(x+h)-f(x)=(\boxed{\text{A}}\,x^{\boxed{\text{B}}})h+(h\text{ の 2 次以上の項})$$

$$f'(x)=\lim_{h\to 0}\frac{f(x+h)-f(x)}{h}=\boxed{\text{C}}\,x^{\boxed{\text{D}}}$$

となる。

次に，$f(x)=x^4$ のとき

$$f(x+h)-f(x)=(\boxed{\text{E}}\,x^{\boxed{\text{F}}})h+(h\text{ の 2 次以上の項})$$

$$f'(x)=\lim_{h\to 0}\frac{f(x+h)-f(x)}{h}=\boxed{\text{G}}\,x^{\boxed{\text{H}}}$$

となる。

同様に，$f(x)=x^n$ $(n=1,\ 2,\ \cdots\cdots)$ について計算すると，$f'(x)=\boxed{\text{I}}$ を得る。

⓪ x^n　① nx^n　② x^{n-1}　③ nx^{n-1}　④ x^{n+1}　⑤ $\dfrac{1}{n+1}x^{n+1}$

4 接線

2次関数 $y=f(x)=2x^2+x$ のグラフを C として，C 上の定点 $\mathrm{A}(a,\ f(a))$ における接線 l を次のようにして求めよう。

最初に，C 上に点Aと異なる点 $\mathrm{P}(p,\ f(p))$ をとり，直線APを考える。直線APの傾き $\dfrac{\Delta y}{\Delta x}$ は

$$\frac{\Delta y}{\Delta x}=\boxed{\text{A}}\,a+\boxed{\text{B}}\,p+\boxed{\text{C}}$$

であり，直線APの方程式は

$$\begin{aligned} y&=\left(\frac{\Delta y}{\Delta x}\right)(x-a)+f(a)\\ &=(\boxed{\text{D}}\,a+\boxed{\text{E}}\,p+\boxed{\text{F}})x-\boxed{\text{G}}\,ap \end{aligned}$$

となる。

次に，点Pを点Aに近づける，すなわち，$p\to a$ としていくと直線APは接線 l に近づいていく。

そこで，p に a を代入することで接線 l の方程式は

$$y=(\boxed{\text{H}}\,a+\boxed{\text{I}})x-\boxed{\text{J}}\,a^2$$

と得られる。

ここで，接線 l の傾き $f'(a)$ を求める操作を，極限値の記号を用いて表すと

$$f'(a)=\lim_{p\to a}\frac{f(p)-f(a)}{p-a}=\lim_{p\to a}\frac{\Delta y}{\Delta x}=\boxed{\text{K}}\,a+\boxed{\text{L}}$$

となる。

実戦問題

▶答えは別冊 p.74

1　kを実数の定数とする。xの方程式

$$x^3+3x^2-9x=k \quad \cdots\cdots ①$$

が異なる実数解を３個持つとき，kの値のとりうる範囲を求めよう。

①の左辺について，$f(x)=x^3+3x^2-9x$とおくと，導関数は

$f'(x)=$ [A] x^2+ [B] $x-$ [C]

となる。

ここで，$f'(x)$は，曲線$y=f(x)$上の点$\mathrm{A}(x,\ f(x))$における接線の傾きに等しいことから，$f'(x)$の正負により$f(x)$の増減がわかる。

関数$f(x)$は

$x<$ [DE] または$x>$ [F] のとき増加し，

[GH] $<x<$ [I] のとき減少する。

よって，$x=$ [JK] のとき極大値 [LM] をとり，

$x=$ [N] のとき極小値 [OP] をとる。

したがって，①が異なる実数解を３個持つようなkの条件は

[QR] $<k<$ [ST]

である。

第3章 指数関数・対数関数

重要用語

日本語	韓国語	英語
指数関数	지수함수	exponential function
対数関数	로그함수	logarithmic function
任意	임의	arbitrariness
底	밑	base
対数	로그	logarithm
対称移動	대칭이동	symmetric displacement
底の変換	밑변환 공식	change of base

要点のまとめ

1 指数関数，対数関数

a を $a>0$ かつ $a \neq 1$ を満たす定数とする。このとき，関数 $f(x)=a^x$ を，**a を底とする指数関数**という。後述するように，任意の正の y について $y=a^x$ を満たす x がただ一つ存在する。これを，$x=\log_a y$ と書いて，**a を底とする y の対数**という。

そこで，正の x に対して，関数 $g(x)=\log_a x$ を考えることができる。これを，**a を底とする対数関数**といい，x を**真数**という。特に

$$y=\log_a x \iff x=a^y$$

である。

▶ 指数・対数の計算規則

	指数		対数
①	$a^{x_1+x_2}=a^{x_1}\cdot a^{x_2}$	$\iff$	$\log_a y_1+\log_a y_2=\log_a y_1 y_2$
②	$a^{x_1-x_2}=\dfrac{a^{x_1}}{a^{x_2}}$	$\iff$	$\log_a y_1-\log_a y_2=\log_a \dfrac{y_1}{y_2}$
③	$a^{kx}=(a^x)^k$	$\iff$	$k\log_a y=\log_a y^k$

問1　次の値を求めなさい

(1) $\log_2 16$　　(2) $\log_{10}\dfrac{1}{10000}$　　(3) $\log_3\sqrt{3}$

答え：問1 (1) 4　(2) -4　(3) $\dfrac{1}{2}$

2 指数関数と対数関数のグラフ

▶ 指数関数 $f(x)=a^x$ のグラフの特徴

① 定義域は実数全体，値域は $y>0$

$a^0=1$ より，必ず点 $(0,\ 1)$ を通る

② 境界付近の動き

$a>1$ のとき

$\lim_{x\to-\infty} a^x=0$　　$\lim_{x\to\infty} a^x=\infty$

$0<a<1$ のとき

$\lim_{x\to-\infty} a^x=\infty$　　$\lim_{x\to\infty} a^x=0$

③ 増減

$a>1$ のとき，単調増加

$x_1<x_2 \iff a^{x_1}<a^{x_2}$

$0<a<1$ のとき，単調減少

$x_1<x_2 \iff a^{x_1}>a^{x_2}$

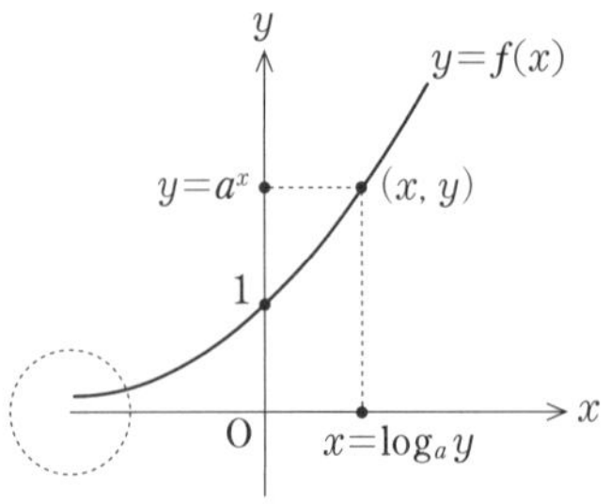

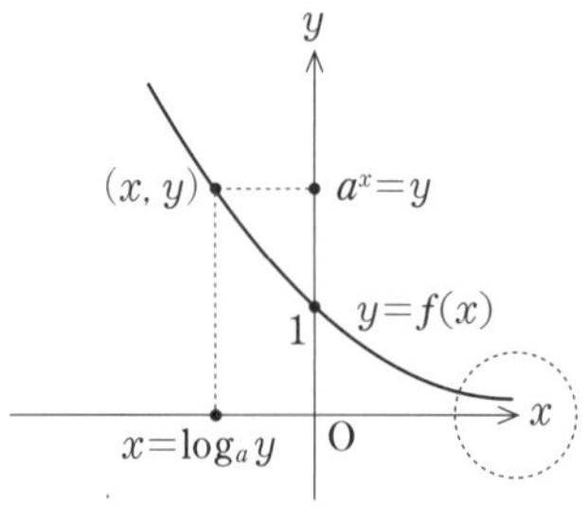

上の図より，任意の正の y について，$y=a^x$ を満たす x がただ１つ存在する。
この x について

$$y=a^x \iff x=\log_a y$$

と定めているので，曲線 $y=\log_a x$ は曲線 $x=a^y$ である。
そこで，下の図のように yx 平面で描いたグラフを直線 $x=y$ に関して対称移動する（裏返してみる）と対数関数 $y=\log_a x$ のグラフが得られる。

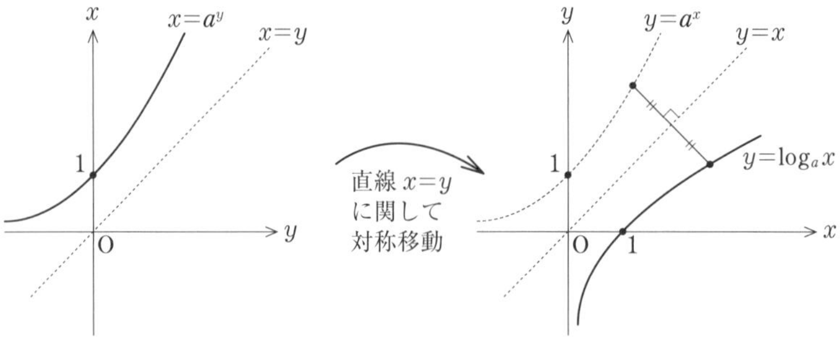

▶ 対数関数 $g(x)=\log_a x$ のグラフの特徴

① 定義域は $x>0$，値域は実数全体

$\log_a 1=0$ より，必ず点 $(1,\ 0)$ を通る

② 境界付近の動き

$a>1$ のとき

$\lim_{x\to+0}\log_a x=-\infty$　　$\lim_{x\to\infty}\log_a x=\infty$

$0<a<1$ のとき

$\lim_{x\to+0}\log_a x=\infty$　　$\lim_{x\to\infty}\log_a x=-\infty$

③ 増減

$a>1$ のとき，単調増加

$0<x_1<x_2 \iff \log_a x_1<\log_a x_2$

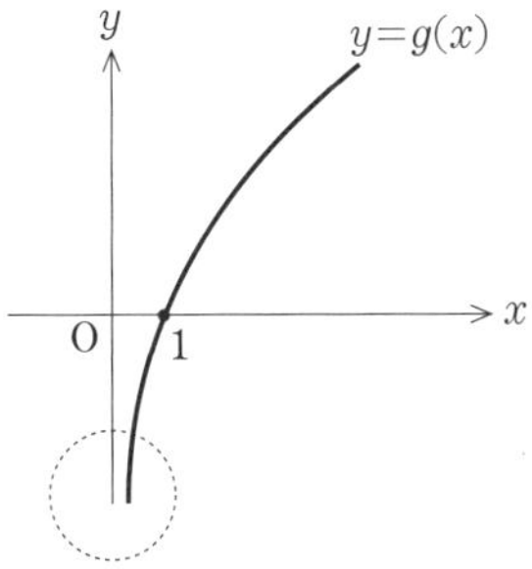

$0<a<1$ のとき，単調減少

$0<x_1<x_2 \iff \log_a x_1>\log_a x_2$

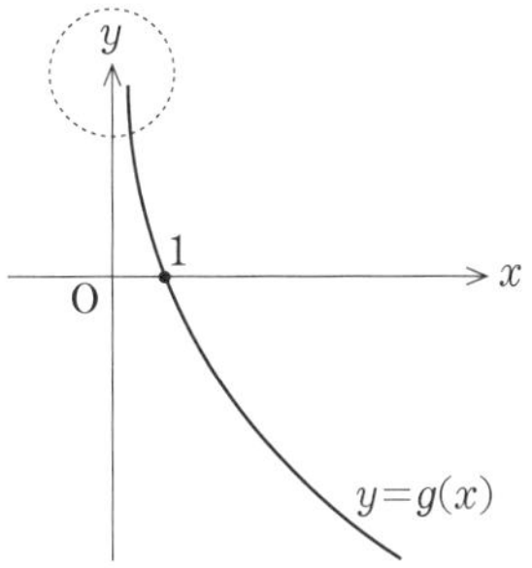

問 2　空欄にあてはまるものを答えなさい。

$\log_2 x=4$ のとき $x=$ [ア] であり，不等式 $\log_2 x<4$ の解は [イ] である。

3 指数関数と対数関数の関係

定義より，指数関数 $f(x)=a^x$ と対数関数 $g(x)=\log_a x$ は逆関数の関係にある。

すなわち，$f^{-1}(x)=g(x)$，$g^{-1}(x)=f(x)$ である。

これより，$f\big(g(x)\big)=x$，$g\big(f(x)\big)=x$ を満たしている。

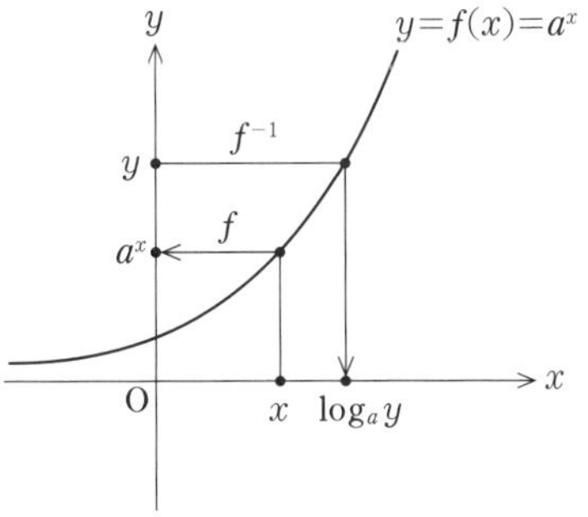

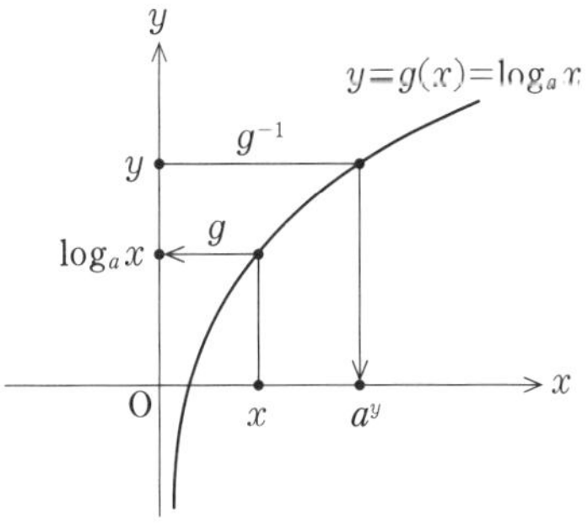

このことから，次の関係式が成り立つ。

$\log_a a^x=x \iff a^{\log_a x}=x$

問 3　次の値を求めなさい。

(1)　$2^{\log_2 3}$　　　　(2)　$9^{\log_3 2}$

答え：問 2　ア　16　　イ　$0<x<16$

問 3　(1)　3　　(2)　4

4 底の変換公式

$y=\log_a x$ のとき，$x=a^y$ である。ここで，底を a から b に取り換えて

$$x=a^y=b^z$$

とおくと，$z=\log_b x=y\log_b a$ となる。

したがって，次の底の変換公式が得られる。

▶ 底の変換公式

$$a^x=b^{x\log_b a}$$

$$\log_a x=\frac{\log_b x}{\log_b a}$$

問４　次の値を求めなさい。

(1)　$\log_2 3\cdot\log_3 16$　　(2)　$\log_4 32$

答え：問４　(1)　4　　(2)　$\frac{5}{2}$

基本問題

▶答えは別冊 p.75 ～ 78

1 指数関数と対数関数のグラフ，単調性

空欄に入るものを下の⓪～⑤の中から選びなさい。

(1) 関数 $f(x)=2^x$ は

$$f(0)=\boxed{\text{A}},\ \lim_{x\to\infty}f(x)=\boxed{\text{B}},\ \lim_{x\to-\infty}f(x)=\boxed{\text{C}}$$

を満たす。

また，$x_1<x_2$ ならば $f(x_1)<f(x_2)$ となる，すなわち，$f(x)$ は $\boxed{\text{D}}$ である。

(2) 関数 $f(x)=\left(\dfrac{1}{2}\right)^x$ は

$$f(0)=\boxed{\text{E}},\ \lim_{x\to\infty}f(x)=\boxed{\text{F}},\ \lim_{x\to-\infty}f(x)=\boxed{\text{G}}$$

を満たす。

また，$x_1<x_2$ ならば $f(x_1)>f(x_2)$ となる，すなわち，$f(x)$ は $\boxed{\text{H}}$ である。

(3) 関数 $f(x)=\log_2 x$ について，$y=\log_2 x$ とおくと $x=2^y$ を満たす。そこで，横軸を y 軸，縦軸を x 軸とする yx 平面を考えると，定義域は $x>\boxed{\text{I}}$ であることがわかる。

さらに

$$f(1)=\boxed{\text{J}},\ \lim_{x\to\infty}f(x)=\boxed{\text{K}},\ \lim_{x\to+0}f(x)=\boxed{\text{L}}$$

を満たす。

また，$x_1<x_2$ ならば $f(x_1)<f(x_2)$ となる，すなわち，$f(x)$ は $\boxed{\text{M}}$ であることがわかる。

⓪ 0　　① 1　　② ∞　　③ $-\infty$　　④ 増加　　⑤ 減少

2 逆関数

以下の関数$f(x)$について，逆関数$f^{-1}(x)$と逆関数の定義域を求めなさい。ただし，空欄［C］，［G］，［J］には下の⓪～⑤の中から適切なものを選び，それ以外の空欄には適切な数字を入れなさい。

(1)　$f(x)=5^x-2$（xは実数）のとき

$f^{-1}(x)=\log_{\boxed{A}}(x+\boxed{B})$，$f^{-1}(x)$の定義域は［C］

(2)　$f(x)=\log_5(x-2)+2$（$x>2$）のとき

$f^{-1}(x)=\boxed{D}^{x-\boxed{E}}+\boxed{F}$，$f^{-1}(x)$の定義域は［G］

(3)　$f(x)=\dfrac{2^x-2^{-x}}{2}$（$x$は実数）のとき

$f^{-1}(x)=\log_{\boxed{H}}(x+\sqrt{x^2+\boxed{I}})$，$f^{-1}(x)$の定義域は［J］

⓪　$x>1$　　①　$x>-2$　　②　$x<-2$

③　$x>0$　　④　$x<0$　　⑤　実数全体

3 不等式，桁数（けたすう）の評価式

以下の問いに答えなさい。ただし，計算に必要な場合は，$\log_{10}2=0.3010$，$\log_{10}3=0.4771$を用いてよい。

問１　不等式

$$\log_{\frac{1}{2}}(x+4)\leqq 2\log_{\frac{1}{2}}(x-2)\quad\cdots\cdots①$$

の解は$\boxed{A}<x\leqq\boxed{B}$である。

問２　3^{80}の10進法による桁数をmとすると

$$\boxed{CD}^{m-1}\leqq 3^{80}<\boxed{EF}^{m}$$

が成り立つ。

このとき$m=\boxed{GH}$となる。

4 関数の値域

空欄 H ～ N には下の⓪～③の中から適切なものを選び，それ以外の空欄には適切な数字を入れなさい。

$x \neq 0$ の範囲で定義された実数 x の関数

$$f(x) = \frac{2^x + 2^{-x}}{2^x - 2^{-x}} \quad (x \neq 0)$$

について，$f(x)$のとりうる値の範囲を調べよう。

最初に

$$f(x) = \frac{2^x + 2^{-x}}{2^x - 2^{-x}} = \boxed{\text{A}} + \frac{\boxed{\text{B}}}{\boxed{\text{C}}^{\,x} - 1}$$

である。$\boxed{\text{C}}^{\,x} - 1 = 0$ となるのは $x = \boxed{\text{D}}$ のときである。また

$x \to \infty$ のとき $f(x) \to \boxed{\text{E}}$，$x \to -\infty$ のとき $f(x) \to \boxed{\text{FG}}$

を満たす。

次に，関数 $g(x) = \dfrac{1}{\boxed{\text{C}}^{\,x} - 1}$ を考えると

$x \to +0$ のとき $g(x) \to \boxed{\text{H}}$，$x \to -0$ のとき $g(x) \to \boxed{\text{I}}$

であることから

$x \to +0$ のとき $f(x) \to \boxed{\text{J}}$，$x \to -0$ のとき $f(x) \to \boxed{\text{K}}$

である。

さらに，関数 $h(x) = \boxed{\text{C}}^{\,x}$ は実数全体で $\boxed{\text{L}}$ するので，関数 $f(x)$は $x < 0$ のとき $\boxed{\text{M}}$ して，$x > 0$ のとき $\boxed{\text{N}}$ する。

したがって，$y = f(x)$のとりうる値の範囲，すなわち，$f(x)$の値域は

$y < \boxed{\text{OP}}$，$y > \boxed{\text{Q}}$

となる。

⓪ ∞　　① $-\infty$　　② 増加　　③ 減少

実戦問題

▶答えは別冊 p.79

1　aを実数の定数とするとき，xの方程式

$$2\log_3\frac{x}{27}\cdot\log_3 x=a \quad \cdots\cdots①$$

が実数解を持つようなaの値の範囲を求めよう。

最初に，真数の条件から$x>$ [A] である。そこで，関数

$$f(x)=2\log_3\frac{x}{27}\cdot\log_3 x$$

を考えると，この関数の定義域は$x>$ [A] としてよい。

次に，$t=\log_3 x$とおいて，$f(x)$をtの式で表すと

$f(x)=$ [B] t^2- [C] t

となる。これより，$f(x)$のとる値の範囲は$f(x)\geqq-\dfrac{\boxed{\text{D}}}{\boxed{\text{E}}}$である。

したがって，方程式①が実数解を持つ条件は$a\geqq-\dfrac{\boxed{\text{F}}}{\boxed{\text{G}}}$である。

特に，$a=-4$のとき，①の解は$x=$ [H]，[I] である。
ただし，[H] $<$ [I] とする。

第4章 三角関数（さんかくかんすう）

重要用語

日本語	韓国語	英語
三角関数（さんかくかんすう）	삼각함수	trigonometric function
単位円（たんいえん）	단위원	unit circle
偏角（へんかく）	편각	argument
反時計回り（はんとけいまわり）	반시계 방향	counterclockwise
弧長（こちょう）	호의 길이	arc length
弧度法（こどほう）	호도법	circular measure
一般角（いっぱんかく）	일반각	general angle
極座標表示（きょくざひょうひょうじ）	극좌표 표시	polar display
半直線（はんちょくせん）	반직선	half line
対称性（たいしょうせい）	대칭성	symmetry
加法定理（かほうていり）	덧셈정리	addition theorem
2倍角の公式（ばいかくのこうしき）	배각공식	double-angle formula
合成（ごうせい）	합성	composition

要点のまとめ

三角関数は，**単位円** $C : x^2+y^2=1$ 上を動く点 $\mathrm{P}(\theta)$ のデータを元に定義される。

単位円とは，半径 1，原点 O を中心とする円である。

1 三角関数

単位円 $C : x^2+y^2=1$ 上に，**偏角 θ の方向**に点 $\mathrm{P}(\theta)$ をとり，次のように定義する。

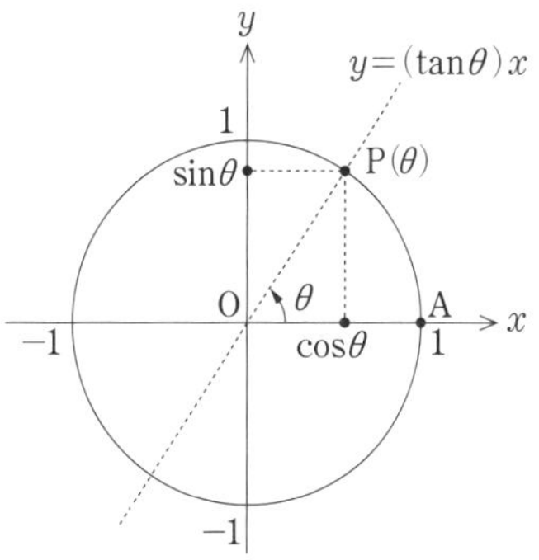

> $\cos\theta = \big(\mathrm{P}(\theta)$ の x 座標$\big)$
>
> $\sin\theta = \big(P(\theta)$ の y 座標$\big)$
>
> $\tan\theta = \big($直線 $\mathrm{OP}(\theta)$ の傾き$\big) = \dfrac{\sin\theta}{\cos\theta}$
>
> （ただし，$\tan\theta$ は $\cos\theta \neq 0$ のときのみ意味を持つ）

「偏角 θ の方向に」という言葉の意味は **2** で解説するが，上の定義から，

偏角 θ が決まる $\Longleftrightarrow$ 点 $\mathrm{P}(\theta)$ の位置が決まる $\Longleftrightarrow$ $(\cos\theta,\ \sin\theta)$ が決まる

となる。「三角関数を調べる」ことは「点 $\mathrm{P}(\theta)$ の位置を調べる」ことにほかならない。

▶ 三角関数の基本公式

① $\cos^2\theta + \sin^2\theta = 1$

② $1 + \tan^2\theta = \dfrac{1}{\cos^2\theta}$

③ $\tan\theta = \dfrac{\sin\theta}{\cos\theta}$

問１　次の値を求めなさい。

(1)　$\cos 0$　　(2)　$\sin\dfrac{\pi}{3}$　　(3)　$\cos\dfrac{3}{4}\pi$　　(4)　$\tan\pi$

2 単位円上の点の位置の表し方

単位円上に反時計回りを正の向きとした θ 軸を設定する。

ただし，円周上の点 $P(\theta)$ は，点 A から反時計回りに円周上をたどって，弧長が θ となる位置にくる（下の左の図）。

さらに，円周の長さは 2π なので，例えば，$P(\theta - 2\pi)$，$P(\theta)$，$P(\theta + 2\pi)$ はすべて同じ位置にくる。

弧度法，すなわち，「弧長で角度を表す方法」では，下の左の図において，$\angle AOP(\theta)$ の角度をラジアンと呼ぶ。これは θ [rad] と書かれることもある。

また，このとき点 $P(\theta)$ は**偏角 θ の方向にある**という。

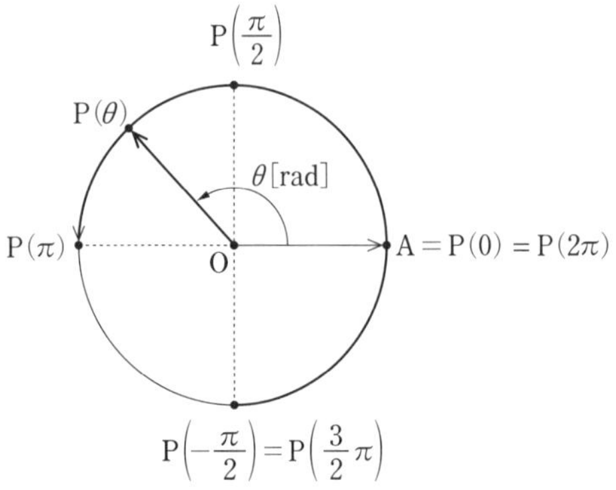

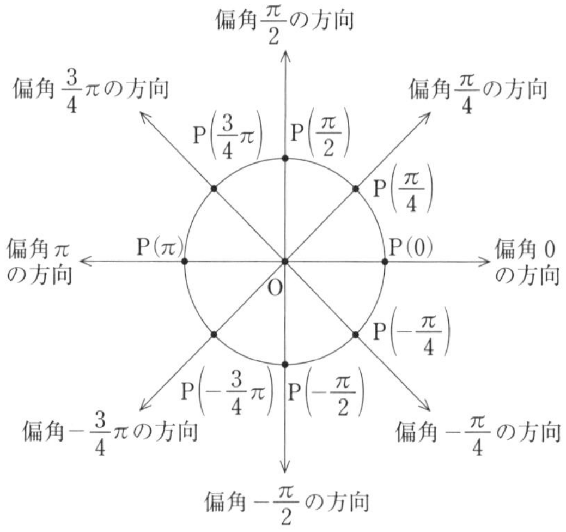

問２　次の点を座標で表しなさい。

(1)　$P\left(\dfrac{\pi}{3}\right)$　　(2)　$P\left(\dfrac{5}{4}\pi\right)$　　(3)　$P\left(-\dfrac{\pi}{6}\right)$

注意　ここで定めた偏角は，日本の高校教科書では「一般角」という名前で呼ばれている。しかし，複素数平面（ふくそすうへいめん）や極座標平面で登場する偏角と同じ意味で，本書では偏角で統一している。「偏角」とは「x 軸正方向からのずれ（偏差）の角度」という意味である。

答え：問１　(1)　1　(2)　$\dfrac{\sqrt{3}}{2}$　(3)　$-\dfrac{\sqrt{2}}{2}$　(4)　0　　問２　(1)　$\left(\dfrac{1}{2},\ \dfrac{\sqrt{3}}{2}\right)$　(2)　$\left(-\dfrac{\sqrt{2}}{2},\ -\dfrac{\sqrt{2}}{2}\right)$　(3)　$\left(\dfrac{\sqrt{3}}{2},\ -\dfrac{1}{2}\right)$

3 点の極座標表示

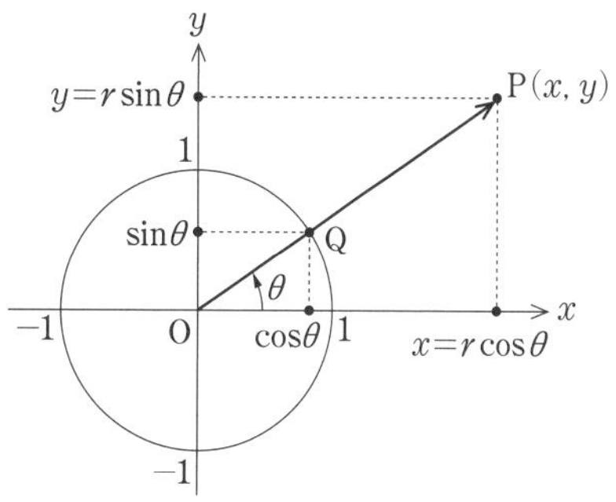

右の図のように，原点 O と異なる点 P$(x,\ y)$ について

$$(x,\ y)=(r\cos\theta,\ r\sin\theta)$$

ただし $r=\overline{\mathrm{OP}}=\sqrt{x^2+y^2}$

と表すことができる。これを点 P の**極座標表示**という。

右の図では，点 Q が単位円上で偏角 θ の方向にある。このとき θ を半直線 OP の偏角という。すなわち，半直線 OP と x 軸正方向とのなす角度を，反時計回りを正として測ったものが θ ラジアンである，ということである。

問 3　次の点を極座標表示をしなさい。

(1)　$(2,\ 0)$　　(2)　$(0,\ 3)$　　(3)　$(-4,\ 0)$

4 三角関数の値

偏角 θ と三角関数の定義から，次のことが言える。

偏角が決まる	$\Longleftrightarrow$	点 P(θ) の位置が決まる
偏角が増大する	$\Longleftrightarrow$	点 P(θ) は反時計回りに円運動する
偏角が減少する	$\Longleftrightarrow$	点 P(θ) は時計回りに円運動する

三角関数の基本的な性質は，グラフを直接調べなくても，**点 P(θ) の動きを調べる**ことで簡単につかむことができる。

問 4　空欄に入るものを答えなさい。

$f(\theta)=f(\theta+T)$ を満たす最小値 $T\ (T>0)$ を $f(\theta)$ の周期という。

$f(\theta)=\sin 3\theta$ の周期 T は，点 P(3θ) が単位円を 1 周する場合を考えて，$T=$ ［ア］ とわかる。$g(\theta)=\tan\dfrac{\theta}{2}$ の周期 T は，点 $\mathrm{P}\left(\dfrac{\theta}{2}\right)$ が単位円を半周する場合を考えて，$T=$ ［イ］ とわかる。

5 三角関数の対称性

①	$\cos(\theta+2\pi)=\cos\theta$	$\sin(\theta+2\pi)=\sin\theta$	$\tan(\theta+2\pi)=\tan\theta$
②	$\cos(\theta+\pi)=-\cos\theta$	$\sin(\theta+\pi)=-\sin\theta$	$\tan(\theta+\pi)=\tan\theta$
③	$\cos(\pi-\theta)=-\cos\theta$	$\sin(\pi-\theta)=\sin\theta$	$\tan(\pi-\theta)=-\tan\theta$
④	$\cos\left(\theta+\dfrac{\pi}{2}\right)=-\sin\theta$	$\sin\left(\theta+\dfrac{\pi}{2}\right)=\cos\theta$	$\tan\left(\theta+\dfrac{\pi}{2}\right)=-\dfrac{1}{\tan\theta}$
⑤	$\cos\left(\dfrac{\pi}{2}-\theta\right)=\sin\theta$	$\sin\left(\dfrac{\pi}{2}-\theta\right)=\cos\theta$	$\tan\left(\dfrac{\pi}{2}-\theta\right)=\dfrac{1}{\tan\theta}$
⑥	$\cos(-\theta)=\cos\theta$	$\sin(-\theta)=-\sin\theta$	$\tan(-\theta)=-\tan\theta$

答え：問 3　(1) $(2\cos 0,\ 2\sin 0)$　(2) $\left(3\cos\dfrac{\pi}{2},\ 3\sin\dfrac{\pi}{2}\right)$　(3) $(4\cos\pi,\ 4\sin\pi)$　問 4　ア $\dfrac{2}{3}\pi$　イ 2π

問 5　次の値を求めなさい。

(1)　$\sin\dfrac{19}{6}\pi$　　(2)　$\cos\left(-\dfrac{17}{4}\pi\right)$　　(3)　$\tan\dfrac{20}{3}\pi$

6 加法定理，三角関数の合成

▶ **加法定理**

$\sin(\alpha+\beta)=\sin\alpha\cos\beta+\cos\alpha\sin\beta$

$\sin(\alpha-\beta)=\sin\alpha\cos\beta-\cos\alpha\sin\beta$

$\cos(\alpha+\beta)=\cos\alpha\cos\beta-\sin\alpha\sin\beta$

$\cos(\alpha-\beta)=\cos\alpha\cos\beta+\sin\alpha\sin\beta$

$$\tan(\alpha+\beta)=\frac{\tan\alpha+\tan\beta}{1-\tan\alpha\tan\beta}$$

$$\tan(\alpha-\beta)=\frac{\tan\alpha-\tan\beta}{1+\tan\alpha\tan\beta}$$

▶ **2倍角の公式**

$\sin2\alpha=2\sin\alpha\cos\alpha$

$\cos2\alpha=\cos^2\alpha-\sin^2\alpha=2\cos^2\alpha-1=1-2\sin^2\alpha$

$$\tan2\alpha=\frac{2\tan\alpha}{1-\tan^2\alpha}$$

▶ **三角関数の合成**

$$a\sin\theta+b\cos\theta=r\sin(\theta+\alpha)=r\cos(\theta-\beta)$$

ただし

$$r=\sqrt{a^2+b^2},\ (a,\ b)=(r\cos\alpha,\ r\sin\alpha),\ (b,\ a)=(r\cos\beta,\ r\sin\beta)$$

第２部でベクトルや複素数平面を学ぶときにこれらの公式の意味がわかる。

問 6　空欄にあてはまる数を入れなさい。

$\dfrac{7}{12}\pi=\dfrac{\pi}{3}+\dfrac{\pi}{4}$ より，$\sin\left(\dfrac{7}{12}\pi\right)=$ ［ア］，$\cos\left(\dfrac{7}{12}\pi\right)=$ ［イ］，

$\tan\left(\dfrac{7}{12}\pi\right)=$ ［ウ］である。

答え：問 5　(1)　$-\dfrac{1}{2}$　(2)　$\dfrac{\sqrt{2}}{2}$　(3)　$-\sqrt{3}$　　問 6　ア　$\dfrac{\sqrt{2}+\sqrt{6}}{4}$　イ　$\dfrac{\sqrt{2}-\sqrt{6}}{4}$　ウ　$-2-\sqrt{3}$

基本問題

▶答えは別冊 p.80 ~ 86

1 偏角，弧度法，弧長

xy 平面上の点 P$(x,\ y)$ について，以下の問いに答えなさい。

(1) θ が $-\dfrac{\pi}{6} \leqq \theta \leqq \dfrac{\pi}{4}$ の範囲を動き

$$x=\cos 2\theta,\quad y=\sin 2\theta$$

を満たす場合を考える。

θ が $\theta=-\dfrac{\pi}{6}$ から $\theta=\dfrac{\pi}{4}$ だけ増加するとき，点Pは，単位円上を反時計回りに，

偏角 $\dfrac{\boxed{\text{AB}}}{\boxed{\text{C}}}\pi$ の位置から，偏角 $\dfrac{\boxed{\text{D}}}{\boxed{\text{E}}}\pi$ の位置まで動く。

このとき，点Pが描く曲線の長さは $\dfrac{\boxed{\text{F}}}{\boxed{\text{G}}}\pi$ である。

(2) θ が $-\dfrac{\pi}{4} \leqq \theta \leqq \dfrac{\pi}{6}$ の範囲を動き

$$x=3\cos 2\theta,\quad y=3\sin 2\theta$$

を満たす場合を考える。

点Pは原点Oが中心，半径 $\boxed{\text{H}}$ の円 C 上にある。

θ が $\theta=-\dfrac{\pi}{4}$ から $\theta=\dfrac{\pi}{6}$ だけ増加するとき，点Pは，円 C 上を反時計回りに，

偏角 $\dfrac{\boxed{\text{IJ}}}{\boxed{\text{K}}}\pi$ の位置から，偏角 $\dfrac{\boxed{\text{L}}}{\boxed{\text{M}}}\pi$ の位置まで動く。

このとき，点Pが描く曲線の長さは $\dfrac{\boxed{\text{N}}}{\boxed{\text{O}}}\pi$ である。

2 簡単な方程式

$-\pi \leqq \theta \leqq \pi$ のとき，次の方程式の解 θ をすべて求めなさい。

(1)　方程式 $\cos\theta = -\dfrac{\sqrt{3}}{2}$ の解は，$\theta = \dfrac{\boxed{\text{AB}}}{\boxed{\text{C}}}\pi$，$\dfrac{\boxed{\text{D}}}{\boxed{\text{E}}}\pi$

(2)　方程式 $\tan\theta = -1$ の解は，$\theta = \dfrac{\boxed{\text{FG}}}{\boxed{\text{H}}}\pi$，$\dfrac{\boxed{\text{I}}}{\boxed{\text{J}}}\pi$

(3)　方程式 $\sin\theta = \cos\theta$ の解は，$\theta = \dfrac{\boxed{\text{KL}}}{\boxed{\text{M}}}\pi$，$\dfrac{\boxed{\text{N}}}{\boxed{\text{O}}}\pi$

(4)　方程式 $\sin\theta + \cos\theta = 1$ の解は，$\theta = \boxed{\text{P}}$，$\dfrac{\boxed{\text{Q}}}{\boxed{\text{R}}}\pi$

3 簡単な不等式

$0 \leqq \theta \leqq 2\pi$ のとき，次の θ の不等式を解きなさい。

(1)　不等式 $\sin 2\theta \geqq \dfrac{1}{2}$ を解くと

$$\frac{\boxed{\text{A}}}{\boxed{\text{BC}}}\pi \leqq \theta \leqq \frac{\boxed{\text{D}}}{\boxed{\text{EF}}}\pi,\quad \frac{\boxed{\text{GH}}}{\boxed{\text{IJ}}}\pi \leqq \theta \leqq \frac{\boxed{\text{KL}}}{\boxed{\text{MN}}}\pi$$

(2)　不等式 $\sin 2\theta \geqq \cos 2\theta + 1$ を解くと

$$\frac{\boxed{\text{O}}}{\boxed{\text{P}}}\pi \leqq \theta \leqq \frac{\boxed{\text{Q}}}{\boxed{\text{R}}}\pi,\quad \frac{\boxed{\text{S}}}{\boxed{\text{T}}}\pi \leqq \theta \leqq \frac{\boxed{\text{U}}}{\boxed{\text{V}}}\pi$$

4 極座標表示

原点 O と異なる点 P$(x,\ y)$ に対して

$$(x,\ y)=(r\cos\theta,\ r\sin\theta)$$

を満たす r と θ を求めよう。ただし，r は線分 OP の長さ，θ は半直線 OP の偏角である。また，θ は $0\leqq\theta<2\pi$ の範囲で考えるものとする。

(1) P$(2,\ 2)$ のとき，$r=\boxed{\text{A}}\sqrt{\boxed{\text{B}}}$，$\theta=\dfrac{\boxed{\text{C}}}{\boxed{\text{D}}}\pi$ である。

(2) P$(1,\ \sqrt{3})$ のとき，$r=\boxed{\text{E}}$，$\theta=\dfrac{\boxed{\text{F}}}{\boxed{\text{G}}}\pi$ である。

(3) P$(\sqrt{3},\ -1)$ のとき，$r=\boxed{\text{H}}$，$\theta=\dfrac{\boxed{\text{IJ}}}{\boxed{\text{K}}}\pi$ である。

(4) P$(-1,\ -1)$ のとき，$r=\sqrt{\boxed{\text{L}}}$，$\theta=\dfrac{\boxed{\text{M}}}{\boxed{\text{N}}}\pi$ である。

5 三角関数の合成

次の問いに答えなさい。

(1) $\sin\theta+\cos\theta=\sqrt{\boxed{\text{A}}}\sin\left(\theta+\dfrac{\pi}{\boxed{\text{B}}}\right)$

$=\sqrt{\boxed{\text{C}}}\cos\left(\theta-\dfrac{\pi}{\boxed{\text{D}}}\right)$

(2) $\sqrt{2}\sin\theta-\sqrt{6}\cos\theta=\boxed{\text{E}}\sqrt{\boxed{\text{F}}}\sin\left(\theta-\dfrac{\pi}{\boxed{\text{G}}}\right)$

$=\boxed{\text{H}}\sqrt{\boxed{\text{I}}}\cos\left(\theta-\dfrac{\boxed{\text{J}}}{\boxed{\text{K}}}\pi\right)$

(3) $3\sin\theta-4\cos\theta=\boxed{\text{L}}\sin(\theta+\alpha)$

ただし

$\cos\alpha=\dfrac{\boxed{\text{M}}}{\boxed{\text{N}}}$, $\sin\alpha=\dfrac{\boxed{\text{OP}}}{\boxed{\text{Q}}}$

6 対称性の公式

空欄に入るものを下の⓪〜⑨の中から選びなさい。

xy 平面における単位円上に，偏角 θ の方向に点 $\mathrm{P}(\theta)$ をとる。点 $\mathrm{P}(\theta)$ の x 座標は [A] であり，y 座標は [B] である。また，$\theta \neq \dfrac{\pi}{2} + n\pi$（$n$ は整数）のとき，直線 $\mathrm{OP}(\theta)$ の傾きは [C] である。

点 $\mathrm{P}(\theta)$ と点 $\mathrm{P}(\pi-\theta)$ は y 軸に関して対称であることから

$$\cos(\pi-\theta) = \boxed{\text{D}},\quad \sin(\pi-\theta) = \boxed{\text{E}},\quad \tan(\pi-\theta) = \boxed{\text{F}}$$

を満たす。

点 $\mathrm{P}(\theta)$ と点 $\mathrm{P}(-\theta)$ は x 軸に関して対称であることから

$$\cos(-\theta) = \boxed{\text{G}},\quad \sin(-\theta) = \boxed{\text{H}},\quad \tan(-\theta) = \boxed{\text{I}}$$

を満たす。

点 $\mathrm{P}(\theta)$ と点 $\mathrm{P}\left(\dfrac{\pi}{2}-\theta\right)$ は直線 $y=x$ に関して対称であることから

$$\cos\left(\frac{\pi}{2}-\theta\right) = \boxed{\text{J}},\quad \sin\left(\frac{\pi}{2}-\theta\right) = \boxed{\text{K}},\quad \tan\left(\frac{\pi}{2}-\theta\right) = \boxed{\text{L}}$$

を満たす。

⓪ $\cos\theta$　① $\sin\theta$　② $\tan\theta$

③ $-\cos\theta$　④ $-\sin\theta$　⑤ $-\tan\theta$

⑥ $\dfrac{1}{\cos\theta}$　⑦ $\dfrac{1}{\sin\theta}$　⑧ $\dfrac{1}{\tan\theta}$

⑨ $-\dfrac{1}{\tan\theta}$

実戦問題

▶答えは別冊 p.86 ～ 88

1　θ の関数

$$f(\theta) = \sqrt{3}\sin\left(\frac{1}{2}\theta + \frac{2}{3}\pi\right)$$

を調べたいとき，xy 平面上の点 $\mathrm{P}(x,\ y)$ で

$$x = \sqrt{3}\cos\left(\frac{1}{2}\theta + \frac{2}{3}\pi\right),\quad y = \sqrt{3}\sin\left(\frac{1}{2}\theta + \frac{2}{3}\pi\right)$$

を満たすものを考えると便利である。

(1)　点 P は原点 O が中心，半径 $\sqrt{\boxed{\text{A}}}$ の円 C 上にある。

(2)　θ が増加すると，点 P は円 C 上を反時計回りに動き，ちょうど $\boxed{\text{B}}\pi$ だけ増加すると円周上を１周する。すなわち，関数 $f(\theta)$ は周期 $\boxed{\text{C}}\pi$ を持つ。

(3)　θ が $0 \leqq \theta \leqq 2\pi$ を満たすとき，関数 $f(\theta)$ のとる値を調べよう。

θ の値が $0 \leqq \theta \leqq 2\pi$ の範囲で増加するとき，点 P は円 C 上を反時計回りに偏角 $\dfrac{\boxed{\text{D}}}{\boxed{\text{E}}}\pi$ の位置から，偏角 $\dfrac{\boxed{\text{F}}}{\boxed{\text{G}}}\pi$ の位置まで動く。

このとき，点 P の y 座標に注目すると，$f(\theta)$ のとる値の範囲は

$$-\sqrt{\boxed{\text{H}}} \leqq f(\theta) \leqq \frac{\boxed{\text{I}}}{\boxed{\text{J}}}$$

であるとわかる。

また，$f(\theta)$ が最大になるのは $\theta = \boxed{\text{K}}$ のときであり，

$f(\theta)$ が最小になるのは $\theta = \dfrac{\boxed{\text{L}}}{\boxed{\text{M}}}\pi$ のときである。

2 xの関数

$$f(x)=3\sin 2x-4\sin x+4\cos x$$

を $0 \leqq x \leqq \pi$ の範囲で考えるときの最大値と最小値を求めよう。

最初に，$t=\sin x-\cos x$ とおくと

$$t=\sqrt{\boxed{\text{A}}}\sin\left(x-\frac{\pi}{\boxed{\text{B}}}\right)$$

であり，t がとりうる値の範囲は

$$\boxed{\text{CD}} \leqq t \leqq \sqrt{\boxed{\text{E}}}$$

となる。

さらに，$f(x)$をtの式で表すと

$$f(x)=\boxed{\text{FG}}\,t^2-\boxed{\text{H}}\,t+\boxed{\text{I}}$$

となる。したがって，$f(x)$の

最大値は $\dfrac{\boxed{\text{JK}}}{\boxed{\text{L}}}$，最小値は $\boxed{\text{MN}}-\boxed{\text{O}}\sqrt{\boxed{\text{P}}}$

である。

ここで，$f(x)$が最小になるのは $x=\dfrac{\boxed{\text{Q}}}{\boxed{\text{R}}}\pi$ のときであり，$f(x)$が最大となるときは

$$\cos x=\frac{\boxed{\text{S}}+\sqrt{\boxed{\text{TU}}}}{\boxed{\text{V}}},\quad \sin x=\frac{-\boxed{\text{W}}+\sqrt{\boxed{\text{XY}}}}{\boxed{\text{Z}}}$$

を満たす。

第5章 数列と数列の極限

重要用語

日本語	韓国語	英語
数列（すうれつ）	수열	sequence
収束（しゅうそく）	수렴	convergence
発散（はっさん）	발산	divergence
無限大（むげんだい）	무한대	infinity
階差数列（かいさすうれつ）	계차수열	progression of differences
等差数列（とうさすうれつ）	등차수열	arithmetic progression
公差（こうさ）	공차	common difference
初項（しょこう）	첫째항	first term
等比数列（とうひすうれつ）	등비수열	geometric progression
公比（こうひ）	공비	common ratio
和（わ）	합	sum

要点のまとめ

1 数列の極限

▶ 数列の収束

数列 $\{a_n\}$ に対して，n を限りなく大きくすると，a_n の値がある定数 α に限りなく近づくとき，$\{a_n\}$ は α に**収束する**という。α を $\{a_n\}$ の**極限値**といい，次のように表す。

$\lim_{n\to\infty} a_n=\alpha$　または　$n\to\infty$ のとき $a_n\to\alpha$

▶ 数列の発散

数列 $\{a_n\}$ が収束しないとき，$\{a_n\}$ は**発散する**という。

発散する数列のうち，以下の場合は取り扱いが簡単である。

① n を限りなく大きくすると，a_n の値が限りなく大きくなるとき，$\{a_n\}$ の極限は**無限大**であるといい，次のように表す。

$\lim_{n\to\infty} a_n=\infty$　または　$n\to\infty$ のとき $a_n\to\infty$

② n を限りなく大きくすると，a_n の値が負で，かつ，$|a_n|=\infty$ となるとき，$\{a_n\}$ の極限は**負の無限大**であるといい，次のように表す。

$\lim_{n\to\infty} a_n=-\infty$　または　$n\to\infty$ のとき $a_n\to-\infty$

問1　次の値を求めなさい。

(1) $\lim_{n\to\infty}\dfrac{n+1}{n}$　　(2) $\lim_{n\to\infty}\left(-\dfrac{1}{3}\right)^n$　　(3) $\lim_{n\to\infty}2^n$

2 数列の増加・減少

数列 $\{a_n\}$ が

$a_1 < a_2 < \cdots\cdots < a_n < a_{n+1} < \cdots\cdots$ のとき　$\{a_n\}$ は**単調に増加する**

$a_1 > a_2 > \cdots\cdots > a_n > a_{n+1} > \cdots\cdots$ のとき　$\{a_n\}$ は**単調に減少する**

という。「単調に」を省略して,「増加する」,「減少する」というときも多い。

▶ 階差数列

$b_n = a_{n+1} - a_n$ ($n=1,\ 2,\ \cdots\cdots$) を満たす $\{b_n\}$ を $\{a_n\}$ の階差数列という。

このとき，以下が成り立つ。

$b_n > 0$ ($n=1,\ 2,\ \cdots\cdots$) $\iff$ $\{a_n\}$ は単調に増加する

$b_n < 0$ ($n=1,\ 2,\ \cdots\cdots$) $\iff$ $\{a_n\}$ は単調に減少する

問2　空欄に入る語を答えなさい。

$a_n = 2^n$ ($n=1,\ 2,\ \cdots\cdots$) のとき $\{a_n\}$ は［ ア ］する。$a_n = \dfrac{n+1}{n}$ ($n=1,\ 2,\ \cdots\cdots$) のとき $\{a_n\}$ は［ イ ］する。

［補足］ **数列と関数の極限**

関数の極限を調べる道具として，数列を用いる。

例えば，指数関数 $f(x)=2^x$ と多項式関数 $g(x)=x^2$ の関係を調べるとき，$f(x)$ と $g(x)$ の大小関係を調べる目的で関数 $h(x)=\dfrac{g(x)}{f(x)}=\dfrac{x^2}{2^x}$ の極限を考えるが，関数の定義域を自然数全体に制限した関数

$$h(n)=\frac{n^2}{2^n}\ (n=1,\ 2,\ \cdots\cdots)$$

すなわち，数列

$$\frac{1^2}{2^1},\ \frac{2^2}{2^2},\ \frac{3^2}{2^3},\ \frac{4^2}{2^4},\ \cdots\cdots,\ \frac{n^2}{2^n},\ \cdots\cdots$$

を考えると話が簡単になる。

3 等差数列

数列 $\{a_n\}$ の階差数列のすべての項が定数 d に等しい，すなわち

$a_{n+1} - a_n = d$ ($n=1,\ 2,\ \cdots\cdots$)

が成り立つとき，$\{a_n\}$ を**等差数列**といい，d を**公差**という。

答え：問1 (1) 1　(2) 0　(3) ∞
問2 ア 単調に増加　イ 単調に減少

▶ 等差数列の公式

初項 $a_1=a$ のとき

$$a_n=a+(n-1)d \quad (n=1,\ 2,\ \cdots\cdots)$$

初項から第 n 項までの和 S_n は

$$S_n=\left(\frac{a_1+a_n}{2}\right)n=\frac{1}{2}n\{2a+(n-1)d\} \quad (n=1,\ 2,\ \cdots\cdots)$$

問３　等差数列 $\{a_n\}$ は $a_{10}=20$，$a_{20}=0$ を満たす。このとき次の値を求めなさい。

(1)　初項　　(2)　公差　　(3)　初項から第 20 項までの和

4 等比数列

数列 $\{a_n\}$ について，$a_{n+1}=ra_n$ $(n=1,\ 2,\ \cdots\cdots)$ を満たす定数 r が存在するとき，$\{a_n\}$ を**等比数列**といい，r を**公比**という。これは，隣り合う項の比 $\dfrac{a_{n+1}}{a_n}$ が r に等しくなる，という意味である。

▶ 等比数列の公式

初項 $a_1=a$ のとき

$$a_n=ar^{n-1} \quad (n=1,\ 2,\ \cdots\cdots)$$

初項から第 n 項までの和 S_n は

$r\neq1$ のとき $S_n=\dfrac{a(1-r^n)}{1-r}$ $(n=1,\ 2,\ \cdots\cdots)$

$r=1$ のとき $S_n=na$ $(n=1,\ 2,\ \cdots\cdots)$

問４　等比数列 $\{a_n\}$ は $a_2=6$，$a_5=48$ を満たす。このとき次の値を求めなさい。

(1)　初項　　(2)　公比　　(3)　初項から第５項までの和

5 和の記号，階差数列の公式

数列 $\{a_n\}$ について，第 l 項から第 m 項までの和を次のように表す。

$$\sum_{k=l}^{m}a_k=a_l+a_{l+1}+\cdots\cdots+a_m$$

▶ 和の公式

① $\displaystyle\sum_{k=1}^{n}c=c+c+\cdots\cdots+c=nc$　（c 定数）

② $\displaystyle\sum_{k=1}^{n}k=1+2+\cdots\cdots+n=\frac{1}{2}n(n+1)$

③ $\displaystyle\sum_{k=1}^{n}k^2=1^2+2^2+\cdots\cdots+n^2=\frac{1}{6}n(n+1)(2n+1)$

④ $\displaystyle\sum_{k=1}^{n}k^3=1^3+2^3+\cdots\cdots+n^3=\left\{\frac{1}{2}n(n+1)\right\}^2$

答え：問３ (1) 38　(2) -2　(3) 380

問４ (1) 3　(2) 2　(3) 93

▶ **階差数列の公式**

$\{b_n\}$ が $\{a_n\}$ の階差数列である，すなわち

$$b_n = a_{n+1} - a_n \quad (n=1,\ 2,\ \cdots\cdots)$$

を満たすとき

$$a_n = a_1 + \sum_{k=1}^{n-1} b_k \quad (n=2,\ 3,\ \cdots\cdots)$$

問5　次の値を求めなさい。

(1) $\displaystyle\sum_{k=1}^{6} k^2$　　(2) $\displaystyle\sum_{k=1}^{8} (2k+1)$　　(3) $\displaystyle\sum_{k=1}^{7} 2^{k-1}$

6 和の数列とその階差数列

数列 $\{a_n\}$ に対して

$$S_n = \sum_{k=1}^{n} a_k = a_1 + a_2 + \cdots\cdots + a_n \quad (n=1,\ 2,\ \cdots\cdots)$$

と定めると，数列 $\{S_n\}$ が決まる。この数列の階差数列を作ると

$$S_{n+1} - S_n = a_{n+1} \quad (n=1,\ 2,\ \cdots\cdots)$$

となり，次が成り立つ。

$$a_n = S_n - S_{n-1} \quad (n=2,\ 3,\ \cdots\cdots)$$
$$a_1 = S_1$$

問6　空欄にあてはまるものを答えなさい。

$S_n = 3n^2 - 2n$ $(n=1,\ 2,\ \cdots\cdots)$ のとき，$a_n =$ [ア] $(n=1,\ 2,\ \cdots\cdots)$ であり，

$S_n = 2^n - 1$ $(n=1,\ 2,\ \cdots\cdots)$ のとき，$a_n =$ [イ] $(n=1,\ 2,\ \cdots\cdots)$ である。

補足　数列 $\{a_n\}$ に対して

$$b_n = a_{n+1} - a_n \quad (n=1,\ 2,\ \cdots\cdots)$$
$$c_n = a_n - a_{n-1} \quad (n=1,\ 2,\ \cdots\cdots)$$

を満たす数列 $\{b_n\}$ について，日本の高校教科書では $\{b_n\}$ を階差数列と定めているが，隣の項との差（階差）の数列ということで，$\{c_n\}$ も階差数列と呼ばれることがある。$\{b_n\}$ は前進差分，$\{c_n\}$ は後退差分という名前で区別される。

答え：問5 (1) 91　(2) 80　(3) 127
問6 ア $6n-5$　イ 2^{n-1}

基本問題

▶答えは別冊 p.89 ～ 90

1 等差数列，等比数列

以下の問いに答えなさい。

(1) 等差数列 $\{a_n\}$ は $a_3 = -43$，$a_5 = -37$ を満たしている。

この数列の公差は $\boxed{\text{A}}$，初項は $a_1 = \boxed{\text{BCD}}$ であり，一般項は

$$a_n = \boxed{\text{E}}\,n - \boxed{\text{FG}} \quad (n = 1,\ 2,\ \cdots\cdots)$$

である。a_n が初めて正の値になるのは第 $\boxed{\text{HI}}$ 項である。

さらに，初項から第 n 項までの和 S_n は

$$S_n = \frac{\boxed{\text{J}}\,n^2 - \boxed{\text{KLM}}\,n}{2} \quad (n = 1,\ 2,\ \cdots\cdots)$$

である。

(2) 公比が実数である等比数列 $\{b_n\}$ は $b_2 = \dfrac{1}{2}$，$b_5 = \dfrac{1}{16}$ を満たしている。

この数列の公比は $\dfrac{\boxed{\text{N}}}{\boxed{\text{O}}}$，初項は $b_1 = \boxed{\text{P}}$ であり，一般項は

$$b_n = \left(\frac{\boxed{\text{Q}}}{\boxed{\text{R}}}\right)^{n-\boxed{\text{S}}} \quad (n = 1,\ 2,\ \cdots\cdots)$$

である。この数列の極限値は $\lim_{n \to \infty} b_n = \boxed{\text{T}}$ である。

さらに，初項から第 n 項までの和 S_n は

$$S_n = \boxed{\text{U}}\left\{\boxed{\text{V}} - \left(\frac{\boxed{\text{W}}}{\boxed{\text{X}}}\right)^n\right\} \quad (n = 1,\ 2,\ \cdots\cdots)$$

である。数列 $\{S_n\}$ の極限値は $\lim_{n \to \infty} S_n = \boxed{\text{Y}}$ である。

2 階差数列，数列の増減

数列 $\{a_n\}$ を

$$a_n = 3n - 15 \quad (n = 1,\ 2,\ \cdots\cdots)$$

で定める。$\{a_n\}$ の初項から第 n 項までの和を S_n $(n = 1,\ 2,\ \cdots\cdots)$ とするとき，S_n が最小となるような n を求めよう。

最初に

$$S_n - S_{n-1} = a_n \quad (n = 2,\ 3,\ \cdots\cdots)$$

を満たすことから，数列 $\{S_n\}$ の増減は以下のようになる。

(i) $a_n > 0$ のとき $n \geqq$ [A] であり，このとき S_n は増加する，
すなわち，$S_{n-1} < S_n$ を満たす。

(ii) $a_n < 0$ のとき $n \leqq$ [B] であり，このとき S_n は減少する，
すなわち，$S_{n-1} < S_n$ を満たす。

(iii) $a_n = 0$ のとき $n =$ [C] であり，このとき $S_{n-1} = S_n$ を満たす。

したがって，S_n は $n =$ [D]，[E] のとき最小値 [FGH] をとる。

ただし，[D] $<$ [E] とする。

実戦問題

▶答えは別冊 p.90 ~ 93

1　空欄 [A] ～ [B] には適切な数字を入れ，空欄 [C] ～ [E] には下の⓪～⑨の中から適切なものを選びなさい。

n を自然数として，数列 $\{a_k\}$ を

$a_k = {}_{2n}C_k \quad (k=0,\ 1,\ 2,\ \cdots\cdots,\ 2n-1,\ 2n)$

と定める。a_k が最大になる k を求めよう。

不等式

$$\frac{a_{k+1}}{a_k} = \frac{\boxed{\text{A}}\,n-k}{k+\boxed{\text{B}}} > 1$$

を解くと，k の範囲は [C] となる。これより，[C] のとき数列は増加する，すなわち，$a_k < a_{k+1}$ を満たすことがわかる。

同様に調べると，[D] のとき数列は減少する，すなわち，$a_k > a_{k+1}$ を満たすことがわかる。

したがって，a_k は [E] のとき最大となる。

⓪ $k \geqq n+1$　① $k \leqq n+1$　② $k = n+1$

③ $k \geqq n$　④ $k \leqq n$　⑤ $k = n$

⑥ $k \geqq n-1$　⑦ $k \leqq n-1$　⑧ $k = n-1$

⑨ $k = 2n$

2 数列 $\{a_n\}$ の初項から第 n 項までの和 S_n が

$$S_n = \left(\frac{1}{2}\right)^n + 2n \quad (n = 1,\ 2,\ \cdots\cdots)$$

を満たしている。このとき以下の問いに答えなさい。

(1) $a_1 = \dfrac{\boxed{\text{A}}}{\boxed{\text{B}}}$ である。

(2) $n \geqq 2$ のとき

$$a_n = -\left(\frac{\boxed{\text{C}}}{\boxed{\text{D}}}\right)^n + \boxed{\text{E}}$$

であり，$\displaystyle\lim_{n\to\infty} a_n = \boxed{\text{F}}$ である。

(3) 数列 $\{b_n\}$ を

$$b_n = a_{3n} \quad (n = 1,\ 2,\ \cdots\cdots)$$

で定める。$\{b_n\}$ の初項から第 n 項までの和を T_n とすると

$$T_n = -\frac{\boxed{\text{G}}}{\boxed{\text{H}}}\left\{1 - \left(\frac{\boxed{\text{I}}}{\boxed{\text{J}}}\right)^n\right\} + \boxed{\text{K}}\,n \quad (n = 1,\ 2,\ \cdots\cdots)$$

である。

3　数列 $\{a_n\}$ を

$$a_n = \frac{n^3}{2^n} \quad (n = 1,\ 2,\ \cdots\cdots)$$

で定める。a_n のとりうる値の変化を調べよう。

2項定理より，$2^n = (1+1)^n = {}_nC_0 + {}_nC_1 + \cdots\cdots + {}_nC_n$ であり

$$2^n > {}_nC_4 = \frac{n(n-1)(n-2)(n-3)}{\boxed{\text{AB}}}$$

となる。よって

$$0 < a_n < \frac{\boxed{\text{CD}}\,n^2}{(n-1)(n-2)(n-3)}$$

であり，$\displaystyle\lim_{n\to\infty} a_n = \boxed{\text{E}}$ となる。

次に，数列の増減を調べよう。

不等式

$$\frac{a_{n+1}}{a_n} = \frac{\boxed{\text{F}}}{\boxed{\text{G}}}\left(\boxed{\text{H}} + \frac{\boxed{\text{I}}}{n}\right)^3 > 1$$

を満たす n の範囲は $\boxed{\text{J}} \leqq n \leqq \boxed{\text{K}}$ である。

よって，$\boxed{\text{J}} \leqq n \leqq \boxed{\text{K}}$ のとき数列 $\{a_n\}$ は増加する，すなわち，$a_n < a_{n+1}$ を満たす。

また，$n \geqq \boxed{\text{L}}$ のとき数列 $\{a_n\}$ は減少する，すなわち，$a_n > a_{n+1}$ を満たす。

したがって，数列 $\{a_n\}$ は，$n = \boxed{\text{M}}$ のとき最大値 $\boxed{\text{N}}$ をとる。

第２部　図形を調べる

第２部では，ベクトルの章の一部を除いて，x 軸を横軸，y 軸を縦軸とする xy 平面の上ですべての話を考える。このとき主役になるのは，実数 x，y のペアで位置を表すことができる点 $(x,\ y)$ である。また，x と y の式を与えて，これを満たす点 $(x,\ y)$ をすべて集めると，xy 平面上で図形を表すことができる。

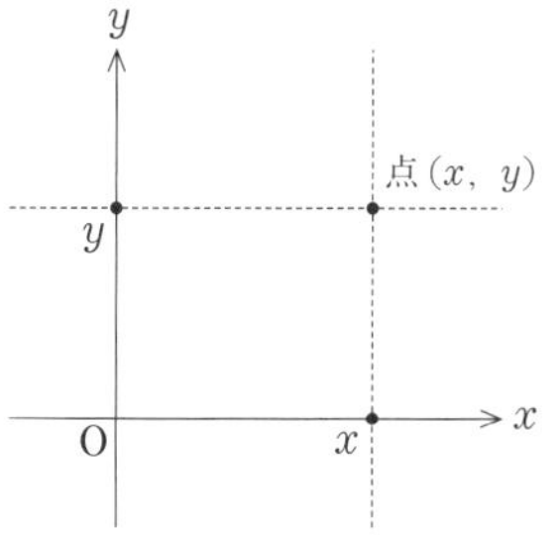

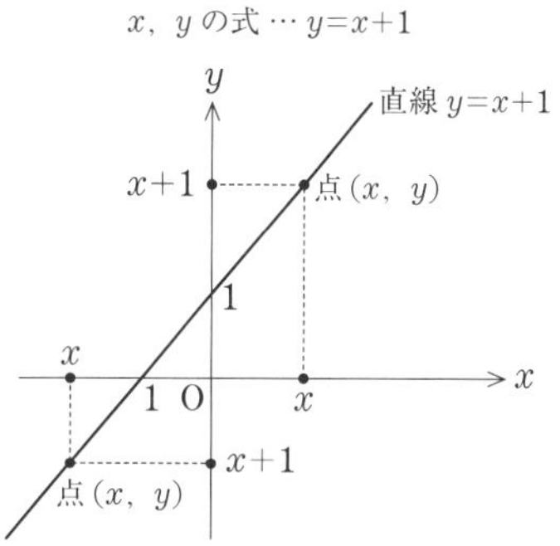

第２部では，図形を調べるさまざまな手法を体系的に確認する。第１部同様，高校教科書の順番通りでなく，以下のように数学的に関係の深い順番に解説していく。

第１章　図形と方程式（解析幾何）（数学 II）
　　　　図形上の点 $P(x,\ y)$ について，実数 x と y が満たす式を調べる
第２章　ベクトル（数学 B）
　　　　図形上の点 $P(\overrightarrow{p})$ について，ベクトル $\overrightarrow{p}$ が満たす式を調べる
第３章　複素数平面表示（数学 III）
　　　　図形上の点 $P(z)$ について，複素数 z が満たす式を調べる
第４章　図形のまとめ（数学 II，B，III）
　　　　第１章から３章までの再確認を行う

特に，第３章の複素数平面表示を習得するためには，その前のベクトル，図形と方程式，三角関数の確実な理解が必要である。必要に応じて前の内容を復習しながら，理論のつながりについて理解を深めておこう。

第1章 図形(ずけい)と方程式(ほうていしき)

重要用語

日本語	韓国語	英語
図形(ずけい)	도형	figure
横軸(よこじく)	가로축	horizontal axis
縦軸(たてじく)	세로축	vertical axis
平面(へいめん)	평면	plane
条件式(じょうけんしき)	조건식	conditional expression
傾き(かたむき)	기울기	gradient
直線(ちょくせん)	직선	straight line
方程式(ほうていしき)	방정식	equation
境界線(きょうかいせん)	경계선	boundary line
領域(りょういき)	영역	domain
不等式(ふとうしき)	부등식	inequality
円(えん)	원	circle
距離(きょり)	거리	distance
接(せっ)する	접하다	touch
交(まじ)わる	만나다	intersect
平行(へいこう)	평행	parallel
垂直(すいちょく)	수직	perpendicularity

要点のまとめ

1 xy 平面における図形

x，y の方程式や不等式といった**図形を決める条件式**を与えたとき，これを満たす点 $(x,\ y)$ の集合が **xy 平面における図形**である。

① 直線を表す

[例] 図形 $L=\{(x,\ y)\,|\,y=m(x-a)+b\}$ は，傾き m，点 $(a,\ b)$ を通る直線である。この直線を表す方程式は $\boldsymbol{y=m(x-a)+b}$ である。

② 領域を表す

[例] 図形 $D=\{(x,\ y)\,|\,y>m(x-a)+b\}$ は，①の直線 L を境界線とする上半分の領域である。この領域を表す不等式は $\boldsymbol{y>m(x-a)+b}$ である。

③ 円を表す

[例] 図形 $C=\{(x,\ y)\,|\,(x-a)^2+(y-b)^2=r^2\}$ は，半径 r，中心 $(a,\ b)$ の円である。この円を表す方程式は $\boldsymbol{(x-a)^2+(y-b)^2=r^2}$ である。

集合の記号を省略して，例えば，直線 $y=x+1$ あるいは円 $x^2+y^2=1$ という言い方をすることが多いが，これらはそれぞれ点 $(x,\ y)$ の集合

$$\{(x,\ y)\,|\,y=x+1\} \text{ および } \{(x,\ y)\,|\,x^2+y^2=1\}$$

を表している。

関数 $y=f(x)$ のグラフ $\{(x,\ y)\,|\,y=f(x)\}$ も xy 平面上の図形である。

問1　空欄に入る数字，座標を求めなさい。

領域 $(x-1)^2+(y+2)^2\leqq 4$ は，半径［ ア ］，中心［ イ ］の円の周または内部である。

2 点と直線の距離の公式

点 $\mathrm{A}(x_0,\ y_0)$ と直線 $l：ax+by+c=0$ との距離 d は

$$\boldsymbol{d=\frac{|ax_0+by_0+c|}{\sqrt{a^2+b^2}}}$$

である。

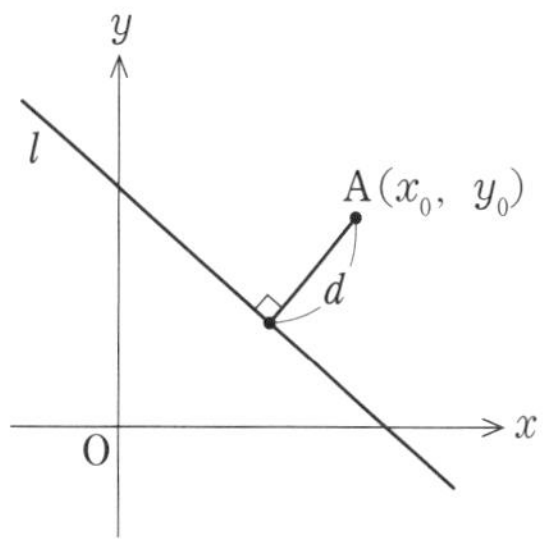

この公式を用いることで，円と直線が共有点を持つ条件を求めることができる。

答え：問1　ア　2　　イ　(1，−2)

▶ 円と直線の位置関係

半径 r の円の中心と直線 l の距離を d とすると

① $d<r$ $\Longleftrightarrow$ 異なる 2 点で交わる

② $d=r$ $\Longleftrightarrow$ 接する

③ $d>r$ $\Longleftrightarrow$ 共有点を持たない

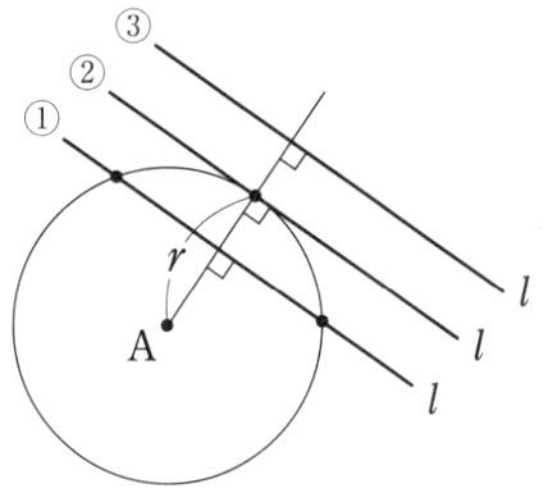

問 2　円 $x^2+y^2=1$ と直線 $x+y=k$ が異なる 2 点で交わる条件を求めなさい。

3 直線の傾き

直線 l と x 軸が交わるとき，右の図のように x 軸正方向と l のなす角度を θ とする。

ここで，θ は三角関数を定義するときに用いた偏角と同様に，反時計回りに測った角度を正の角度としている。

すると，直線 l の傾きが m であるとき

$$\boldsymbol{m=\tan\theta} \quad \cdots\cdots①$$

を満たす。l が x 軸と平行なときは $\theta=0$ と考えればよい。

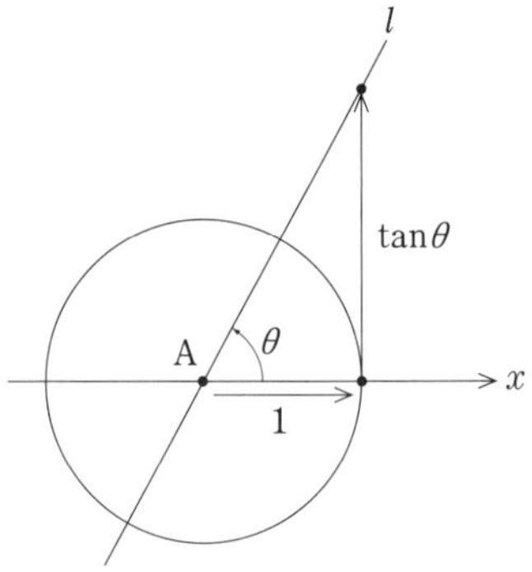

①を応用すると，次のことがわかる。

▶ 2 直線の傾きの関係

2 直線 l_1，l_2 の傾きを m_1，m_2 として，

$m_1=\tan\theta$ であるとする。

① l_1 と l_2 が平行である場合，

右の図より $m_2=\tan\theta$ であり

$$m_1=m_2=\tan\theta$$

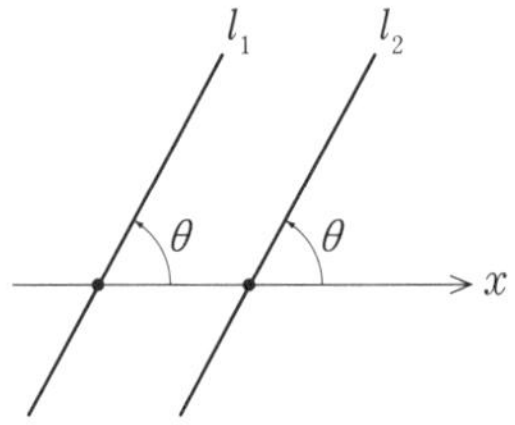

② l_1 と l_2 が垂直である場合，

右の図より $m_2=\tan\left(\theta+\dfrac{\pi}{2}\right)$ であり

$$m_2=\tan\left(\theta+\frac{\pi}{2}\right)=-\frac{1}{\tan\theta}=-\frac{1}{m_1} \text{ より}$$

$$m_1m_2=-1 \text{ となる。}$$

（第 1 部第 4 章の公式参照）

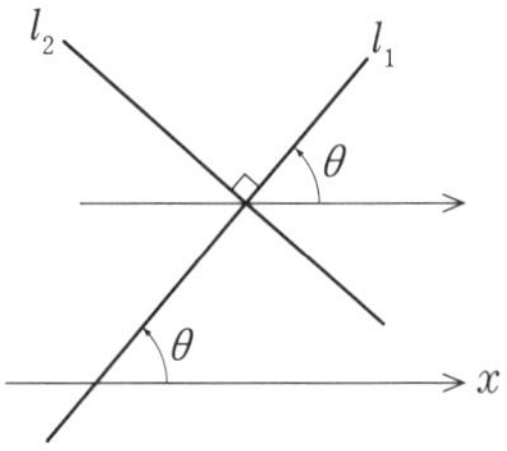

問 3　次の直線 l の傾き m について，$m=\tan\theta\left(-\dfrac{\pi}{2}<\theta<\dfrac{\pi}{2}\right)$ を満たす θ を求めなさい。

(1) $l: y=\sqrt{3}x+1$　　　(2) $l: y=-x-1$

答え：問 2　$-\sqrt{2}<k<\sqrt{2}$　　問 3　(1) $\dfrac{\pi}{3}$　(2) $-\dfrac{\pi}{4}$

基本問題

▶答えは別冊 p.94 ~ 95

1 直線の方程式，直線の傾き

xy 座標平面上に 4 点 A(5, 3)，B(1, 1)，C(2, a)，D(b, c) があり，四角形 ABCD は長方形であるとする。このとき，a，b，c を求めよう。

直線 AB の方程式は

$$y=\frac{\boxed{\text{A}}}{\boxed{\text{B}}}x+\frac{\boxed{\text{C}}}{\boxed{\text{D}}}$$

である。

また，直線 BC は直線 AB と直交するので，直線 BC の傾きは $\boxed{\text{EF}}$ である。

よって，直線 BC の方程式は

$$y=\boxed{\text{GH}}\,x+\boxed{\text{I}}$$

であり，点 C の座標は (2, $\boxed{\text{JK}}$) となる。

さらに，直線 CD の方程式は $y=\dfrac{\boxed{\text{L}}}{\boxed{\text{M}}}x-\boxed{\text{N}}$ であり，直線 DA の方程式は $y=\boxed{\text{OP}}\,x+\boxed{\text{QR}}$ である。

したがって

$$a=\boxed{\text{ST}},\quad b=\boxed{\text{U}},\quad c=\boxed{\text{V}}$$

である。

2 点と直線の距離

xy 座標平面上に 3 点 A(1, 1), B(3, −3), C(−2, 3) がある。このとき，三角形 ABC の面積 S を求めよう。

最初に，直線 AB の方程式は $y=$ [AB] $x+$ [C] である。

これより，点 C と直線 AB の距離 d は

$$d=\frac{\boxed{\text{D}}\sqrt{\boxed{\text{E}}}}{\boxed{\text{F}}}$$

となる。

したがって，三角形 ABC の面積 S は

$$S=\frac{1}{2}d\cdot \mathrm{AB}=\boxed{\text{G}}$$

となる。

実戦問題

▶答えは別冊 p.95～97

1　xy 座標平面上の円 $C : x^2+y^2-6x+6y+9=0$ と直線 $l : x+2y+k=0$ について以下の問いに答えなさい。ただし，k は $k>3$ を満たす定数である。

(1) 円 C の中心Aの座標は（$\boxed{\text{A}}$，$\boxed{\text{BC}}$）であり，半径は $\boxed{\text{D}}$ である。

また，中心Aと直線 l の距離 d は $d=\dfrac{\sqrt{\boxed{\text{E}}}\,(k-\boxed{\text{F}})}{\boxed{\text{G}}}$ である。

(2) 円 C と直線 l が接する場合を考える。

このとき，$k=\boxed{\text{H}}+\boxed{\text{I}}\sqrt{\boxed{\text{J}}}$ である。

さらに，このときの接点Tの座標は

$$\mathrm{T}\left(\boxed{\text{K}}-\frac{\boxed{\text{L}}\sqrt{\boxed{\text{M}}}}{\boxed{\text{N}}},\ -\boxed{\text{O}}-\frac{\boxed{\text{P}}\sqrt{\boxed{\text{Q}}}}{\boxed{\text{R}}}\right)$$

である。

(3) 円 C が直線 l と2点B，Cで交わり，かつ線分BCの長さが4である場合を考える。このとき，$k=\boxed{\text{S}}$ である。

2

(1)　xy 平面において，次のように媒介変数（パラメータ）表示された2直線 l，m を考えよう。

$$l:\begin{cases} x=2s+4 \\ y=s-2 \end{cases} \qquad m:\begin{cases} x=-3t+3 \\ y=t+1 \end{cases} \quad (s,\ t\text{ は実数})$$

2直線を x，y の方程式で表すと

$$l: y=\frac{\boxed{\text{A}}}{\boxed{\text{B}}}x-\boxed{\text{C}},\quad m: y=-\frac{\boxed{\text{D}}}{\boxed{\text{E}}}x+\boxed{\text{F}}$$

である。l と m の交点の座標は $\left(\dfrac{\boxed{\text{GH}}}{\boxed{\text{I}}},\ -\dfrac{\boxed{\text{J}}}{\boxed{\text{K}}}\right)$ である。

ここで，l と m の傾きに対して

$$\tan\theta_1=\frac{\boxed{\text{A}}}{\boxed{\text{B}}},\quad \tan\theta_2=-\frac{\boxed{\text{D}}}{\boxed{\text{E}}},$$

$$\left(-\frac{\pi}{2}<\theta_1<\frac{\pi}{2},\ -\frac{\pi}{2}<\theta_2<\frac{\pi}{2}\right)$$

を満たす θ_1，θ_2 が存在する。

これを用いると，l と m のなす角度 θ $\left(0\leqq\theta\leqq\dfrac{1}{2}\right)$ が計算できて，

$$\theta=\frac{\pi}{\boxed{\text{L}}}$$

となる。

(2)　直線 $n: y=2x+1$ と $\dfrac{\pi}{4}$ の角度をなす直線は2本あり，それらの傾きは

$\dfrac{\boxed{\text{M}}}{\boxed{\text{N}}}$ と $\boxed{\text{OP}}$ である。

第2章　ベクトル

重要用語

日本語	韓国語	英語
ベクトル	벡터	vector
演算	연산	operation
位置ベクトル	위치벡터	position vector
差	차	difference
線分	선분	line segment
内分	내분	internal division
面積	넓이	area
内積	내적	inner product
絶対値	절댓값	absolute value
余弦	코사인	cosine
単位ベクトル	단위벡터	unit vector

要点のまとめ

1 平面ベクトル $\overrightarrow{\mathrm{AB}}$ の意味とベクトルの演算

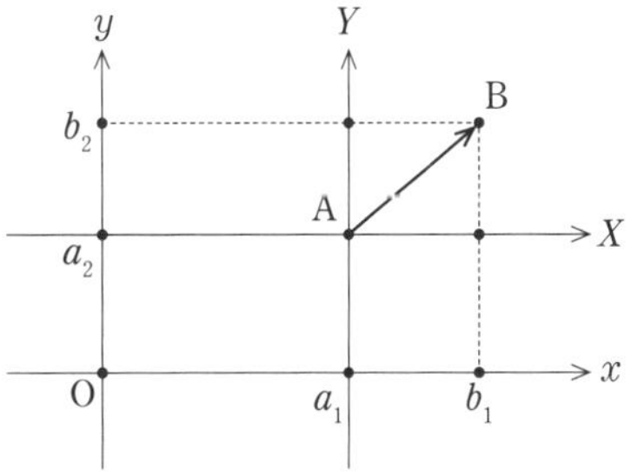

xy 平面上の点 $\mathrm{A}(a_1,\ a_2)$，$\mathrm{B}(b_1,\ b_2)$ に対して，ベクトル $\overrightarrow{\mathrm{AB}}$ とは，**始点 A から見た終点 B の位置のこと**，すなわち，右の図のように A を原点として XY 平面を考えた場合の B の座標のことである。このとき，図より

$$\overrightarrow{\mathrm{AB}}=(b_1-a_1,\ b_2-a_2)$$

となる。

特に，A＝B のときは $\overrightarrow{\mathrm{AB}}=\vec{0}$ と書く。

ここで

$$(b_1-a_1,\ b_2-a_2)=(b_1,\ b_2)-(a_1,\ a_2)=\overrightarrow{\mathrm{OB}}-\overrightarrow{\mathrm{OA}} \text{ より，} \overrightarrow{\mathrm{AB}}=\overrightarrow{\mathrm{OB}}-\overrightarrow{\mathrm{OA}}$$

と書けるようにベクトルの演算を定めると計算の見通しがよくなる。こうした理由で，ベクトルの和，差，実数倍という演算は，以下のように定められる。

▶ **ベクトルの和，差，実数倍**

2つのベクトル $\vec{a}=(a_1,\ a_2)$，$\vec{b}=(b_1,\ b_2)$ について，

① **和**　$\vec{a}+\vec{b}:(a_1,\ a_2)+(b_1,\ b_2)=(a_1+b_1,\ a_2+b_2)$

② **差**　$\vec{a}-\vec{b}:(a_1,\ a_2)-(b_1,\ b_2)=(a_1-b_1,\ a_2-b_2)$

③ **実数倍**　$k\vec{a}:k(a_1,\ a_2)=(ka_1,\ ka_2)$

問1　$\vec{a}=(1,\ 2)$，$\vec{b}=(3,\ -2)$ のとき，次を求めなさい。

(1)　$\vec{a}+\vec{b}$　　　　(2)　$3\vec{a}-2\vec{b}$

2 位置ベクトル

始点Oを固定する。$\vec{a}=(a,\ b)$ について，$\overrightarrow{OA}=\vec{a}=(a,\ b)$ を満たす点を $A(\vec{a})$ と表し，$\vec{a}$ を点Aの**位置ベクトル**と呼ぶ。

常に，原点Oから見た位置を考えることで見通しがよくなることも多い。今まで点 $P(x,\ y)$ と表してきたものは，正確には，$\overrightarrow{OP}=\vec{p}=(x,\ y)$ を満たす点 $P(\vec{p})$ という意味である。

▶ **内分点の位置ベクトル**

2点 $A(\vec{a})$，$B(\vec{b})$ を結ぶ線分ABを $m:n$ に内分する点Pの位置ベクトル $\vec{p}$ は

$$\overrightarrow{AP}=\frac{m}{m+n}\overrightarrow{AB}$$

より

$$\vec{p}-\vec{a}=\frac{m}{m+n}(\vec{b}-\vec{a})$$

したがって，

$$\vec{p}=\vec{a}+\frac{m}{m+n}(\vec{b}-\vec{a})=\boldsymbol{\frac{n\vec{a}+m\vec{b}}{m+n}}$$

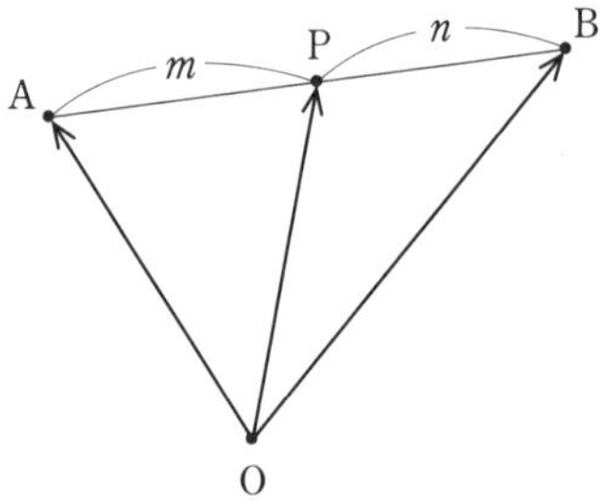

問2　点A(1，2)，B(7，5) について線分ABを2：1に内分する点Pの座標を求めなさい。

ここから先は，必ずしも xy 平面が与えられていない場合を考える。その場合，辺の長さや面積などの図形の基本データを求めるために，内積という量が必要になる。

3 ベクトルの内積と絶対値

$\vec{a}=\overrightarrow{OA}$ を満たすとき

$$|\vec{a}|=|\overrightarrow{OA}|=(\text{線分OAの長さ})$$

と定める。実数 $|\vec{a}|$ を $\vec{a}$ の**絶対値**と呼ぶ。

次に，$\vec{0}$ でない2つのベクトル $\vec{a}$，$\vec{b}$ に対して，$\vec{a}=\overrightarrow{OA}$，$\vec{b}=\overrightarrow{OB}$ を満たす点A，Bを考える。

このとき，$\theta=\angle AOB$ として

$$\boldsymbol{\vec{a}\cdot\vec{b}=|\vec{a}||\vec{b}|\cos\theta}$$

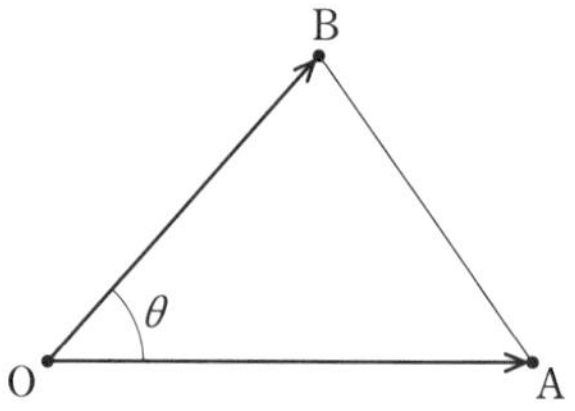

と定め，実数 $\vec{a}\cdot\vec{b}$ を $\vec{a}$ と $\vec{b}$ の**内積**という。

ただし，$\vec{a}=\vec{0}$ または $\vec{b}=\vec{0}$ のときは，$\vec{a}\cdot\vec{b}=0$ とする。

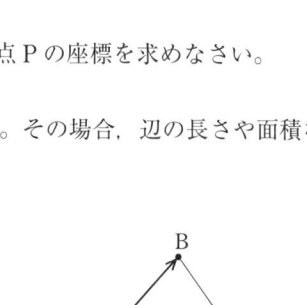

答え：問1 (1)（4，0）　(2)（−3，10）　問2（5，4）

▶ **内積の性質**

① $|\vec{a}|^2 = \vec{a} \cdot \vec{a}$

② $\vec{a} \neq \vec{0}$ かつ $\vec{b} \neq \vec{0}$ のときは

$$\vec{a} \perp \vec{b} \iff \vec{a} \cdot \vec{b} = 0$$

③ xy 平面が与えられていて，$\vec{a} = (a_1,\ a_2)$，$\vec{b} = (b_1,\ b_2)$ のときは

$$\vec{a} \cdot \vec{b} = a_1 b_1 + a_2 b_2$$

問 3　$\vec{a} = (3,\ 4)$ に垂直で長さが 5 のベクトルをすべて求めなさい。

4 余弦定理と面積公式

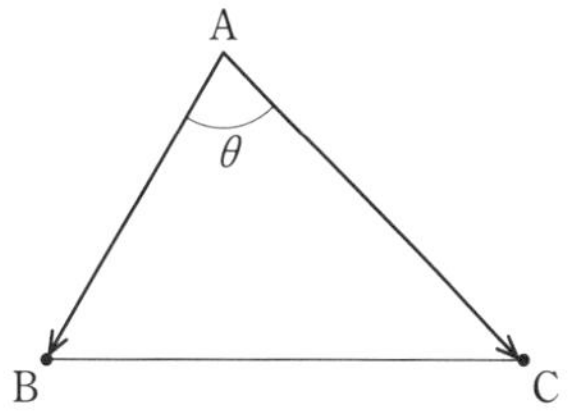

三角形 ABC について

$$|\overrightarrow{BC}|^2 = |\overrightarrow{AC} - \overrightarrow{AB}|^2$$
$$= (\overrightarrow{AC} - \overrightarrow{AB}) \cdot (\overrightarrow{AC} - \overrightarrow{AB})$$
$$= |\overrightarrow{AC}|^2 + |\overrightarrow{AB}|^2 - 2\overrightarrow{AB} \cdot \overrightarrow{AC}$$

となる。これより

$$|\overrightarrow{BC}|^2 = |\overrightarrow{AC}|^2 + |\overrightarrow{AB}|^2 - 2|\overrightarrow{AB}||\overrightarrow{AC}|\cos\theta$$

となる。これはベクトルを用いて表した三角形 ABC についての余弦定理である。

▶ **ベクトルを用いて表した面積公式**

$$\triangle ABC = \frac{1}{2}|\overrightarrow{AB}||\overrightarrow{AC}|\sin\theta = \frac{1}{2}|\overrightarrow{AB}||\overrightarrow{AC}|\sqrt{1 - \cos^2\theta}$$
$$= \frac{1}{2}\sqrt{|\overrightarrow{AB}|^2|\overrightarrow{AC}|^2 - \left(|\overrightarrow{AB}||\overrightarrow{AC}|\cos\theta\right)^2}$$
$$= \frac{1}{2}\sqrt{|\overrightarrow{AB}|^2|\overrightarrow{AC}|^2 - \left(\overrightarrow{AB} \cdot \overrightarrow{AC}\right)^2}$$

特に，xy 平面上の三角形 ABC で，$\overrightarrow{AB} = (a_1,\ a_2)$，$\overrightarrow{AC} = (b_1,\ b_2)$ のとき

$$\triangle ABC = \frac{1}{2}|a_1 b_2 - a_2 b_1|$$

となる。

問 4　xy 平面上に 3 点 A(2, 1)，B(3, 3)，C(4, 2) をとるとき三角形 ABC の面積を求めなさい。

補足　平面図形に関する量は，$|\overrightarrow{AB}|^2$，$|\overrightarrow{AC}|^2$，$\overrightarrow{AB} \cdot \overrightarrow{AC}$ という 3 つの基本的な量で表される。このことは，大学の線形代数学で詳しく学ぶ。

答え：問 3　(4, −3)，(−4, 3)　　問 4　$\frac{3}{2}$

5 ベクトル方程式で表される図形

直線 $\vec{p}=\vec{a}+t\vec{l}$ (t は実数)，あるいは，円 $|\vec{p}-\vec{a}|=r$ などと省略された形で書かれることが多いが，図形としてはこれらの方程式を満たす点 $\mathrm{P}(\vec{p})$ をすべて集めたものということで，第１章「図形と方程式」における意味とまったく同じである。

▶ 直線のベクトル方程式

点 $\mathrm{A}(\vec{a})$ を通り，$\vec{l}$ に平行な直線 L

$$L=\{\mathrm{P}(\vec{p})\,|\,\vec{p}=\vec{a}+t\vec{l}\ (t\text{ は実数})\}$$

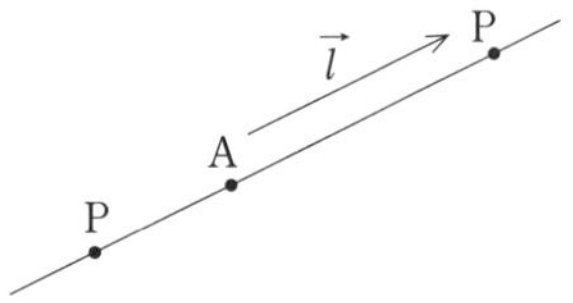

実際，

$$\overrightarrow{\mathrm{OP}}=\overrightarrow{\mathrm{OA}}+t\vec{l}\qquad \overrightarrow{\mathrm{AP}}=t\vec{l}$$

を満たす。

一般に，直線に平行なベクトルを，その直線の**方向ベクトル**という。ここでは，$\vec{l}$ が方向ベクトルである。

▶ 円のベクトル方程式

半径 r，中心 $\mathrm{A}(\vec{a})$ の円 C

$$C=\{\mathrm{P}(\vec{p})\,|\,|\vec{p}-\vec{a}|=r\}$$

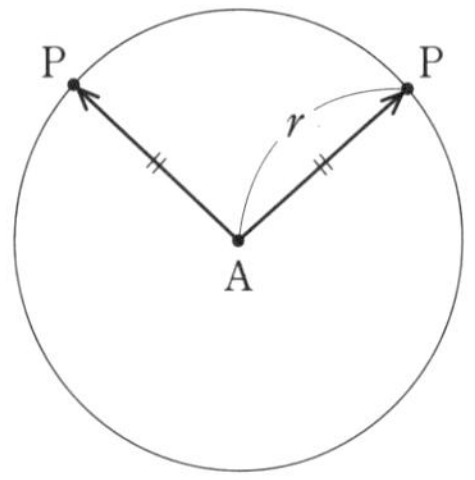

実際，

$$|\overrightarrow{\mathrm{OP}}-\overrightarrow{\mathrm{OA}}|=|\overrightarrow{\mathrm{AP}}|=r$$

を満たす。

問 5　空欄にあてはまる語句を入れなさい。

2点 $\mathrm{A}(\vec{a})$，$\mathrm{B}(\vec{b})$ について，$\vec{p}=s\vec{a}+t\vec{b}\ (s+t=1)$ は ［　　　］ を通る直線のベクトル方程式である。

6 内積による直線の方程式

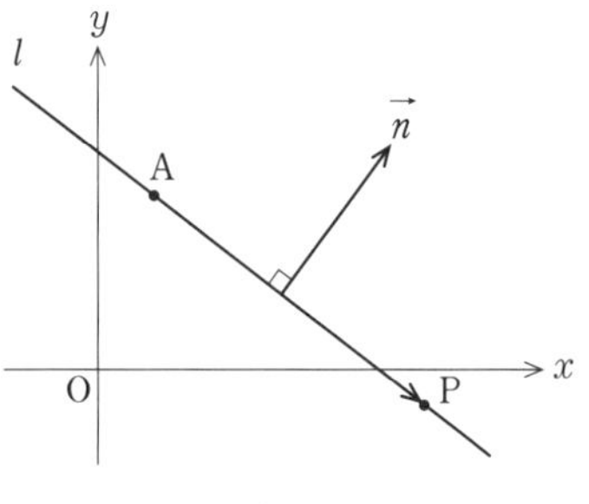

直線 $l: ax+by+c=0$ 上に定点 $\mathrm{A}(x_0,\ y_0)$ をとると

$$ax_0+by_0+c=0$$

を満たす。これより

$$a(x-x_0)+b(y-y_0)=0 \quad \cdots\cdots①$$

を得る。ここで，l 上の任意の点を $\mathrm{P}(x,\ y)$ とおき，$\vec{n}=(a,\ b)$ とおくと，①は

$$\vec{n}\cdot\overrightarrow{\mathrm{AP}}=\vec{0}$$

を表す。よって，$\vec{n}$ は直線 l の**法線ベクトル**，すなわち，l に垂直なベクトルである。

また，点A，Pの位置ベクトルを $\vec{a}$，$\vec{p}$ とおく。すなわち

$$\vec{a}=\overrightarrow{\mathrm{OA}}=(x_0,\ y_0),\qquad \vec{p}=\overrightarrow{\mathrm{OP}}=(x,\ y)$$

とおくと，①は

$$\vec{n}\cdot(\vec{p}-\vec{a})=0 \quad \cdots\cdots②$$

となる。したがって，点 $\mathrm{A}(x_0,\ y_0)$ を通り，$\vec{n}=(a,\ b)$ を法線ベクトルに持つ直線の方程式は①であり，②はそのベクトル方程式である。

答え：問5　AとB

▶ 直線の方程式

・点 $A(x_0,\ y_0)$ を通り，$\vec{n}=(a,\ b)$ を法線ベクトルに持つ直線

$$\boldsymbol{a}(\boldsymbol{x}-\boldsymbol{x}_0)+\boldsymbol{b}(\boldsymbol{y}-\boldsymbol{y}_0)=0 \quad \text{：直線の方程式}$$

$$\vec{n}\cdot(\vec{p}-\vec{a})=0 \quad \text{：ベクトル方程式}$$

公式を覚えるだけでなく，臨機応変にベクトルを使いこなして，xy 平面上の図形の性質を調べることが重要である。

問 6　2 直線 $3x-y-6=0$ と $ax+(a+1)y+1=0$ が直交するような a の値を求めなさい。

7 平面ベクトルの極座標表示

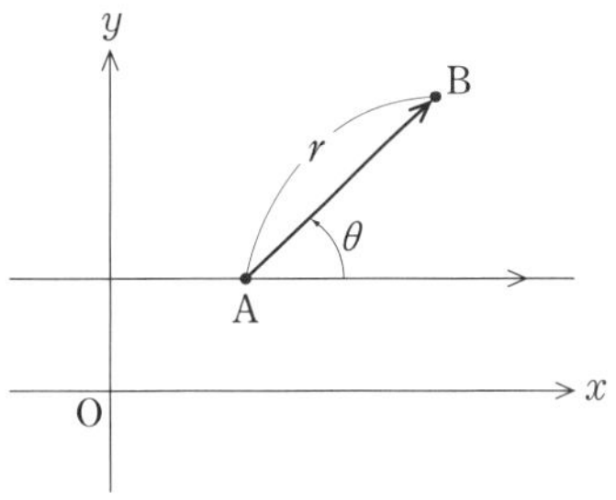

再び xy 平面が与えられている場合を考える。
2 点 A, B について $\overrightarrow{AB}$ と x 軸正方向とのなす角度を θ とする。ただし，反時計回りに測った角度を正の角度とする。三角関数を定義したときと同様に，θ を**平面ベクトル $\overrightarrow{AB}$ の偏角**と呼ぶ。さらに，$r=|\overrightarrow{AB}|$ とおくと

$$\overrightarrow{\mathrm{AB}}=r(\cos\theta,\ \sin\theta) \qquad \theta：\overrightarrow{\mathrm{AB}}\text{ の偏角}$$

と書ける。これを**平面ベクトル $\overrightarrow{AB}$ の極座標表示**と呼ぶ。

▶ 単位ベクトル

特に，$r=1$ のとき $\overrightarrow{AB}$ を**単位ベクトル**という。
単位ベクトルは必ず $(\cos\theta,\ \sin\theta)$ の形で書ける。
偏角はベクトルの向きを表していることに注意しよう。

問 7　空欄にあてはまるものを入れなさい。
$\vec{a}=(1,\ \sqrt{3})$ について，$|\vec{a}|=$ [ア]，($\vec{a}$ の偏角) $=$ [イ] $+2n\pi$ (n は整数) であり，極座標表示すると，$\vec{a}=$ [ウ] となる。

答え：問 6　$\frac{1}{2}$　　問 7　ア　2　　イ　$\frac{\pi}{3}$　　ウ　$2\left(\cos\frac{\pi}{3},\ \sin\frac{\pi}{3}\right)$

基本問題

▶答えは別冊 p.98 ～ 101

1 ベクトルと図形

xy 座標平面上に 4 点 A(5, 3), B(1, 1), C(2, a), D(b, c) があり，四角形 ABCD は長方形であるとする。

このとき

$\overrightarrow{BA}=($ [A], [B]$)$, $\overrightarrow{BC}=($ [C], $a-$ [D]$)$

であり，$\overrightarrow{BA}\perp\overrightarrow{BC}$ より $a=$ [EF] となる。

さらに，$\overrightarrow{BA}=\overrightarrow{CD}$ より $b=$ [G], $c=$ [H] である。

2 ベクトルと三角形の面積

xy 座標平面上に 3 点 A(1, 1), B(3, −3), C(−2, 3) がある。

このとき

$\overrightarrow{AB}=($ [A], [BC]$)$, $\overrightarrow{AC}=($ [DE], [F]$)$

であり，三角形 ABC の面積 S は $S=$ [G] となる。

3 直線のベクトル方程式

xy 座標平面を考える。以下の問いに答えなさい。

(1) 点 A(1, -2) を通り，方向ベクトル $\overrightarrow{l}=(2,\ -1)$ を持つ直線 l を考える。l のベクトル方程式は

$$l:\overrightarrow{p}=(\boxed{\text{A}},\ \boxed{\text{BC}})+k\overrightarrow{l}\quad (k\text{は実数})$$

と書ける。これを x, y の方程式にすると

$$l: y=-\frac{\boxed{\text{D}}}{\boxed{\text{E}}}x-\frac{\boxed{\text{F}}}{\boxed{\text{G}}}$$

である。

(2) 点 B(2, 1) を通り，法線ベクトル $\overrightarrow{n}=(2,\ -1)$ を持つ直線 l の方程式は

$$l:\boxed{\text{H}}x-y-\boxed{\text{I}}=0$$

である。

(3) 2 直線 l, m を

$$l:\begin{cases} x=2s+4 \\ y=s-2 \end{cases}\qquad m:\begin{cases} x=-3t+3 \\ y=t+1 \end{cases}\quad (s,\ t\text{ は実数})$$

と定める。これより，l は方向ベクトル ($\boxed{\text{J}}$, 1) を持ち，m は方向ベクトル ($\boxed{\text{KL}}$, 1) を持つことがわかる。これを利用すると，l と m のなす角度は

$\dfrac{\pi}{\boxed{\text{M}}}$ であることがわかる。

4 単位ベクトルと向き，偏角

xy 座標平面における単位円上の点 $P(\theta)$ を偏角 θ の方向にとる。このとき

$$\vec{e}(\theta)=\overrightarrow{OP(\theta)}=(\cos\theta,\ \sin\theta)$$

と定める。xy 座標平面上の単位ベクトルは，必ず $\vec{e}(\theta)$ の形で表されることに注目しよう。

(1) 2点 $A(1,\ 1)$，$B(1-\sqrt{3},\ 2)$ について

$$\overrightarrow{OA}=\sqrt{\boxed{\text{A}}}\,\vec{e}\left(\frac{\pi}{\boxed{\text{B}}}\right),\qquad \overrightarrow{AB}=\boxed{\text{C}}\,\vec{e}\left(\frac{\boxed{\text{D}}}{\boxed{\text{E}}}\pi\right)$$

と表される。

(2) 次の文中の $\boxed{\text{F}}$ ～ $\boxed{\text{H}}$ に入るものを，下の⓪～⑤の中から選びなさい。

2つの単位ベクトル $\vec{e}(\alpha)$，$\vec{e}(\beta)$ がなす角度は $|\alpha-\beta|$ とみなせるので，内積の値は

$$\vec{e}(\alpha)\cdot\vec{e}(\beta)=\boxed{\text{F}}=\cos\alpha\cdot\boxed{\text{G}}+\sin\alpha\cdot\boxed{\text{H}}$$

と表される。これは三角関数の加法定理である。

⓪ $\cos\beta$	① $\sin\beta$	② $\cos(\alpha+\beta)$
③ $\cos(\alpha-\beta)$	④ $\sin(\alpha+\beta)$	⑤ $\sin(\alpha-\beta)$

(3) $I=\sqrt{3}\cos\theta+\sin\theta$ もベクトルの内積とみなして計算すると

$$I=(\sqrt{3},\ 1)\cdot(\cos\theta,\ \sin\theta)$$

$$=\boxed{\text{I}}\,\vec{e}\left(\frac{\pi}{\boxed{\text{J}}}\right)\cdot\vec{e}(\theta)$$

$$=\boxed{\text{K}}\cos\left(\theta-\frac{\pi}{\boxed{\text{L}}}\right)$$

となる。これは三角関数の合成である。

5 内積，正射影

xy 平面の 3 点 A(5, 3)，B(2, 1)，C(1, 3) について，$\vec{a}=\overrightarrow{\mathrm{BA}}$，$\vec{b}=\overrightarrow{\mathrm{BC}}$ とすると

$$\vec{a}=(\boxed{\mathrm{A}},\ \boxed{\mathrm{B}}),\quad \vec{b}=(\boxed{\mathrm{CD}},\ \boxed{\mathrm{E}})$$

である。

また，点 C から直線 AB に垂線をおろして交点を D とするとき，D の座標を求めよう。

$\overrightarrow{\mathrm{BD}}=s\vec{a}$ とおくと

$$\overrightarrow{\mathrm{CD}}=(\boxed{\mathrm{F}}+\boxed{\mathrm{G}}\,s,\ \boxed{\mathrm{HI}}+\boxed{\mathrm{J}}\,s)$$

である。

ここで，$\overrightarrow{\mathrm{CD}}$ は $\vec{a}$ と垂直であることを用いると，$s=\dfrac{\boxed{\mathrm{K}}}{\boxed{\mathrm{LM}}}$ となる。したがって，点 D の座標は $\left(\dfrac{\boxed{\mathrm{NO}}}{\boxed{\mathrm{PQ}}},\ \dfrac{\boxed{\mathrm{RS}}}{\boxed{\mathrm{TU}}}\right)$ である。

実戦問題

▶答えは別冊 p.101 ～ 104

1　三角形 OAB について，辺 OA を 2：3 に内分する点を C，辺 OB を 2：1 に内分する点を D とする。また，線分 CD の中点を E，直線 OE と直線 AB との交点を F とする。ここで $\overrightarrow{OA}=\vec{a}$，$\overrightarrow{OB}=\vec{b}$ とおくとき，以下の問いに答えなさい。

(1)　$\overrightarrow{OE}$ について

$$\overrightarrow{OE}=\frac{\boxed{\text{A}}}{\boxed{\text{B}}}(\overrightarrow{OC}+\overrightarrow{OD})=\frac{\boxed{\text{C}}}{\boxed{\text{D}}}\vec{a}+\frac{\boxed{\text{E}}}{\boxed{\text{F}}}\vec{b}$$

である。ここで，$\overrightarrow{OF}=k\overrightarrow{OE}$（$k$ は実数）とおくと，点 F は直線 AB 上にあることから，$k=\dfrac{\boxed{\text{GH}}}{\boxed{\text{I}}}$ となる。よって

$$\overrightarrow{OF}=\frac{\boxed{\text{J}}}{\boxed{\text{K}}}\vec{a}+\frac{\boxed{\text{L}}}{\boxed{\text{M}}}\vec{b}$$

である。

(2)　三角形 OAB の 3 辺の長さが OA＝5，OB＝6，AB＝9 である場合を考えよう。このとき，$\vec{a}\cdot\vec{b}=\boxed{\text{NOP}}$ である。これより

$$|\overrightarrow{OF}|=\frac{\boxed{\text{Q}}\sqrt{\boxed{\text{RS}}}}{\boxed{\text{T}}}$$

である。

2 xy 座標平面における円 $C:(x-1)^2+(y-3)^2=4$ を考える。C の中心を A とする。

(1) C 上の点 P の位置ベクトルを $\vec{p}$，中心 A の位置ベクトルを $\vec{a}$ とすると

$$|\vec{p}-\vec{a}|=\boxed{\text{A}}$$

が成り立つ。これは円 C のベクトル方程式である。

(2) C 上の点 P$(x,\ y)$ について，$\overrightarrow{\text{AP}}$ の偏角を θ とすると

$$\overrightarrow{\text{AP}}=\boxed{\text{B}}(\cos\theta,\ \sin\theta)$$

である。これより

$$\overrightarrow{\text{OP}}=(x,\ y)=\boxed{\text{C}}(\cos\theta,\ \sin\theta)+(\boxed{\text{D}},\ \boxed{\text{E}})$$
$$=(\boxed{\text{F}}\cos\theta+\boxed{\text{G}},\ \boxed{\text{H}}\sin\theta+\boxed{\text{I}})$$

である。これは，円 C のパラメータ表示である。

(3) (2)において θ を固定して，定点 P における接線を l とする。l の法線ベクトルは $\overrightarrow{\text{AP}}$ である。これより，l の方程式は

$$l:(\cos\theta)x+(\sin\theta)y=\cos\theta+\boxed{\text{J}}\sin\theta+\boxed{\text{K}}$$

となる。

(4) (3)において l が原点を通るとする。このとき

$$\tan\theta=\frac{\boxed{\text{LM}}\pm\boxed{\text{N}}\sqrt{\boxed{\text{O}}}}{\boxed{\text{P}}}$$

である。

3　各辺の長さが1の正四面体ABCDを考える。また，点Aを通り平面BCDに垂直な直線と平面BCDの交点をHとする。ここで

$$\overrightarrow{AB}=\vec{a},\quad \overrightarrow{AC}=\vec{b},\quad \overrightarrow{AD}=\vec{c}$$

とおくとき，次の問いに答えなさい。

(1)　3つの三角形ABC，ACD，ADBに注目すると

$$\vec{a}\cdot\vec{b}=\vec{b}\cdot\vec{c}=\vec{c}\cdot\vec{a}=\frac{\boxed{\text{A}}}{\boxed{\text{B}}}$$

である。

(2)　点Hは平面BCD上にあるので

$$\overrightarrow{AH}=x\vec{a}+y\vec{b}+z\vec{c}\quad \text{かつ}\quad x+y+z=1$$

とおける。さらに，$\overrightarrow{AH}$が平面BCDに垂直であることから

$$x=\frac{\boxed{\text{C}}}{\boxed{\text{D}}},\quad y=\frac{\boxed{\text{E}}}{\boxed{\text{F}}},\quad z=\frac{\boxed{\text{G}}}{\boxed{\text{H}}}$$

である。

(3)　$|\overrightarrow{AH}|=\dfrac{\sqrt{\boxed{\text{I}}}}{\boxed{\text{J}}}$であり，正四面体ABCDの体積$V$は

$$V=\frac{1}{3}\cdot|\overrightarrow{AH}|\cdot\triangle\text{BCD}=\frac{\sqrt{\boxed{\text{K}}}}{\boxed{\text{LM}}}$$

である。

第3章 複素数平面表示

重要用語

日本語	韓国語	英語
複素数平面（ふくそすうへいめん）	복소평면	complex plane
虚数（きょすう）	허수	imaginary number
極形式（きょくけいしき）	극형식	polar form
共役複素数（きょうやくふくそすう）	켤레복소수	complex conjugate

要点のまとめ

複素数 $z=x+yi$（x，y は実数，i は虚数単位）の複素数平面表示について説明する。この章でも xy 平面が与えられている場合を考える。

1 複素数平面の考え方

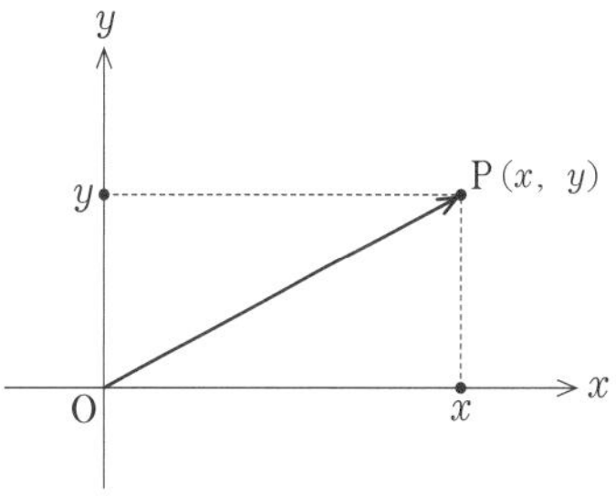

複素数 $z=x+yi$ に対して，「z を表す点を P とする」，あるいは，「複素数平面上の点 P(z) を考える」ということは

$$\overrightarrow{\mathrm{OP}}=(x,\ y)$$

で表される点 P を考える，ということである。

これは平面ベクトル $\vec{p}=(x,\ y)$ が位置ベクトルである点 P，すなわち

$$\overrightarrow{\mathrm{OP}}=\vec{p}=(x,\ y)$$

を満たす点 P($\vec{p}$) を考える，ということにほかならない。

このようにして，複素数 z と平面ベクトル $\overrightarrow{\mathrm{OP}}$ を対応させることができる。この対応を

$$z=x+yi \longleftrightarrow \overrightarrow{\mathrm{OP}}=(x,\ y)$$

と書くと，複素数と平面ベクトルの演算である和，差，実数倍は，以下のように対応する。ただし，複素数 $\alpha=a_1+a_2i$，$\beta=b_1+b_2i$ について，点 A(α)，B(β) を考えている。

▶ 複素数とベクトルの演算

		複素数平面		平面ベクトル
①	和	$\alpha+\beta=(a_1+b_1)+(a_2+b_2)i$	$\longleftrightarrow$	$\overrightarrow{\mathrm{OA}}+\overrightarrow{\mathrm{OB}}=(a_1+b_1,\ a_2+b_2)$
②	差	$\alpha-\beta=(a_1-b_1)+(a_2-b_2)i$	$\longleftrightarrow$	$\overrightarrow{\mathrm{OA}}-\overrightarrow{\mathrm{OB}}=(a_1-b_1,\ a_2-b_2)$
③	実数倍	$k\alpha=(ka_1)+(ka_2)i$	$\longleftrightarrow$	$k\overrightarrow{\mathrm{OA}}=(ka_1,\ ka_2)$

また，複素数 z の絶対値 $|z|$ と偏角 $\arg z$ は，それぞれ，平面ベクトル $\overrightarrow{\mathrm{OP}}$ の絶対値 $|\overrightarrow{\mathrm{OP}}|$ と $\overrightarrow{\mathrm{OP}}$ の偏角に一致する。

絶対値　$|z|=|\overrightarrow{\mathrm{OP}}|=r=\sqrt{x^2+y^2}$

偏　角　$\arg z=(\overrightarrow{\mathrm{OP}}$ の偏角$)=\theta$

すると，複素数の極形式は平面ベクトルの極座標表示そのものであることがわかる。

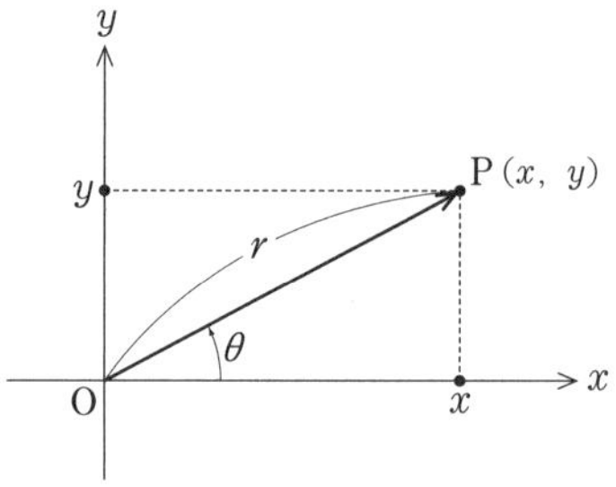

▶ **極形式と極座標表示**

	複素数平面			平面ベクトル
極形式	$z=|z|(\cos\theta+i\sin\theta)$	$\longleftrightarrow$	**極座標表示**	$\overrightarrow{\mathrm{OP}}=r(\cos\theta,\ \sin\theta)$

特に，z の偏角が知りたいときは，平面ベクトル $(x,\ y)$ を極座標表示して，平面ベクトルの偏角を求めればよい。

問１　空欄にあてはまるものを入れなさい。

$z=\dfrac{1}{1-i}$ のとき，$|z|=$ [ア]，$\arg z=$ [イ] $+2n\pi$（n は整数）であり，極形式にすると $z=$ [ウ] である。

2 共役複素数，実数部分，虚数部分，図形の基本的な量

複素数 $z=x+yi$（$x,\ y$ は実数）に対して，複素数 $\overline{z}=x-yi$ を，z の**共役複素数**という。

▶ **共役複素数**

① $\overline{z\pm w}=\overline{z}\pm\overline{w}$　　$\overline{zw}=\overline{z}\cdot\overline{w}$　　$\overline{\left(\dfrac{z}{w}\right)}=\dfrac{\overline{z}}{\overline{w}}$

② $|z|^2=z\overline{z}=\overline{z}z$

複素数 z に対して，x を z の**実数部分**（**実部**（じつぶ））といい，$\mathrm{Re}(z)$ と表す。また，y を z の**虚数部分**（**虚部**（きょぶ））といい，$\mathrm{Im}(z)$ と表す。

▶ **実数部分，虚数部分**

① $\mathrm{Re}(z)=\dfrac{z+\overline{z}}{2}$，$\mathrm{Im}(z)=\dfrac{z-\overline{z}}{2i}$

② z が実数 $\iff$ $z=\overline{z}$，z が純虚数（じゅんきょすう） $\iff$ $z=-\overline{z}$ かつ $z\neq 0$

答え：問１　ア $\dfrac{\sqrt{2}}{2}$　イ $\dfrac{\pi}{4}$　ウ $\dfrac{\sqrt{2}}{2}\left(\cos\dfrac{\pi}{4}+i\sin\dfrac{\pi}{4}\right)$

次に，共役複素数を用いて，三角形の辺の長さや内積を表してみよう。

複素数平面上で，3 点 O(0)，A(α)，B(β) を頂点とする三角形 OAB を考えると

$$\overrightarrow{OA} \longleftrightarrow \alpha$$
$$\overrightarrow{OB} \longleftrightarrow \beta$$
$$\overrightarrow{AB}=\overrightarrow{OB}-\overrightarrow{OA} \longleftrightarrow \beta-\alpha$$

と同一視されることから，

$$|\overrightarrow{OA}|^2=|\alpha|^2=\alpha\overline{\alpha},$$
$$|\overrightarrow{OB}|^2=|\beta|^2=\beta\overline{\beta}$$
$$|\overrightarrow{AB}|^2=|\beta-\alpha|^2=(\beta-\alpha)(\overline{\beta-\alpha})$$

となる。また

$$\overrightarrow{OA}\cdot\overrightarrow{OB}=\frac{1}{2}\left(|\overrightarrow{OA}|^2+|\overrightarrow{OB}|^2-|\overrightarrow{AB}|^2\right)=\frac{\alpha\overline{\beta}+\overline{\alpha}\beta}{2}$$

となる。

問 2　複素数 $\alpha=1+2i$，$\beta=2+i$ に対して，複素数平面上の 3 点 O(0)，A(α)，B(β) を考える。このとき三角形 OAB の面積を求めなさい。

3 複素数の積と商，三角関数の加法定理

複素数 z，w を極形式で

$$z=|z|(\cos\alpha+i\sin\alpha),\quad w=|w|(\cos\beta+i\sin\beta)$$

と表す。このとき，加法定理を用いると

$$\begin{aligned}zw&=|z||w|(\cos\alpha+i\sin\alpha)(\cos\beta+i\sin\beta)\\&=|z||w|\{\cos(\alpha+\beta)+i\sin(\alpha+\beta)\}\end{aligned}$$

となる。同様に

$$\frac{z}{w}=\frac{|z|}{|w|}\{\cos(\alpha-\beta)+i\sin(\alpha-\beta)\}$$

となり，これらより以下が成り立つ。

▶ 複素数の積と商

① **積**　$|zw|=|z||w|$，　$\arg(zw)=\arg z+\arg w$

② **商**　$\left|\dfrac{z}{w}\right|=\dfrac{|z|}{|w|}$，　$\arg\dfrac{z}{w}=\arg z-\arg w$

特に

$$|z^n|=|z|^n,\quad \arg z^n=n\arg z\quad (n\text{ は整数})$$

が成り立つことに注意しよう。

この関係を用いると，次の式より，三角関数の加法定理を導くことができる。

$$\begin{cases}(\cos\alpha+i\sin\alpha)(\cos\beta+i\sin\beta)=\cos(\alpha+\beta)+i\sin(\alpha+\beta)\\[2mm]\cos(\alpha-\beta)+i\sin(\alpha-\beta)=\dfrac{\cos\alpha+i\sin\alpha}{\cos\beta+i\sin\beta}\end{cases}$$

問 3　空欄にあてはまるものを入れなさい。

$z=i$ のとき $|z^3|=$ [ア]，$\arg z^3=$ [イ] $+2n\pi$（n は整数）である。

答え：問 2　$\dfrac{3}{2}$　　問 3　ア　1　イ　$\dfrac{3}{2}\pi$

4 複素数の積と回転移動

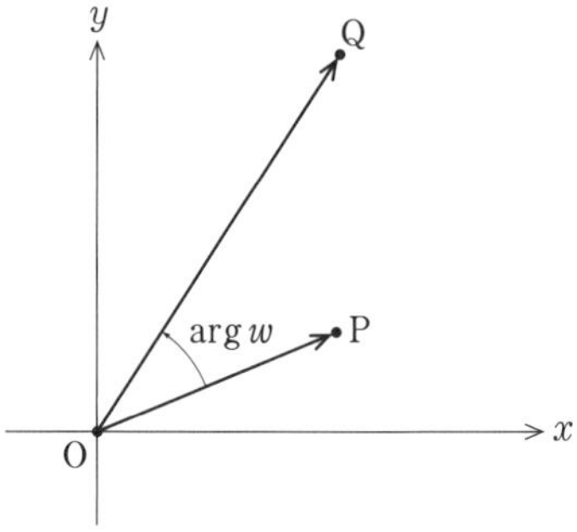

複素数平面上の点P(z)と複素数wを考える。このとき，点Q(zw)の位置を平面ベクトル$\overrightarrow{OQ}$を調べることで確かめてみよう。

すると

絶対値　$|\overrightarrow{OQ}|=|zw|=|z||w|$

偏　角　($\overrightarrow{OQ}$の偏角)$=\arg(zw)=\arg z+\arg w$

である。

これより，$\overrightarrow{OP}$の長さを$|w|$倍，偏角を$\arg w$だけ増加させる，すなわち，点Oを中心に反時計回りに$\arg w$だけ回転したものが$\overrightarrow{OQ}$である。

問４　空欄にあてはまるものを入れなさい。

点A(α)と$\beta=\sqrt{3}+i$について，点B($\alpha\beta$)を考えると，$|\overrightarrow{OB}|$は$|\overrightarrow{OA}|$の［ア］倍，$\angle$AOB＝［イ］である。

答え：問4　ア　2　　イ　$\dfrac{\pi}{6}$

基本問題

▶答えは別冊 p.105 ～ 108

1 複素数と平面ベクトルの関係

2つの複素数α，βは

$$|\alpha|=4,\ |\beta|=5,\ |\alpha-\beta|=6$$

を満たすとする。

このとき

$$\alpha\overline{\alpha}=\boxed{\text{AB}},\quad \beta\overline{\beta}=\boxed{\text{CD}},\quad \alpha\overline{\beta}+\overline{\alpha}\beta=\boxed{\text{E}}$$

を満たす。これらより

$$|\alpha+\beta|=\sqrt{\boxed{\text{FG}}}$$

となる。

ここで，複素数平面上の3点O(0)，A(α)，B(β)を考えると

$$\overrightarrow{OA}\cdot\overrightarrow{OB}=\frac{\boxed{\text{H}}}{\boxed{\text{I}}},\quad \overrightarrow{AB}\cdot\overrightarrow{OB}=\frac{\boxed{\text{JK}}}{\boxed{\text{L}}},\quad \cos\angle ABO=\frac{\boxed{\text{M}}}{\boxed{\text{N}}}$$

である。

2 絶対値と偏角

(1) 4次方程式 $z^4=-2\sqrt{2}+2\sqrt{2}\,i$ を解いてみよう。

最初に，両辺の絶対値を考えると

$$|z|^4=|-2\sqrt{2}+2\sqrt{2}\,i|=\boxed{\text{A}} \qquad |z|=\sqrt{\boxed{\text{B}}}$$

である。次に，両辺の偏角を考えると

$$\arg z^4=\boxed{\text{C}}\arg z=\arg(-2\sqrt{2}+2\sqrt{2}\,i)=\frac{\boxed{\text{D}}}{\boxed{\text{E}}}\pi+2n\pi$$

である。ただし，n は整数である。よって

$$\arg z=\frac{\boxed{\text{F}}}{\boxed{\text{GH}}}\pi+\frac{n}{\boxed{\text{I}}}\pi$$

となる。

したがって，4次方程式の解は

$$z=\sqrt{\boxed{\text{J}}}\left\{\cos\left(\frac{\boxed{\text{K}}}{\boxed{\text{LM}}}\pi+\frac{n}{\boxed{\text{N}}}\pi\right)+i\sin\left(\frac{\boxed{\text{O}}}{\boxed{\text{PQ}}}\pi+\frac{n}{\boxed{\text{R}}}\pi\right)\right\}\quad(n=0,\ 1,\ 2,\ 3)$$

の4つである。

(2) 6次方程式 $z^6=-64i$ の解は

$$z=\boxed{\text{S}}\left\{\cos\left(\frac{\boxed{\text{T}}}{\boxed{\text{U}}}\pi+\frac{n}{\boxed{\text{V}}}\pi\right)+i\sin\left(\frac{\boxed{\text{W}}}{\boxed{\text{X}}}\pi+\frac{n}{\boxed{\text{Y}}}\pi\right)\right\}(n=0,\ 1,\ 2,\ 3,\ 4,\ 5)$$

の6つである。

3 複素数の積，回転移動

複素数平面上の 2 点 A(α)，B(β) について

$$\alpha = 1 + 9i,\quad \beta = 6 - i$$

を満たすとする。さらに，線分 AB を 3：2 に内分する点を C，点 A を原点のまわりに $\dfrac{\pi}{6}$ だけ回転した点を D，点 B を原点のまわりに $-\dfrac{\pi}{3}$ だけ回転した点を E とする。

3 点 C，D，E を表す複素数を z，w，v とすると

$$z = \frac{\boxed{\text{A}}\,\alpha + \boxed{\text{B}}\,\beta}{5} = \boxed{\text{C}} + \boxed{\text{D}}\,i$$

である。

さらに

$$w = \left(\frac{\sqrt{\boxed{\text{E}}}}{\boxed{\text{F}}} + \frac{\boxed{\text{G}}}{\boxed{\text{H}}}\,i \right)\alpha$$

$$= \frac{\boxed{\text{IJ}} + \sqrt{\boxed{\text{K}}}}{\boxed{\text{L}}} + \left(\frac{\boxed{\text{M}} + \boxed{\text{N}}\sqrt{\boxed{\text{O}}}}{\boxed{\text{P}}} \right)i$$

同様に

$$v = \frac{\boxed{\text{Q}} - \sqrt{\boxed{\text{R}}}}{\boxed{\text{S}}} - \left(\frac{\boxed{\text{T}} + \boxed{\text{U}}\sqrt{\boxed{\text{V}}}}{\boxed{\text{W}}} \right)i$$

である。

4 図形への応用

複素数平面上の３点 A(α)，B(β)，C(γ) について，次の問いに答えなさい。

(1)　$\alpha^2+4\beta^2=0$ かつ $|\beta|=2$ を満たすとする。このとき

$$\alpha=\pm\boxed{\text{A}}\,i\beta$$

であり，よって

$$|\alpha|=\boxed{\text{B}},\quad \arg\alpha=\arg\beta\pm\frac{\pi}{\boxed{\text{C}}}$$

となる。したがって，三角形 OAB の面積は $\boxed{\text{D}}$ である。

(2)　$\dfrac{\gamma-\alpha}{\beta-\alpha}=1+\sqrt{3}\,i$ かつ $|\beta-\alpha|=3$ を満たすとする。このとき

$$|\gamma-\alpha|=\boxed{\text{E}}\,|\beta-\alpha|=\boxed{\text{F}},$$

$$\arg(\gamma-\alpha)=\arg(\beta-\alpha)+\frac{\pi}{\boxed{\text{G}}}$$

である。したがって，三角形 ABC の面積は $\dfrac{\boxed{\text{H}}\sqrt{\boxed{\text{I}}}}{\boxed{\text{J}}}$ となる。

実戦問題

▶答えは別冊 p.108 ～ 109

1 複素数平面上の点 $P(z)$ について

$$z\overline{z}+(1+2i)z+(1-2i)\overline{z}+1=0 \quad \cdots\cdots ①$$

を満たす場合を考えよう。

①より

$$\{z+(1-2i)\}\{\overline{z}+(1+2i)\}-\boxed{\text{A}}+1=0 \quad \cdots\cdots ②$$

となり，これより

$$|z+\boxed{\text{B}}-\boxed{\text{C}}\,i|=\boxed{\text{D}}$$

となる。したがって，①は半径 $\boxed{\text{E}}$，中心 $\boxed{\text{FG}}+\boxed{\text{H}}\,i$ の円の方程式である。

さらに，②の式の意味を考えよう。

$z=x+yi$(x, y は実数)とすると，①は

$$x^2+y^2+\boxed{\text{I}}\,x-\boxed{\text{J}}\,y+1=0 \quad \cdots\cdots ③$$

と表される。さらに，②は

$$(x+\boxed{\text{K}})^2+(y-\boxed{\text{L}})^2-\boxed{\text{M}}+1=0$$

と表される。

したがって，②は③の左辺を平方完成する計算であることがわかる。

2　複素数 z_n（$n=1,\ 2,\ \cdots\cdots$）を

$$z_1=1,\quad z_{n+1}=\left(\frac{\sqrt{2}}{2}+\frac{\sqrt{2}}{2}i\right)z_n\quad (n=1,\ 2,\ \cdots\cdots)$$

で定める。

ここで $\omega=\dfrac{\sqrt{2}}{2}+\dfrac{\sqrt{2}}{2}i$ とおくと

$$\omega=\cos\left(\frac{\pi}{\boxed{\text{A}}}\right)+i\sin\left(\frac{\pi}{\boxed{\text{B}}}\right)$$

であり

$$z_1+z_2+\cdots\cdots+z_n=\frac{1-\cos\left(\dfrac{\pi}{\boxed{\text{C}}}n\right)-i\sin\left(\dfrac{\pi}{\boxed{\text{D}}}n\right)}{1-\omega}$$

となる。この値を0にするような最小の n の値を n_0 とすると $n_0=\boxed{\text{E}}$ である。

次に $z=z_1z_2\cdots\cdots z_n$ を計算しよう。z の絶対値と偏角は

$$|z|=\boxed{\text{F}},\quad \arg z=\frac{\boxed{\text{G}}}{\boxed{\text{H}}}n\left(n-\boxed{\text{I}}\right)\pi+2m\pi\ (m\text{ は整数})$$

となる。特に $n=n_0$ のときは $z=\boxed{\text{JK}}$ となる。

第4章　図形(ずけい)のまとめと応用(おうよう)

重要用語

日本語	韓国語	英語
ベクトル方程式(ほうていしき)	벡터방정식	vector equation
定点(ていてん)	정점	fixed point
方向(ほうこう)ベクトル	방향벡터	directional vector
法線(ほうせん)ベクトル	법선벡터	normal vector
回転移動(かいてんいどう)	회전이동	rotational transfer

要点のまとめ

第2部ではこれまで，以下のような手法で図形の性質を読み取ってきた。

第1章　xy 平面で，点 P$(x,\ y)$ とおいて，実数 x と y の式を作る。

第2章　点 P$(\overrightarrow{p})$ とおいて，ベクトル $\overrightarrow{p}$ の式を作る。

第3章　複素数平面で，点 P(z) とおいて，複素数 z の式を作る。

円の方程式と直線の方程式について，3種類の手法を比較してみよう。

1　円の方程式のまとめ

(1)　xy 平面において，中心が A$(a,\ b)$，半径が r の円の方程式は

$$(x-a)^2+(y-b)^2=r^2 \quad \cdots\cdots①$$

(2)　中心が A$(\overrightarrow{a})$，半径が r の円のベクトル方程式は

$$|\overrightarrow{p}-\overrightarrow{a}|=r \quad \cdots\cdots②$$

(3)　複素数平面において，中心が α で，半径が r の円の方程式は

$$|z-\alpha|=r \quad \cdots\cdots③$$

$\overrightarrow{p}=(x,\ y)$，$\overrightarrow{a}=(a,\ b)$，$z=x+yi$，$\alpha=a+bi$ とおくと，①，②，③はいずれも $|\overrightarrow{\mathrm{AP}}|=r$ という意味になる。

問1　空欄にあてはまるものを入れなさい。

複素数平面において，方程式 $|2z-4i|=6$ を満たす点 z 全体は，中心 [ア]，半径 [イ] の円である。

答え：問1　ア　$2i$　　イ　3

2 直線の方程式のまとめ

(1)　xy 平面において，点 A$(a,\ b)$ を通り，傾き m の直線の方程式は

$y=m(x-a)+b$　……①

(2)　点 A$(\vec{a})$ を通り，方向ベクトルが $\vec{l}$ である直線のベクトル方程式は

$\vec{p}=\vec{a}+k\vec{l}$（k は実数）　……②

点 A$(\vec{a})$ を通り，法線ベクトルが $\vec{n}$ である直線のベクトル方程式は

$\vec{n}\cdot(\vec{p}-\vec{a})=0$　……③

(3)　高校の教科書では説明されていない（ただし，例題などで扱われていることは多い）が，複素数平面における直線の方程式は

$\overline{\alpha}z+\alpha\overline{z}=k$　……④

（ただし，α は0でない複素数，k は実数）

④の形の式は①，②，③の形に直して，図形の性質を読み取ればよい。

問２　空欄にあてはまるものを入れなさい。

方程式 $(1+i)z+(1-i)\overline{z}=2$ について，$z=x+yi$ とおくと，x と y の方程式は［ア］となる。これは，xy 平面では，傾きが［イ］，y 切片が［ウ］の直線の方程式である。

答え：問2　ア　$y=x-1$　　イ　1　　ウ　-1

基本問題

▶答えは別冊 p.110～112

1 直線の方程式

複素数平面上の点 P(z) において，z が

$z=1+2i+k(3+i)$ （k は実数） ……①

を満たすとき，点 P(z) の描く図形を調べよう。

A($1+2i$) として，また $3+i$ に対応するベクトルを $\vec{l}$ とすると，①は

$\overrightarrow{OP}=\overrightarrow{OA}+k\vec{l}$ （k は実数）

となる。この式は xy 平面では，点 A([A] , [B]) を通り，方向ベクトルが $\vec{l}=$([C] , [D]) である直線のベクトル方程式である。

さらに，$z=x+yi$（x，y は実数）として，この直線の方程式を x，y で表すと

$y=\dfrac{\boxed{\text{E}}}{\boxed{\text{F}}}x+\dfrac{\boxed{\text{G}}}{\boxed{\text{H}}}$

となる。

次に，①を z と $\overline{z}$ の式で表すと

$(1+\boxed{\text{I}}\,i)z+(1-\boxed{\text{J}}\,i)\overline{z}+\boxed{\text{KL}}=0$

である。

2 直線の傾き，方向ベクトル

xy 座標平面における直線 l：$y=3x$ を，原点を中心に $\frac{\pi}{3}$ だけ反時計回りに回転した直線 l' の傾き m を３通りの方法で計算しよう。

(1)　l の傾き３について

$$\tan\theta=3 \quad \left(-\frac{\pi}{2}<\theta<\frac{\pi}{2}\right)$$

を満たす θ がある。したがって，求める傾き m は

$$m=\tan\left(\theta+\frac{\pi}{3}\right)=-\frac{\boxed{\text{A}}+\boxed{\text{B}}\sqrt{\boxed{\text{C}}}}{\boxed{\text{DE}}}$$

である。

(2)　l の方向ベクトル $\vec{l}$ を

$$\vec{l}=(1,\ 3)=\sqrt{\boxed{\text{FG}}}\,(\cos\theta,\ \sin\theta)\ (0\leqq\theta\leqq 2\pi)$$

と表すと，直線 l' の方向ベクトル $\vec{l'}$ は

$$\vec{l'}=\sqrt{\boxed{\text{HI}}}\left(\cos\left(\theta+\frac{\pi}{3}\right),\ \sin\left(\theta+\frac{\pi}{3}\right)\right)$$

$$=\frac{1}{2}\left(\boxed{\text{J}}-\boxed{\text{K}}\sqrt{\boxed{\text{L}}},\ \boxed{\text{M}}+\sqrt{\boxed{\text{N}}}\right)$$

となる。したがって，求める傾きは $m=-\frac{\boxed{\text{A}}+\boxed{\text{B}}\sqrt{\boxed{\text{C}}}}{\boxed{\text{DE}}}$

である。

(3)　複素数平面で l を考える。(2)の方向ベクトル l に対応する複素数 $1+3i$ について

$$(1+3i)\left(\cos\frac{\pi}{3}+i\sin\frac{\pi}{3}\right)$$

$$=\frac{1}{2}\left\{\boxed{\text{O}}-\boxed{\text{P}}\sqrt{\boxed{\text{Q}}}+i\left(\boxed{\text{R}}+\sqrt{\boxed{\text{S}}}\right)\right\}$$

である。これに対応するベクトルが直線 l' の方向ベクトル $\vec{l'}$ になる。よって

$$\vec{l'}=\frac{1}{2}\left(\boxed{\text{T}}-\boxed{\text{U}}\sqrt{\boxed{\text{V}}},\ \boxed{\text{W}}+\sqrt{\boxed{\text{X}}}\right)$$

であり，求める傾きは，$m=-\frac{\boxed{\text{A}}+\boxed{\text{B}}\sqrt{\boxed{\text{C}}}}{\boxed{\text{DE}}}$ である。

実戦問題

▶答えは別冊 p.112～113

1 複素数平面において，円 $C:|z|=2$ と C 上の点 $\mathrm{A}(1+\sqrt{3}\,i)$ における接線 l の方程式を求めよう。

l 上の点を $\mathrm{P}(x+yi)$（x，y は実数）とおくと

$$\overrightarrow{\mathrm{OA}}\cdot\overrightarrow{\mathrm{AP}}=\boxed{\mathrm{A}}$$

であり，これより

$$\overrightarrow{\mathrm{OA}}\cdot\overrightarrow{\mathrm{OP}}=\boxed{\mathrm{B}}$$

となる。よって，接線 l の方程式を x，y で表すと

$$l:x+\sqrt{\boxed{\mathrm{C}}}\,y=\boxed{\mathrm{D}}$$

となる。

ここで，$z=x+yi$ として l の方程式を z，$\overline{z}$ で表すと

$$l:\left(1-\sqrt{\boxed{\mathrm{E}}}\,i\right)z+\left(1+\sqrt{\boxed{\mathrm{F}}}\,i\right)\overline{z}=\boxed{\mathrm{G}}$$

となる。

さらに，l と実軸および虚軸に囲まれてできる三角形について，この三角形の内接円の中心は

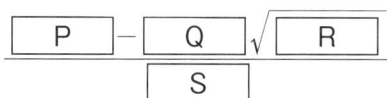

$$\frac{\boxed{\mathrm{H}}-\boxed{\mathrm{I}}\sqrt{\boxed{\mathrm{J}}}}{\boxed{\mathrm{K}}}+\left(\frac{\boxed{\mathrm{L}}-\boxed{\mathrm{M}}\sqrt{\boxed{\mathrm{N}}}}{\boxed{\mathrm{O}}}\right)i$$

であり，半径は

$$\frac{\boxed{\mathrm{P}}-\boxed{\mathrm{Q}}\sqrt{\boxed{\mathrm{R}}}}{\boxed{\mathrm{S}}}$$

である。

2　複素数平面上の点 $\mathrm{P}(z)$ において，z が

$$z=3\cos\theta+i\sin\theta \quad (0\leqq\theta<2\pi)$$

を満たすとする。

(1) $|z|$ の最大値は $\boxed{\text{A}}$ であり，最小値は $\boxed{\text{B}}$ である。

(2) $|z-2i|$ についても最大値，最小値を求めよう。すると

$$|z-2i|^2=\boxed{\text{CD}}\sin^2\theta-\boxed{\text{E}}\sin\theta+\boxed{\text{FG}}$$

である。

したがって，$|z-2i|$ は $(\cos\theta,\ \sin\theta)=\left(\pm\dfrac{\sqrt{\boxed{\text{HI}}}}{\boxed{\text{J}}},\ -\dfrac{\boxed{\text{K}}}{\boxed{\text{L}}}\right)$

のとき最大値 $\dfrac{\boxed{\text{M}}\sqrt{\boxed{\text{N}}}}{\boxed{\text{O}}}$ をとり，

$\theta=\dfrac{\pi}{\boxed{\text{P}}}$ のとき，最小値 $\boxed{\text{Q}}$ をとる。

第3部　微分積分の応用

第3部の目的は，コース2の最重要項目である微分積分を使いこなすことである。

既に第1部第1章，第2章において，関数 $f(x)$ の導関数 $f'(x)$ を求めることで，曲線 $y=f(x)$ の形が簡単につかめる，ということを強調してきた。第3部においては，新しい手法をいくつか補って，さまざまな関数から導関数や不定積分（原始関数）を求めるトレーニングを行う。

ここでも，日本の高校教科書の順番通りではなく，以下のように数学的に関係の深い順番に解説をする。

第1章　微分法・積分法の手法（数学 III）
　合成関数の微分法や置換積分など，微分積分の計算法を中心に解説する
第2章　数列の極限と無限級数（数学 B，III）
　漸化式の解法，数列の極限，無限級数を中心に解説する
第3章　微分法・積分法の応用（数学 III）
　曲線の作図，面積，体積等，微分積分の応用例について解説する

特に第1章は，効率的に習得できるように，苦手にしがちな商の微分法，合成関数の微分法，置換積分，部分積分に的を絞っている。正確に，かつ速やかに計算できるようになるまで辛抱強く繰り返すことが重要である。

関数を微分して導関数を求めたり，積分して不定積分（原始関数）を得ることを身につけると，数学においてできることが一気に増える。そうした内容を第3章で解説する。

第1章　微分法・積分法の手法

重要用語

日本語	韓国語	英語
原始関数	원시함수	primitive function
不定積分	부정적분	indefinite integral
積分定数	적분상수	constant of integration
定積分	정적분	definite integral
部分積分	부분적분	integration by parts
移項	이항	transposition
置換積分	치환적분	integration by substitution

要点のまとめ

1 自然対数の底

指数関数 $f(x)=a^x$ について，$x=0$ における微分係数 $f'(0)$ と導関数 $f'(x)$ を計算すると

$$f'(0)=\lim_{h\to 0}\frac{f(h)-f(0)}{h}=\lim_{h\to 0}\frac{a^h-1}{h}$$

$$f'(x)=\lim_{h\to 0}\frac{f(x+h)-f(x)}{h}=\lim_{h\to 0}\frac{a^{x+h}-a^x}{h}=a^x\left(\lim_{h\to 0}\frac{a^h-1}{h}\right)$$

となる。これより，$f'(x)=f'(0)a^x$ となり，$f'(0)$ の値がわかれば導関数 $f'(x)$ が得られることがわかる。

特に，$f'(0)=1$ を満たす場合の底 a を自然対数の底といい，記号 e で表す。
このとき，$(e^x)'=e^x$ を満たす。

また，e を底とする対数 $\log_e x$ を，x の自然対数という。

▶ 自然対数の底 e の性質

① $\displaystyle\lim_{h\to 0}\frac{e^h-1}{h}=1$

② 数列の極限として $e=\displaystyle\lim_{n\to\infty}\left(1+\frac{1}{n}\right)^n$ が成り立つ。

③ e は $e=2.71818\cdots$ を満たす無理数である。

④ $(e^x)'=e^x$

補足　日本の高校教科書では，$\log_e x$ を省略して $\log x$ と書くことが多い。欧米の教科書では，底が 10 の対数（常用対数）を $\log x$ と書き，自然対数 $\log_e x$ は $\ln x$ と書くことが多いが，本書では，日本の教科書と同様に $\log_e x$ を $\log x$ と書く。

問1　空欄にあてはまる数または記号を入れなさい。

$\displaystyle\lim_{h\to 0}\frac{e^h-1}{h}=1$ に対して，$t=e^h-1$ とおいて計算すると，$\displaystyle\lim_{t\to 0}\frac{\log(1+t)}{t}=$ [ア] を得る。

したがって，$\displaystyle\lim_{t\to 0}(1+t)^{\frac{1}{t}}=$ [イ] となる。

2 極限値の公式

以下の公式は，下の図のように，関数 $f(x)$ の $x=0$ における接線の傾きが1であることを表している。実際，$\displaystyle\lim_{x\to 0}\frac{f(x)-f(0)}{x}=1$ を満たしている。

① $\displaystyle\lim_{x\to 0}\frac{\sin x}{x}=1$　　② $\displaystyle\lim_{x\to 0}\frac{\tan x}{x}=1$

③ $\displaystyle\lim_{x\to 0}\frac{e^x-1}{x}=1$　　④ $\displaystyle\lim_{x\to 0}\frac{\log(1+x)}{x}=1$

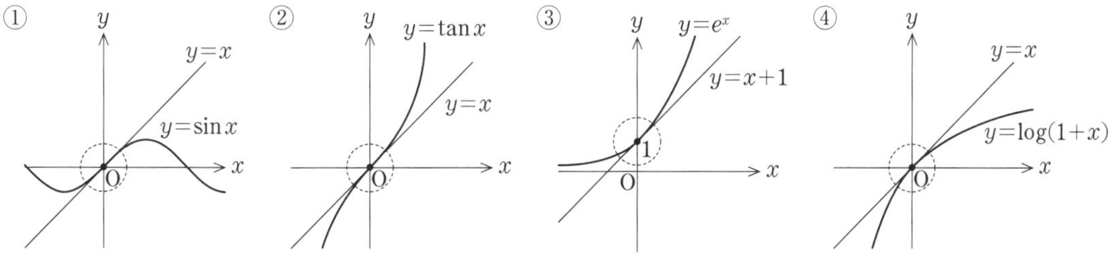

逆に，これらの公式を覚えておけば

$x \fallingdotseq 0$ のときはいつでも $\sin x \fallingdotseq x$，$\tan x \fallingdotseq x$，$e^x \fallingdotseq x+1$，$\log(1+x)\fallingdotseq x$

というように，$x=0$ における接線の方程式を簡単に読み取ることができる。

問2　次の極限値を求めなさい。

(1) $\displaystyle\lim_{x\to 0}\frac{\sin 3x}{x}$　　(2) $\displaystyle\lim_{x\to 0}\frac{\sin 3x}{\sin 2x}$　　(3) $\displaystyle\lim_{x\to 0}\frac{\log(1+2x)}{x}$

3 導関数の公式

定理・公式はただ覚えるだけでなく，導き方と一緒に覚えることが大切である。

① **積**(せき)**の微分法**　$\{f(x)g(x)\}'=f'(x)g(x)+f(x)g'(x)$

② **商**(しょう)**の微分法**

$$\left\{\frac{f(x)}{g(x)}\right\}'=\frac{f'(x)g(x)-f(x)g'(x)}{\{g(x)\}^2},\quad \text{特に}\quad \left\{\frac{1}{g(x)}\right\}'=-\frac{g'(x)}{\{g(x)\}^2}$$

③ **合成関数の微分法**

合成関数 $y=f(g(x))$ について，$t=g(x)$ とおくと $y=f(t)$ であり

$$\frac{dy}{dx}=\frac{dy}{dt}\cdot\frac{dt}{dx}=f'(t)g'(x)$$

答え：問1　ア　1　イ　e　　問2　(1)　3　(2)　$\frac{3}{2}$　(3)　2

▶ **主な関数の微分**

① $(\sin x)' = \cos x$,　$(\cos x)' = -\sin x$,　$(\tan x)' = \dfrac{1}{\cos^2 x}$

② $(e^x)' = e^x$,　$(\log x)' = \dfrac{1}{x}$

③ 実数 α に対して，$(x^\alpha)' = \alpha x^{\alpha-1}$

問 3　空欄にあてはまる式を入れなさい。

商の微分法を用いると，公式 $(\tan x)' = \left(\dfrac{\sin x}{\cos x}\right)' = \boxed{\text{ア}} = \dfrac{1}{\cos^2 x}$ である。また，$y = x^\alpha$ のとき，$\log y = \boxed{\text{イ}}$ であり，この両辺を x で微分すると，$\dfrac{y'}{y} = \boxed{\text{ウ}}$ となる。これより，$y' = \boxed{\text{エ}}$ が得られる。

4 不定積分（原始関数）

関数 $F(x)$ が $F'(x) = f(x)$ を満たすとき，$F(x)$ は $f(x)$ の**不定積分**，または**原始関数**といい，

$$F(x) = \int f(x)\,dx$$

と表す。

さらに，$f(x)$ の不定積分（原始関数）を $F(x)$ とするとき，以下のように定まる数

$$\int_a^b f(x)\,dx = F(b) - F(a)$$

を，$f(x)$ の a から b までの**定積分**と呼ぶ。また，次の記号

$$\Big[F(x)\Big]_a^b = F(b) - F(b)$$

を用いると式を書くときに便利である。

定積分と不定積分（原始関数）は面積や体積を求めるときに活用される（第 3 章参照）。

▶ **不定積分（原始関数）の公式**（C は積分定数）

① 実数 α，β に対して $\displaystyle\int\{\alpha f(x) + \beta g(x)\}dx = \alpha\int f(x)\,dx + \beta\int g(x)\,dx$

② **部分積分法**

$$\int f'(x)g(x)\,dx = f(x)g(x) - \int f(x)g'(x)\,dx$$

③ **置換積分法**

$x = g(t)$ とおくと

$$\int f(x)\,dx = \int f(g(t))\,g'(t)\,dt$$

これは，$\dfrac{dx}{dt} = g'(t)$ より「$dx = g'(t)\,dt$」である，として計算すればよい。

答え：問 3　ア $\dfrac{(\sin x)'\cos x - \sin x(\cos x)'}{\cos^2 x}$　イ $\alpha \log x$　ウ $\dfrac{\alpha}{x}$　エ $\alpha x^{\alpha-1}$

▶ **主な関数の積分**（Cは積分定数）

① $\alpha \neq -1$のとき $\displaystyle\int x^{\alpha}dx=\frac{1}{\alpha+1}x^{\alpha+1}+C$

② $\displaystyle\int \sin x dx=-\cos x+C$　　$\displaystyle\int \cos x dx=\sin x+C$　　$\displaystyle\int \frac{1}{\cos^2 x}dx=\tan x+C$

③ $\displaystyle\int e^x dx=e^x+C$　　$\displaystyle\int \frac{1}{x}dx=\log|x|+C$

問4　次の不定積分を求めなさい。

(1) $\displaystyle\int \frac{(x-1)^2}{x}dx$　　(2) $\displaystyle\int (1+2\cos x)dx$

補足　日本の教科書では，原始関数と不定積分の区別をしていないので，本書でも両者は同じ意味であるとする。なお，大学の数学では両者は異なる意味で定義される。

答え：問4 (1) $\dfrac{1}{2}x^2-2x+\log|x|+C$　(2) $x+2\sin x+C$

基本問題　▶答えは別冊 p.114〜119

1 合成関数の微分公式

実数全体で定義された x の関数 $f(x)=\sqrt{x^2+5}$ について

$$t=g(x)=x^2+5,\quad y=h(t)=\sqrt{t}$$

とおくと，$f(x)$ は合成関数 $y=f(x)=h(g(x))$ とみなせる。

$x=2$ のときの曲線 $y=f(x)$ の接線 l の方程式を求めよう。

(i)　xt 平面で考える。

$x=2$ のとき $t=$ [A] であり，曲線 $t=g(x)$ の $x=2$ における接線 l_1 の方程式は

$$l_1 : t-\boxed{\text{A}}=\boxed{\text{B}}(x-2)$$

である。

(ii)　ty 平面で考える。

$t=$ [A] のとき $y=$ [C] であり，曲線 $y=h(t)$ の $t=$ [A] における接線 l_2 の方程式は

$$l_2 : y-\boxed{\text{C}}=\frac{\boxed{\text{D}}}{\boxed{\text{E}}}\left(t-\boxed{\text{A}}\right)$$

である。

したがって，接線 l の方程式は

$$l : y-\boxed{\text{C}}=\frac{\boxed{\text{F}}}{\boxed{\text{G}}}(x-2)$$

である。

合成関数の微分公式 $\dfrac{dy}{dx}=\dfrac{dy}{dt}\cdot\dfrac{dt}{dx}$ を用いると，接線 l の方程式は直ちに得られる。実際，関数 $f(x)$ の導関数は

$$f'(x)=\frac{x}{\sqrt{x^2+\boxed{\text{H}}}}\ \text{である。}$$

2 商の微分，合成関数の微分(1)

次の関数 $f(x)$ の導関数 $f'(x)$ を求めなさい。

(1) $f(x)=\dfrac{x}{x^2-x+1}$ の導関数は

$$f'(x)=\frac{-x^2+\boxed{\text{A}}}{(x^2-x+\boxed{\text{B}})^{\boxed{\text{C}}}}$$ である。

(2) $f(x)=\dfrac{1}{(x^2+4)^2}$ の導関数は

$$f'(x)=\frac{\boxed{\text{DE}}\,x}{(x^2+\boxed{\text{F}})^{\boxed{\text{G}}}}$$ である。

(3) $f(x)=\sqrt{2x^2+3}$ の導関数は

$$f'(x)=\frac{\boxed{\text{H}}\,x}{\sqrt{\boxed{\text{I}}\,x^2+\boxed{\text{J}}}}$$ である。

(4) $f(x)=\sqrt{\dfrac{x-1}{x+1}}$ の導関数は

$$f'(x)=\frac{\boxed{\text{K}}}{\sqrt{(x-\boxed{\text{L}})(x+\boxed{\text{M}})^{\boxed{\text{N}}}}}$$ である。

3 商の微分，合成関数の微分(2)

次の関数 $f(x)$ の導関数 $f'(x)$ を求めなさい。

(1) $f(x)=\dfrac{1}{\cos^2 x}$ の導関数は

$$f'(x)=\frac{\boxed{\text{A}}\sin x}{\cos^{\boxed{\text{B}}} x}$$ である。

(2) $f(x)=\tan 3x$ の導関数は

$$f'(x)=\frac{\boxed{\text{C}}}{\cos^{\boxed{\text{D}}}\boxed{\text{E}}x}$$ である。

(3) $f(x)=\log(2x^2+x-1)$ の導関数は

$$f'(x)=\frac{\boxed{\text{F}}x+\boxed{\text{G}}}{\boxed{\text{H}}x^2+x-\boxed{\text{I}}}$$ である。

(4) $f(x)=\log\left(\dfrac{1+\sin x}{\cos x}\right)$ の導関数は

$$f'(x)=\frac{\boxed{\text{J}}}{\cos x}$$ である。

4 置換積分

次の定積分を計算しなさい。

(1) $\displaystyle\int_1^2 \frac{2x-1}{x^2-x+1}\,dx = \log \boxed{\text{A}}$

(2) $\displaystyle\int_0^{\frac{\pi}{4}} \sin\left(2x+\frac{\pi}{4}\right)dx = \frac{\sqrt{\boxed{\text{B}}}}{\boxed{\text{C}}}$

(3) $\displaystyle\int_0^{\frac{\pi}{2}} \frac{\sin 2x}{1+\sin^2 x}\,dx = \log \boxed{\text{D}}$

(4) $\displaystyle\int_0^{\frac{\pi}{3}} \sin^3 x\,dx = \frac{\boxed{\text{E}}}{\boxed{\text{FG}}}$

(5) $\displaystyle\int_0^1 \frac{1}{\sqrt{4-x^2}}\,dx = \frac{\pi}{\boxed{\text{H}}}$

5 部分積分

(1) 次の定積分を求めなさい。

$$\int_0^{\pi} x\cos x\,dx = \boxed{\text{AB}}$$

(2) 次の定積分を求めなさい。

$$\int_1^e (\log x)^2\,dx = e - \boxed{\text{C}}$$

(3) $I=\displaystyle\int_0^{\pi} e^x\cos x\,dx$, $J=\displaystyle\int_0^{\pi} e^x\sin x\,dx$ について，それぞれ部分積分を行うと

$$\begin{cases} I-J=-e^{\pi}-\boxed{\text{D}} \\ I+J=\boxed{\text{E}} \end{cases}$$

となる。したがって

$$I=-\frac{e^{\pi}+\boxed{\text{F}}}{\boxed{\text{G}}},\quad J=\frac{e^{\pi}+\boxed{\text{H}}}{\boxed{\text{I}}}$$

である。

実戦問題

▶答えは別冊 p.119 ～ 121

1　a は $a>0$ かつ $a\neq 1$ を満たす定数とする。

$0\leqq x\leqq 2$ の範囲で定義された x の関数

$$f(x)=\log_a(x^4-4x^3+4x^2+2)$$

の最小値を $g(a)$ とする。

(1)　$a>1$ の場合，$f(x)$ は，

$x=$ [A]，[B] のとき，最小値 $g(a)=\log_a$ [C] をとる。

ただし，[A] < [B] である。

$0<a<1$ の場合，$f(x)$ は，

$x=$ [D] のとき，最小値 $g(a)=\log_a$ [E] をとる。

(2)　空欄 [F] ～ [K] に入るものを下の⓪～⑤から選びなさい。

$g(a)$ を，定義域 $0<a<1$，$a>1$ における a の関数とする。このとき，$g(a)$ は

$0<a<1$ において [F]，$a>1$ において [G]

である。また

$\displaystyle\lim_{a\to+0}g(a)=$ [H]，$\displaystyle\lim_{a\to1-0}g(a)=$ [I]，

$\displaystyle\lim_{a\to1+0}g(a)=$ [J]，$\displaystyle\lim_{a\to\infty}g(a)=$ [K]

を満たす。

⓪　0　　①　1　　②　∞　　③　$-\infty$　　④　増加　　⑤　減少

(3)　$g(a)=2$ を満たす a は $a=\sqrt{\fbox{L}}$ であり，

$g(a)=-2$ を満たす a は $a=\dfrac{\sqrt{\fbox{M}}}{\fbox{N}}$ である。

2 実数 a は $a>0$ を満たすとして，曲線 $C: y=x^3$ 上に点 $\mathrm{A}(a,\ a^3)$ をとる。

接点Aにおける曲線 C の接線 l の方程式は

$$l: y=\boxed{\text{A}}\,a^2x-\boxed{\text{B}}\,a^3$$

である。

l と C の交点でAと異なるものをBとする。点Bの x 座標は $\boxed{\text{CD}}\,a$ であり，Bにおける曲線 C の接線 m の方程式は

$$m: y=\boxed{\text{EF}}\,a^2x+\boxed{\text{GH}}\,a^3$$

である。

l と m のなす角度を θ $\left(0<\theta<\dfrac{\pi}{2}\right)$ とすると

$$\tan\theta=\frac{\boxed{\text{I}}\,a^2}{\boxed{\text{JK}}\,a^4+\boxed{\text{L}}}$$

である。

さらに，a を $a>0$ の範囲で動かしたとき，$\tan\theta$ は

$$a=\frac{\sqrt{\boxed{\text{M}}}}{\boxed{\text{N}}}$$ のとき最大値 $$\frac{\boxed{\text{O}}}{\boxed{\text{P}}}$$

をとる。

第2章 数列の極限と無限級数

重要用語

日本語	韓国語	英語
漸化式	점화식	recurrence formula
特性方程式	특성방정식	characteristic equation
初期条件	초기조건	initial condition
無限級数	무한급수	infinite series
部分和	부분합	partial sum
級数の和	급수의 합	sum of series
偶数	짝수	even number
奇数	홀수	odd number
命題	명제	proposition
対偶	대우	contraposition

要点のまとめ

1 2項間漸化式の解法

数列 $\{a_n\}$ が2項間漸化式

$$a_{n+1}=pa_n+q \quad (n=1,\ 2,\ \cdots\cdots) \quad \cdots\cdots①$$

と初期条件 $a_1=a$ を満たすとき（ただし $p\neq1$ とする），

(1) 1次方程式 $x=px+q$ ……②

を考える。

(2) ①－②より等比型の漸化式を作る。

$$a_{n+1}-x=p(a_n-x) \quad (n=1,\ 2,\ \cdots\cdots) \quad \cdots\cdots③$$

(3) ③より

$$a_n-x=p^{n-1}(a_1-x) \qquad a_n=p^{n-1}(a_1-x)+x \quad (n=1,\ 2,\ \cdots\cdots)$$

となる。

(4) ②を解いて x に代入すれば a_n が得られる。

②を①の**特性方程式**という。

問1　空欄にあてはまるものを入れなさい。

$\{a_n\}$ が $a_1=3$, $a_{n+1}+3a_n=8$ $(n=1,\ 2,\ \cdots\cdots)$ を満たすとする。

特性方程式 $x+3x=8$ の解は $x=$ [ア] であり，漸化式は

$$a_{n+1}-\boxed{ア}=\boxed{イ}(a_n-\boxed{ア})$$

となる。これより，$a_n=$ [ウ] となる。

2　3項間漸化式の解法

数列 $\{a_n\}$ が3項間漸化式

$$a_{n+2}+pa_{n+1}+qa_n=0 \quad (n=1,\ 2,\ \cdots\cdots) \quad \cdots\cdots①$$

と初期条件 $a_1=a$, $a_2=b$ を満たすとき，

(1)　2次方程式

$$x^2+px+q=0 \quad \cdots\cdots②$$

の2解 α, β を求める。

(2)　すると解と係数の関係から

$$\alpha+\beta=-p,\quad \alpha\beta=q$$

より，②は

$$a_{n+2}-(\alpha+\beta)a_{n+1}+\alpha\beta a_n=0$$

となり，次の2つの等比型の漸化式が得られる。

$$\begin{cases} a_{n+2}-\alpha a_{n+1}=\beta\ (a_{n+1}-\alpha a_n) \\ a_{n+2}-\beta a_{n+1}=\alpha\ (a_{n+1}-\beta a_n) \end{cases} (n=1,\ 2,\ \cdots\cdots)$$

(3)

$$\begin{cases} a_{n+1}-\alpha a_n=\beta^{n-1}(a_2-\alpha a_1)=\beta^{n-1}(b-\alpha a) \\ a_{n+1}-\beta a_n=\alpha^{n-1}(a_2-\beta a_1)=\alpha^{n-1}(b-\beta a) \end{cases}$$

となり，これから a_{n+1} を消去すると a_n が得られる。

②を①の**特性方程式**という。

問2　空欄にあてはまるものを入れなさい。

$\{a_n\}$ が $a_1=1$, $a_2=2$, $a_{n+2}-3a_{n+1}+2a_n=0$ $(n=1,\ 2,\ \cdots\cdots)$ を満たすとする。この漸化式より，2つの等比型の漸化式

$$a_{n+2}-a_{n+1}=\boxed{ア}(a_{n+1}-a_n)$$

$$a_{n+2}-\boxed{イ}a_{n+1}=a_{n+1}-\boxed{イ}a_n$$ が得られる。

したがって，$a_n=$ [ウ] である。

答え：問1　ア　2　　イ　-3　　ウ　$a_n=(-3)^{n-1}+2$ $(n=1,\ 2,\ \cdots\cdots)$

問2　ア　2　　イ　2　　ウ　$a_n=2^{n-1}$ $(n=1,\ 2,\ \cdots\cdots)$

3 無限級数

数列 $\{a_n\}$ に対して

$$\sum_{n=1}^{\infty} a_k = a_1 + a_2 + \cdots + a_n + \cdots$$

の形の式を**無限級数**という。また

$$S_n = \sum_{k=1}^{n} a_k = a_1 + a_2 + \cdots + a_n \quad (n=1,\ 2,\ \cdots)$$

とするとき，S_n を，無限級数 $\sum_{n=1}^{\infty} a_n$ の第 n 項までの**部分和**と呼ぶ。

▶ 無限級数の収束と発散

① **無限級数の収束**

部分和の数列 $\{S_n\}$ が収束して，その極限値が S であるとき，

無限級数 $\sum_{n=1}^{\infty} a_n$ は S に**収束する**という。

S をこの**級数の和**と呼ぶ。

② **無限級数の発散**

数列 $\{S_n\}$ が発散するとき，無限級数 $\sum_{n=1}^{\infty} a_n$ は**発散する**という。

無限級数の収束，発散は，部分和の数列 $\{S_n\}$ が収束するか発散するかで定められている。

例　$a_n = (-1)^{n-1}$ $(n=1,\ 2,\ \cdots\cdots)$ の場合

n が偶数のとき，$S_n = 0$

n が奇数のとき，$S_n = 1$

よって，極限値 $\lim_{n\to\infty} S_n$ は存在せず，無限級数 $\sum_{n=1}^{\infty} a_n$ は発散する。

問 3　空欄にあてはまる語句を入れなさい。

数列 $\{a_n\}$ が $a_n = \left(\frac{1}{2}\right)^n$ $(n=1,\ 2,\ \cdots\cdots)$ のとき，$\{a_n\}$ は［ ア ］。また，$\sum_{n=1}^{\infty} a_n$ は［ イ ］。

$a_n = 1 - \left(\frac{1}{2}\right)^n$ $(n=1,\ 2,\ \cdots\cdots)$ のとき，$\{a_n\}$ は［ ウ ］。また，$\sum_{n=1}^{\infty} a_n$ は［ エ ］。

答え：問3　ア　収束する　　イ　収束する　　ウ　収束する　　エ　発散する

4 無限級数の公式

部分和の数列 $\{S_n\}$ は，$a_n=S_n-S_{n-1}$（$n=2$，3，……）を満たす。ここで，$n\to\infty$ とすると，次が成り立つ。

> 無限級数 $\displaystyle\sum_{n=1}^{\infty}a_n$ が収束するならば，$\displaystyle\lim_{n\to\infty}a_n=0$

この命題の対偶は，無限級数の収束・発散の判定に便利である。

> $\displaystyle\lim_{n\to\infty}a_n\neq 0$ ならば，無限級数 $\displaystyle\sum_{n=1}^{\infty}a_n$ は発散する

問4　空欄にあてはまる語句を入れなさい。

数列 $\{a_n\}$ が $a_n=\dfrac{n}{n+1}$（$n=1$，2，……）を満たすとき，$\displaystyle\sum_{n=1}^{\infty}a_n$ は［　　　］。

参考　**数列の極限の大小関係**

2つの数列 $\{a_n\}$，$\{b_n\}$ が

$$\lim_{n\to\infty}\frac{a_n}{b_n}=0 \quad \cdots\cdots①$$

を満たす場合，$n\to\infty$ のとき $\{a_n\}$ は $\{b_n\}$ に比べて無視できる，という。このとき，

$$a_n \ll b_n$$

と表す。高校数学の範囲外であるが，簡単かつ便利なので覚えておこう。

例　$n\to\infty$ のとき　$n\ll n^2\ll n^3\ll \cdots\cdots \ll n^{1000000}\ll \cdots\cdots \ll 2^n\ll 3^n\ll$

（第1部第5章実戦問題 3 ）

$\{n\}$ や $\{n^2\}$ よりも数列 $\{2^n\}$ ははるかに速いスピードで増大する。

例　$n\to\infty$ のとき　$\log n\ll n\ll e^n$ となる。

$$\lim_{n\to\infty}\frac{n}{e^n}=0$$

である（別冊 p.30 第1部第5章実戦問題 3 解答解説参照）。

さらに $t=e^n$ とおくと，$n=\log t$ であり

$$\lim_{t\to\infty}\frac{\log t}{t}=0 \quad すなわち \quad \lim_{n\to\infty}\frac{\log n}{n}=0$$

である。

よって，数列 $\{\log n\}$ よりも数列 $\{n\}$ ははるかに速いスピードで増大する。

答え：問4　発散する

基本問題

▶答えは別冊 p.122 〜 123

1 漸化式と極限

以下の漸化式で定義される数列 $\{a_n\}$ について，以下の問いに答えなさい。

(1) 漸化式

$$a_1=4,\ \ a_{n+1}=-\frac{1}{3}a_n+4 \quad (n=1,\ 2,\ \cdots\cdots)$$

で定義される $\{a_n\}$ の一般項は

$$a_n=\left(-\frac{\boxed{\text{A}}}{\boxed{\text{B}}}\right)^{n-\boxed{\text{C}}}+\boxed{\text{D}} \quad (n=1,\ 2,\ \cdots\cdots)$$

である。この数列の極限値は $\lim_{n\to\infty}a_n=\boxed{\text{E}}$ である。

(2) 漸化式

$$a_1=3,\ \ a_2=2,\ \ 3a_{n+2}-4a_{n+1}+a_n=0 \quad (n=1,\ 2,\ \cdots\cdots)$$

で定義される $\{a_n\}$ の一般項は

$$a_n=\frac{\boxed{\text{F}}}{\boxed{\text{G}}}\left(\frac{\boxed{\text{H}}}{\boxed{\text{I}}}\right)^{n-1}+\frac{\boxed{\text{J}}}{\boxed{\text{K}}} \quad (n=1,\ 2,\ \cdots\cdots)$$

である。この数列の極限値は $\lim_{n\to\infty}a_n=\dfrac{\boxed{\text{L}}}{\boxed{\text{M}}}$ である。

2 等比級数

数列 $\{a_n\}$ を

$$a_n = n\left(\frac{1}{3}\right)^n \quad (n=1,\ 2,\ \cdots\cdots)$$

で定めると，極限値は $\lim_{n\to\infty} a_n = \boxed{\text{A}}$ である。

さらに，初項から第 n 項までの和を S_n とする。すなわち

$$S_n = \sum_{k=1}^{n} k\left(\frac{1}{3}\right)^k \quad (n=1,\ 2,\ \cdots\cdots)$$

と定める。

ここで

$$S_n - \frac{1}{3}S_n = \frac{\boxed{\text{B}}}{\boxed{\text{C}}}\left\{1-\left(\frac{\boxed{\text{D}}}{\boxed{\text{E}}}\right)^n\right\} - n\left(\frac{\boxed{\text{F}}}{\boxed{\text{G}}}\right)^{n+\boxed{\text{H}}}$$

であり，よって

$$S_n = \frac{\boxed{\text{I}}}{\boxed{\text{J}}}\left\{1-\left(\frac{\boxed{\text{K}}}{\boxed{\text{L}}}\right)^n\right\} - \frac{\boxed{\text{M}}}{\boxed{\text{N}}}\,n\left(\frac{\boxed{\text{O}}}{\boxed{\text{P}}}\right)^{n+1}$$

である。

したがって，無限級数の和は

$$\sum_{n=1}^{\infty} a_n = \lim_{n\to\infty} S_n = \frac{\boxed{\text{Q}}}{\boxed{\text{R}}}$$

である。

実戦問題

▶答えは別冊 p.124 ～ 126

1

(1) 数列 $\{a_n\}$ を

$$a_n=\int_0^{\frac{\pi}{2}}\cos^n x\,dx \quad (n=0,\ 1,\ 2,\ \cdots\cdots)$$

と定める。ただし，$n=0$ のときは $a_0=\int_0^{\frac{\pi}{2}}dx$ であるとする。

このとき $a_1=$ [A] である。また，部分積分を行うと，漸化式

$$a_{n+2}=\int_0^{\frac{\pi}{2}}\cos^{n+2}x\,dx=\frac{n+\boxed{\text{B}}}{n+\boxed{\text{C}}}a_n \quad (n=0,\ 1,\ 2,\ \cdots\cdots)$$

が得られる。したがって

$$a_2=\frac{\boxed{\text{D}}}{\boxed{\text{E}}}\pi,\quad a_3=\frac{\boxed{\text{F}}}{\boxed{\text{G}}},\quad a_4=\frac{\boxed{\text{H}}}{\boxed{\text{IJ}}}\pi,\quad a_5=\frac{\boxed{\text{K}}}{\boxed{\text{LM}}}$$

である。

(2) 数列 $\{b_n\}$ を

$$b_n=\int_0^1 x^n e^x dx \quad (n=0,\ 1,\ 2,\ \cdots\cdots)$$

と定める。ただし，$n=0$ のときは $b_0=\int_0^1 e^x dx$ であるとする。

このとき，部分積分によって導いた漸化式を用いると

$$b_1=\boxed{\text{N}},\quad b_2=e-\boxed{\text{O}},\quad b_3=\boxed{\text{PQ}}\,e+\boxed{\text{R}}$$

である。

2 数列 $\{a_n\}$ を漸化式

$$a_1=\frac{1}{6},\quad a_n-a_{n+1}=(2n+4)a_na_{n+1}\quad(n=1,\ 2,\ \cdots\cdots)$$

で定める。このとき，第 n 項 a_n と無限級数 $\sum_{n=1}^{\infty}a_n$ の和を求めよう。

$a_{n+1}=0$ を満たす n が存在すると仮定すると，漸化式より $a_n=0$ となる。これを繰り返すと

$$a_{n+1}=a_n=a_{n-1}=\cdots\cdots=a_2=a_1=0$$

となるが，これは $a_1\neq0$ に反する。よって，任意の n について $a_n\neq0$ である。

そこで，数列 $\{b_n\}$ を $b_n=\frac{1}{a_n}(n=1,\ 2,\ \cdots\cdots)$ と定めると

$$b_1=\boxed{\text{A}},\quad b_{n+1}-b_n=\boxed{\text{B}}\,n+\boxed{\text{C}}\quad(n=1,\ 2,\ \cdots\cdots)$$

を満たす。

これより

$$b_n=(n+\boxed{\text{D}})(n+\boxed{\text{E}})\quad(n=1,\ 2,\ \cdots\cdots)$$

である（ただし，$\boxed{\text{D}}<\boxed{\text{E}}$）。

よって

$$a_n=\frac{1}{n+\boxed{\text{F}}}-\frac{1}{n+\boxed{\text{G}}}\quad(n=1,\ 2,\ \cdots\cdots)$$

となる。

さらに，$n=1,\ 2,\ \cdots\cdots$ に対して

$$\sum_{k=1}^{n}a_k=\frac{\boxed{\text{H}}}{\boxed{\text{I}}}-\frac{\boxed{\text{J}}}{n+\boxed{\text{K}}}$$

が成り立つ。

したがって，無限級数の和は $\sum_{n=1}^{\infty}a_n=\frac{\boxed{\text{L}}}{\boxed{\text{M}}}$ となる。

3　数列 $\{a_n\}$ を

$$a_n=[\sqrt{n-1}\,]\quad (n=1,\ 2,\ 3,\ \cdots\cdots)$$

で定める。ただし，実数 x に対して，$[x]$ は，x を超えない最大の整数，すなわち，$[x]\leqq x<[x]+1$ を満たす整数である。

(1)　$a_1=$ [A]，$a_2=$ [B]，$a_3=$ [C]，$a_4=$ [D]，$a_5=$ [E] である。

(2)　m を 0 以上の整数とするとき $a_n=m$ を満たす n の個数を求めよう。

$a_n=m$ より

$$m\leqq\sqrt{n-1}<m+1$$

であり，これより

$$m^2+1\leqq n<(m+1)^2+1$$

となる。したがって，n の個数は [F] $m+$ [G] である。

(3)　ここで，数列 $\{b_n\}$ を $b_n=\sum_{k=1}^{n^2}a_k\,(n=1,\ 2,\ 3,\ \cdots\cdots)$ で定める。すると

$$b_n=\frac{\boxed{\text{H}}}{\boxed{\text{I}}}(n-\boxed{\text{J}})n(\boxed{\text{K}}\,n+\boxed{\text{L}})$$

$(n=1,\ 2,\ 3,\ \cdots\cdots)$

であり

$$\lim_{n\to\infty}\frac{b_n}{n^3}=\frac{\boxed{\text{M}}}{\boxed{\text{N}}}$$ である。

第3章　微分法・積分法の応用

重要用語

日本語	韓国語	英語
凹凸	요철	convexoconcave
変曲点	변곡점	inflection point
下に凸	아래로 볼록	downward convex
上に凸	위로 볼록	upwards convex
第 2 次導関数	이계도함수	second derivative
媒介変数	매개변수	parameter
パラメータ	매개변수	parameter
接ベクトル	접벡터	tangent vector
速度	속도	velocity
加速度	가속도	acceleration
分割	분할	division
体積	부피	volume

要点のまとめ

1　曲線の凹凸と変曲点

① **区間 $(a,\ b)$ で下に凸**

区間 $(a,\ b)$ で曲線 $y=f(x)$ の接線の傾きが増加するとき。

② **区間 $(a,\ b)$ で上に凸**

区間 $(a,\ b)$ で曲線 $y=f(x)$ の接線の傾きが減少するとき。

③ **$x=c$ で変曲点**

$f''(c)=0$ となり，前後で曲線の凹凸が入れかわる点。

①　下に凸

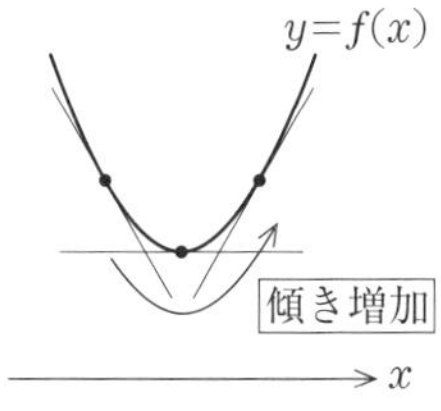

②　上に凸

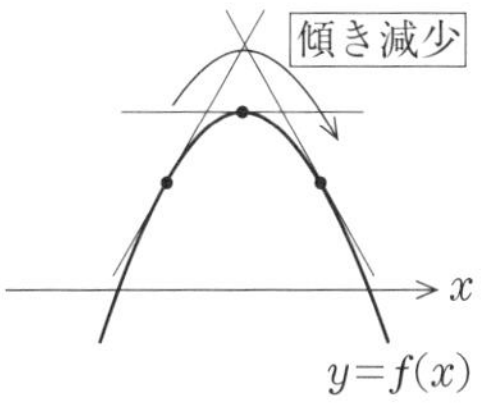

③　$x=c$ で変曲点

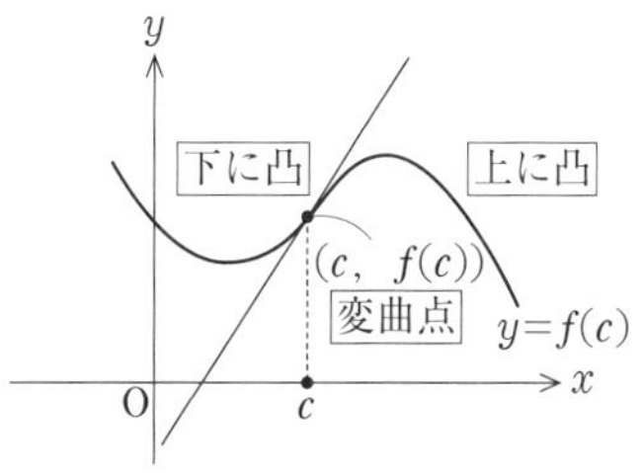

問１　空欄にあてはまる数または語句を入れなさい。

$f(x)=x^3$ のとき，$f''(0)=$ [ア]，かつ，(0, 0) は変曲点 [イ]。$f(x)=x^4$ のとき，$f''(0)=$ [ウ]，かつ，(0, 0) は変曲点 [エ]。

2 関数のグラフの作図

▶ 関数のグラフの作図の手順

① 定義域を確認する。

② 定義域の境界付近における $f(x)$ の動きを調べる。

[例] 定義域が $x\neq 0$ の場合は，$x\to\pm\infty$，$x\to\pm 0$ における $f(x)$ の動きを調べる。

③ 微分して導関数 $f'(x)$ を求める。

④ $f'(x)$ の正負，すなわち，$f(x)$ の増減を調べる。

さらに凹凸を調べる場合は以下のようにする。

⑤ もう１回微分して，第２次導関数 $f''(x)$ を求める。

⑥ $f''(x)$ の正負，すなわち，グラフの凹凸を調べる。

$f''(x)>0 \Longrightarrow$ グラフは下に凸

$f''(x)<0 \Longrightarrow$ グラフは上に凸

問２　空欄にあてはまる式または語句を入れなさい。

$f(x)=\sin 2x$ について $f'(x)=$ [ア]，$f''(x)=$ [イ] である。これより，区間 $\left[0,\ \dfrac{\pi}{2}\right]$ において，曲線 $y=f(x)$ は [ウ] 凸である。

3 接ベクトル，速度，加速度

xy 平面上の点 $(x,\ y)$ が，t を媒介変数（パラメータ）として

$$\begin{cases} x=f(t) \\ y=g(t) \end{cases}$$

と表される場合を考える。

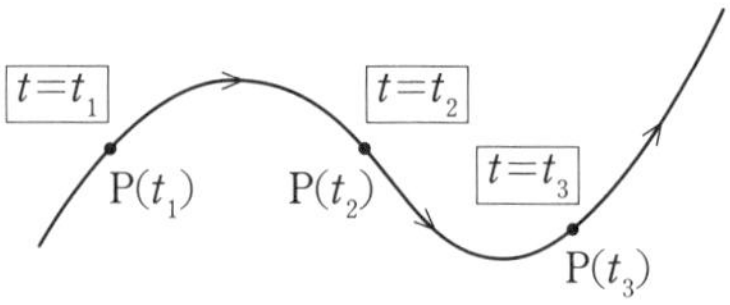

パラメータ t が動くと x，y が動き，点 $(x,\ y)$ は右の図のように曲線を描く。この曲線を C として，点 $\bigl(f(t),\ g(t)\bigr)$ を $P(t)$ と表す。

答え：問１　ア　0　　イ　である　　ウ　0　　エ　ではない
問２　ア　$2\cos 2x$　　イ　$-4\sin 2x$　　ウ　上に

▶ 接ベクトル

ベクトル

$$\vec{v}=\left(\frac{df}{dt},\ \frac{dg}{dt}\right)=(f'(t),\ g'(t))$$

を曲線 C の**接ベクトル**という。

右の図のように，$\vec{v}\neq 0$ を満たすとき，$\vec{v}$ は点 $\mathrm{P}(t)$ における**接線の方向ベクトル**であり，かつ，t が増加したときに点 $\mathrm{P}(t)$ が移動する方向を向いている。

この性質のために，接ベクトル $\vec{v}$ の向きを追っていくことで，パラメータ表示された曲線 C を描くことができる。

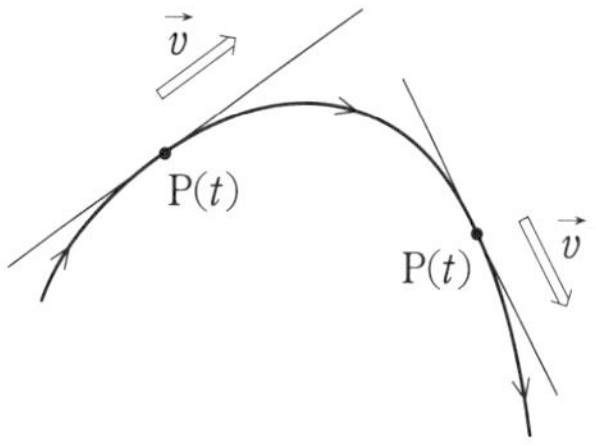

▶ 速度・加速度

特に，パラメータ t が時刻を表すときは，接ベクトル $\vec{v}$ を**速度**と呼ぶ。

また，ベクトル

$$\vec{\alpha}=\left(\frac{d^2f}{dt^2},\ \frac{d^2g}{dt^2}\right)=(f''(t),\ g''(t))$$

を**加速度**と呼ぶ。

問 3　空欄にあてはまる式を入れなさい。

$x=r\cos\omega t,\ y=r\sin\omega t$ ($r,\ \omega$ は正の定数)のとき，接ベクトルは $\vec{v}=$ [ア] であり，$|\vec{v}|=$ [イ] である。

4 定積分と面積

区間 $[a,\ b]$ において $f(x)\geqq 0$ のとき，関数の曲線と x 軸，直線 $x=a$，$x=b$ とで囲まれる図形の面積 S は

$$S=\int_{\alpha}^{\beta}f(x)dx$$

で求められる。

▶ 定積分の意味

関数 $f(x)$ の原始関数を $F(x)$ とすると $F'(x)=f(x)$ を満たす。ここで，x が a に十分近いとすると，曲線 $y=F(x)$ は接線 $y=F'(a)(x-a)+F(a)$ にほぼ等しい。すなわち，$x\fallingdotseq a$ のときはいつでも

$$F(x)\fallingdotseq F'(a)(x-a)+F(a)=f(a)(x-a)+F(a)$$

となり，定積分の定義より

$$F(x)-F(a)=\int_a^x f(x)dx\fallingdotseq f(a)(x-a)$$

となる。

答え：問 3　ア　$r\omega(-\sin\omega t,\ \cos\omega t)$　　イ　$r\omega$

例えば，右の上の図のように $f(x) \geqq 0$ である場合は，定積分 $\int_a^x f(x)dx$ は，図の長方形の面積 $f(a)(x-a)$ にほぼ等しい。

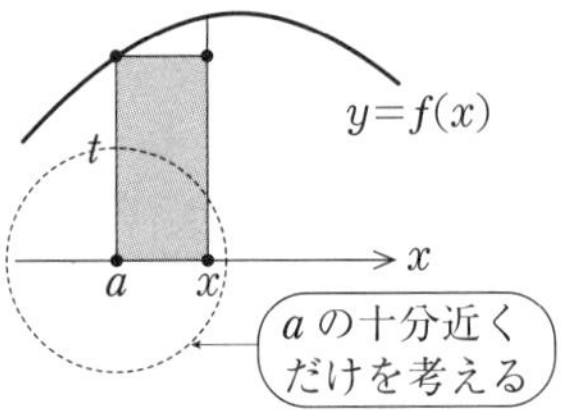

そこで，右の下の図のように，区間 $[a,\ b]$ を微小な幅 Δx で分割して，曲線 $y=f(x)$ と x 軸で囲まれた図形を小長方形に分けて考えると

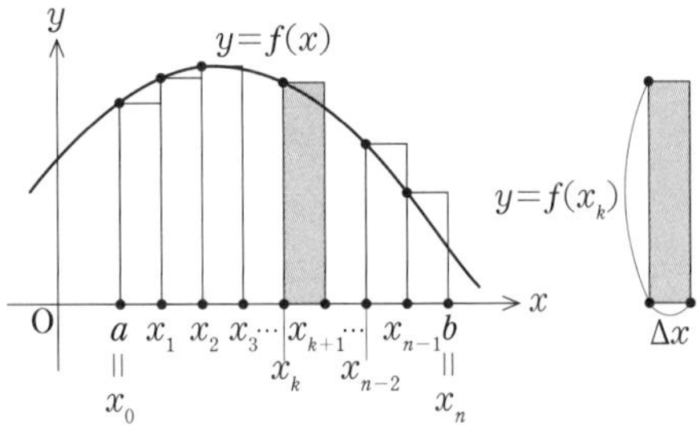

$$\sum_{k=0}^{n-1} f(x_k)\,\Delta x \fallingdotseq \sum_{k=0}^{n-1} \int_{x_k}^{x_{k+1}} f(x)dx = \int_a^b f(x)dx$$

となる。そこで，$n \to \infty$ という極限を考えると，図形の面積 S は

$$S=\int_a^b f(x)dx$$

と定積分で表されることがわかる。

定積分を考える場合は，以下のように記号が対応している。これから面積や体積の公式の意味を簡単に読むことができる。

	有限の分割		**極限**
分割の幅	$\Delta x = b-a$	$\Longleftrightarrow$	dx
和の記号	Σ	$\Longleftrightarrow$	$\int$
小長方形の面積	$f(x)\,\Delta x$	$\Longleftrightarrow$	$f(x)dx$
これらの寄せ集め	$\Sigma\, f(x)\,\Delta x$	$\Longleftrightarrow$	$\int_a^b f(x)dx=$(面積)

右の図のように $f(x) < 0$ となる区間がある場合は

$$\int_a^b f(x)dx = S_1 - S_2$$

となり，斜線部の面積は，$\int_a^b |f(x)|dx = S_1 + S_2$

となることに注意しよう。

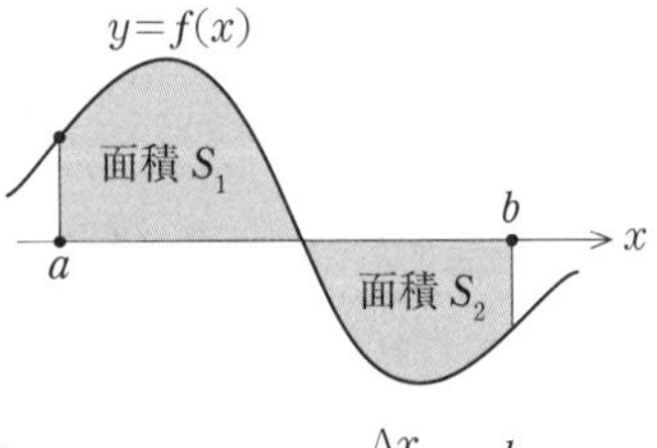

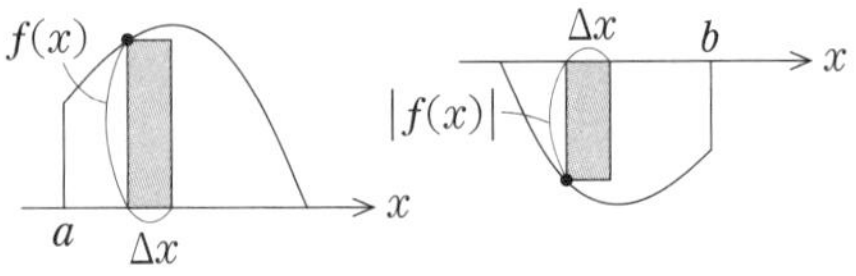

問４　曲線 $y=e^x$，直線 $x=2$，x 軸，y 軸で囲まれた図形の面積を求めなさい。

答え：問４　e^2-1

5 体積

▶ 立体の体積

① $a \leqq x \leqq b$ の部分にある立体を，x 座標が x である平面で切ったとき，切り口の面積を $S(x)$ とする。このとき，立体の体積 V は

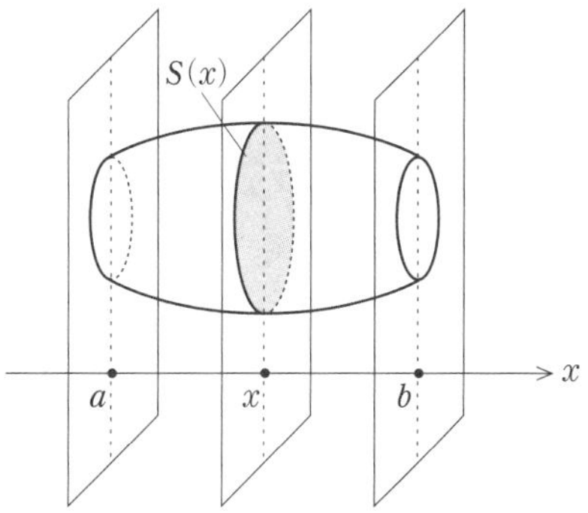

$$V=\int_a^b S(x)\,dx$$

② 曲線 $y=f(x)$ と x 軸および2直線 $x=a$，$x=b$ で囲まれた図形を，x 軸のまわりに1回転して得られる回転体の体積 V は，$S(x)=\pi\{f(x)\}^2$ より

$$V=\pi\int_a^b \{f(x)\}^2\,dx$$

問5　曲線 $y=x^2-1$ と x 軸で囲まれた図形を，x 軸のまわりに1回転して得られる回転体の体積を求めなさい。

6 弧長の公式

曲線 C が，媒介変数（パラメータ）t によって

$x=f(t)$，$y=g(t)$

と表される場合，t が a から b まで動くときの曲線の長さ s は，

$$s=\int_a^b\sqrt{\left(\frac{dx}{dt}\right)^2+\left(\frac{dy}{dt}\right)^2}\,dt=\int_a^b\sqrt{\{f'(t)\}^2+\{g'(t)\}^2}\,dt$$

特に曲線 C が $y=f(x)$ $(a \leqq x \leqq b)$ である場合は，

$x=t$，$y=f(t)$

とおくと

$$s=\int_a^b\sqrt{1+\left(\frac{dy}{dx}\right)^2}\,dx=\int_a^b\sqrt{1+\{f'(x)\}^2}\,dx$$

となる。

問6　曲線 $y=\dfrac{1}{2}(e^x+e^{-x})$ の $0 \leqq x \leqq 1$ の部分の長さを求めなさい。

答え：問5 $\dfrac{16}{15}\pi$　　問6 $\dfrac{1}{2}\left(e-\dfrac{1}{e}\right)$

基本問題

▶答えは別冊 p.127 〜 129

1 関数のグラフ

実数全体で定義された関数 $f(x)=\dfrac{2x}{x^2+4}$ について，曲線 $y=f(x)$ について調べよう。

最初に，$x\to\pm\infty$ のとき $f(x)\to$ [A] である。

次に，関数を微分すると

$$f'(x)=\frac{[\mathrm{BC}](x^2-[\mathrm{D}])}{(x^2+[\mathrm{E}])^{[\mathrm{F}]}}$$

$$f''(x)=\frac{[\mathrm{G}]\,x(x^2-[\mathrm{HI}])}{(x^2+[\mathrm{J}])^{[\mathrm{K}]}}$$

となる。

これより，関数 $f(x)$ は $x=$ [LM] のとき最小値 $-\dfrac{[\mathrm{N}]}{[\mathrm{O}]}$ をとり，

$x=$ [P] のとき最大値 $\dfrac{[\mathrm{Q}]}{[\mathrm{R}]}$ をとる。

また，曲線 $y=f(x)$ は変曲点を３個持ち，それらの x 座標は

$$x=[\mathrm{S}],\quad x=\pm[\mathrm{T}]\sqrt{[\mathrm{U}]}$$

である。

さらに，曲線 $y=f(x)$ の原点Ｏにおける接線の方程式は $y=\dfrac{[\mathrm{V}]}{[\mathrm{W}]}x$ である。

2 関数のグラフ，定積分

実数全体で定義された関数 $f(x)=(x^2-x+1)e^{-x}$ について，以下の問いに答えなさい。

(1) 空欄に入るものを下の⓪～④から選びなさい。

極限について

$$\lim_{x\to-\infty} f(x)=\boxed{\text{A}},\quad \lim_{x\to\infty} f(x)=\boxed{\text{B}}$$

である。

⓪ 0　① 1　② -1　③ ∞　④ $-\infty$

(2) $f(x)$を微分して導関数を求めると

$$f'(x)=-(x-\boxed{\text{C}})(x-\boxed{\text{D}})e^{-x}$$

となる。ただし，$\boxed{\text{C}}<\boxed{\text{D}}$ である。

よって，$f(x)$ は $x=\boxed{\text{E}}$ のときに極小値 $\dfrac{\boxed{\text{F}}}{e^{\boxed{\text{G}}}}$ をとり，

$x=\boxed{\text{H}}$ のときに極大値 $\dfrac{\boxed{\text{I}}}{e^{\boxed{\text{J}}}}$ をとる。

(3) 曲線 $y=f(x)$ と直線 $x=1$，$x=2$，および，x 軸で囲まれる部分の面積 S は

$$S=\int_{\boxed{\text{K}}}^{\boxed{\text{L}}}(x^2-x+1)e^{-x}dx=\frac{\boxed{\text{M}}e-\boxed{\text{N}}}{e^2}$$

である。

3 体積

(1) xyz 空間において

$$0 \leqq x \leqq y \leqq z \leqq 1$$

を満たす点 $\mathrm{P}(x,\ y,\ z)$ がつくる立体の体積 V を求めよう。

t を $0 \leqq t \leqq 1$ を満たす定数とする。このとき，立体と平面 $y=t$ の共通部分を考えよう。x，z は

$$0 \leqq x \leqq t,\ t \leqq z \leqq 1$$

を満たすので，立体の平面 $y=t$ による断面は長方形であり，その面積 $S(t)$ は

$$S(t)=t(\boxed{\text{A}}-t)$$

となる。したがって，求める体積は

$$V=\int_{\boxed{\text{B}}}^{\boxed{\text{C}}} S(t)dt=\frac{\boxed{\text{D}}}{\boxed{\text{E}}}$$

となる。

(2) xyz 空間において

$$0 \leqq x \leqq y^2 \leqq z \leqq 1$$

を満たす点 $\mathrm{P}(x,\ y,\ z)$ がつくる立体の体積 V は

$$V=\frac{\boxed{\text{F}}}{\boxed{\text{GH}}}$$

である。

実戦問題

▶答えは別冊 p.130 ~ 133

1 aを実数の定数とする。xの方程式

$$2\log x+1=ax^2 \quad \cdots\cdots①$$

の実数解の個数を求めよう。

最初に，真数の条件より，xは$x>$ [A] を満たす必要がある。

このとき①は

$$\frac{2\log x+1}{x^2}=a \quad \cdots\cdots②$$

と同値であり，方程式②の実数解の個数を求めればよい。

そこで，関数$f(x)=\dfrac{2\log x+1}{x^2}$を$x>$ [A] の範囲で考えよう。

(1) 空欄 [B] ～ [C] に入るものを下の⓪～④から選びなさい。

極限について

$$\lim_{x\to+0}f(x)=\boxed{\text{B}},\quad \lim_{x\to\infty}f(x)=\boxed{\text{C}}$$

である。

⓪ 0　① 1　② -1　③ ∞　④ $-\infty$

(2) $f(x)$を微分して導関数を求めると

$$f'(x)=\boxed{\text{DE}}\,x^{\boxed{\text{FG}}}\log x$$

となる。よって，$f(x)$は$x=$ [H] のときに最大値 [I] をとる。

(3) 曲線$y=f(x)$と直線$y=a$の交点のx座標が方程式②の実数解である。したがって，方程式①の実数解の個数は以下のようになる。

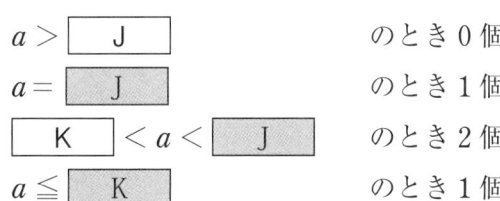

$a>$ [J] のとき 0 個

$a=$ [J] のとき 1 個

[K] $<a<$ [J] のとき 2 個

$a\leqq$ [K] のとき 1 個

(4)　同様に考えると，a を実数の定数とするとき，x の方程式

$$x^2-3=ae^{x^2} \quad \cdots\cdots③$$

の実数解の個数は以下のようになる。

$a>e^{\boxed{\text{LM}}}$	のとき０個
$a=e^{\boxed{\text{LM}}}$	のとき２個
$\boxed{\text{N}}<a<e^{\boxed{\text{LM}}}$	のとき４個
$\boxed{\text{OP}}<a\leqq\boxed{\text{N}}$	のとき２個
$a=\boxed{\text{OP}}$	のとき１個
$a<\boxed{\text{OP}}$	のとき０個

2 $x \geqq 0$の範囲で定義された関数$f(x) = \sqrt{x}\,e^{-x}$について，以下の問いに答えなさい。

(1) $f(x)$の導関数は

$$f'(x) = \left(\frac{\boxed{\text{A}}}{\boxed{\text{B}}} - x\right)\frac{e^{-x}}{\sqrt{x}}$$

である。

(2) $f(x)$は，$x = \dfrac{\boxed{\text{C}}}{\boxed{\text{D}}}$のとき最大値$\dfrac{1}{\sqrt{\boxed{\text{E}}\,e}}$をとり，

$x = \boxed{\text{F}}$のとき最小値$\boxed{\text{G}}$をとる。

(3) 曲線$y = f(x)$と直線$x = 2$，およびx軸で囲まれる部分をx軸のまわりに1回転してできる立体を考える。この体積をVとすると

$$V = \int_{\boxed{\text{H}}}^{\boxed{\text{I}}} \pi\left(\sqrt{x}\,e^{-x}\right)^{\boxed{\text{J}}} dx$$

$$= \frac{\pi}{\boxed{\text{K}}}\left(\boxed{\text{L}} - \boxed{\text{M}}\,e^{-\boxed{\text{N}}}\right)$$

である。

3　xy 座標平面における曲線 C を

$$C:\begin{cases} x=x(t)=2\cos t+\cos 2t \\ y=y(t)=2\sin t-\sin 2t \end{cases} \quad \left(0 \leqq t \leqq \frac{2}{3}\pi\right)$$

で定義する。また，座標 $(x(t),\ y(t))$ で表される点を $\mathrm{P}(t)$ とする。

このとき

$$x'(t)=\boxed{\text{AB}}\sin t-\boxed{\text{C}}\sin\boxed{\text{D}}\,t,$$
$$y'(t)=\boxed{\text{E}}\cos t-\boxed{\text{F}}\cos\boxed{\text{G}}\,t$$

である。よって，接点 $\mathrm{P}\left(\dfrac{\pi}{3}\right)$ における曲線 C の接線 l のベクトル方程式は

$$(x,\ y)=\frac{\boxed{\text{H}}}{\boxed{\text{I}}}\left(1,\ \sqrt{\boxed{\text{J}}}\right)+k\left(\boxed{\text{KL}}\sqrt{\boxed{\text{M}}},\ \boxed{\text{N}}\right)$$

と表せる。ただし，k は実数である。

さらに

$$(x'(t))^2+(y'(t))^2=\boxed{\text{O}}\left(\boxed{\text{P}}-\cos 3t\right)=\boxed{\text{QR}}\sin^2\frac{3}{2}t$$

である。

したがって，曲線 C の長さ L は

$$L=\int_0^{\frac{2}{3}\pi}\boxed{\text{S}}\sin\frac{\boxed{\text{T}}}{\boxed{\text{U}}}t\,dt=\frac{\boxed{\text{VW}}}{\boxed{\text{X}}}$$

である。

일본유학시험(EJU)

수학 코스2

기 출 문 제

〈각 부 단원 별 5문제, 총 15문제 수록〉

일본유학시험의 기출문제를 일본학생지원기구 및 법인사로부터 전제 허락을 받아서 여기에 제공합니다.

2012년도부터 2019년도까지의 문제 중에서 본 책자의 목차 순서에 따라 각 부 단원별로 5 문제 씩을 수록하였습니다.

실전에 임하는 자세로 기출문제를 풀어 보시기 바랍니다.

기출문제의 해답은 본문의 마지막 페이지에 있습니다.

일본유학시험 수학 코스2 기출문제 수록 순서

장	해당 출제 범위	시험 실시 연도 및 회차	문제 번호
1부	함수의 움직임을 알아본다 다항식 함수 지수함수 로그함수 삼각함수 수열과 수열의 극한	2014년 제2회	III
		2014년 제1회	III
		2017년 제2회	II-問1
		2016년 제2회	II
		2013년 제2회	II
2부	도형과 방정식 벡터 복소수평면 표시 도형의 정리와 응용	2012년 제2회	II
		2015년 제1회	II-問1
		2017년 제1회	II-問2
		2016년 제1회	II-問2
		2019년 제1회	II-問2
3부	미분법 적분법의 방법 수열의 극한과 무한 급수 미분법 적분법의 응용	2018년 제2회	III
		2015년 제2회	IV
		2012년 제1회	IV-問2
		2013년 제1회	IV
		2018년 제1회	IV

※각 부의 출제 범위 별로 5문제를 엄선하여 총 15문제를 수록하였습니다

※문제의 게재 순서는 1부에서 3부로 이어집니다.

日本学生支援機構「2014 年度日本留学試験（第 2 回）試験問題」「数学 2 - Ⅲ」（凡人社）

III

$p > 1$，$q > 1$ とする。方程式

$$e^{2x} - ae^{x} + b = 0 \qquad \cdots\cdots\cdots \quad ①$$

において，$t = e^{x}$ とおくとき，t に関する 2 次方程式

$$t^2 - at + b = 0$$

は解 $\log_{q^2} p$ と $\log_{p^3} q$ をもつとする。

このとき，a の最小値とそのときの方程式 ① の解を求めよう。

(1)　まず

$$b = \frac{\boxed{\text{A}}}{\boxed{\text{B}}}$$

であり

$$a = \frac{\boxed{\text{C}}}{\boxed{\text{D}}} \log_q p + \frac{\boxed{\text{E}}}{\boxed{\text{F}}} \log_p q$$

である。

(2)　p, q が $p > 1$，$q > 1$ を満たしながら動くとき，$\log_p q > \boxed{\text{G}}$ である。

したがって，a は最小値 $\dfrac{\sqrt{\boxed{\text{H}}}}{\boxed{\text{I}}}$ を $\log_p q = \dfrac{\sqrt{\boxed{\text{J}}}}{\boxed{\text{K}}}$ のときにとる。

そのときの方程式 ① の解は

$$x = -\frac{\boxed{\text{L}}}{\boxed{\text{M}}} \log_e \boxed{\text{N}}$$

である。

日本学生支援機構「2014 年度日本留学試験（第 1 回）試験問題」「数学 2 - Ⅲ」（凡人社）

III

$a > 0$ とする。次の x に関する 2 つの方程式を $-\frac{\pi}{2} < x < \frac{\pi}{2}$ の範囲で考える。

$$\sin 2x + a\cos x = 0 \quad \cdots\cdots\cdots \text{①}$$

$$\cos 2x + a\sin x = -2 \quad \cdots\cdots\cdots \text{②}$$

例えば，$a = \sqrt{2}$ のとき，① を満たす x は

$$x = \frac{\boxed{\text{AB}}}{\boxed{\text{C}}}\pi$$

である。この x に対して，② の左辺の値は $\boxed{\text{DE}}$ となり，② の等式が成り立たない。

したがって，$a = \sqrt{2}$ のとき，①, ② は共通解をもたない。

そこで，①, ② が共通解をもつような a の値と，そのときの共通解 x を求めよう。

まず，① より

$$\sin x = \frac{\boxed{\text{FG}}}{\boxed{\text{H}}}a, \quad \cos 2x = \boxed{\text{I}} - \frac{a^2}{\boxed{\text{J}}}$$

となる。これらを ② に代入して

$$a^2 = \boxed{\text{K}}$$

を得る。したがって，$a = \sqrt{\boxed{\text{K}}}$ であり，共通解は

$$x = \frac{\boxed{\text{LM}}}{\boxed{\text{N}}}\pi$$

である。

日本学生支援機構「2017 年度日本留学試験（第 2 回）試験問題」「数学 2 - II - 問 1」（凡人社）

II

問 1　漸化式

$$a_1 = 18, \quad a_{n+1} - 12a_n + 3^{n+2} = 0 \quad (n = 1, 2, 3, \cdots)$$

で定まる数列 $\{a_n\}$ の一般項を求めよう。

数列 $\{b_n\}$ を

$$b_n = \frac{a_n}{\boxed{\text{A}}^{\,n}} \quad (n = 1, 2, 3, \cdots)$$

と定めると，$\{b_n\}$ は

$$b_1 = \boxed{\text{B}}, \quad b_{n+1} - \boxed{\text{C}}\, b_n + \boxed{\text{D}} = 0 \quad (n = 1, 2, 3, \cdots)$$

を満たす。この漸化式は

$$b_{n+1} - \boxed{\text{E}} = \boxed{\text{F}}\left(b_n - \boxed{\text{E}}\right)$$

と変形できる。ここで，数列 $\{c_n\}$ を

$$c_n = b_n - \boxed{\text{E}} \quad (n = 1, 2, 3, \cdots)$$

と定めると，$\{c_n\}$ は初項 $\boxed{\text{G}}$，公比 $\boxed{\text{H}}$ の等比数列である。

したがって

$$a_n = \boxed{\text{I}}^{\,n}\left(\boxed{\text{J}} \cdot \boxed{\text{K}}^{\,n-1} + \boxed{\text{L}}\right) \quad (n = 1, 2, 3, \cdots)$$

である。

注）漸化式：recurrence formula，公比：common ration，等比数列：geometric progression

日本学生支援機構「2016 年度日本留学試験（第 2 回）試験問題」「数学 2 - II」（凡人社）

II

正の数からなる数列 $a_1, a_2, a_3, \cdots$ は

$$a_1 = 1, \qquad a_2 = 10$$

$$(a_n)^2 a_{n-2} = (a_{n-1})^3 \quad (n = 3, 4, \cdots) \qquad \cdots\cdots\cdots \quad ①$$

を満たしている。このとき，$\lim_{n \to \infty} a_n$ を求めよう。

① の両辺の常用対数を考えて

$$\boxed{\mathsf{A}} \log_{10} a_n + \log_{10} a_{n-2} = \boxed{\mathsf{B}} \log_{10} a_{n-1}$$

を得る。いま，$b_n = \log_{10} a_n \ (n = 1, 2, \cdots)$ とおくと，この式は

$$\boxed{\mathsf{A}}\, b_n + b_{n-2} = \boxed{\mathsf{B}}\, b_{n-1} \qquad \cdots\cdots\cdots \quad ②$$

となる。② を変形すると

$$b_n - b_{n-1} = \frac{1}{\boxed{\mathsf{C}}}(b_{n-1} - b_{n-2}) \quad (n = 3, 4, \cdots)$$

となるから

$$b_n - b_{n-1} = \left(\frac{1}{\boxed{\mathsf{C}}}\right)^{n-\boxed{\mathsf{D}}} (b_2 - b_1) \quad (n = 2, 3, \cdots) \qquad \cdots\cdots\cdots \quad ③$$

が成り立つ。

（II は次ページに続く）

注）常用対数：common logarithm

ここで，$b_1 = \boxed{\text{E}}$，$b_2 = \boxed{\text{F}}$ であるから，③ より

$$b_n = \sum_{k=2}^{n} \left(\frac{1}{\boxed{\text{C}}} \right)^{k-\boxed{\text{G}}}$$

を得る。よって

$$b_n = \boxed{\text{H}} - \left(\frac{1}{\boxed{\text{C}}} \right)^{n-\boxed{\text{I}}}$$

である。したがって

$$\lim_{n \to \infty} a_n = \boxed{\text{JKL}}$$

である。

日本学生支援機構「2013 年度日本留学試験（第 2 回）試験問題」「数学 2 - II」（凡人社）

II

数列 $\{a_n\}$ $(n=1, 2, 3, \cdots)$ は等差数列で

$$a_2 = 2, \quad a_6 = 3a_3$$

を満たしている。このとき，級数 $\displaystyle\sum_{n=1}^{\infty} \frac{3^n}{r^{a_n}}$ を考える。ただし，r は正の実数である。

(1)　数列 $\{a_n\}$ の初項を a，公差を d とおくと

$$a = \boxed{\text{AB}}, \quad d = \boxed{\text{C}}$$

である。

(2)　級数 $\displaystyle\sum_{n=1}^{\infty} \frac{3^n}{r^{a_n}}$ は，初項が $\boxed{\text{D}}\, r^{\boxed{\text{E}}}$，公比が $\dfrac{\boxed{\text{F}}}{r^{\boxed{\text{G}}}}$ の無限等比級数である。

したがって，この級数は

$$r > 3^{\frac{\boxed{\text{H}}}{\boxed{\text{I}}}}$$

のとき収束し，その和 S は

$$S = \frac{\boxed{\text{J}}\, r^{\boxed{\text{K}}}}{r^{\boxed{\text{L}}} - \boxed{\text{M}}}$$

である。

(3)　和 S が最小となるのは

$$r = \boxed{\text{N}}^{\frac{\boxed{\text{O}}}{2}}$$

のときである。

注）等差数列：arithmetic progression，級数：series，公差：common difference，
公比：common ratio，無限等比級数：infinite geometric series

日本学生支援機構「2012 年度日本留学試験（第 2 回）試験問題」「数学 2 - II」（凡人社）

II

半径が 2 の円 O に内接する三角形 ABC が

$$3\overrightarrow{OA} + 4\overrightarrow{OB} + 2\overrightarrow{OC} = \vec{0} \qquad \cdots\cdots\cdots \quad ①$$

を満たしているとする。

直線 AO と線分 BC の交点を D とおくとき，線分 AD と線分 BD の長さを求めよう。

(1)　k を実数として，$\overrightarrow{OD} = k\overrightarrow{OA}$ とおくと

$$\overrightarrow{OD} = -\frac{\boxed{\mathsf{A}}}{\boxed{\mathsf{B}}}k\overrightarrow{OB} - \frac{\boxed{\mathsf{C}}}{\boxed{\mathsf{D}}}k\overrightarrow{OC}$$

と表すことができる。さらに，3 点 B, C, D が一直線上にあることから，$k = \frac{\boxed{\mathsf{EF}}}{\boxed{\mathsf{G}}}$

を得る。したがって，$OD = \boxed{\mathsf{H}}$ が求まり

$$AD = \boxed{\mathsf{I}}$$

を得る。

(2)　(1) より $BD = \frac{\boxed{\mathsf{J}}}{\boxed{\mathsf{K}}}BC$ となるので，線分 BD の長さを求めるためには，線分 BC の長さを求めればよい。

まず

$$BC^2 = \boxed{\mathsf{L}} - \boxed{\mathsf{M}}\,\overrightarrow{OB}\cdot\overrightarrow{OC}$$

である。ただし，$\overrightarrow{OB}\cdot\overrightarrow{OC}$ は $\overrightarrow{OB}$ と $\overrightarrow{OC}$ の内積を表すものとする。また，① より，$\left|4\overrightarrow{OB} + 2\overrightarrow{OC}\right|^2 = \boxed{\mathsf{NO}}$ であるから

$$\overrightarrow{OB}\cdot\overrightarrow{OC} = \frac{\boxed{\mathsf{PQR}}}{\boxed{\mathsf{S}}}$$

を得る。したがって，$BC = \frac{\boxed{\mathsf{T}}\sqrt{\boxed{\mathsf{U}}}}{\boxed{\mathsf{V}}}$ が求まり

$$BD = \frac{\sqrt{\boxed{\mathsf{W}}}}{\boxed{\mathsf{X}}}$$

を得る。

注）内接する：be inscribed，内積：inner product

日本学生支援機構「2015 年度日本留学試験（第 1 回）試験問題」「数学 2 - II - 問 1」（凡人社）

II

問 1　2 つのベクトル $\vec{a}$ と $\vec{b}$ のなす角は 60° であり，$|\vec{a}| = 1$，$|\vec{b}| = 2$ とする。また，実数 x に対して，$\vec{u} = x\vec{a} + \vec{b}$，$\vec{v} = x\vec{a} - \vec{b}$ とする。$x > 1$ のとき，$\vec{u}$ と $\vec{v}$ のなす角が 30° となるような x の値を求めよう。以下，$\vec{u}\cdot\vec{v}$ は $\vec{u}$ と $\vec{v}$ の内積を表し，$\vec{a}\cdot\vec{b}$ は $\vec{a}$ と $\vec{b}$ の内積を表す。

まず，ベクトル $\vec{u}$ と $\vec{v}$ のなす角は 30° であるから

$$\left(\vec{u}\cdot\vec{v}\right)^2 = \frac{\boxed{\mathsf{A}}}{\boxed{\mathsf{B}}}\left|\vec{u}\right|^2\left|\vec{v}\right|^2$$

を得る。$\vec{a}\cdot\vec{b} = \boxed{\mathsf{C}}$ であることに注意して，この式を x で表すと

$$x^4 - \boxed{\mathsf{DE}}\,x^2 + \boxed{\mathsf{FG}} = 0$$

となる。これを変形して

$$\left(x^2 - \boxed{\mathsf{H}}\right)^2 = \left(\boxed{\mathsf{I}}\,x\right)^2$$

を得る。

したがって，$x > 1$ に注意して，これを解くと

$$x = \boxed{\mathsf{J}} + \sqrt{\boxed{\mathsf{KL}}}$$

となる。

注）内接する：be inscribed，内積：inner product

日本学生支援機構「2017 年度日本留学試験（第 1 回）試験問題」「数学 2 - II - 問 2」（凡人社）

問 2　z は $|z| = 2$ を満たす複素数とする。原点を O とする複素数平面上で $1 + z$，$1 - \frac{1}{2}z$ を表す点をそれぞれ A, B とおく。

まず，複素数 z は

$$z = \boxed{\text{M}}\,(\cos\theta + i\sin\theta) \qquad (-\pi \leqq \theta < \pi)$$

と表すことができる。

(1)　z が実数でないとき，三角形 OAB の面積 S は $S = \boxed{\text{N}}$ である。ただし，$\boxed{\text{N}}$ には次の選択肢 ⓪ ～ ⑧ の中から適するものを選びなさい。

したがって，$\theta = \pm\dfrac{\boxed{\text{O}}}{\boxed{\text{P}}}\pi$ のとき S は最大になる。

⓪ $\frac{1}{2}\left|\sin\left(\theta + \frac{1}{3}\pi\right)\right|$　① $\frac{1}{2}|\sin\theta|$　② $\frac{1}{2}\left|\sin\left(\theta - \frac{1}{3}\pi\right)\right|$

③ $\left|\sin\left(\theta + \frac{1}{3}\pi\right)\right|$　④ $|\sin\theta|$　⑤ $\left|\sin\left(\theta - \frac{1}{3}\pi\right)\right|$

⑥ $\frac{3}{2}\left|\sin\left(\theta + \frac{1}{3}\pi\right)\right|$　⑦ $\frac{3}{2}|\sin\theta|$　⑧ $\frac{3}{2}\left|\sin\left(\theta - \frac{1}{3}\pi\right)\right|$

(2)　三角形 OAB が OA = OB である二等辺三角形となるとき

$$|1 + z| = \left|1 - \frac{1}{2}z\right| = \sqrt{\boxed{\text{Q}}}$$

である。また，$-\pi \leqq \arg(1 + z) < \pi$，$-\pi \leqq \arg\left(1 - \frac{1}{2}z\right) < \pi$ とすると

$$\arg(1 + z) = \pm\frac{\boxed{\text{R}}}{\boxed{\text{S}}}\pi, \quad \arg\left(1 - \frac{1}{2}z\right) = \mp\frac{\boxed{\text{T}}}{\boxed{\text{U}}}\pi \quad (\text{複号同順})$$

である。

注）複素数：complex number，複素数平面：complex plane

日本学生支援機構「2016 年度日本留学試験（第 1 回）試験問題」「数学 2 - II - 問 2」（凡人社）

問 2　複素数 z が条件

$$z\bar{z} - (1-2i)z - (1+2i)\bar{z} \leqq 15 \qquad \cdots\cdots\cdots \quad ①$$

を満たすとする。

(1)　複素数平面上で不等式 ① が表す図形は，中心 $\boxed{\mathsf{L}} + \boxed{\mathsf{M}}\,i$，半径 $\boxed{\mathsf{N}}\sqrt{\boxed{\mathsf{O}}}$ の円の内部および円周である。

(2)　直線 $(1-i)z - (1+i)\bar{z} = 2i$ 上にあり，不等式 ① を満たすすべての複素数 z の中で，$|z|$ が最大であるものを z_1，$|z|$ が最小であるものを z_2 と表すと

$$z_1 = \sqrt{\boxed{\mathsf{PQ}}} + \boxed{\mathsf{R}} + \left(\sqrt{\boxed{\mathsf{ST}}} + \boxed{\mathsf{U}}\right)i,$$

$$z_2 = -\frac{\boxed{\mathsf{V}}}{\boxed{\mathsf{W}}} + \frac{\boxed{\mathsf{X}}}{\boxed{\mathsf{Y}}}\,i$$

である。

注）複素数：complex number，複素数平面：complex plane

제 2 부

日本学生支援機構「2019 年度日本留学試験（第 1 回）試験問題」「数学 2 - II - 問 2」（凡人社）

II

問 1　次の文中の $\boxed{\textsf{A}}$，$\boxed{\textsf{B}}$，$\boxed{\textsf{D}}$，$\boxed{\textsf{E}}$，$\boxed{\textsf{G}}$ には，下の選択肢 ⓪ ～ ⑨ の中から適するものを選び，他の $\boxed{}$ には適する数を入れなさい。

点 O を中心とする半径 2 の球があり，その球面上に 4 つの頂点を持つ四面体 ABCD を考える。この四面体 ABCD において，AB = BC = CA = 2 であり，辺 BD は球の直径であるとする。また，$\overrightarrow{OA} = \vec{a}$，$\overrightarrow{OB} = \vec{b}$，$\overrightarrow{OC} = \vec{c}$ とおく。

(1)　線分 DA, BC の中点をそれぞれ M, N とすると

$$\overrightarrow{DA} = \boxed{\textsf{A}}, \quad \overrightarrow{MN} = \frac{\boxed{\textsf{B}}}{\boxed{\textsf{C}}} + \boxed{\textsf{D}}$$

である。

(2)　線分 MN の中点を P とし，三角形 BCD の重心を G とすると

$$\overrightarrow{OP} = \frac{\boxed{\textsf{E}}}{\boxed{\textsf{F}}}, \quad \overrightarrow{OG} = \frac{\boxed{\textsf{G}}}{\boxed{\textsf{H}}}, \quad \left|\overrightarrow{PG}\right| = \frac{\sqrt{\boxed{\textsf{I}}}}{\boxed{\textsf{J}}}$$

である。

また，$\overrightarrow{AG} = \dfrac{\boxed{\textsf{K}}}{\boxed{\textsf{L}}}\overrightarrow{AP}$ であるから，3 点 A, P, G は一直線上にあることがわかる。

⓪ $\vec{a}$	① $\vec{b}$	② $\vec{c}$	③ $\vec{a} - \vec{b}$	④ $\vec{b} - \vec{c}$
⑤ $\vec{c} - \vec{a}$	⑥ $\vec{a} + \vec{b}$	⑦ $\vec{b} + \vec{c}$	⑧ $\vec{c} + \vec{a}$	⑨ $\vec{a} + \vec{b} + \vec{c}$

注）重心：center of gravity

日本学生支援機構「2018 年度日本留学試験（第 2 回）試験問題」「数学 2 - Ⅲ」（凡人社）

III

x の関数

$$f(x) = x^3 - 3ax^2 - 3(2a+1)x + a + 2$$

について，次の問いに答えなさい。

(1)　次の文中の **G** ～ **K** には，下の選択肢 ⓪ ～ ⑤ の中から適するものを選びなさい。また，他の ☐ には，適する数を入れなさい。

$f(x)$ の導関数は

$$f'(x) = \boxed{\text{A}}\left(x - \boxed{\text{B}}\,a - \boxed{\text{C}}\right)\left(x + \boxed{\text{D}}\right)$$

であるから

(i)　$a > \boxed{\text{EF}}$ のとき，$f(x)$ は $x = -\boxed{\text{D}}$ で **G** となり，

$x = \boxed{\text{B}}\,a + \boxed{\text{C}}$ で **H** となる。

(ii)　$a = \boxed{\text{EF}}$ のとき，$f(x)$ はつねに **I** となる。

(iii)　$a < \boxed{\text{EF}}$ のとき，$f(x)$ は $x = -\boxed{\text{D}}$ で **J** となり，

$x = \boxed{\text{B}}\,a + \boxed{\text{C}}$ で **K** となる。

⓪ 極大　① 極小　② 増加　③ 減少

④ 最大　⑤ 最小

（III は次ページに続く）

注）導関数：derivative

(2) $-1 \leqq x \leqq 1$ における $f(x)$ の最小値 m を a を用いて表そう。

(i) $a \geqq$ **L** のとき，$m =$ **MN** a である。

(ii) **OP** $\leqq a <$ **L** のとき，$m =$ **QR** $\left(a^3 + \boxed{\text{S}}\,a^2 + \boxed{\text{T}}\,a\right)$ である。

(iii) $a <$ **OP** のとき，$m =$ **U** $a +$ **V** である。

(3) (2) の m の値が最も大きくなるのは $a = \dfrac{-\boxed{\text{W}} + \sqrt{\boxed{\text{X}}}}{\boxed{\text{Y}}}$ のときである。

日本学生支援機構「2015年度日本留学試験（第2回）試験問題」「数学2-Ⅳ」（凡人社）

Ⅳ

動点Pの座標 (x, y) が時刻 t の関数として次の式で与えられている。

$$x = 4t - \sin 4t$$
$$y = 4 - \cos 4t$$

(1)　x, y をそれぞれ t で微分すると

$$\frac{dx}{dt} = \boxed{\text{A}}\left(\boxed{\text{B}} - \cos 4t\right)$$
$$\frac{dy}{dt} = \boxed{\text{C}}\sin 4t$$

である。よって

$$\left(\frac{dx}{dt}\right)^2 + \left(\frac{dy}{dt}\right)^2 = \boxed{\text{DE}}\sin^2\boxed{\text{F}}t$$

となる。

(2)　点Pが時刻 $t=0$ から時刻 $t=2\pi$ まで動くとき，点Pの速さ v が最大となる時刻が，全部で $\boxed{\text{G}}$ 回ある。それらの中で，最初の時刻を t_0，最後の時刻を t_1 とすると

$$t_0 = \frac{\boxed{\text{H}}}{\boxed{\text{I}}}\pi, \quad t_1 = \frac{\boxed{\text{J}}}{\boxed{\text{K}}}\pi$$

であり，また，最大の速さは $v = \boxed{\text{L}}$ である。

(3)　(2) の t_0, t_1 に対して，時刻 $t=t_0$ から時刻 $t=t_1$ までの間に点Pの動いた道のりは $\boxed{\text{MN}}$ である。

注）道のり：distance

日本学生支援機構「2012年度日本留学試験（第1回）試験問題」「数学2-Ⅳ-問2」（凡人社）

問2　正の整数nと実数aに対して、関数

$$f_n(a)=\int_0^{\pi}(\cos x+a\sin 2nx)^2dx$$

を考える。

(1)　関数$f_n(a)$を

$$f_n(a)=\int_0^{\pi}\left\{\frac{1+\cos\boxed{\text{L}}\,x}{2}+a^2\frac{1-\cos\boxed{\text{M}}\,nx}{2}+a\Big(\sin(2n+1)x+\sin(2n-1)x\Big)\right\}dx$$

と変形して、この右辺の定積分を計算すると

$$f_n(a)=\frac{\pi}{\boxed{\text{N}}}a^2+\frac{\boxed{\text{O}}\,n}{\boxed{\text{P}}\,n^2-\boxed{\text{Q}}}a+\frac{\pi}{\boxed{\text{R}}}$$

を得る。

(2)　$f_n(a)$を最小にするaの値をa_nとし、$S_N=\sum_{n=1}^{N}\frac{a_n}{n}$とおく。

このとき

$$S_N=-\frac{\boxed{\text{S}}}{\pi}\sum_{n=1}^{N}\left(\frac{1}{2n-\boxed{\text{T}}}-\frac{1}{2n+\boxed{\text{U}}}\right)$$

$$=-\frac{\boxed{\text{S}}}{\pi}\left(\boxed{\text{V}}-\frac{1}{\boxed{\text{W}}\,N+\boxed{\text{X}}}\right)$$

である。よって

$$\sum_{n=1}^{\infty}\frac{a_n}{n}=\lim_{N\to\infty}S_N=-\frac{\boxed{\text{Y}}}{\pi}$$

を得る。

日本学生支援機構「2013 年度日本留学試験（第 1 回）試験問題」「数学 2 - Ⅳ」（凡人社）

Ⅳ

問 1　数列 $\{S_n\}$ を

$$S_n=\sum_{k=1}^{n}\frac{1}{\sqrt{k}}\quad (n=1,2,3,\cdots)$$

と定めるとき，次の 2 つの極限：

$$\lim_{n\to\infty}S_n,$$

$$\lim_{n\to\infty}\frac{S_{2n}-S_n}{\sqrt{n}}$$

を求めよう。

(1)　次の問題文中の $\boxed{\mathsf{A}}$ ～ $\boxed{\mathsf{I}}$ には，下の ⓪ ～ ⑨ の中から適するものを選びなさい。

$\displaystyle\lim_{n\to\infty}S_n$ を求めよう。関数 $y=\dfrac{1}{\sqrt{x}}$ について考えると

$$y'=-\frac{\boxed{\mathsf{A}}}{2\sqrt{x^{\boxed{\mathsf{B}}}}}$$

より，この関数 y は $\boxed{\mathsf{C}}$ である。

そこで，区間 $k\leqq x\leqq k+1$ $(k=1,2,\cdots,n)$ で考えると

$$\frac{1}{\sqrt{k}}\ \boxed{\mathsf{D}}\ \int_{k}^{k+1}\frac{1}{\sqrt{x}}\,dx$$

が成り立つ。

この式の両辺を $k=1$ から $k=n$ まで辺ごとに加えると

$$S_n\ \boxed{\mathsf{E}}\ \int_{\boxed{\mathsf{F}}}^{\boxed{\mathsf{G}}}\frac{1}{\sqrt{x}}\,dx=\boxed{\mathsf{H}}\left(\sqrt{\boxed{\mathsf{G}}}-1\right)$$

が得られ

$$\lim_{n\to\infty}S_n=\boxed{\mathsf{I}}$$

となる。

⓪　∞	①　1	②　2	③　3
④　n	⑤　$n+1$	⑥　$<$	⑦　$>$
⑧　単調増加	⑨　単調減少		

（問 1 は次ページに続く）

(2)　次の問題文中の **J** ～ **P** には，下の ⓪ ～ ⑨ の中から適するものを選びなさい。

$\lim_{n\to\infty}\dfrac{S_{2n}-S_n}{\sqrt{n}}$ について考えると

$$S_{2n}-S_n=\sum_{k=1}^{n}\frac{1}{\sqrt{\boxed{\mathbf{J}}}}$$

であるから，区分求積法より

$$\lim_{n\to\infty}\frac{S_{2n}-S_n}{\sqrt{n}}=\lim_{n\to\infty}\frac{1}{\boxed{\mathbf{K}}}\sum_{k=1}^{n}\frac{1}{\sqrt{\boxed{\mathbf{L}}+\dfrac{k}{n}}}$$

$$=\int_{\boxed{\mathbf{M}}}^{\boxed{\mathbf{N}}}\frac{1}{\sqrt{1+x}}\,dx$$

$$=\boxed{\mathbf{O}}\left(\sqrt{\boxed{\mathbf{P}}}-1\right)$$

となる。

⓪ 0	① 1	② 2	③ $n-1$	④ n
⑤ $n+1$	⑥ $n-k$	⑦ $n+k$	⑧ $n+k-1$	⑨ $n+k+1$

注）区分求積法：quadrature (mensuration) by parts

Ⅳ

$a_n = \int_0^1 x^{2n}\sqrt{1-x^2}\,dx \;(n = 0, 1, 2, \cdots)$ とおくとき，極限値 $\lim_{n\to\infty} \frac{a_n}{a_{n-1}}$ を求めよう。

(1)　まず，a_0, a_1 を求めてみよう。半径 1 の円の面積は π であるから

$$a_0 = \int_0^1 \sqrt{1-x^2}\,dx = \frac{\pi}{\boxed{\mathsf{A}}}$$

である。a_1 は部分積分法により

$$\begin{aligned} a_1 &= \int_0^1 x^2\sqrt{1-x^2}\,dx \\ &= -\frac{\boxed{\mathsf{B}}}{\boxed{\mathsf{C}}}\left[x(1-x^2)^{\frac{\boxed{\mathsf{D}}}{\boxed{\mathsf{E}}}}\right]_0^1 + \frac{\boxed{\mathsf{F}}}{\boxed{\mathsf{G}}}\int_0^1 (1-x^2)^{\frac{\boxed{\mathsf{H}}}{\boxed{\mathsf{I}}}}\,dx \\ &= \frac{\boxed{\mathsf{J}}}{\boxed{\mathsf{K}}}\left\{\int_0^1 \sqrt{1-x^2}\,dx - \int_0^1 x^{\boxed{\mathsf{L}}}\sqrt{1-x^2}\,dx\right\} \end{aligned}$$

となる。よって，$a_1 = \frac{\pi}{\boxed{\mathsf{MN}}}$ である。

（Ⅳ は次ページに続く）

注）部分求積法：the partial integral method

(2)　次の文中の $\boxed{\text{O}}$ ～ $\boxed{\text{U}}$ には，下の選択肢 ⓪ ～ ⑨ の中から適するものを選びなさい。

a_1 を求めたのと同様にして，a_n は部分積分法により

$$a_n = \frac{\boxed{\text{O}}}{\boxed{\text{P}}}\left\{\int_0^1 x^{\boxed{\text{Q}}}\sqrt{1-x^2}\ dx - \int_0^1 x^{\boxed{\text{R}}}\sqrt{1-x^2}\ dx\right\} \quad (n = 1, 2, 3, \cdots)$$

となる。よって

$$\left(\boxed{\text{S}}\right)a_n = \left(\boxed{\text{T}}\right)a_{n-1}$$

となる。したがって

$$\lim_{n\to\infty}\frac{a_n}{a_{n-1}} = \boxed{\text{U}}$$

を得る。

⓪　0	①　1	②　2	③　3	④　4
⑤　$2n-2$	⑥　$2n-1$	⑦　$2n$	⑧　$2n+1$	⑨　$2n+2$

수학 코스 2 기출문제 정답표

순서	문제 번호		해답란	정답
1부①	III		AB	16
			CDEF	1213
			G	0
			HI	63
			JK	62
			LMN	126
1부②	III		ABC	-14
			DE	-1
			FGH	-12
			IJ	12
			K	3
			LMN	-13
1부③	II	問1	A	3
			B	6
			CD	43
			EF	14
			G	5
			H	4
			IJKL	3541
1부④	II		AB	23
			C	2
			D	2
			E	0
			F	1
			G	2
			HI	22
			JKL	100
1부⑤	II		AB	-2
			C	4
			DE	32
			FG	34
			HI	14
			JKLM	3643
			NO	31

순서	문제 번호		해답란	정답
2부①	II		ABCD	4323
			EFG	-12
			H	1
			I	3
			JK	13
			LM	82
			NO	36
			PQRS	-114
			TUV	362
			WX	62
2부②	II	問1	AB	34
			C	1
			DEFG	4416
			HI	46
			JKL	313
2부③	II	問2	M	2
			N	7
			OP	12
			Q	3
			RS	12
			TU	16
2부④	II	問2	LM	12
			NO	25
			PQR	101
			STU	102
			VWXY	1212
2부⑤	II	問2	MNO	132
			P	1
			QR	23
			STU	132
			V	3
			WXY	934

수학 코스 2 기출문제 정답표

순서	문제 번호		해답란	정답
3부①	III		ABCD	3211
			EF	-1
			G	0
			H	1
			I	2
			J	1
			K	0
			L	0
			MN	-8
			OP	-1
			QRST	-432
			UV	44
			WXY	333
3부②	IV		AB	41
			C	4
			DEF	642
			G	4
			HI	14
			JK	74
			L	8
			MN	24
3부③	IV	問2	LM	24
			NOPQR	28412
			STU	411
			VWX	121
			Y	4
3부④	IV	問1	AB	13
			C	9
			D	7
			E	7
			FG	15
			H	2
			I	0
			J	7
			KL	41
			MN	01
			OP	22
		問2	Q	1
			R	2
			S	7
			T	2
			U	0
			V	4
			W	2
			X	0
			Y	2

순서	문제 번호		해답란	정답
3부⑤	IV		A	4
			BCDEFGHI	13321332
			JKL	132
			MN	16
			OPQR	6357
			ST	96
			U	1

저자 : 오쿠야마 가케루

도쿄대학 이학부 졸업 . 도쿄도립대학 대학원 이학 연구과 박사과정 학점 취득 . 일본수학회 소속 . 대학 비상근 강사, 대기업 학원 강사 등으로, 전문인 수학 연구와 함께, 고등학교 수학 교육의 실천을 쌓았다 . 현재, 유럽과 미국 각국에서 고등학교 수학 교육과 일본의 고등학교 수학 교육의 비교 · 조사도 실시하고 있다 .

번역본 감수 : 최 인 규 (영인에듀 일본입시연구소장)

일본유학시험 대비 개념서 하이레벨 수학 코스 2

발 행 일 : 2020년 9월 20일(초판)
저 자 : 오쿠야마 가케루
발 행 인 : 송 부 영
발 행 처 : (주)해외교육사업단
출 판 등 록 : 제16-1456호
주 소 : 서울특별시 서초구 강남대로 381, (두산709호)
전 화 : 02-736-1010
이 메 일 : song@hed.co.kr
홈 페 이 지 : www.hedgroup.co.kr

*이 도서의 국립중앙도서관 출판예정도서목록(CIP)은 서지정보유통지원시스템 홈페이지(http://seoji.nl.go.kr)와 국가자료종합목록 구축시스템(http://kolis-net.nl.go.kr)에서 이용하실 수 있습니다. (CIP 제어번호: CIP2020036761)

일본유학시험 대비 개념서

하이레벨

수학

코스2

한국어 번역본

출제 내용의 분석과 대책
실러버스(출제 범위)
각 단원 별 요점정리
기본문제, 실전문제 해답과 해설

HED 글로벌 인재육성, 1984년설립
(주)해외교육사업단

일본유학시험 대비 개념서

하이레벨

수학

코스2

한국어 번역본

출제 내용의 분석과 대책
실러버스(출제 범위)
각 단원 별 요점정리
기본문제, 실전문제 해답과 해설

한국어 번역본 편집에 있어서

일본유학시험 (EJU) 에 대비하여 수학을 공부하시는 여러분의 첫번째 관심사는 무엇일까요 ? 어떤 문제가 나오는가, 한국의 고등학교에서 배운 것들이 나오는가 등일 것입니다 . 처음으로 대하는 EJU 에 대해 상세히 아는 사람은 많지 않은 것이 사실입니다 .

그러나 한 꺼풀 들어가 보면 시험에는 출제 범위가 정해져 있고 매년 출제되는 문제들의 유형이 분석되고 있으므로 그것들을 안내하는 참고서를 찾아서 그에 따라 공부한다면 분명 좋은 점수를 얻게 될 것입니다 .

시중의 EJU 관련 참고서 중에서 시험문제의 개념을 잡아 주는 책은 찾기가 쉽지 않습니다 . 이「하이레벨 시리즈」는 그런 점에서 EJU 의 수학을 공부하는 여러분에게 좋은 길잡이가 될 것입니다 .

「하이레벨」시리즈는 수학 코스 1 과 수학 코스 2 에서 각 코스에 대해「요점정리」를 제시하고 그에 따라 작은 문제로 이해를 돕게 한 다음「기본문제」로 각 단원의 흐름을 체계적으로 이해하게 합니다 . 나아가 실제 시험과 같은 레벨의「실전문제」로 확실하게 실력을 굳힐 수 있도록 합니다 .

또한 본문의 후반부에는 EJU 의「기출문제」를 시험 실시 기관인 JASSO 로부터 사용 허락을 받아서 이「하이레벨」시리즈에 단원 별로 수학 코스 2 의 15 개 문제를 수록하였습니다 . 귀중한 기출문제를 이용하여 최종적으로 실제 시험의 트레이닝을 해 보시기 바랍니다 .

그리고 이 번역본에는「출제 내용의 분석과 대책」「실러버스」「요점정리」「연습문제와 실전문제의 해답해설」을 한국어로 번역하여 수록하였습니다 . 일본어 능력이 부족하거나 수학에 대해 기초가 약하여 불안해 하거나, EJU 문제에 익숙하지 못한 사람들을 위하여 한국어 번역본을 마련하였습니다 .

여기에 제시하는 EJU 수학 코스 2 의 해법을 터득하시고 본사에서 발행한「모의시험 문제집」,「실전 문제집」등을 이용하여 문제를 많이 풀어서「EJU 수학에 익숙해 지도록」하시기 바랍니다 .

여러분의 건승을 기원합니다 .

2020 년 9 월

(주) 해외교육사업단

목 차

요점정리

기본문제와 실전문제의 해답해설

제 1 부　미분적분을 향하여

제 2 부　도형을 알아본다

제 3 부　미분적분의 응용

출제 내용의 분석과 대책

1. 전반적인 출제 내용의 분석과 대책

⑴ 문제수와 출제 분야의 분석

코스 2 의 큰 문제수는 매회 Ⅰ ~ Ⅳ 의 4 문제입니다 . 단, 하나의 큰 문제 속에 문제 1 과 문제 2 라는 형태로 다른 분야가 조합되어 출제되는 경우도 있습니다 .

Ⅰ 은 **코스 1 과의 공통문제**로 전반부는「이차함수」에서, 후반부는 주로「경우의 수 · 확률」,「집합과 논리」등 에서 출제되고 있습니다 .

Ⅱ 는 주로,「수열」,「벡터」,「복소평면 표시」,「도형과 방정식」분야에서 출제되고 있습니다 .

Ⅲ 과 Ⅳ는 주로「미분 · 적분」과 그에 관련된 복합문제가 출제됩니다 .

⑵ 전반적인 대책

앞에서 서술한 것처럼 출제 내용에는 치우침이 없고 일본의 이과 대학 입시문제로서는 전형적인 출제로 되어 있습니다 . 다만, 일본의 대학입시센터시험과 달리, 코스 2 에서는 반드시 수학 Ⅲ 의「미분 · 적분」에서 출제되는 점에 주의합시다 .

코스 2 의 대책으로서는「미분 · 적분」을 몸에 익히는 것을 학습의 중심으로 하면서 그것을 위해 필요한 것을 보강해 간다는 스타일이 기본이 됩니다 .

또한 전체적으로는 극단적인 어려운 문제는 출제되지 않습니다만, 시험시간 80 분 속에서 모든 문제에 해답하려면 확실한 계산력이 필요합니다 . 그러기 위해서는 문제를 한 번만 푸는 것이 아니라, 반드시 반복하여 계산의 속도를 올리는 훈련을 하는 것도 중요합니다 .

수학 Ⅲ 의「미분 · 적분」은 입시에서만이 아니라 대학에서 전공하는 이과 과목의 기초가 되는 것이므로 시간을 할애하여 확실하게 익혀 주십시오 .

[개정 실러버스에서의 출제 내용 리스트]

코스 1 과의 공통문제																	
수와 식	이차함수	도형과 계량	경우의 수와 확률	정수의 성질	도형의 성질	여러 가지 식	도형과 방정식	지수함수 · 로그함수	삼각함수	미분 · 적분의 생각	수열	벡터	복소평면	평면 위의 곡선	극한	미분법	적분법
	○		○					○○		○	○		○		○	○	○
	○		○				○		○	○	○	○	○		○	○	○
	○		○						○	○		○	○			○	○
	○		○						○	○		○	○			○	○

이 리스트는 2015 년부터 2017 년 사이의 출제 내용를 조사한 것입니다 .

2. 각 분야의 대책

(1) 코스 1 과의 공통문제

일본의 고등학교 수학Ⅰ・수학 A 에 해당하며「이차함수」와 함께 주로「경우의 수와 확률」,「집합과 논리」,「정수의 성질」에서 출제됩니다. 코스 1 에 대한 대책은「일본유학시험 대책 개념서 하이레벨 수학 코스 1」을 이용하시기 바랍니다.

(2) **「미분・적분」을 위해 필요한 기본**

「제 1 부 : 미분적분을 향하여」에서는「다항식 함수」,「분수함수・무리함수」,「지수함수・로그함수」,「삼각함수」,「수열」을 다루며 **미분・적분을 학습하기 위해 필요한 기본 지식**을 정리하고 있습니다.

이것들은 코스 2 에서 반드시 출제되는 중요한 내용이므로 시험까지 한정된 시간 속에서 이 분야를 솜씨있게 학습하는 것이 중요합니다.

(3) 도형

「제 2 부 : 도형을 알아본다」에서는「도형과 방정식」,「벡터」,「복소평면 표시」를 포함한 도형에 관한 내용을 다룹니다. 이것들은 반드시 코스 2 에서 출제되는 중요한 분야입니다. 각각을 다른 것으로 인식하여 학습할 것이 아니라, 서로의 **관련성을 이해**함으로써 효율적으로 도형의 분야를 학습할 수 있습니다.

제 2 부에서는 이러한 내용의 체계를 단시간에 마스터할 수 있도록 하나 하나의 공식에 대해 연관성을 알 수 있도록 고안되어 있습니다.

또한「복소평면 표시」는「삼각함수」와「벡터」가 충분히 익숙하지 않으면 이해가 어려우므로 필요에 따라 제 1 부의 삼각함수를 복습하면서 진행하면 좋을 것입니다.

(4) 미분・적분

「제 3 부 : 미분적분의 응용」에서는 수학Ⅲ의「미분・적분」을 포함한 내용을 다룹니다. 코스 2 의 출제 범위 속에서 가장 중요한 분야이며 대학에서 이과 코스의 기반이 되는 분야이기도 하므로 충분히 연습하여 **미분과 적분의 계산력을 확실히 익히는 것**이 중요합니다.

제 3 부에서는 효율적으로 미분・적분을 습득할 수 있도록 미분・적분의 기본공식을 연습하는 문제 속에서 특히 중요한 것을 정리하는 등에 대해 고안되어 있습니다. 이러한 내용의 문제를 확실히 이해할수 있도록 반복해서 연습해 주십시오.

미분・적분의 문제에서는 계산을 빠르고 정확하게 하는 것이 요구되므로 계산력이 부족하다고 느껴지는 경우에는 참고서 등으로 계산문제를 보완해 주십시오.

특히 일본의 대학입시에서는 치환적분, 부분적분 등의 적분 계산력이 중요하므로 이것들을 확실히 습득하는 것이 필요합니다.

실러버스 (출제범위)

(괄호 안에 일본 고등학교 수학의 과목과 대조를 나타냈다.)

출제항목	대응하는 단원
1. 수와 식 (수학Ⅰ) 2. 이차함수 (수학Ⅰ) 3. 도형과 계량 (수학Ⅰ) 4. 경우의 수와 확률 (수학A) 5. 정수의 성질 (수학A) 6. 도형의 성질 (수학A)	➡ (코스 1 편에 수록)
7. 여러 가지 식 (수학Ⅱ) (1) 식과 증명 (2) 고차방정식	➡ 제 1 부 제 2 장 다항식함수
8. 도형과 방정식 (수학Ⅱ) (1) 직선과 원 (2) 궤적과 영역	➡ 제 2 부 제 1 장 도형과 방정식 제 4 장 도형의 정리와 응용
9. 지수함수・로그함수 (수학Ⅱ) (1) 지수함수 (2) 로그함수	➡ 제 1 부 제 3 장 지수함수・로그함수
10. 삼각함수 (수학Ⅱ) (1) 일반각 (2) 삼각함수와 그 기본적인 성질 (3) 삼각함수와 그 그래프 (4) 삼각함수의 덧셈정리 (5) 덧셈정리의 응용	➡ 제 1 부 제 4 장 삼각함수
11. 미분・적분의 생각 (수학Ⅱ) (1) 미분의 생각 (2) 적분의 생각	➡ 제 1 부 제 1 장 함수의 움직임을 알아본다 제 2 장 다항식함수 제 3 부 제 1 장 미분법・적분법의 방법 제 3 장 미분법・적분법의 응용

출제항목	대응하는 단원
12. 수열 (수학B)	➡ **제1부 제5장 수열과 수열의 극한**
(1) 수열과 그 합	**제3부 제2장 수열의 극한과 무한급수**
(2) 점화식과 수학적 귀납법	
13. 벡터 (수학B)	➡ **제2부 제2장 벡터**
(1) 평면 위의 벡터	**제4장 도형의 정리와 응용**
(2) 공간 좌표와 벡터	
14. 복소평면 (수학Ⅲ)	➡ **제2부 제3장 복소평면 표시**
(1) 복소평면	**제4장 도형의 정리와 응용**
(2) 드무아브르의 정리	
(3) 복소수와 도형	
15. 평면 위의 곡선 (수학Ⅲ)	➡ **제1부 제1장 함수의 움직임을 알아본다**
(1) 이차곡선	**제4장 삼각함수**
(2) 매개변수에 의한 표시	
(3) 극좌표에 의한 표시	
16. 극한 (수학Ⅲ)	➡ **제1부 제1장 함수의 움직임을 알아본다**
(1) 수열과 그 극한	**제5장 수열과 수열의 극한**
(2) 함수와 그 극한	**제3부 제1장 미분법·적분법의 방법**
	제2장 수열의 극한과 무한급수
17. 미분법 (수학Ⅲ)	➡ **제1부 제1장 함수의 움직임을 알아본다**
(1) 도함수	**제3부 제1장 미분법·적분법의 방법**
(2) 도함수의 응용	**제3장 미분법·적분법의 응용**
18. 적분법 (수학Ⅲ)	➡ **제3부 제1장 미분법·적분법의 방법**
(1) 부정적분과 정적분	**제3장 미분법·적분법의 응용**
(2) 적분의 응용	

※초등학교・중학교에서 배운 범위에 관해서는 학습한 것으로 여겨 출제 범위에 포함된 것으로 한다.

해답에 관한 주의점

기본문제・실전문제・기출문제는 해답란이 실제 시험과 같은 형식으로 되어 있습니다. 해답 시에는 다음에 주의합시다.

(1) 문제문 속의 A, B, C, ……에는 각각 − (마이너스 기호), 또는 0 부터 9 까지의 수가 하나씩 들어갑니다.

예 AB 에 「−1」 이라 답하는 경우는 A 는 「−」, B 는 「1」이라고 답합니다.

(2) 동일한 문제문 속에 AB 등이 반복해서 나타나는 경우, 두번째 이후는 AB 와 같이 나타내고 있습니다.

(3) 루트 ($\sqrt{}$) 안에 나타내는 자연수가 최소가 되는 형태로 답해 주십시오.

예 $\sqrt{12}$ 의 경우는 $2\sqrt{3}$ 이라고 답합니다.

(4) 분수의 경우, 부호는 분자에 붙이고 분자・분모는 기약분수로 하여 답해 주십시오.

예 $\frac{3}{6}$은 기약분수로 하여 $\frac{1}{2}$이라고 답합니다.

$-\frac{3}{\sqrt{6}}$는 $-\frac{3\sqrt{6}}{6}$로 유리화하여 또 기약분수로 하여 $\frac{-\sqrt{6}}{2}$ 라고 답합니다.

$\frac{\boxed{A}\sqrt{\boxed{B}}}{\boxed{C}}$에 $\frac{-\sqrt{6}}{2}$로 답하는 경우는 A 는 「−」, B 는 「6」, C 는 「2」 라고 답합니다.

제 1 부 미분적분을 향하여

제 1 부의 목적은 미분적분을 활용할 때에 필요한 함수의 기본적인 성질을 익히기 위해 이들의 중요한 성질에 대해 확인해 가는 것입니다.

이를 위해 일본의 고등학교 교과서의 순서대로가 아닌, 아래와 같이 수학적으로 관계가 깊은 순서로 해설합니다.

제 1 장	함수의 움직임을 알아본다	(수학 III)
제 2 장	다항식함수	(수학 II)
제 3 장	지수함수, 로그함수	(수학 II)
제 4 장	삼각함수	(수학 II)
제 5 장	수열과 수열의 극한	(수학 B, III)

제 1 장에서는 함수와 함수의 그래프에 대한 용어를 정리하고 뒤따르는 장에 대한 준비를 합니다. 도입하는 기호는 나중에 도움이 되는 중요한 것입니다.

제 5 장에서 수열이 다루어지는 것은 수열이 함수의 극한을 알아보기 위한 도구로서 사용되기 때문입니다.

제 1 장 함수의 움직임을 알아본다

주요 용어

일본어	한국어	영어
関数（かんすう）	함수	function
実数（じっすう）	실수	real number
集合（しゅうごう）	집합	set
区間（くかん）	구간	interval
開区間（かいくかん）	개구간	open interval
閉区間（へいくかん）	폐구간	closed interval
定義域（ていぎいき）	정의역	domain
値域（ちいき）	치역	range
逆関数（ぎゃくかんすう）	역함수	inverse function
極限（きょくげん）	극한	limit
極限値（きょくげんち）	극한값	limit value
収束（しゅうそく）する	수렴하다	converge
発散（はっさん）する	발산하다	diverge
単調（たんちょう）に増加（ぞうか）する	단조증가하다	monotonically increase
単調（たんちょう）に減少（げんしょう）する	단조감소하다	monotonically decrease
合成関数（ごうせいかんすう）	합성함수	composite function

요점정리

1 실수 전체의 집합과 구간

실수 전체의 집합을 $\mathbb{R}$ 로 나타낸다. 즉

$$\mathbb{R} = \{x \mid x \text{는 실수}\} \quad (\text{실수 전체의 집합})$$

이다. $\mathbb{R}$ 의 부분 집합으로, 다음 형태의 것을 구간이라고 한다.

① $(a,\ b) = \{x \mid a < x < b\}$　② $[a,\ b] = \{x \mid a \leqq x \leqq b\}$

③ $(a,\ b] = \{x \mid a < x \leqq b\}$　④ $[a,\ b) = \{x \mid a \leqq x < b\}$

특히 $(a,\ b)$ 를 **개구간**, $[a,\ b]$ 를 **폐구간**이라고 부른다.

또한 **무한대**의 기호 ∞ 를 사용하여 아래와 같이 나타내는 집합도 구간이라고 부른다.

$(a,\ \infty) = \{x \mid a < x\}$　$[a,\ \infty) = \{x \mid a \leqq x\}$

$(-\infty,\ b) = \{x \mid x < b\}$　$(-\infty,\ b] = \{x \mid x \leqq b\}$

$(-\infty,\ \infty) = \mathbb{R}$

집합의 기호를 생략하여「구간 $a < x < b$」등으로 만드는 경우도 있다. 정확하게는 단순한 부등식이 아닌 위와 같은 집합이다, 라고 의식할 것.

문제 1　빈칸에 알맞은 기호를 넣으시오 .

구간 $1 < x \leqq 3$ 은 [ア] 라고 적는다 . 또한 구간 $x \leqq 5$ 는 [イ] 라고 적는다 .

2 함수, 정의역, 치역, 함수의 그래프

▶ 함수 $f(x)$만드는 법

① 정의역(domain) 이라 불리는 실수의 집합 Dom(f)을 준비한다 .

② Dom(f)의 요소 x 를 임의로 하나 꺼낸다 .

③ x 에 대응하는 실수 y 를 하나 정한다 . 이 때

$$y=f(x) \quad \text{또는} \quad x \xmapsto{f} y \quad \text{또는} \quad f : x \longmapsto y$$

등의 기호로 나타낸다 .

④ 모든 요소 $x \in \mathrm{Dom}(f)$에 대해서 ②, ③을 반복한다 .

이렇게 정한 함수는 아래와 같은 점의 집합

$$C=\{(x,\ y)\mid y=f(x),\ x \in \mathrm{Dom}(f)\}$$

을 사용하여 그리면 알기 쉽다 . 집합 C 를 함수 $y=f(x)$의 그래프라고 부른다 . 아래 그림은 실수 전체로 정의된 함수 $f(x)=x^2$ 의 그래프이다 .

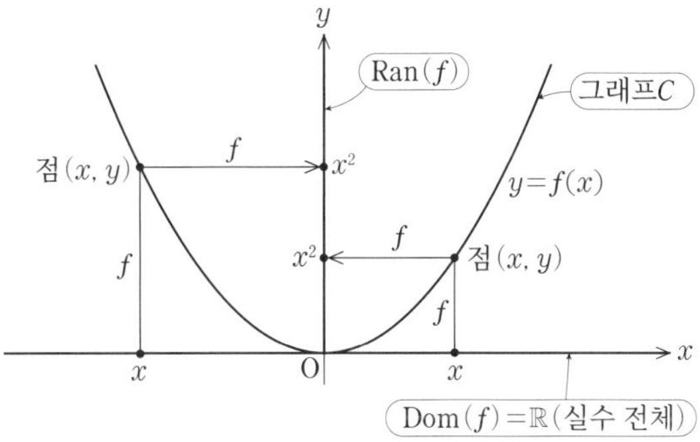

앞으로는 집합의 기호를 생략하여「$y=f(x)$의 그래프」, 또는「곡선 $y=f(x)$」등으로 부르지만, 정확하게는「$y=f(x)$를 만족시키는 점$(x,\ y)$의 집합」임을 의식하자 .

또한 y 가 취하는 값의 집합, 즉

$$\mathrm{Ran}(f)=\{y\mid y=f(x),\ x \in \mathrm{Dom}(f)\}$$

를 함수 $f(x)$의 치역(range) 이라고 부른다 . 위 그림의 경우에는

$$\mathrm{Ran}(f)=\{y\mid y \geqq 0\}$$

이다 .

문제 2　빈칸에 알맞은 기호를 넣으시오 .

함수 $f(x)=x^2$ 의 정의역이 $\mathrm{Dom}(f)=\{x\mid -2 \leqq x \leqq 1\}$ 일 때,

치역은 $\mathrm{Ran}(f)=$ [　　] 이다 .

답 : 문제 1　ア　$(1,\ 3]$　イ　$(-\infty,\ 5]$　　문제 2　$\{y\mid 0 \leqq y \leqq 4\}$

3 역함수

함수 $y = f(x)$를 정의역 $\mathrm{Dom}(f)$으로 생각할 때

$$f : \mathrm{Dom}(f) \ni x \longmapsto y \in \mathrm{Ran}(f)$$

라고 쓴다. 반대로 임의의 $y \in \mathrm{Ran}(f)$에 대해서 $y = f(x)$를 만족시키는 x가 하나만 존재할 때, 다음 함수

$$f^{-1} : \mathrm{Ran}(f) \ni y \longmapsto x \in \mathrm{Dom}(f)$$

를 생각할 수 있다. 이 함수를 $f(x)$의 역함수라고 부른다. 역함수가 존재할 때

$$\mathrm{Dom}(f^{-1}) = \mathrm{Ran}(f), \quad \mathrm{Ran}(f^{-1}) = \mathrm{Dom}(f)$$

가 성립한다.

예　**$f(x) = x^2$ 의 역함수**

(1)　정의역 $x \geqq 0$ 으로 생각한다.

$y \geqq 0$ 인 임의의 y 에 대해서 $y = x^2$ 에 의해 $x = \sqrt{y}$ 로 쓰고 그래프를 생각하면 오른쪽 그림과 같다.

따라서 역함수는 $f^{-1}(x) = \sqrt{x}$ 이다.

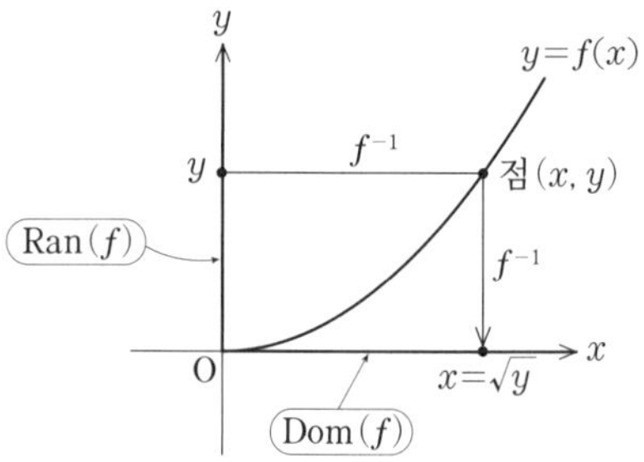

(2)　정의역을 실수 전체라고 한다.

이 때 $y > 0$ 이라면 오른쪽 그림과 같이 $y = x^2$ 를 만족시키는 x 는 $x = \pm\sqrt{y}$ 의 두 가지가 존재한다.

따라서 역함수는 존재하지 않는다.

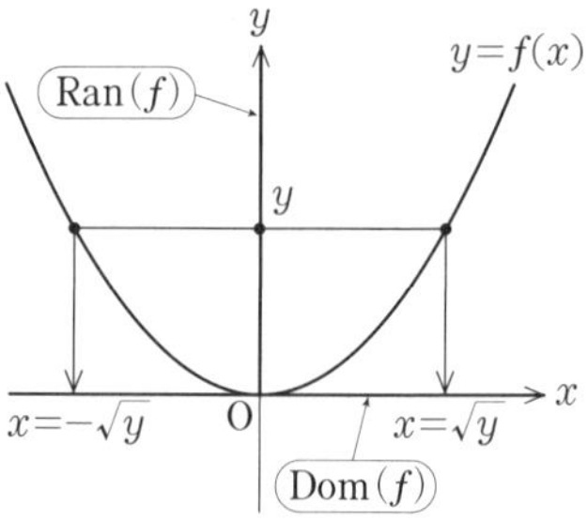

문제 3　다음 물음에 답하시오.

(1)　$f(x) = -3x + 6$ 의 역함수를 구하시오.

(2)　$f(x) = x^2 - 4$ 를 정의역 $x \leqq 0$ 로 생각할 때, 역함수 $f^{-1}(x)$와 역함수의 정의역을 구하시오.

4 극한의 기호

a 는 실수의 정수로 한다.

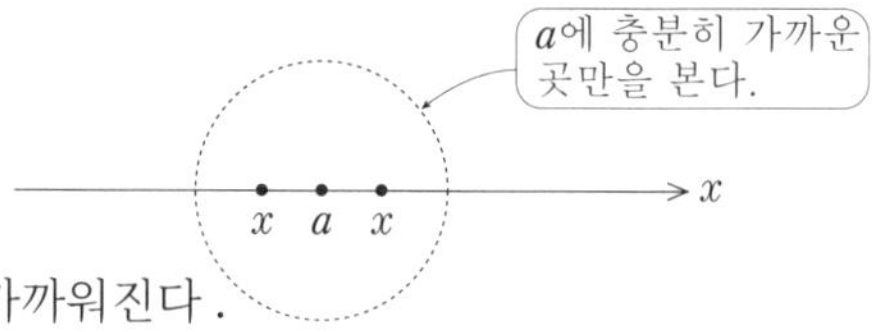

① $\boldsymbol{x \to a}$　　x가 a에 한없이 가까워진다.

② $\boldsymbol{x \to a+0}$　　x가 $\boldsymbol{x > a}$ **를 유지하며** a에 한없이 가까워진다.
단, $a = 0$ 인 경우는 $x \to +0$ 이라고 쓴다.

③ $\boldsymbol{x \to a-0}$　　x가 $\boldsymbol{x < a}$ **를 유지하며** a에 한없이 가까워진다.
단, $a = 0$ 인 경우는 $x \to -0$ 이라고 쓴다.

④ $\boldsymbol{x \to \infty}$　　x가 한없이 커진다.

⑤ $\boldsymbol{x \to -\infty}$　　$x < 0$ 이고 $|x| \to \infty$가 된다.

⑥ $\boldsymbol{x \fallingdotseq a}$　　x가 a에 충분히 가깝다.

($+0$ 는 **0 보다 조금 크고**, -0 은 **0 보다 조금 작다**, 라는 의미의 기호)

답 : 문제 3　(1)　$f^{-1}(x) = -\dfrac{1}{3}x + 2$　　(2)　$f^{-1}(x) = -\sqrt{x+4}$　　역함수의 정의역 $\{x \mid x \geqq -4\}$

▶ 함수의 극한

① 수렴

x가 $x \neq a$를 유지하며 $x \to a$가 될 때 함수의 값이 $f(x) \to \alpha$가 될 경우

$$\lim_{x \to a} f(x) = \alpha \quad \text{또는} \quad x \to a \text{ 일 때 } f(x) \to \alpha$$

등으로 나타내며 α를 $x \to a$일 때의 $f(x)$의 **극한값**이라고 한다. 또한 $x \to a$일 때 $f(x)$는 α에 **수렴**한다고 한다. 이것은

$x \fallingdotseq a$일 때는 항상 $f(x) \fallingdotseq \alpha$인

것과 같다. 이렇게 파악해 두면 도움이 되는 일이 나중에 많이 나온다.

② 발산

$x \to a$일 때, $f(x)$가 어떠한 정수에도 수렴되지 않는 경우,

$f(x)$는 **발산한다**, 또는 **극한값이 존재하지 않는다**

라고 한다.

특히 x가 $x \neq a$를 유지하며 $x \to a$가 될 때, 함수의 값이 $f(x) \to \infty$가 될 경우,

$$\lim_{x \to a} f(x) = \infty \quad \text{또는} \quad x \to a \text{ 일 때 } f(x) \to \infty$$

등으로 나타내며 「$f(x)$의 **극한은 양의 무한대**이다」라고 한다.

x가 $x \neq a$를 유지하며 $x \to a$가 될 때, 함수의 값이 $f(x) \to -\infty$가 될 경우

$$\lim_{x \to a} f(x) = -\infty \quad \text{또는} \quad x \to a \text{ 일 때 } f(x) \to -\infty$$

등으로 나타내며 「$f(x)$의 **극한은 음의 무한대**이다」라고 한다.

$x \to a+0$, $x \to a-0$, $x \to \infty$, $x \to -\infty$의 경우에도 동일하게 나타낼 수 있다.

[예] $\lim_{x \to a+0} f(x) = \alpha$ $\qquad$ $x \to \infty$ 일 때 $f(x) \to -\infty$

문제 4 다음 극한을 알아보시오.

(1) $\lim_{x \to \infty} \dfrac{1}{x}$ $\qquad$ (2) $\lim_{x \to +0} \dfrac{1}{x}$ $\qquad$ (3) $\lim_{x \to -0} \dfrac{1}{x}$

보충 극한을 생각하는 목적은 「$x=a$ 근처에서의 함수 $f(x)$의 움직임을 알아본다」라는 것이다. 이때 $x=a$일 때의 값까지 포함하면 여러 가지 불편함이 생긴다.

[예] $f(x) = \dfrac{x^2}{x}$의 경우

$$x \neq 0 \text{ 일 때 } f(x) = \frac{x^2}{x} = x \quad \text{따라서 } \lim_{x \to 0} f(x) = 0$$

이지만 $x=0$일 때는 $f(x)$를 정의할 수 없다. ①과 ②로 「$x \neq a$를 유지하며」라고 한 것은 이러한 이유 때문이다.

답 : 문제 4 (1) 0 (2) ∞ (3) $-\infty$

5 함수의 증가

① 단조증가

함수 $f(x)$에 있어서 어느 구간의 임의의 값 x_1, x_2 에 대하여

$$x_1 < x_2 \implies f(x_1) < f(x_2)$$

가 성립할 때 $f(x)$는 그 구간에서 **단조증가한다**고 한다.

② 단조감소

함수 $f(x)$에 있어서 어느 구간의 임의의 값 x_1, x_2 에 대하여

$$x_1 < x_2 \implies f(x_1) > f(x_2)$$

가 성립할 때 $f(x)$는 그 구간에서 **단조감소한다**고 한다.

「단조」를 생략하고「증가한다」,「감소한다」라고 불리는 경우도 많다.

문제 5 빈칸에 알맞은 말을 넣으시오.

$f(x) = x^2$ 은 구간 $x \geqq 0$ 에서 [ア]. 또는 구간 $x \leqq 0$ 에서 [イ].

6 함수의 그래프

▶ 함수 $\boldsymbol{y = f(x)}$의 그래프 그리는 순서

① 정의역 (Dom(f))을 확인한다.

② 정의역의 경계부근에서의 $f(x)$의 움직임을 알아본다.

[예] $x \neq 0$ 인 경우는 아래 그림과 같이 $x \to \pm\infty$, $x \to \pm 0$ 일 때의 $f(x)$의 움직임을 알아본다.

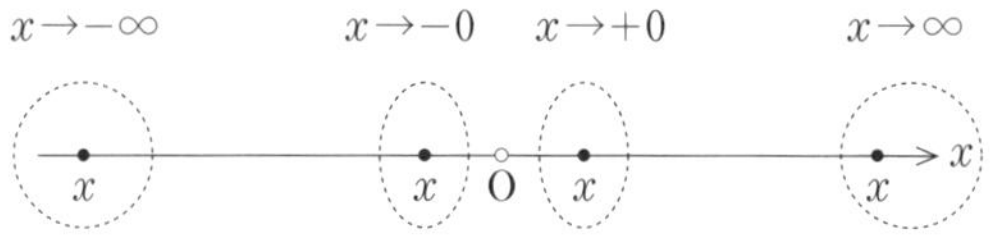

③ $f(x)$의 증가를 알아본다 (미분법을 배우면 이 부분이 간단해진다.)

[예] 함수 $f(x) = \dfrac{1}{x}$ 와 $g(x) = \dfrac{1}{x^2}$ 를 정의역 $x \neq 0$ 으로 생각한 경우의 그래프는 다음과 같다.

$f(x) = \dfrac{1}{x}$

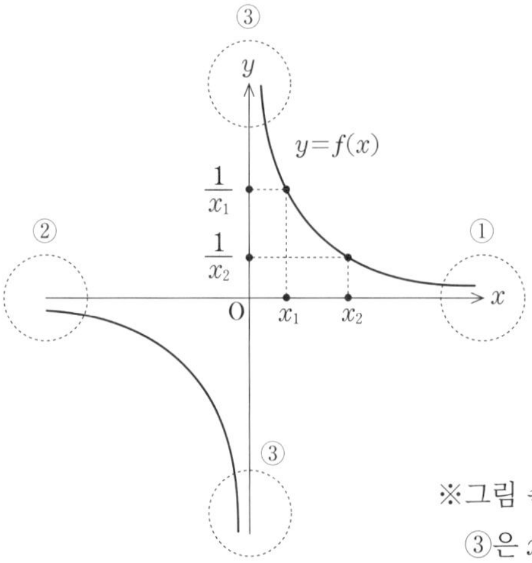

$g(x) = \dfrac{1}{x^2}$

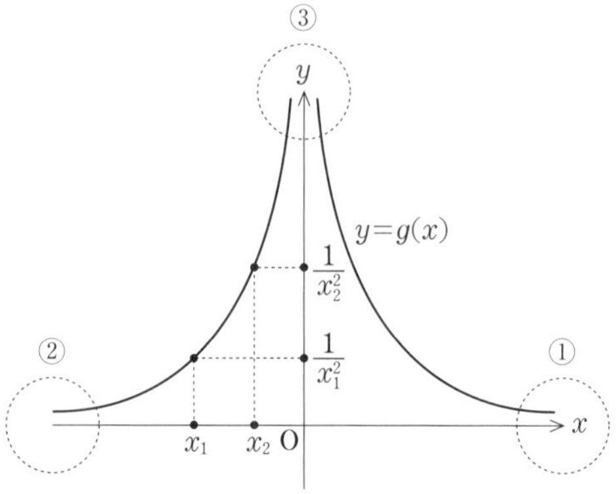

※그림 속의 ①은 $x \to \infty$, ②는 $x \to -\infty$,
③은 $x \to +0$ 과 $x \to -0$ 일 때의 극한을 나타낸다.

답 : 문제 5 ア (단조)증가한다. イ (단조)감소한다.

문제 6　빈칸에 알맞은 기호 또는 말을 넣으시오.

$\lim_{x \to +0} \frac{1}{x^2} =$ [ア] 이고 $\lim_{x \to -0} \frac{1}{x^2} =$ [イ] 이며 따라서 $\lim_{x \to 0} \frac{1}{x^2} =$ [ウ] 이 된다.

이것에 대하여 $\lim_{x \to 0} \frac{1}{x}$ 는 [エ].

7 합성함수

x 의 함수 $f(x)$와 u 의 함수 $g(u)$가 있으며 $y=g(u)$, $u=f(x)$가 성립할 때

$$x \xmapsto{f} u \xmapsto{g} y$$

이고, 즉

$$y=g(u)=g(f(x))$$

가 되며 y 는 x 의 함수가 된다. 이것을 f 와 g 의 **합성함수**라고 부른다. 합성함수는

$$(g \circ f)(x)=g(f(x))$$

라고 하는 기호로 나타내는 경우도 있다.

$y=g(f(x))$ 가 취할 수 있는 값의 범위, 즉 치역은 xu 평면에서 $u=f(x)$의그래프, uy 평면에서 $y=g(u)$의 그래프라는 두 개의 그래프를 그리는 것으로 알 수 있다.

문제 7　빈칸에 알맞은 식을 넣으시오.

$f(x)=x^2$, $g(x)=x+1$ 일 때 $g(f(x))=$ [ア], $f(g(x))=$ [イ] 이다.

답 : 문제 6　ア　∞　イ　∞　ウ　∞　エ　존재하지 않는다.

문제 7　ア　x^2+1　イ　$(x+1)^2$

제 2 장 다항식함수

주요 용어

일본어	한국어	영어
多項式（たこうしき）	다항식	polynomial
除法（じょほう）	나눗셈	division
恒等式（こうとうしき）	항등식	identical equation
商（しょう）	몫	quotient
余り（あまり）	나머지	remainder
剰余の定理（じょうよのていり）	나머지정리	remainder theorem
因数定理（いんすうていり）	인수정리	factor theorem
導関数（どうかんすう）	도함수	derivative
微分係数（びぶんけいすう）	미분계수	differential coefficient
微分可能性（びぶんかのうせい）	미분가능성	differentiability
接線（せっせん）	접선	tangent line
接点（せってん）	접점	point of contact
極大（きょくだい）	극대	local maximum
極小（きょくしょう）	극소	local minimum

요점정리

1 다항식의 항등성과 나눗셈의 원리

두 개의 다항식 $f(x)$, $g(x)$에 있어서 임의의 x에 대하여 $f(x)=g(x)$가 성립할 때 $f(x)$와 $g(x)$는 **다항식으로서 같다**, 또는, **항등적으로 같다**고 한다.

이 때 $f(x)=g(x)$는 **항등식**이다, 라고도 한다.

예 (1) $x^2-3x+2=(x-1)(x-2)$ 는 항등식이다.

(2) $x^2-3x+2=0$ 는 항등식이 아니다. (등호가 성립하는 것은 $x=1$, 2 일 때만)

▶ 나눗셈의 원리

두 개의 다항식 $f(x)$, $g(x)$에 대하여

$f(x)=g(x)Q(x)+r(x)$ 단, ($r(x)$의 차수) < ($g(x)$의 차수) ……①

를 만족시키는 다항식 $Q(x)$, $r(x)$가 단 하나 존재한다.

여기서 $Q(x)$: $f(x)$를 $g(x)$로 나누었을 때의 몫 $r(x)$: 나머지

①식 : $f(x)$를 $g(x)$로 나눈 형태

①의 우변을 계산하면 $f(x)$와 완전히 같은 형태의 식이 되는 점, 즉 나눈 형태는 항등식인 것에 주의하자.

문제 1　$f(x)=2x^3-6x+7$ 을 $g(x)=x+3$ 으로 나누었을 때의 몫 $Q(x)=ax^2+bx+c$ 와 나머지 r 을 구하시오.

2 나머지와 정리와 인수정리

▶ 나머지정리

다항식 $f(x)$와 일차식 $x-a$ (a 는 정수) 에 대하여,

$(f(x)$를 $x-a$ 로 나눈 나머지$)=f(a)$

▶ 인수정리

다항식 $f(x)$와 일차식 $x-a$ (a 는 정수) 에 대하여,

$f(x)$ 가 $x-a$ 로 나누어 떨어진다. $\Longleftrightarrow$ $f(a)=0$

$f(x)=(x-a)Q(x)+r$ (r 은 정수, $Q(x)$는 다항식)로 쓰는 것에서, 위의 정리가 유도된다.

문제 2　(1)　$f(x)=2x^2-6x+7$ 를 $g(x)=x-1$ 로 나누었을 때의 나머지를 구하시오.

(2)　다항식 $f(x)=x^3+ax^2+bx+1$ 은 $x+1$ 로 나누어 떨어지고 또한 $x-1$ 로 나누면 나머지가 3 일 때, a, b 를 구하시오.

제 3 부에서는 미분적분을 사용한 여러 가지 함수의 그래프를 알아본다. 여기서는 그 준비로서 다항식 함수 그래프의 성질을 알아보는 방법을 해설한다.

3 도함수의 정의와 공식

▶ 도함수

함수 $f(x)$에 대하여

$$f'(x)=\lim_{h\to 0}\frac{f(x+h)-f(x)}{h}$$

로 정의되는 함수 $f'(x)$를 $f(x)$의 도함수라고 한다.

$f'(x)$를 $(f(x))'$, $\dfrac{df}{dx}$, $\dfrac{d}{dx}f(x)$라는 기호로 나타내는 경우도 있다. 또한 $f(x)$의 도함수 $f'(x)$를 구하는 것을 **미분한다**라고 한다.

▶ 도함수의 성질

① 실수 α, β에 대하여 $\{\alpha f(x)+\beta g(x)\}'=\alpha f'(x)+\beta g'(x)$

② $f(x)=C$ (정수)일 때 $f'(x)=0$

③ $f(x)=x^n$ ($n=1, 2, \cdots\cdots$) 일 때 $f'(x)=nx^{n-1}$

답 : 문제 1　몫　$2x^2-6x+12$　나머지　-29　　문제 2　(1)　3　　(2)　$a=\frac{1}{2}$　$b=\frac{1}{2}$

문제 3　빈칸에 알맞은 식을 넣으시오.

$f(x)=x^2-2x+5$ 일 때 $f'(x)=$ [ア]

$f(x)=(x^2+1)(x+1)$ 일 때 $f'(x)=$ [イ]

4 접선의 방정식과 그 성질

곡선 $y=f(x)$ 위에 점 $\mathrm{A}(a,\ f(a))$ 를 취할 때

$f'(a)$를 함수 $f(x)$의 $x=a$ 에 있어서 **미분계수**

라고 한다.

▶ 접선

점 $\mathrm{A}(a,\ f(a))$ 를 지나는 기울기가 $f'(a)$인 직선

$l : y=f'(a)(x-a)+f(a)$

를, 곡선 $y=f(x)$의 점 A 에 있어서 **접선**이라고 부르며 점 A 를 접선 l 의 **접점**이라 한다.

문제 4　(1)　곡선 $C : y=x^2+2$ 위의 점 $(-1,\ 3)$ 에 있어서 접선의 방정식을 구하시오.

(2)　곡선 C 의 접선이 원점을 지날 때, 그 접선의 방정식을 구하시오.

▶ 접선의 성질

도함수의 정의에 의해,

$$f'(a)=\lim_{h\to 0}\frac{f(a+h)-f(a)}{h}=\lim_{x\to a}\frac{f(x)-f(a)}{x-a}$$

로 되지만 제 1 장에서 해설한 것과 같이

$x \fallingdotseq a$ 일 때는 항상

$$f'(a) \fallingdotseq \frac{f(x)-f(a)}{x-a}$$

라는 의미를 갖는다. 이로부터

$x \fallingdotseq a$ 일 때는 항상

$f(x) \fallingdotseq f'(a)(x-a)+f(a)$

이 되며 접점 A 에 충분히 가까운 곳에서는

곡선 $y=f(x)$는 접선 $y=f'(a)(x-a)+f(a)$ 와 거의 같다.

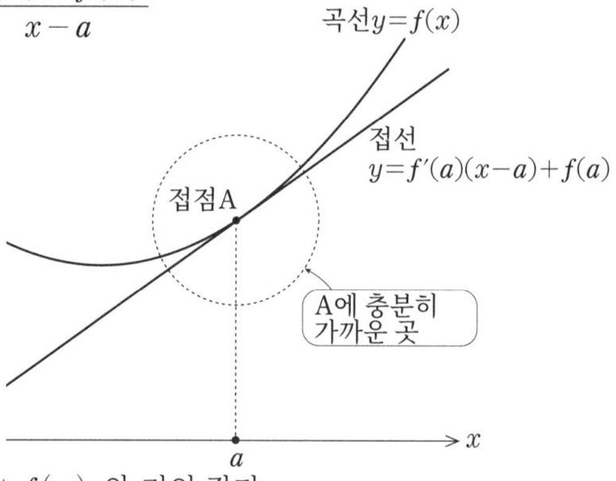

5 함수의 증감과 도함수의 양, 음

접선이 곡선을 근사하는 직선인 것으로부터, 접선의 기울기, 즉, 도함수의 양, 음으로 함수의 증감을 알 수 있다.

▶ 함수의 증감

구간 $(a,\ b)$ 에 있어서

항상 $f'(x)>0 \implies f(x)$는 단조증가한다.

항상 $f'(x)<0 \implies f(x)$는 단조감소한다.

답 : 문제 3　ア　$2x-2$　　イ　$3x^2+2x+1$

문제 4　(1)　$y=-2x+1$　　(2)　$y=2\sqrt{2}\,x,\ y=-2\sqrt{2}\,x$

문제 5　빈칸에 알맞은 식 또는 말을 넣으시오.

$f(x) = x^3 + 4x$ 에 대하여 $f'(x) =$ [ア] > 0 이고 $f(x)$는 [イ].

$g(x) = x^3 + 6x^2 + 9x$ 에 대하여 $g'(x) =$ [ウ] 이고 $g(x)$가 단조감소할 때 [エ] $< x <$ [オ] 이다.

6 함수의 극대, 극소

① 극대

함수 $f(x)$가 $x = a$ 를 경계로 하여 증가 상태에서 감소 상태로 넘어갈 때 다음과 같이 말한다.

$f(x)$는 $x = a$ 에 있어서 **극대**이다.

이 때 $f(a)$를 **극댓값**이라고 부른다.

② 극소

함수 $f(x)$가 $x = a$ 를 경계로하여 감소 상태에서 증가상태로 넘어갈 때 다음과 같이 말한다.

$f(x)$는 $x = a$ 에 있어서 **극소**이다.

이 때 $f(a)$를 **극솟값**이라고 부른다.

다음 그림과 같이 극대・극소는 도함수 $f'(x)$의 양, 음이 변화하는 장소를 알아보면 알 수 있다.

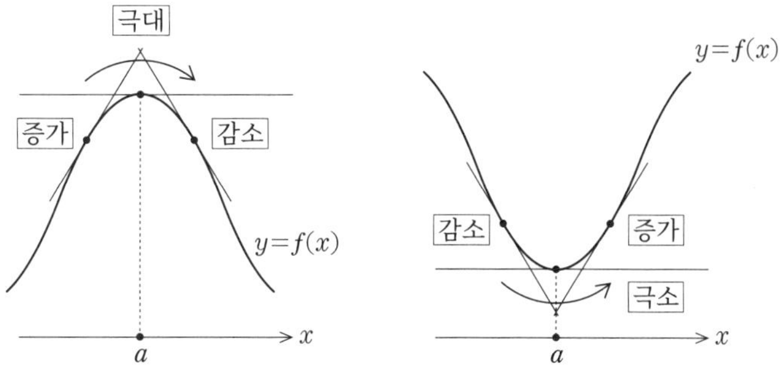

문제 6　빈칸에 알맞은 식 또는 수를 넣으시오.

$f(x) = x^3 - 6x^2 + 9x$ 에 대하여 $f'(x) =$ [ア] 이 고,

$f(x)$는 $x =$ [イ] 에서 극댓값 [ウ], $x =$ [エ] 에서 극솟값 [オ] 을 취한다.

답 : 문제 5　ア　$3x^2 + 4$　イ　단조증가한다.　ウ　$3x^2 + 12x + 9$　エ　-3　オ　-1

문제 6　ア　$3x^2 - 12x + 9$　イ　1　ウ　4　エ　3　オ　0

제 3 장 지수함수・로그함수

주요 용어

일본어	한국어	영어
指数関数(しすうかんすう)	지수함수	exponential function
対数関数(たいすうかんすう)	로그함수	logarithmic function
任意(にんい)	임의	arbitrariness
底(てい)	밑	base
対数(たいすう)	로그	logarithm
対称移動(たいしょういどう)	대칭이동	symmetric displacement
底の変換公式(ていのへんかんこうしき)	밑변환 공식	change of base formula for logarithms

요점정리

1 지수함수, 로그함수

a 를 $a>0$ 그리고 $a\neq 1$ 을 만족시키는 정수라고 한다. 이 때, 함수 $f(x)=a^x$ 를 **a 를 밑으로하는 지수함수**라고 한다. 후술하는 바와 같이 임의의 양의 y 에 대해서 $y=a^x$ 를 만족시키는 x 가 단 하나 존재한다. 이것을 $x=\log_a y$ 라고 쓰며 **a 를 밑으로 하는 y 의 로그**라고 한다.

따라서 양의 x 에 대하여 함수 $g(x)=\log_a x$ 를 생각할 수 있다. 이것을 **a 를 밑으로하는 로그함수**라고 하며 x 를 **진수**라고 한다. 특히

$$y=\log_a x \iff x=a^y$$

이다.

▶ 지수・로그의 계산 규칙

	지수		로그
①	$a^{x_1+x_2}=a^{x_1}\cdot a^{x_2}$	$\iff$	$\log_a y_1+\log_a y_2=\log_a y_1y_2$
②	$a^{x_1-x_2}=\dfrac{a^{x_1}}{a^{x_2}}$	$\iff$	$\log_a y_1-\log_a y_2=\log_a \dfrac{y_1}{y_2}$
③	$a^{kx}=(a^x)^k$	$\iff$	$k\log_a y=\log_a y^k$

문제 1 다음의 값을 구하시오.

(1) $\log_2 16$ (2) $\log_{10}\dfrac{1}{10000}$ (3) $\log_3\sqrt{3}$

답 : 문제 1 (1) 4 (2) -4 (3) $\dfrac{1}{2}$

2 지수함수와 로그함수의 그래프

▶ 지수함수 $f(x)=a^x$ 의 그래프의 특징

① 정의역은 실수 전체, 치역은 $y>0$

$a^0=1$ 에 의해 반드시 점 $(0,\ 1)$ 을 지난다.

② 경계 부근의 움직임

$a>1$ 일 때

$\lim_{x\to-\infty} a^x=0 \qquad \lim_{x\to\infty} a^x=\infty$

$0<a<1$ 일 때

$\lim_{x\to-\infty} a^x=\infty \qquad \lim_{x\to\infty} a^x=0$

③ 증감

$a>1$ 일 때 단조증가

$x_1<x_2 \iff a^{x_1}<a^{x_2}$

$0<a<1$ 일 때 단조감소

$x_1<x_2 \iff a^{x_1}>a^{x_2}$

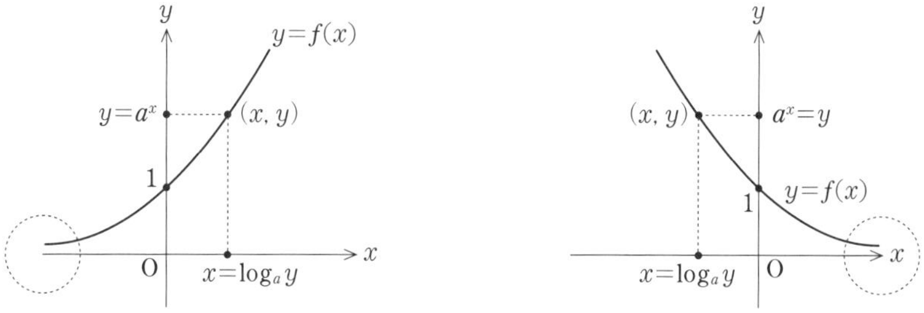

위의 그림에서 임의의 양의 y 에 대하여 $y=a^x$ 를 만족시키는 x 가 단 하나 존재한다. 이 x 에 대하여

$$y=a^x \iff x=\log_a y$$

라고 정해져 있으므로 곡선 $y=\log_a x$ 는 곡선 $x=a^y$ 이다.

따라서 아래 그림과 같이 yx 평면에서 그린 그래프를 직선 $x=y$ 에 관해 대칭이동하면 (뒤집어보면) 로그함수 $y=\log_a x$ 의 그래프를 얻을 수 있다.

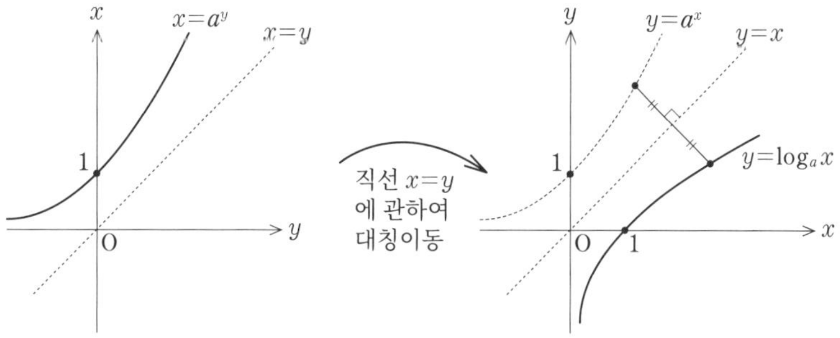

▶ **로그함수 $g(x)=\log_a x$ 의 그래프의 특징**

① 정의역은 $x>0$, 치역은 실수 전체

$\log_a 1=0$ 에 의해 반드시 점 $(1,\ 0)$ 을 지난다.

② 경계 부근의 움직임

$a>1$ 일 때

$\lim_{x\to+0}\log_a x=-\infty$ $\lim_{x\to\infty}\log_a x=\infty$

$0<a<1$ 일 때

$\lim_{x\to+0}\log_a x=\infty$ $\lim_{x\to\infty}\log_a x=-\infty$

③ 증감

$a>1$ 일 때 단조증가

$0<x_1<x_2 \iff \log_a x_1<\log_a x_2$

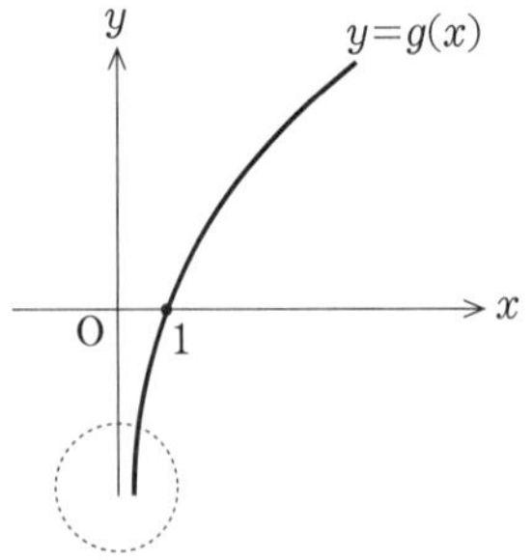

$0<a<1$ 일 때 단조감소

$0<x_1<x_2 \iff \log_a x_1>\log_a x_2$

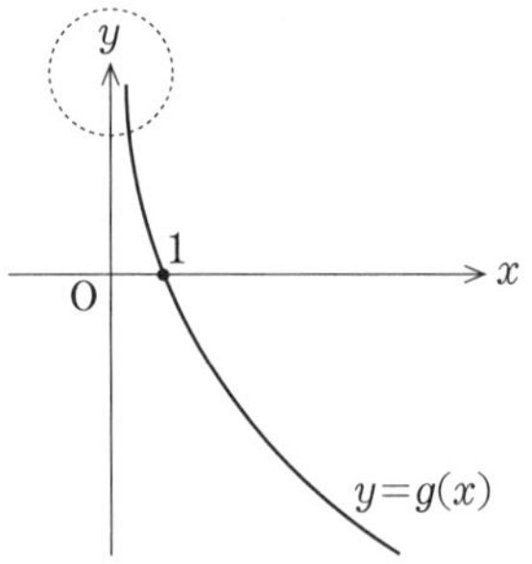

문제 2 빈칸에 알맞은 것을 답하시오.

$\log_2 x=4$ 일 때 $x=$ ア 이며 부등식 $\log_2 x<4$ 의 해는 イ 이다.

3 지수함수와 로그함수의 관계

정의에 의해 지수함수 $f(x)=a^x$ 와 로그함수 $g(x)=\log_a x$ 는 역함수의 관계에 있다.

즉 $f^{-1}(x)=g(x)$, $g^{-1}(x)=f(x)$ 이다.

이로부터 $f(g(x))=x$, $g(f(x))=x$ 를 만족시키고 있다.

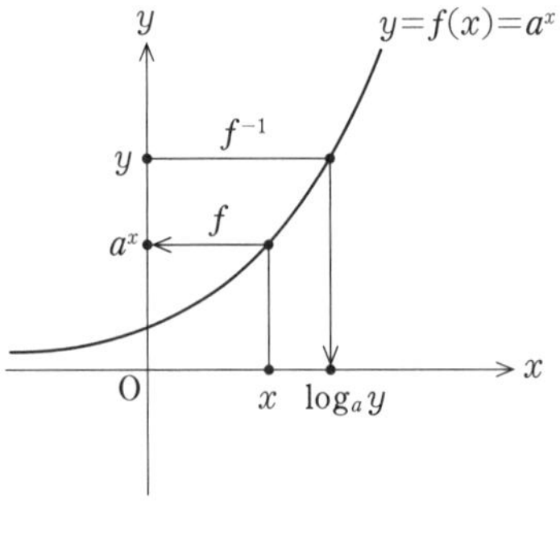

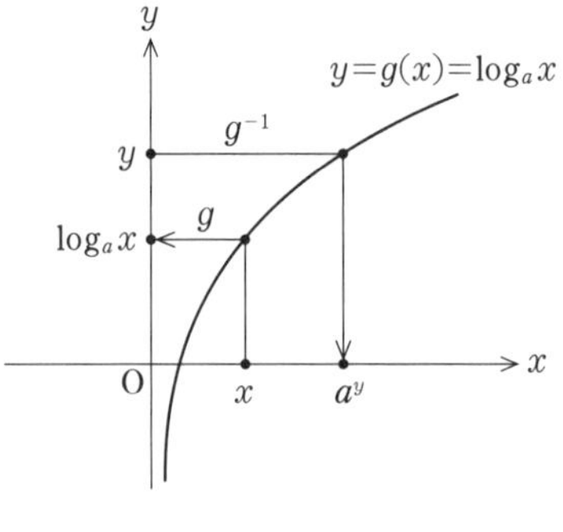

이것으로부터 다음의 관계식이 성립한다.

$$\log_a a^x=x \iff a^{\log_a x}=x$$

문제 3 다음 값을 구하시오.

(1) $2^{\log_2 3}$

(2) $9^{\log_3 2}$

답 : 문제 2 ア 16 イ $0<x<16$

문제 3 (1) 3 (2) 4

4 밑변환 공식

$y=\log_a x$ 일 때 $x=a^y$ 이다. 여기서 밑을 a 에서 b 로 치환하여

$$x=a^y=b^z$$

로 놓으면 $z=\log_b x=y\log_b a$ 가 된다.

따라서 다음과 같은 밑변환 공식을 얻을 수 있다.

▶ 밑변환 공식

$$a^x=b^{x\log_b a}$$

$$\log_a x=\frac{\log_b x}{\log_b a}$$

문제 4 다음 값을 구하시오.

(1) $\log_2 3\cdot\log_3 16$ (2) $\log_4 32$

답 : 문제 4 (1) 4 (2) $\frac{5}{2}$

제 4 장 삼각함수

주요 용어

일본어	한국어	영어
三角関数(さんかくかんすう)	삼각함수	trigonometric function
単位円(たんいえん)	단위원	unit circle
偏角(へんかく)	편각	argument
反時計回り(はんとけいまわ)	반시계 방향	counterclockwise
弧 長(こちょう)	호의 길이	arc length
弧度法(こどほう)	호도법	circular measure
一般角(いっぱんかく)	일반각	general angle
極 座 標 表 示(きょくざひょうひょうじ)	극좌표 표시	polar display
半 直 線(はんちょくせん)	반직선	half line
対 称 性(たいしょうせい)	대칭성	symmetry
加法定理(かほうていり)	덧셈정리	addition theorem
2 倍角の公式(ばいかく こうしき)	배각공식	double-angle formula
合成(ごうせい)	합성	composition

요점정리

삼각함수는 **단위원** $C : x^2+y^2=1$ 위를 움직이는 점 $\mathrm{P}(\theta)$의 데이터를 바탕으로 정의된다.
단위원이란 반지름 1, 원점 O 를 중심으로하는 원이다.

1 삼각함수

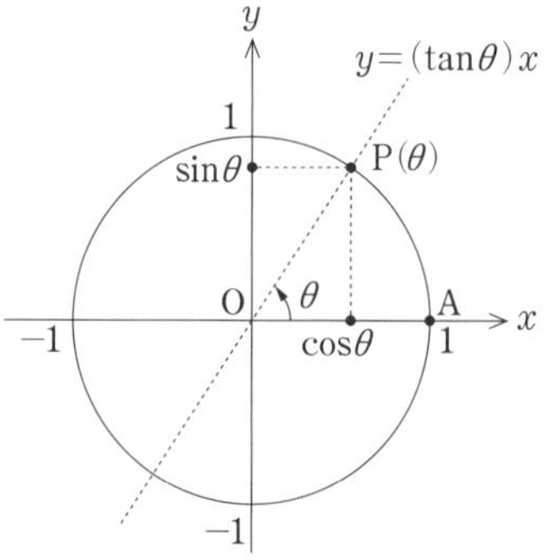

단위원 $C : x^2+y^2=1$ 위에 **편각 θ의 방향으로** 점 $\mathrm{P}(\theta)$를 취하고 다음과 같이 정의한다.

> $\cos\theta =$ ($\mathrm{P}(\theta)$의 x 좌표)
> $\sin\theta =$ ($P(\theta)$의 y 좌표)
> $\tan\theta =$ (직선 $\mathrm{OP}(\theta)$의 기울기) $= \dfrac{\sin\theta}{\cos\theta}$
> (단, $\tan\theta$는 $\cos\theta \neq 0$ 일 때만 의미를 갖는다)

「편각θ의 방향으로」 라는 말의 의미는 **2**에서 해설하지만 위의 정의에서

편각θ가 정해진다 $\Longleftrightarrow$ 점 $\mathrm{P}(\theta)$의 위치가 정해진다 $\Longleftrightarrow$ $(\cos\theta,\ \sin\theta)$가 정해진다

로 된다.「삼각함수를 알아본다」는 것은「점 $\mathrm{P}(\theta)$의 위치를 알아본다」는 것에 다름없다.

▶ 삼각함수의 기본 공식

① $\cos^2\theta + \sin^2\theta = 1$

② $1 + \tan^2\theta = \dfrac{1}{\cos^2\theta}$

③ $\tan\theta = \dfrac{\sin\theta}{\cos\theta}$

문제 1　다음 값을 구하시오.

(1) $\cos 0$　　(2) $\sin\dfrac{\pi}{3}$　　(3) $\cos\dfrac{3}{4}\pi$　　(4) $\tan\pi$

2 단위원 위의 점의 위치를 나타내는 방법

단위원 위에 반시계 방향을 정방향으로 한 θ축을 설정한다.

단, 원주 위의 점 $\mathrm{P}(\theta)$는 점 A 에서 반시계 방향으로 원주 위에 다달아, 호 길이가 θ가 되는 위치에 온다 (아래 왼쪽 그림).

게다가 원주의 길이는 2π이므로 예를 들어 $\mathrm{P}(\theta - 2\pi)$, $\mathrm{P}(\theta)$, $\mathrm{P}(\theta + 2\pi)$는 모두 같은 위치로 온다.

호도법, 즉「호 길이로 각도를 나타내는 방법」에서는 아래 왼쪽 그림에서 $\angle\mathrm{AOP}(\theta)$의 각도를 라디안이라고 부른다. 이것은 θ [rad] 라고 쓰기도 한다.

또한 이 때 점 $\mathrm{P}(\theta)$는 **편각θ의 방향에 있다**고 한다.

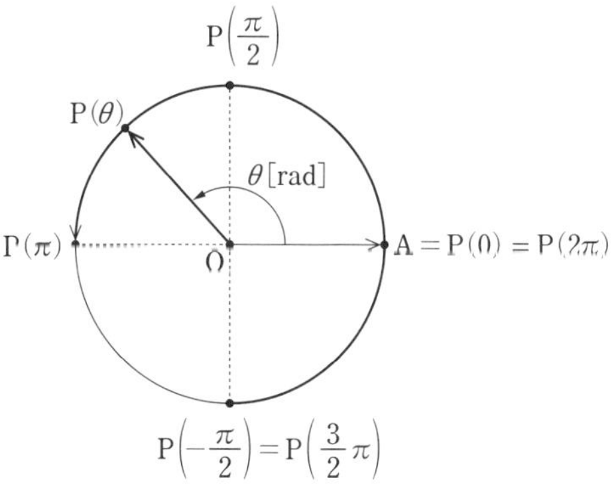

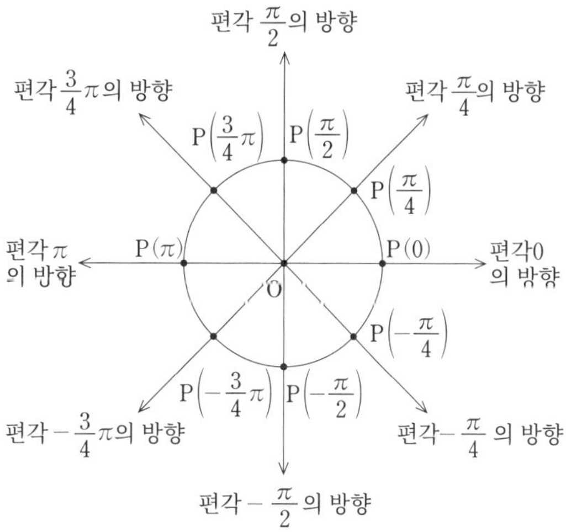

문제 2　다음 점을 좌표로 나타내시오.

(1) $\mathrm{P}\left(\dfrac{\pi}{3}\right)$　　(2) $\mathrm{P}\left(\dfrac{5}{4}\pi\right)$　　(3) $\mathrm{P}\left(-\dfrac{\pi}{6}\right)$

주의　여기서 정한 편각은 일본의 고등학교 교과서에서는「일반각」이라는 이름으로 부르고 있다. 그러나 복소평면과 극좌표평면으로 등장하는 편각과 같은 의미이며, 이 책에서는 통일하고 있다. 「편각」이란「x축 정방향으로부터의 차이(편차)의 각도」라는 의미이다.

답 : 문제1 (1) 1 (2) $\dfrac{\sqrt{3}}{2}$ (3) $-\dfrac{\sqrt{2}}{2}$ (4) 0　문제2 (1) $\left(\dfrac{1}{2}, \dfrac{\sqrt{3}}{2}\right)$ (2) $\left(-\dfrac{\sqrt{2}}{2}, -\dfrac{\sqrt{2}}{2}\right)$ (3) $\left(\dfrac{\sqrt{3}}{2}, -\dfrac{1}{2}\right)$

3 점의 극좌표 표시

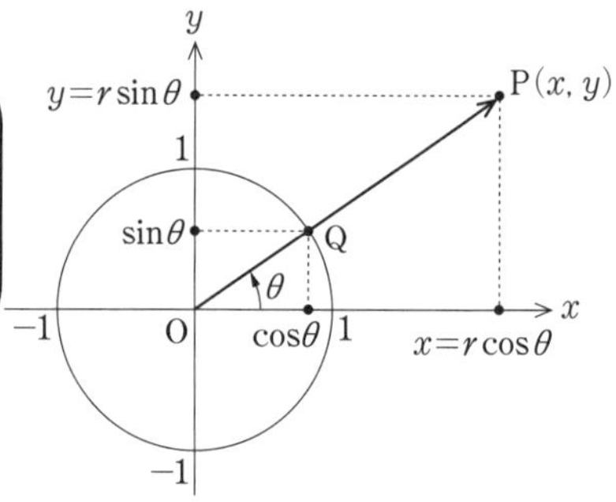

오른쪽 그림과 같이 원점 O 와 다른 점 $P(x,\ y)$ 에 대하여

$$(x,\ y) = (r\cos\theta,\ r\sin\theta)$$

단 $r = \overline{OP} = \sqrt{x^2 + y^2}$

라고 나타낼 수 있다 . 이것을 점 P 의 **극좌표 표시**라고 한다 .

오른쪽 그림에서는 점 Q 가 단위원 위에서 편각θ인 방향에 있다 . 이 때 θ를 반직선 OP 의 편각이라고 한다 . 즉 반직선 OP 와 x 축 정방향이 이루는 각도를 반시계 방향을 양으로하여 측정한 것이 θ라디안이다 .

문제 3　다음 점을 극좌표 표시하시오 .

(1)　$(2,\ 0)$　　(2)　$(0,\ 3)$　　(3)　$(-4,\ 0)$

4 삼각함수의 값

편각θ와 삼각함수의 정의로부터, 다음과 같이 말할 수 있다 .

편각이 정해진다 . $\Longleftrightarrow$ 점 $P(\theta)$의 위치가 정해진다 .
편각이 증대한다 . $\Longleftrightarrow$ 점 $P(\theta)$는 반시계 방향으로 원운동한다 .
편각이 감소한다 . $\Longleftrightarrow$ 점 $P(\theta)$는 시계 방향으로 원운동한다 .

삼각함수의 기본적인 성질은 그래프를 직접 알아보지 않아도 **점 $P(\theta)$의 움직임을 알아보는 것**으로 간단히 파악할 수 있다 .

문제 4　빈칸에 들어갈 것을 답하시오 .

$f(\theta) = f(\theta + T)$를 충족하는 최솟값 $T\,(T > 0)$를 $f(\theta)$의 주기라고 한다 .

$f(\theta) = \sin 3\theta$의 주기 T 는 점 $P(3\theta)$ 가 단위원을 한 바퀴 도는 경우를 생각하여 $T =$ [ア] 임을 알 수 있다 . $g(\theta) = \tan\dfrac{\theta}{2}$의 주기 T 는 점 $P\left(\dfrac{\theta}{2}\right)$가 단위원을 반 바퀴도는 경우를 생각하여 $T =$ [イ] 임을 알 수 있다 .

5 삼각함수의 대칭성

①	$\cos(\theta + 2\pi) = \cos\theta$	$\sin(\theta + 2\pi) = \sin\theta$	$\tan(\theta + 2\pi) = \tan\theta$
②	$\cos(\theta + \pi) = -\cos\theta$	$\sin(\theta + \pi) = -\sin\theta$	$\tan(\theta + \pi) = \tan\theta$
③	$\cos(\pi - \theta) = -\cos\theta$	$\sin(\pi - \theta) = \sin\theta$	$\tan(\pi - \theta) = -\tan\theta$
④	$\cos\left(\theta + \dfrac{\pi}{2}\right) = -\sin\theta$	$\sin\left(\theta + \dfrac{\pi}{2}\right) = \cos\theta$	$\tan\left(\theta + \dfrac{\pi}{2}\right) = -\dfrac{1}{\tan\theta}$
⑤	$\cos\left(\dfrac{\pi}{2} - \theta\right) = \sin\theta$	$\sin\left(\dfrac{\pi}{2} - \theta\right) = \cos\theta$	$\tan\left(\dfrac{\pi}{2} - \theta\right) = \dfrac{1}{\tan\theta}$
⑥	$\cos(-\theta) = \cos\theta$	$\sin(-\theta) = -\sin\theta$	$\tan(-\theta) = -\tan\theta$

답 : 문제 3　(1) $(2\cos 0,\ 2\sin 0)$　(2) $\left(3\cos\dfrac{\pi}{2},\ 3\sin\dfrac{\pi}{2}\right)$　(3) $(4\cos\pi,\ 4\sin\pi)$　문제 4　ア $\dfrac{2}{3}\pi$　イ 2π

▶ 삼각함수의 기본 공식

① $\cos^2\theta + \sin^2\theta = 1$

② $1 + \tan^2\theta = \dfrac{1}{\cos^2\theta}$

③ $\tan\theta = \dfrac{\sin\theta}{\cos\theta}$

문제 1　다음 값을 구하시오.

(1) $\cos 0$　　(2) $\sin\dfrac{\pi}{3}$　　(3) $\cos\dfrac{3}{4}\pi$　　(4) $\tan\pi$

2 단위원 위의 점의 위치를 나타내는 방법

단위원 위에 반시계 방향을 정방향으로 한 θ축을 설정한다.

단, 원주 위의 점 $P(\theta)$는 점 A에서 반시계 방향으로 원주 위에 다달아, 호 길이가 θ가 되는 위치에 온다 (아래 왼쪽 그림).

게다가 원주의 길이는 2π이므로 예를 들어 $P(\theta - 2\pi)$, $P(\theta)$, $P(\theta + 2\pi)$는 모두 같은 위치로 온다.

호도법, 즉「호 길이로 각도를 나타내는 방법」에서는 아래 왼쪽 그림에서 $\angle AOP(\theta)$의 각도를 라디안이라고 부른다. 이것은 θ [rad] 라고 쓰기도 한다.

또한 이 때 점 $P(\theta)$는 **편각θ의 방향에 있다**고 한다.

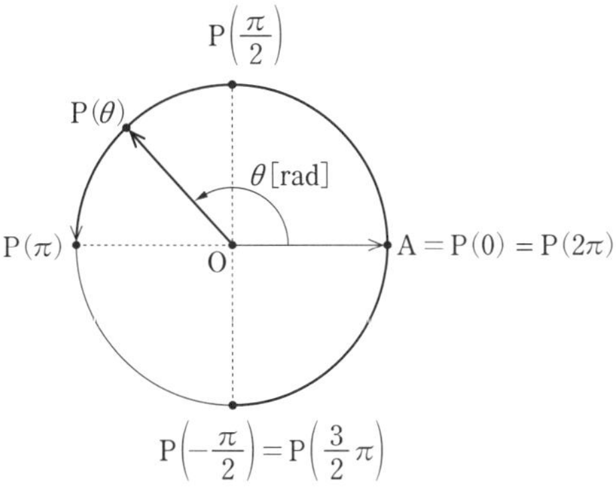

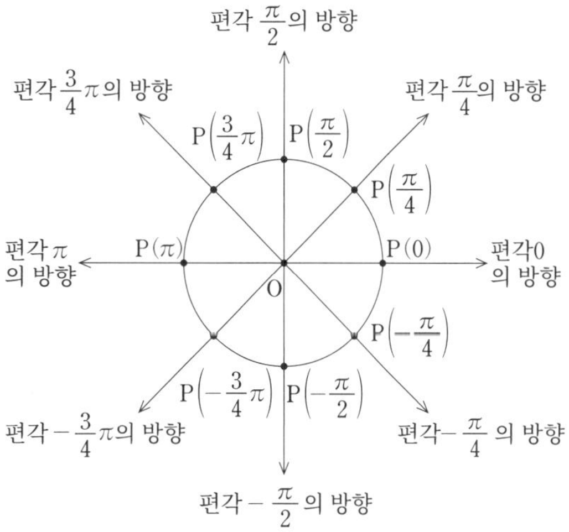

문제 2　다음 점을 좌표로 나타내시오.

(1) $P\left(\dfrac{\pi}{3}\right)$　　(2) $P\left(\dfrac{5}{4}\pi\right)$　　(3) $P\left(-\dfrac{\pi}{6}\right)$

주의　여기서 정한 편각은 일본의 고등학교 교과서에서는「일반각」이라는 이름으로 부르고 있다. 그러나 복소평면과 극좌표평면으로 등장하는 편각과 같은 의미이며, 이 책에서는 통일하고 있다. 「편각」이란「x축 정방향으로부터의 차이(편차)의 각도」라는 의미이다.

답 : 문제 1 (1) 1 (2) $\dfrac{\sqrt{3}}{2}$ (3) $-\dfrac{\sqrt{2}}{2}$ (4) 0　문제 2 (1) $\left(\dfrac{1}{2}, \dfrac{\sqrt{3}}{2}\right)$ (2) $\left(-\dfrac{\sqrt{2}}{2}, -\dfrac{\sqrt{2}}{2}\right)$ (3) $\left(\dfrac{\sqrt{3}}{2}, -\dfrac{1}{2}\right)$

3 점의 극좌표 표시

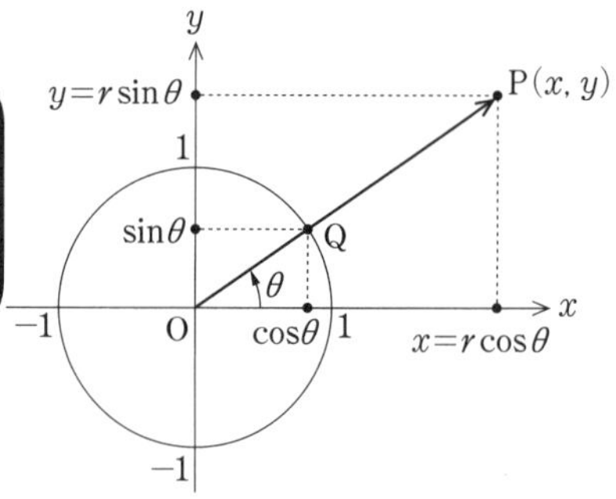

오른쪽 그림과 같이 원점 O 와 다른 점 P$(x,\ y)$ 에 대하여

$(x,\ y)=(r\cos\theta,\ r\sin\theta)$

단 $r=\overline{\mathrm{OP}}=\sqrt{x^2+y^2}$

라고 나타낼 수 있다 . 이것을 점 P 의 **극좌표 표시**라고 한다 .

오른쪽 그림에서는 점 Q 가 단위원 위에서 편각θ인 방향에 있다 . 이 때 θ를 반직선 OP 의 편각이라고 한다 . 즉 반직선 OP 와 x 축 정방향이 이루는 각도를 반시계 방향을 양으로하여 측정한 것이 θ라디안이다 .

문제 3　다음 점을 극좌표 표시하시오 .

(1)　(2,　0)　　(2)　(0,　3)　　(3)　(−4,　0)

4 삼각함수의 값

편각θ와 삼각함수의 정의로부터, 다음과 같이 말할 수 있다 .

편각이 정해진다 . $\Longleftrightarrow$　점 P(θ)의 위치가 정해진다 .
편각이 증대한다 . $\Longleftrightarrow$　점 P(θ)는 반시계 방향으로 원운동한다 .
편각이 감소한다 . $\Longleftrightarrow$　점 P(θ)는 시계 방향으로 원운동한다 .

삼각함수의 기본적인 성질은 그래프를 직접 알아보지 않아도 **점 P(θ)의 움직임을 알아보는 것**으로 간단히 파악할 수 있다 .

문제 4　빈칸에 들어갈 것을 답하시오 .

$f(\theta)=f(\theta+T)$를 충족하는 최솟값 $T(T>0)$를 $f(\theta)$의 주기라고 한다 .

$f(\theta)=\sin 3\theta$의 주기 T 는 점 P(3θ) 가 단위원을 한 바퀴 도는 경우를 생각하여 $T=$ [ア] 임을 알 수 있다 . $g(\theta)=\tan\dfrac{\theta}{2}$의 주기 T 는 점 P$\left(\dfrac{\theta}{2}\right)$가 단위원을 반 바퀴도는 경우를 생각하여 $T=$ [イ] 임을 알 수 있다 .

5 삼각함수의 대칭성

①	$\cos(\theta+2\pi)=\cos\theta$	$\sin(\theta+2\pi)=\sin\theta$	$\tan(\theta+2\pi)=\tan\theta$
②	$\cos(\theta+\pi)=-\cos\theta$	$\sin(\theta+\pi)=-\sin\theta$	$\tan(\theta+\pi)=\tan\theta$
③	$\cos(\pi-\theta)=-\cos\theta$	$\sin(\pi-\theta)=\sin\theta$	$\tan(\pi-\theta)=-\tan\theta$
④	$\cos\left(\theta+\dfrac{\pi}{2}\right)=-\sin\theta$	$\sin\left(\theta+\dfrac{\pi}{2}\right)=\cos\theta$	$\tan\left(\theta+\dfrac{\pi}{2}\right)=-\dfrac{1}{\tan\theta}$
⑤	$\cos\left(\dfrac{\pi}{2}-\theta\right)=\sin\theta$	$\sin\left(\dfrac{\pi}{2}-\theta\right)=\cos\theta$	$\tan\left(\dfrac{\pi}{2}-\theta\right)=\dfrac{1}{\tan\theta}$
⑥	$\cos(-\theta)=\cos\theta$	$\sin(-\theta)=-\sin\theta$	$\tan(-\theta)=-\tan\theta$

답 : 문제 3　(1) $(2\cos 0,\ 2\sin 0)$　(2) $\left(3\cos\dfrac{\pi}{2},\ 3\sin\dfrac{\pi}{2}\right)$　(3) $(4\cos\pi,\ 4\sin\pi)$　문제 4　ア $\dfrac{2}{3}\pi$　イ 2π

문제 5 다음 값을 구하시오 .

(1) $\sin\frac{19}{6}\pi$ (2) $\cos\left(-\frac{17}{4}\pi\right)$ (3) $\tan\frac{20}{3}\pi$

6 덧셈정리, 삼각함수의 합성

▶ 덧셈정리

$\sin(\alpha+\beta)=\sin\alpha\cos\beta+\cos\alpha\sin\beta$

$\sin(\alpha-\beta)=\sin\alpha\cos\beta-\cos\alpha\sin\beta$

$\cos(\alpha+\beta)=\cos\alpha\cos\beta-\sin\alpha\sin\beta$

$\cos(\alpha-\beta)=\cos\alpha\cos\beta+\sin\alpha\sin\beta$

$\tan(\alpha+\beta)=\dfrac{\tan\alpha+\tan\beta}{1-\tan\alpha\tan\beta}$

$\tan(\alpha-\beta)=\dfrac{\tan\alpha-\tan\beta}{1+\tan\alpha\tan\beta}$

▶ 배각공식

$\sin 2\alpha=2\sin\alpha\cos\alpha$

$\cos 2\alpha=\cos^2\alpha-\sin^2\alpha=2\cos^2\alpha-1=1-2\sin^2\alpha$

$\tan 2\alpha=\dfrac{2\tan\alpha}{1-\tan^2\alpha}$

▶ 삼각함수의 합성

$$a\sin\theta+b\cos\theta=r\sin(\theta+\alpha)=r\cos(\theta-\beta)$$

단

$$r=\sqrt{a^2+b^2},\ (a,\ b)=(r\cos\alpha,\ r\sin\alpha),\ (b,\ a)=(r\cos\beta,\ r\sin\beta)$$

제 2 부에서 벡터와 복소평면을 배울 때 이 공식들의 의미를 알 수 있다 .

문제 6 빈칸에 알맞은 수를 넣으시오 .

$\frac{7}{12}\pi=\frac{\pi}{3}+\frac{\pi}{4}$에 의해, $\sin\left(\frac{7}{12}\pi\right)=$ [ア], $\cos\left(\frac{7}{12}\pi\right)=$ [イ],

$\tan\left(\frac{7}{12}\pi\right)=$ [ウ]이다 .

답 : 문제 5 (1) $-\frac{1}{2}$ (2) $\frac{\sqrt{2}}{2}$ (3) $-\sqrt{3}$ 문제 6 ア $\frac{\sqrt{2}+\sqrt{6}}{4}$ イ $\frac{\sqrt{2}-\sqrt{6}}{4}$ ウ $-2-\sqrt{3}$

제 5 장 수열과 수열의 극한

주요 용어

일본어	한국어	영어
数列(すうれつ)	수열	sequence
収束(しゅうそく)	수렴	convergence
発散(はっさん)	발산	divergence
無限大(むげんだい)	무한대	infinity
階差数列(かいさすうれつ)	계차수열	progression of differences
等差数列(とうさすうれつ)	등차수열	arithmetic progression
公差(こうさ)	공차	common difference
初項(しょこう)	첫째항	first term
等比数列(とうひすうれつ)	등비수열	geometric progression
公比(こうひ)	공비	common ratio
和(わ)	합	sum

요점정리

1 수열의 극한

▶ 수열의 수렴

수열 $\{a_n\}$ 에 대하여 n 을 한없이 크게 하면 a_n 의 값이 있는 정수 α 에 한없이 가까워 질 때, $\{a_n\}$ 은 α 에 **수렴한다**고 한다. α 를 $\{a_n\}$ 의 **극한값**이라고 하며 다음과 같이 나타낸다.

$\lim_{n\to\infty} a_n = \alpha$ 또는 $n \to \infty$ 일 때 $a_n \to \alpha$

▶ 수열의 발산

수열 $\{a_n\}$ 이 수렴하지 않을 때, $\{a_n\}$ 는 **발산한다**고 한다.

발산하는 수열 중, 다음의 경우는 다루기가 간단하다.

① n 을 한없이 크게 하면 a_n 의 값이 한없이 커질 때, $\{a_n\}$ 의 극한은 **무한대**라고 하며, 다음과 같이 나타낸다.

$\lim_{n\to\infty} a_n = \infty$ 또는 $n \to \infty$ 일 때 $a_n \to \infty$

② n 을 한없이 크게 하면 a_n 의 값이 음이고, 동시에 $|a_n| = \infty$가 될 때, $\{a_n\}$ 의 극한은 **음의 무한대**에 있다고 하며 다음과 같이 나타낸다.

$\lim_{n\to\infty} a_n = -\infty$ 또는 $n \to \infty$일 때 $a_n \to -\infty$

문제 1　다음의 값을 구하시오 .

(1) $\lim_{n \to \infty} \frac{n+1}{n}$　　(2) $\lim_{n \to \infty} \left(-\frac{1}{3}\right)^n$　　(3) $\lim_{n \to \infty} 2^n$

2 수열의 증가 · 감소

수열 $\{a_n\}$ 이

$a_1 < a_2 < \cdots\cdots < a_n < a_{n+1} < \cdots\cdots$ 일 때 $\{a_n\}$ 는 **단조증가한다** .

$a_1 > a_2 > \cdots\cdots > a_n > a_{n+1} > \cdots\cdots$ 일 때 $\{a_n\}$ 는 **단조감소한다** .

라고 한다 .「단조」를 생략하고「증가한다」,「감소한다」라고 하는 경우도 많다 .

▶ 계차수열

$b_n = a_{n+1} - a_n$ ($n = 1,\ 2,\ \cdots\cdots$) 를 충족하는 $\{b_n\}$ 을 $\{a_n\}$ 의 계차수열이라고 한다 .

이 때 다음이 성립한다 .

$b_n > 0$ ($n = 1,\ 2,\ \cdots\cdots$) $\iff$ $\{a_n\}$ 는 단조증가한다 .

$b_n < 0$ ($n = 1,\ 2,\ \cdots\cdots$) $\iff$ $\{a_n\}$ 는 단조감소한다 .

문제 2　빈칸에 들어갈 말을 답하시오 .

$a_n = 2^n$ ($n = 1,\ 2,\ \cdots\cdots$) 일 때 $\{a_n\}$ 는 [ア]한다 . $a_n = \frac{n+1}{n}$ ($n = 1,\ 2,\ \cdots\cdots$) 일 때 $\{a_n\}$ 는 [イ]한다 .

보충　수열과 함수의 극한

함수의 극한을 알아보는 도구로서 수열을 사용한다 .

예를 들어 지수함수 $f(x) = 2^x$ 와 다항식함수 $g(x) = x^2$ 의 관계를 알아볼 때, $f(x)$와 $g(x)$의 대소관계를 알아보는 목적으로 함수 $h(x) = \frac{g(x)}{f(x)} = \frac{x^2}{2^x}$의 극한을 생각하지만 함수의 정의역을 자연수 전체에 제한한 함수

$$h(n) = \frac{n^2}{2^n} \ (n = 1,\ 2,\ \cdots\cdots)$$

즉, 수열

$$\frac{1^2}{2^1},\ \frac{2^2}{2^2},\ \frac{3^2}{2^3},\ \frac{4^2}{2^4},\ \cdots\cdots,\ \frac{n^2}{2^n},\ \cdots\cdots$$

을 생각하면 이야기가 간단해진다 .

3 등차수열

수열 $\{a_n\}$ 의 계차수열 모든 항이 정수 d 와 같다, 즉

$a_{n+1} - a_n = d$ ($n = 1,\ 2,\ \cdots\cdots$)

가 성립할 때 $\{a_n\}$ 을 **등차수열**이라고 하며 d 를 **공차**라고 한다 .

답 : 문제 1　(1) 1　(2) 0　(3) ∞

문제 2　ア　단조증가　イ　단조감소

▶ 등차수열의 공식

첫째항 $a_1=a$ 일 때

$$a_n=a+(n-1)d \quad (n=1,\ 2,\ \cdots\cdots)$$

첫째항에서 제 n 항까지의 합 S_n 은

$$S_n=\left(\frac{a_1+a_n}{2}\right)n=\frac{1}{2}n\{2a+(n-1)d\} \quad (n=1,\ 2,\ \cdots\cdots)$$

문제 3　등차수열 $\{a_n\}$ 은 $a_{10}=20,\ a_{20}=0$ 을 만족시킨다. 이 때 다음 값을 구하시오.

(1) 첫째항　(2) 공차　(3) 첫째항에서 제 20 항까지의 합

4 등비수열

수열 $\{a_n\}$ 에 대하여 $a_{n+1}=ra_n\ (n=1,\ 2,\ \cdots\cdots)$ 를 만족시키는 정수 r 이 존재할 때, $\{a_n\}$을 **등비수열**이라고 하며 r 을 **공비**라고 한다. 이것은 이웃하는 항의 비 $\dfrac{a_{n+1}}{a_n}$ 이 r 과 같아진다는 의미이다.

▶ 등비수열의 공식

첫째항 $a_1=a$ 일 때

$$a_n=ar^{n-1} \quad (n=1,\ 2,\ \cdots\cdots)$$

첫째항에서 제 n 항까지의 합 S_n 은

$r\neq1$ 일 때 $S_n=\dfrac{a(1-r^n)}{1-r} \quad (n=1,\ 2,\ \cdots\cdots)$

$r=1$ 일 때 $S_n=na \quad (n=1,\ 2,\ \cdots\cdots)$

문제 4　등비수열 $\{a_n\}$ 은 $a_2=6,\ a_5=48$ 을 만족시킨다. 이 때 다음의 값을 구하시오.

(1) 첫째항　(2) 공비　(3) 첫째항에서 제 5 항까지의 합

5 합의 기호, 계차수열의 공식

수열 $\{a_n\}$ 에 대하여 제 l 항에서 제 m 항까지의 합을 다음과 같이 나타낸다.

$$\sum_{k=l}^{m}a_k=a_l+a_{l+1}+\cdots\cdots+a_m$$

▶ 합의 공식

① $\displaystyle\sum_{k=1}^{n}c=c+c+\cdots\cdots+c=nc$ (c 정수)

② $\displaystyle\sum_{k=1}^{n}k=1+2+\cdots\cdots+n=\frac{1}{2}n(n+1)$

③ $\displaystyle\sum_{k=1}^{n}k^2=1^2+2^2+\cdots\cdots+n^2=\frac{1}{6}n(n+1)(2n+1)$

④ $\displaystyle\sum_{k=1}^{n}k^3=1^3+2^3+\cdots\cdots+n^3=\left\{\frac{1}{2}n(n+1)\right\}^2$

답 : 문제 3 (1) 38　(2) -2　(3) 380

문제 4 (1) 3　(2) 2　(3) 93

▶ 계차수열의 공식

$\{b_n\}$ 이 $\{a_n\}$ 의 계차수열이다, 즉

$$b_n = a_{n+1} - a_n \quad (n = 1,\ 2,\ \cdots\cdots)$$

을 만족시킬 때

$$a_n = a_1 + \sum_{k=1}^{n-1} b_k \quad (n = 2,\ 3,\ \cdots\cdots)$$

문제 5　다음 값을 구하시오.

(1) $\displaystyle\sum_{k=1}^{6} k^2$　　(2) $\displaystyle\sum_{k=1}^{8} (2k+1)$　　(3) $\displaystyle\sum_{k=1}^{7} 2^{k-1}$

6 합의 수열과 그 계차수열

수열 $\{a_n\}$ 에 대하여

$$S_n = \sum_{k=1}^{n} a_k = a_1 + a_2 + \cdots\cdots + a_n \quad (n = 1,\ 2,\ \cdots\cdots)$$

라고 정하면 수열 $\{S_n\}$ 이 정해진다. 이 수열의 계차수열을 만들면

$$S_{n+1} - S_n = a_{n+1} \quad (n = 1,\ 2,\ \cdots\cdots)$$

이 되고 다음이 성립한다.

$$a_n = S_n - S_{n-1} \quad (n = 2,\ 3,\ \cdots\cdots)$$
$$a_1 = S_1$$

문제 6　빈칸에 알맞은 것을 답하시오.

$S_n = 3n^2 - 2n$ $(n = 1,\ 2,\ \cdots\cdots)$ 일 때, $a_n =$ [ア] $(n = 1,\ 2,\ \cdots\cdots)$ 이고,

$S_n = 2^n - 1$ $(n = 1,\ 2,\ \cdots\cdots)$ 일 때, $a_n =$ [イ] $(n = 1,\ 2,\ \cdots\cdots)$ 이다.

보충　수열 $\{a_n\}$ 에 대하여

$$b_n - a_{n+1} - a_n \quad (n = 1,\ 2,\ \cdots\cdots)$$
$$c_n = a_n - a_{n-1} \quad (n = 1,\ 2,\ \cdots\cdots)$$

를 만족시키는 수열 $\{b_n\}$ 에 대하여 일본의 고등학교 교과서에서는 $\{b_n\}$ 을 계차수열로 정하고 있지만 옆항과의 차(계차)의 수열이라는 것으로, $\{c_n\}$ 도 계차수열이라고 불리는 경우가 있다. $\{b_n\}$ 은 전진차분, $\{c_n\}$ 는 후퇴차분이라는 이름으로 구별된다.

답 : 문제 5　(1) 91　(2) 80　(3) 127

문제 6　ア $6n-5$　イ 2^{n-1}

제 2 부 도형을 알아본다

제 2 부 에서는 벡터 장의 일부를 제외하고 x 축을 가로축, y 축을 세로축으로 하는 xy 평면 위에서 모든 이야기를 생각한다. 이 때 주역이 되는 것은 실수 x, y 의 짝으로 위치를 나타낼 수 있는 점 $(x,\ y)$ 이다. 또한 x 와 y 의 식을 주어 이것을 만족시키는 점 $(x,\ y)$ 를 모두 모으면 xy 평면 위에서 도형을 나타낼 수 있다.

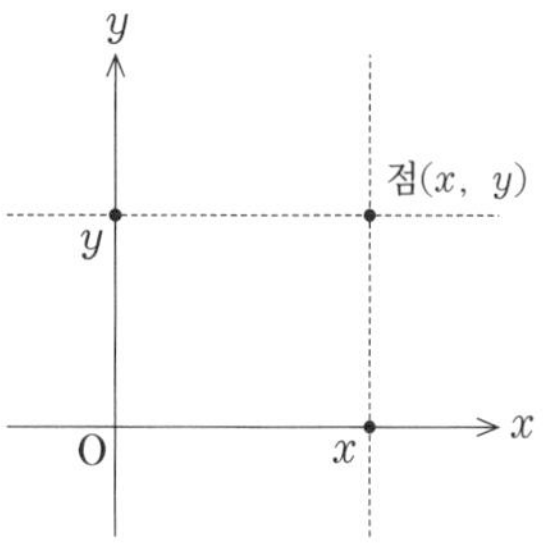

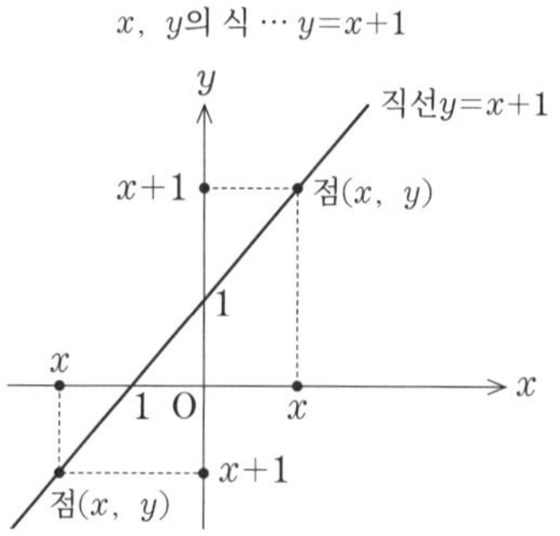

제 2 부에서는 도형을 알아보는 여러 가지 방법을 체계적으로 확인한다. 제 1 부와 마찬가지로 고등학교 교과서의 순서가 아닌, 다음과 같은 수학적으로 관계가 깊은 순서로 해설한다.

제 1 장 도형과 방정식 (해석기하) (수학 II)
도형 위의 점 $P(x,\ y)$ 에 대하여 실수 x 와 y 가 만족시키는 식을 알아본다.

제 2 장 벡터 (수학 B)
도형 위의 점 $P(\vec{p})$ 에 대하여 벡터 $\vec{p}$ 가 만족시키는 식을 알아본다.

제 3 장 복소평면 표시 (수학 III)
도형 위의 점 $P(z)$ 에 대하여 복소수 z 가 만족시키는 식을 알아본다.

제 4 장 도형의 정리 (수학 II, B, III)
제 1 장에서 3 장까지의 재확인을 한다.

특히 제 3 장의 복소평면 표시를 습득하기 위해서는 그 전의 벡터, 도형과 방정식, 삼각함수의 확실한 이해가 필요하다. 필요에 따라 앞의 내용을 복습하면서 이론의 연결에 대해 깊이 이해해 두자.

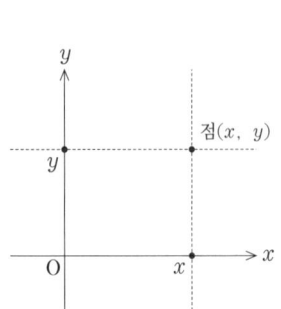

제 1 장 도형과 방정식

주요 용어

日本語	韓国語	英語
図形(ずけい)	도형	figure
横軸(よこじく)	가로축	horizontal axis
縦軸(たてじく)	세로축	vertical axis
平面(へいめん)	평면	plane
条件式(じょうけんしき)	조건식	conditional expression
傾(かたむ)き	기울기	gradient
直線(ちょくせん)	직선	straight line
方程式(ほうていしき)	방정식	equation
境界線(きょうかいせん)	경계선	boundary line
領域(りょういき)	영역	domain
不等式(ふとうしき)	부등식	inequality
円(えん)	원	circle
距離(きょり)	거리	distance
接(せっ)する	접하다	touch
交(まじ)わる	교차하다	intersect
平行(へいこう)	평행	parallel
垂直(すいちょく)	수직	perpendicularity

요점정리

1 xy 평면의 도형

x, y 의 방정식이나 부등식과 같은 **도형을 정하는 조건식**을 주었을 때, 이것을 충족하는 점 (x, y) 의 집합이 **xy 평면의 도형**이다.

① 직선을 나타낸다.

예 도형 $L=\{(x, y) \mid y=m(x-a)+b\}$ 는 기울기 m, 점 (a, b) 를 지나는 직선이다. 이 직선을 나타내는 방정식은 $\boldsymbol{y=m(x-a)+b}$ 이다.

② 영역을 나타낸다.

예 도형 $D=\{(x, y) \mid y>m(x-a)+b\}$ 는 ①의 직선 L 을 경계선으로 하는 위 부분의 영역이다. 이 영역을 나타내는 부등식은 $\boldsymbol{y>m(x-a)+b}$ 이다.

③ 원을 나타낸다.

예 도형 $C=\{(x, y) \mid (x-a)^2+(y-b)^2=r^2\}$ 은 반지름 r, 중심 (a, b) 의 원이다. 이 원을 나타내는 방정식은 $\boldsymbol{(x-a)^2+(y-b)^2=r^2}$ 이다.

집합의 기호를 생략하고 예를 들어 직선 $y=x+1$ 또는 원 $x^2+y^2=1$ 이라는 식으로 말하는 경우가 많지만, 이것들을 각각 점 (x, y) 의 집합

$$\{(x, y) \mid y=x+1\} \text{ 및 } \{(x, y) \mid x^2+y^2=1\}$$

을 나타내고 있다.

함수 $y=f(x)$ 의 그래프 $\{(x, y) \mid y=f(x)\}$ 도 xy 평면 위의 도형이다.

문제 1 빈칸에 들어갈 숫자, 좌표를 구하시오.

영역 $(x-1)^2+(y+2)^2 \leqq 4$ 는 반지름 [ア], 중심 [イ] 인 원의 둘레 또는 내부이다.

2 점과 직선의 거리 공식

점 $\mathrm{A}(x_0, y_0)$ 과 직선 $l : ax+by+c=0$ 의 거리 d 는

$$\boldsymbol{d=\frac{|ax_0+by_0+c|}{\sqrt{a^2+b^2}}}$$

이다.

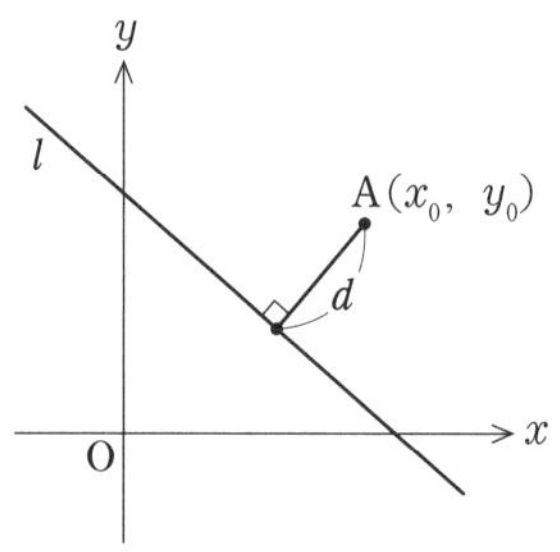

이 공식을 사용하여 원과 직선이 공유점을 갖는 조건을 구할 수 있다.

답 : 문제 1 ア 2 イ (1, −2)

▶ 원과 직선의 위치 관계

반지름 r 인 원의 중심과 직선 l 의 거리를 d 라고 하면

① $d<r$ $\Longleftrightarrow$ 다른 두 점에서 교차한다 .
② $d=r$ $\Longleftrightarrow$ 접한다 .
③ $d>r$ $\Longleftrightarrow$ 공유점을 갖지 않는다 .

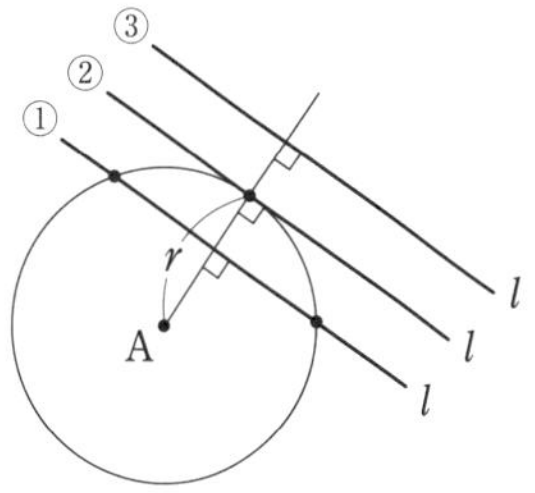

문제 2 원 $x^2+y^2=1$ 과 직선 $x+y=k$ 가 다른 두 점에서 교차하는 조건을 구하시오 .

3 직선의 기울기

직선 l 과 x 축이 교차할 때, 오른쪽 그림과 같이 x 축 정방향과 l 이 이루는 각도를 θ라고 한다 .
여기서 θ는 삼각함수를 정의할 때 사용한 편각과 마찬가지로, 반시계 방향으로 측정한 각도를 양의 각도로 하고 있다 .
그러면 직선 l 의 기울기가 m 일 때

$$\mathbf{m=\tan\theta} \quad \cdots\cdots ①$$

를 만족시킨다 . l 이 x 축과 평행하는 때는 $\theta=0$ 이라고 생각하면 된다 .

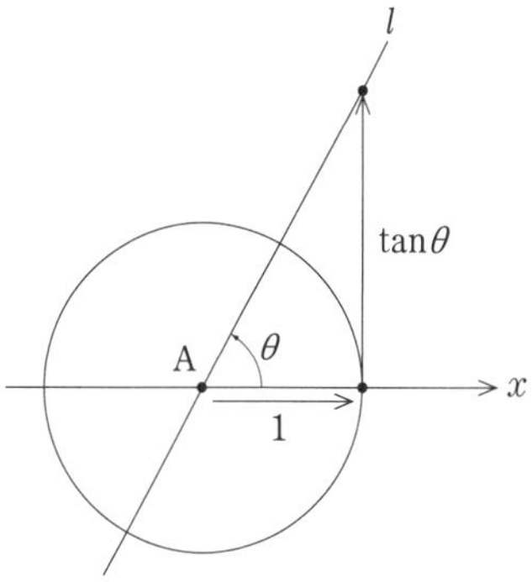

①을 응용하면 다음 사항을 알 수 있다 .

▶ 두 직선의 기울기의 관계

두 직선 l_1, l_2 의 기울기를 m_1, m_2 로 하고,
$m_1=\tan\theta$라고 한다 .

① l_1 과 l_2 가 평행인 경우,
오른쪽 그림에 의해 $m_2=\tan\theta$ 이며

$$m_1=m_2=\tan\theta$$

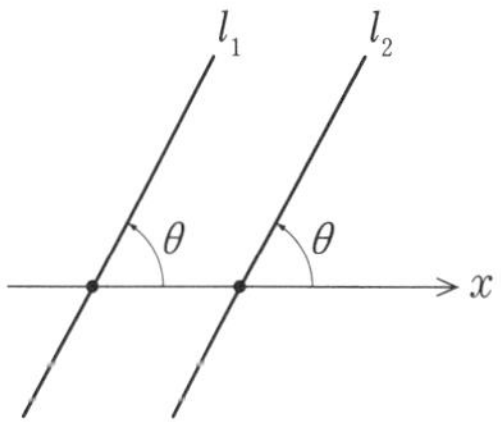

② l_1 과 l_2 가 수직인 경우,
오른쪽 그림에 의해 $m_2=\tan\left(\theta+\dfrac{\pi}{2}\right)$ 이며

$$m_2=\tan\left(\theta+\frac{\pi}{2}\right)=-\frac{1}{\tan\theta}=-\frac{1}{m_1}$$ 에 의해

$m_1m_2=-1$ 이 된다 .
(제 1 부 제 4 장의 공식 참조)

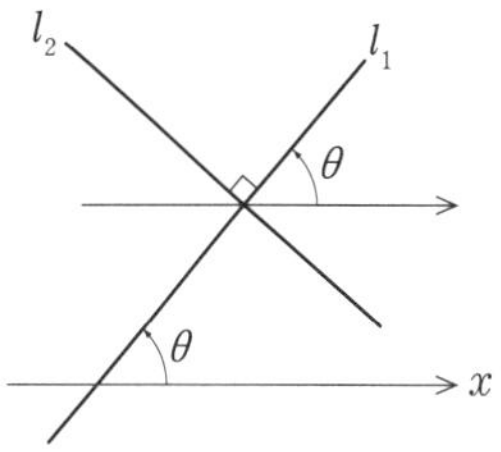

문제 3 다음 직선 l 의 기울기 m 에 대하여 $m=\tan\theta\left(-\dfrac{\pi}{2}<\theta<\dfrac{\pi}{2}\right)$ 를 만족시키는 θ를 구하시오 .

(1) $l : y=\sqrt{3}x+1$ (2) $l : y=-x-1$

답 : 문제 2 $-\sqrt{2}<k<\sqrt{2}$ 문제 3 (1) $\dfrac{\pi}{3}$ (2) $-\dfrac{\pi}{4}$

제 2 장 벡터

주요 용어

일본어	한국어	영어
ベクトル	벡터	vector
演算(えんざん)	연산	operation
位置(いち)ベクトル	위치벡터	position vector
差(さ)	차	difference
線分(せんぶん)	선분	line segment
内分(ないぶん)	내분	internal division
面積(めんせき)	넓이	area
内積(ないせき)	내적	inner product
絶対値(ぜったいち)	절댓값	absolute value
余弦(よげん)	코사인	cosine
単位(たんい)ベクトル	단위벡터	unit vector

요점정리

1 평면벡터 $\overrightarrow{AB}$ 의 의미와 벡터의 연산

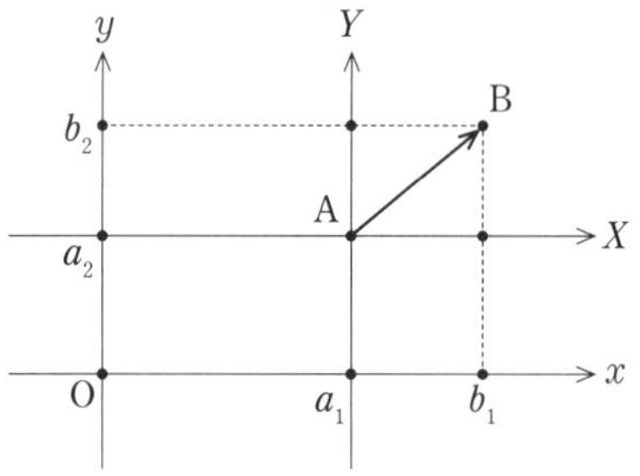

xy 평면 위의 점 $A(a_1, a_2)$, $B(b_1, b_2)$ 에 대하여 벡터 $\overrightarrow{AB}$ 라 함은 **시작점 A 에서 본 종점 B** 의 위치, 즉 오른쪽 그림과 같이 A 를 원점으로하여 XY 평면을 생각한 경우의 B 의 좌표이다. 이 때 그림에 의해

$$\overrightarrow{AB} = (b_1 - a_1,\ b_2 - a_2)$$

가 된다.

특히 A = B 일 때는 $\overrightarrow{AB} = \vec{0}$ 이라고 쓴다.

여기서

$$(b_1 - a_1,\ b_2 - a_2) = (b_1,\ b_2) - (a_1,\ a_2) = \overrightarrow{OB} - \overrightarrow{OA} \text{ 에 의해 } \overrightarrow{AB} = \overrightarrow{OB} - \overrightarrow{OA}$$

라고 쓸 수 있도록 벡터의 연산을 정하면 계산이 편리해진다. 이러한 이유로 벡터의 합, 차, 실수배라는 연산은 다음과 같이 정해진다.

▶ **벡터의 합, 차, 실수배**

두 개의 벡터 $\vec{a}=(a_1,\ a_2)$, $\vec{b}=(b_1,\ b_2)$ 에 대하여,

① **합** $\vec{a}+\vec{b}$: $(a_1,\ a_2)+(b_1,\ b_2)=(a_1+b_1,\ a_2+b_2)$

② **차** $\vec{a}-\vec{b}$: $(a_1,\ a_2)-(b_1,\ b_2)=(a_1-b_1,\ a_2-b_2)$

③ **실수배** $k\vec{a}$: $k(a_1,\ a_2)=(ka_1,\ ka_2)$

문제 1 $\vec{a}=(1,\ 2)$, $\vec{b}=(3,\ -2)$ 일 때 다음을 구하시오.

(1) $\vec{a}+\vec{b}$　　(2) $3\vec{a}-2\vec{b}$

2 위치벡터

시작점 O 을 고정한다. $\vec{a}=(a,\ b)$ 에 대하여 $\overrightarrow{OA}=\vec{a}=(a,\ b)$ 를 만족시키는 점을 $A(\vec{a})$ 로 나타내고 $\vec{a}$ 를 점 A 의 **위치벡터**라고 부른다.

항상 원점 O 에서 본 위치를 생각하는 것으로 간편셈은 할 수 있다. 지금까지 점 $P(x,\ y)$ 라고 나타내왔던 것은 정확하게는 $\overrightarrow{OP}=\vec{p}=(x,\ y)$ 를 만족시키는 점 $P(\vec{p})$ 라는 의미이다.

▶ **내분점의 위치벡터**

두 점 $A(\vec{a})$, $B(\vec{b})$ 를 잇는 선분 AB 를 $m:n$ 으로 내분하는 점 P 의 위치벡터 $\vec{p}$ 는

$$\overrightarrow{AP}=\frac{m}{m+n}\overrightarrow{AB}$$

에 의해

$$\vec{p}-\vec{a}=\frac{m}{m+n}(\vec{b}-\vec{a})$$

따라서,

$$\vec{p}=\vec{a}+\frac{m}{m+n}(\vec{b}-\vec{a})=\frac{n\vec{a}+m\vec{b}}{m+n}$$

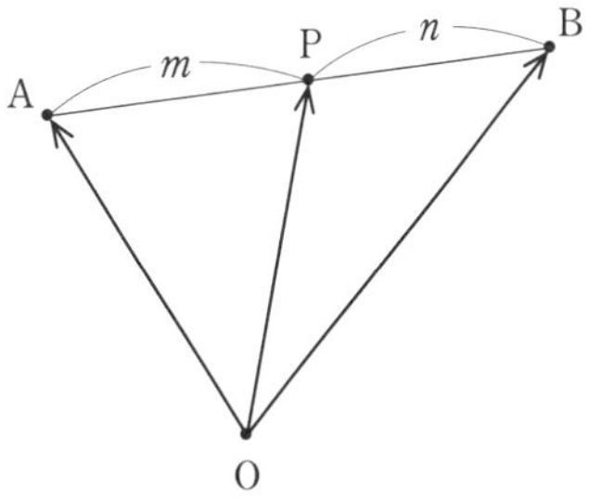

문제 2 점 A(1, 2), B(7, 5) 에 대하여 선분 AB 를 2 : 1 로 내분하는 점 P 의 좌표를 구하시오.

여기서부터는 반드시 xy 평면이 주어지지않은 경우를 생각한다. 그 경우 변의 길이나 넓이 등의 도형의 기본 데이터를 구하기 위해서는 내적이라는 양이 필요하다.

3 벡터의 내적과 절댓값

$\vec{a}=\overrightarrow{OA}$ 를 충족할 때

$$|\vec{a}|=|\overrightarrow{OA}|=(\text{선분 OA 의 길이})$$

를 정한다. 실수 $|\vec{a}|$ 를 $\vec{a}$ 의 **절댓값**이라고 부른다.

다음으로 $\vec{0}$ 이 아닌 두 개의 벡터 $\vec{a}$, $\vec{b}$ 에 대하여 $\vec{a}=\overrightarrow{OA}$, $\vec{b}=\overrightarrow{OB}$ 를 충족하는 점 A, B 를 생각한다. 이 때 $\theta=\angle AOB$ 로서

$$\vec{a}\cdot\vec{b}=|\vec{a}||\vec{b}|\cos\theta$$

라고 정하며, 실수 $\vec{a}\cdot\vec{b}$ 를 $\vec{a}$ 와 $\vec{b}$ 의 **내적**이라고 한다.

단, $\vec{a}=\vec{0}$ 또는 $\vec{b}=\vec{0}$ 일 때는 $\vec{a}\cdot\vec{b}=0$ 라고 한다.

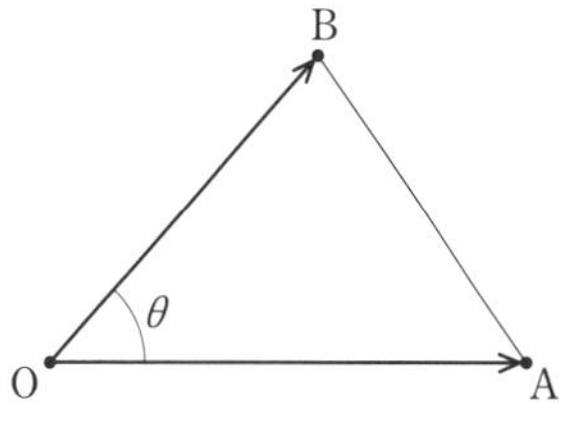

답 : 문제 1 (1) (4, 0)　(2) (−3, 10)　문제 2 (5, 4)

▶ **내적의 성질**

① $|\vec{a}|^2=\vec{a}\cdot\vec{a}$

② $\vec{a}\neq\vec{0}$ 동시에 $\vec{b}\neq\vec{0}$ 일 때는

$$\vec{a}\perp\vec{b} \iff \vec{a}\cdot\vec{b}=0$$

③ xy 평면이 주어져 있고 $\vec{a}=(a_1,\ a_2)$, $\vec{b}=(b_1,\ b_2)$ 일 때는

$$\vec{a}\cdot\vec{b}=a_1b_1+a_2b_2$$

문제 3 $\vec{a}=(3,\ 4)$ 에 수직이고 길이가 5 인 벡터를 모두 구하시오 .

4 코사인 정리와 넓이 공식

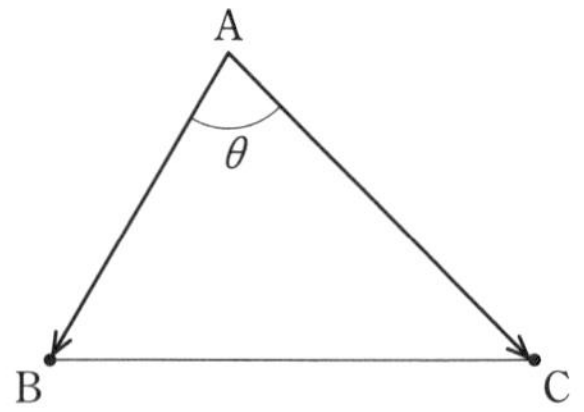

삼각형 ABC 에 대하여

$$\begin{aligned}|\overrightarrow{BC}|^2&=|\overrightarrow{AC}-\overrightarrow{AB}|^2\\&=(\overrightarrow{AC}-\overrightarrow{AB})\cdot(\overrightarrow{AC}-\overrightarrow{AB})\\&=|\overrightarrow{AC}|^2+|\overrightarrow{AB}|^2-2\,\overrightarrow{AB}\cdot\overrightarrow{AC}\end{aligned}$$

가 된다 . 이로부터

$$|\overrightarrow{BC}|^2=|\overrightarrow{AC}|^2+|\overrightarrow{AB}|^2-2\,|\overrightarrow{AB}||\overrightarrow{AC}|\cos\theta$$

가 된다 . 이것은 벡터를 사용하여 나타낸 삼각형 ABC 에 대한 코사인 정리이다 .

▶ **벡터를 사용하여 나타낸 넓이 공식**

$$\begin{aligned}\triangle ABC&=\frac{1}{2}|\overrightarrow{AB}||\overrightarrow{AC}|\sin\theta=\frac{1}{2}|\overrightarrow{AB}||\overrightarrow{AC}|\sqrt{1-\cos^2\theta}\\&=\frac{1}{2}\sqrt{|\overrightarrow{AB}|^2|\overrightarrow{AC}|^2-\left(|\overrightarrow{AB}||\overrightarrow{AC}|\cos\theta\right)^2}\\&=\frac{1}{2}\sqrt{|\overrightarrow{AB}|^2|\overrightarrow{AC}|^2-\left(\overrightarrow{AB}\cdot\overrightarrow{AC}\right)^2}\end{aligned}$$

특히 xy 평면 위의 삼각형 ABC 에서 $\overrightarrow{AB}=(a_1,\ a_2)$, $\overrightarrow{AC}=(b_1,\ b_2)$ 일 때

$$\triangle ABC=\frac{1}{2}|a_1b_2-a_2b_1|$$

가 된다 .

문제 4 xy 평면 위에 세 점 A(2, 1), B(3, 3), C(4, 2) 를 취할 때 삼각형 ABC 의 넓이를 구하시오 .

보충 평면도형에 관한 양은 $|\overrightarrow{AB}|^2$, $|\overrightarrow{AC}|^2$, $\overrightarrow{AB}\cdot\overrightarrow{AC}$ 라는 세 가지의 기본적인 양으로 나타낸다 . 이것은 대학의 선형대수학에서 자세히 배운다 .

답 : 문제 3 (4, −3), (−4, 3) 문제 4 $\frac{3}{2}$

5 벡터방정식으로 나타내는 도형

직선 $\vec{p}=\vec{a}+t\vec{l}$ (t는 실수), 또는 원 $|\vec{p}-\vec{a}|=r$ 등으로 생략된 형태로 그려지는 경우가 많지만 도형으로서는 이 방정식들을 충족하는 점 P($\vec{p}$)를 모두 모은 것이라는 점에서, 제 1 장「도형과 방정식」에서의 의미와 똑같다.

▶ 직선의 벡터방정식

점 A($\vec{a}$)를 지나고 $\vec{l}$에 평행한 직선 L

$$L=\{P(\vec{p})\,|\,\vec{p}=\vec{a}+t\vec{l}\,(t\text{는 실수})\}$$

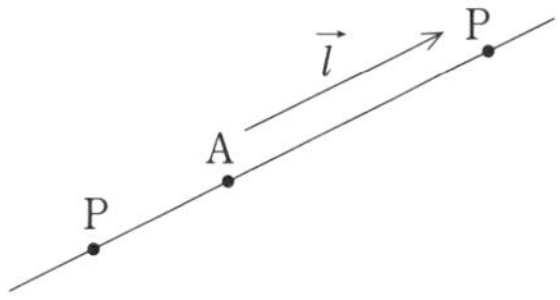

실제,

$$\overrightarrow{OP}=\overrightarrow{OA}+t\vec{l} \qquad \overrightarrow{AP}=t\vec{l}$$

을 만족시킨다.

일반적으로 직선에 평행한 벡터를 그 직선의 **방향벡터**라고 한다. 여기서는 $\vec{l}$이 방향벡터이다.

▶ 원의 벡터방정식

반지름 r, 중심 A($\vec{a}$)인 원 C

$$C=\{P(\vec{p})\,|\,|\vec{p}-\vec{a}|=r\}$$

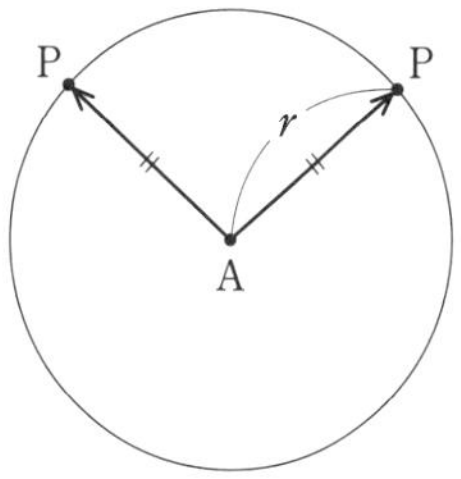

실제,

$$|\overrightarrow{OP}-\overrightarrow{OA}|=|\overrightarrow{AP}|=r$$

을 만족시킨다.

문제 5 빈칸에 알맞은 말을 넣으시오.

두 점 A($\vec{a}$), B($\vec{b}$)에 대하여 $\vec{p}=s\vec{a}+t\vec{b}\,(s+t=1)$은 ☐를 지나는 직선의 벡터 방정식이다.

6 내적에 의한 직선의 방정식

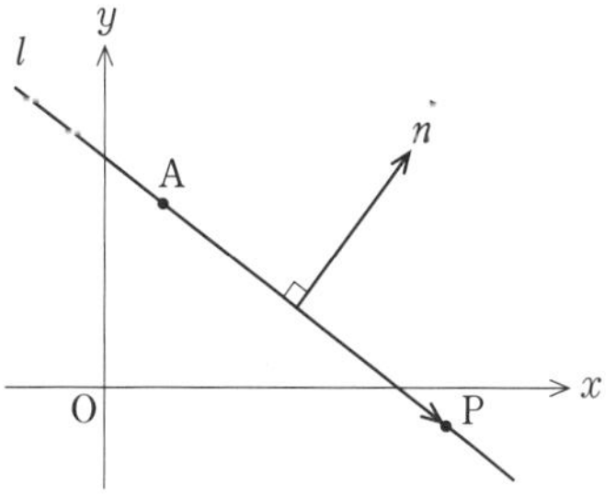

직선 l : $ax+by+c=0$ 위에 정점 A(x_0, y_0)를 취하면

$$ax_0+by_0+c=0$$

을 만족시킨다. 이로부터

$$a(x-x_0)+b(y-y_0)=0 \quad \cdots\cdots①$$

을 얻는다. 여기서 l 위의 임의의 점을 P(x, y)로 놓고 $\vec{n}=(a,\ b)$로 놓으면 ①은

$$\vec{n}\cdot\overrightarrow{AP}=\vec{0}$$

을 나타낸다. 따라서 $\vec{n}$은 직선 l의 **법선벡터**, 즉 l에 수직인 벡터이다.

또한 점 A, P의 위치벡터를 $\vec{a}$, $\vec{p}$로 놓는다. 즉

$$\vec{a}=\overrightarrow{OA}=(x_0,\ y_0), \qquad \vec{p}=\overrightarrow{OP}=(x,\ y)$$

로 놓으면 ①은

$$\vec{n}\cdot(\vec{p}-\vec{a})=0 \quad \cdots\cdots②$$

가 된다. 따라서 점 A(x_0, y_0)를 지나고 $\vec{n}=(a,\ b)$를 법선벡터로 갖는 직선의 방정식은 ①이며 ②는 그 벡터방정식이다.

답 : 문제 5 A와 B

▶ 직선의 방정식

· 점 $A(x_0,\ y_0)$ 를 지나고 $\vec{n}=(a,\ b)$ 를 법선벡터로 갖는 직선

$\boldsymbol{a(x-x_0)+b(y-y_0)=0}$: 직선의 방정식

$\boldsymbol{\vec{n}\cdot(\vec{p}-\vec{a})=0}$: 벡터의 방정식

공식을 외우는 것만이 아니라 임기응변으로 벡터를 잘 다루어 xy 평면 위의 도형의 성질을 알아보는 것이 중요하다.

문제 6 두 직선 $3x-y-6=0$ 과 $ax+(a+1)y+1=0$ 이 직교하는 a 의 값을 구하시오.

7 평면벡터의 극좌표 표시

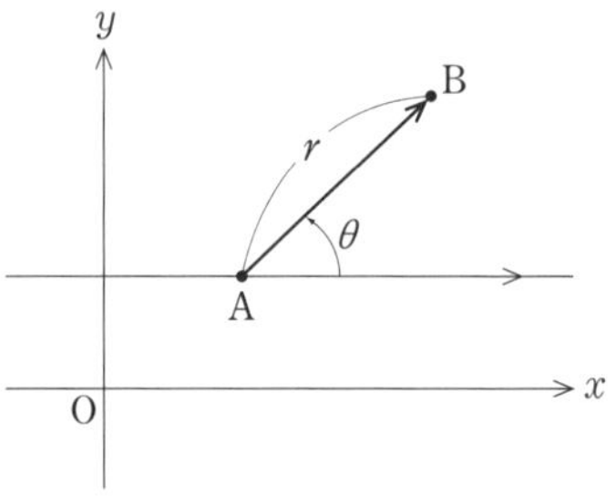

다시 xy 평면이 주어져 있는 경우를 생각한다.
두 점 A, B 에 대하여 $\overrightarrow{AB}$ 와 x 축 정방향이 이루는 각도를 θ라 고한다. 단, 반시계 방향으로 측정한 각도를 양의 각도로 한다. 삼각함수를 정의했을 때와 마찬가지로 θ를 **평면벡터 $\overrightarrow{AB}$ 의 편각**이라고 부른다. 또한 $r=|\overrightarrow{AB}|$ 로 놓으면

$$\overrightarrow{AB}=r(\cos\theta,\ \sin\theta) \qquad \theta : \overrightarrow{AB} \text{ 의 편각}$$

이라고 쓸 수 있다. 이것을 평면벡터 **$\overrightarrow{AB}$ 의 극좌표 표시**라고 부른다.

▶ 단위벡터

특히 $r=1$ 일 때 $\overrightarrow{AB}$ 를 단위벡터라고 한다.

단위벡터는 반드시 $(\cos\theta,\ \sin\theta)$ 의 형태로 쓴다.

편각은 벡터의 방향을 나타낸다는 점에 주의하자.

문제 7 빈칸에 알맞은 것을 넣으시오.

$\vec{a}=(1,\ \sqrt{3})$ 에 대하여, $|\vec{a}|=$ [ア], ($\vec{a}$ 의 편각) = [イ] $+2n\pi$ (n 은 정수)이고, 극좌표 표시하면 $\vec{a}=$ [ウ] 이 된다.

답 : 문제 6 $\frac{1}{2}$ 문제 7 ア 2 イ $\frac{\pi}{3}$ ウ $2\left(\cos\frac{\pi}{3},\ \sin\frac{\pi}{3}\right)$

제 3 장 복소평면 표시

주요 용어

일본어	한국어	영어
複素数平面 (ふくそすうへいめん)	복소평면	complex plane
虚数 (きょすう)	허수	imaginary number
極形式 (きょくけいしき)	극형식	polar form
共役複素数 (きょうやくふくそすう)	켤레복소수	complex conjugate

요점정리

복소수 $z=x+yi$(x, y 는 실수, i 는 허수단위) 의 복소평면표시에 대하여 설명한다 . 이 장에서도 xy 평면이 주어진 경우를 생각한다 .

1 복소평면의 사고방식

복소수 $z=x+yi$ 에 대하여「z 를 나타내는 점을 P 로 한다」, 또는「복소평면 위의 점 P(z) 를 생각한다」는 것은

$$\overrightarrow{\mathrm{OP}}=(x,\ y)$$

로 나타나는 점 P 를 생각한다는 것이다 .

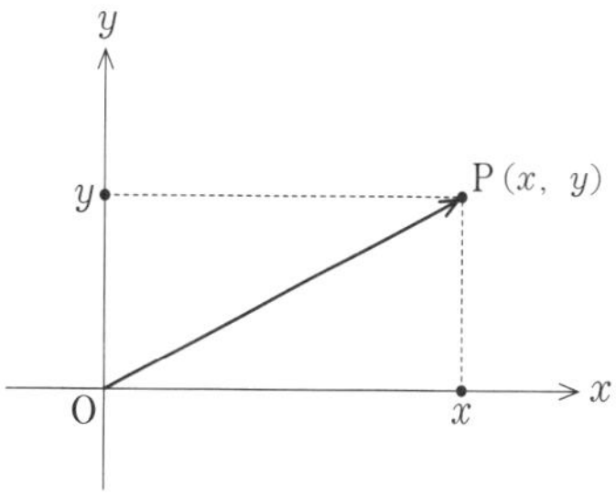

이것은 평면벡터 $p=(x,\ y)$ 가 위치벡터인 점 P, 즉

$$\overrightarrow{\mathrm{OP}}=\vec{p}=(x,\ y)$$

를 만족시키는 점 P($\vec{p}$) 를 생각한다는 것에 다름없다 .

이렇게 하여 복소수 z 와 평면벡터 $\overrightarrow{\mathrm{OP}}$ 를 대응시킬 수 있다 . 이 대응을

$$z=x+yi \quad \longleftrightarrow \quad \overrightarrow{\mathrm{OP}}=(x,\ y)$$

로 쓰고, 복소수와 평면벡터의 연산인 합, 차, 실수배는 아래와 같이 대응한다 .
단, 복소수 $\alpha=a_1+a_2 i$, $\beta=b_1+b_2 i$ 에 대하여 점 A(α), B(β)를 생각하고 있다 .

▶ 복소수와 벡터의 연산

		복소평면		평면벡터
①	합	$\alpha+\beta=(a_1+b_1)+(a_2+b_2)i$	$\longleftrightarrow$	$\overrightarrow{\mathrm{OA}}+\overrightarrow{\mathrm{OB}}=(a_1+b_1,\ a_2+b_2)$
②	차	$\alpha-\beta=(a_1-b_1)+(a_2-b_2)i$	$\longleftrightarrow$	$\overrightarrow{\mathrm{OA}}-\overrightarrow{\mathrm{OB}}=(a_1-b_1,\ a_2-b_2)$
③	실수배	$k\alpha=(ka_1)+(ka_2)i$	$\longleftrightarrow$	$k\overrightarrow{\mathrm{OA}}=(ka_1,\ ka_2)$

또한, 복소수 z의 절댓값 $|z|$와 편각 $\arg z$는 각각 평면벡터 $\overrightarrow{OP}$의 절댓값 $|\overrightarrow{OP}|$와 $\overrightarrow{OP}$의 편각과 일치한다.

절댓값　$|z|=|\overrightarrow{OP}|=r=\sqrt{x^2+y^2}$

편　각　$\arg z=(\overrightarrow{OP}$ 의 편각$)=\theta$

그러면 복소수의 극형식은 평면벡터의 극좌표 표시 그 자체임을 알 수 있다.

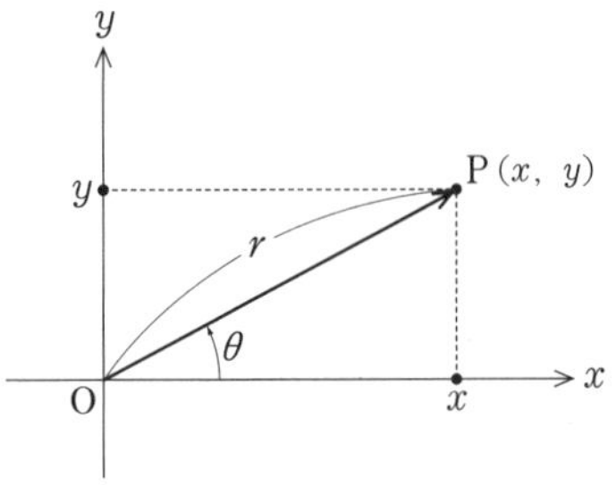

▶ 극형식과 극좌표 표시

	복소평면		평면벡터
극형식	$z=\lvert z\rvert(\cos\theta+i\sin\theta)$	$\longleftrightarrow$	**극좌표 표시** $\overrightarrow{OP}=r(\cos\theta,\ \sin\theta)$

특히 z의 편각을 알고 싶을 때는 평면벡터 $(x,\ y)$를 극좌표 표시하여 평면벡터의 편각을 구하면 된다.

문제 1　빈칸에 알맞은 것을 넣으시오.

$z=\dfrac{1}{1-i}$ 일 때, $|z|=$ [ア], $\arg z=$ [イ] $+2n\pi$ (n은 정수)이고, 극형식으로 하면

$z=$ [ウ] 이다.

2 켤레복소수, 실수부분, 허수부분, 도형의 기본적인 양

복소수 $z=x+yi$($x,\ y$는 실수)에 대하여 복소수 $\overline{z}=x-yi$를 z의 켤레복소수라고 한다.

▶ 켤레복소수

① $\overline{z\pm w}=\overline{z}\pm\overline{w}$　　$\overline{zw}=\overline{z}\cdot\overline{w}$　　$\overline{\left(\dfrac{z}{w}\right)}=\dfrac{\overline{z}}{\overline{w}}$

② $|z|^2=z\overline{z}=\overline{z}z$

복소수 z에 대하여 x를 z의 **실수부분**(**실부**)이라고 하며 $\mathrm{Re}(z)$로 나타낸다. 또한 y를 z의 **허수부분**(**허부**)이라고 하고 $\mathrm{Im}(z)$로 나타낸다.

▶ 실수부분, 허수부분

① $\mathrm{Re}(z)=\dfrac{z+\overline{z}}{2}$, $\mathrm{Im}(z)=\dfrac{z-\overline{z}}{2i}$

② z가 실수 $\Longleftrightarrow$ $z=\overline{z}$,　z가 순허수 $\Longleftrightarrow$ $z=-\overline{z}$ 이고 $z\neq 0$

답 : 문제 1　ア $\dfrac{\sqrt{2}}{2}$　イ $\dfrac{\pi}{4}$　ウ $\dfrac{\sqrt{2}}{2}\left(\cos\dfrac{\pi}{4}+i\sin\dfrac{\pi}{4}\right)$

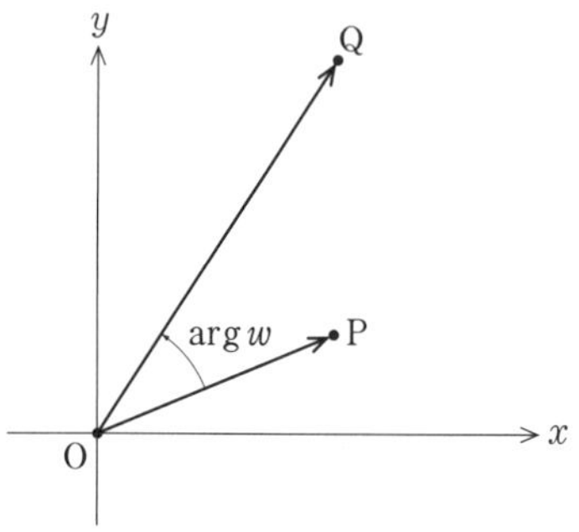

다음으로 켤레복소수를 사용하여 삼각형의 변의 길이나 내적을 나타내 보자.

복소평면 위에 세 점 O(0), A(α), B(β)를 꼭짓점으로 하는 삼각형 OAB 를 생각하면

$$\overrightarrow{OA} \longleftrightarrow \alpha$$
$$\overrightarrow{OB} \longleftrightarrow \beta$$
$$\overrightarrow{AB}=\overrightarrow{OB}-\overrightarrow{OA} \longleftrightarrow \beta-\alpha$$

와 동일시된다는 점에서,

$$|\overrightarrow{OA}|^2=|\alpha|^2=\alpha\overline{\alpha},$$
$$|\overrightarrow{OB}|^2=|\beta|^2=\beta\overline{\beta}$$
$$|\overrightarrow{AB}|^2=|\beta-\alpha|^2=(\beta-\alpha)(\overline{\beta-\alpha})$$

가 된다. 또한

$$\overrightarrow{OA}\cdot\overrightarrow{OB}=\frac{1}{2}\left(|\overrightarrow{OA}|^2+|\overrightarrow{OB}|^2-|\overrightarrow{AB}|^2\right)=\frac{\alpha\overline{\beta}+\overline{\alpha}\beta}{2}$$

가 된다.

문제 2 복소수 $\alpha=1+2i$, $\beta=2+i$에 대하여 복소평면 위의 세 점 O(0), A(α), B(β)를 생각한다. 이 때 삼각형 OAB 의 넓이를 구하시오.

3 복소수의 곱과 몫, 삼각함수의 덧셈정리

복소수 z, w를 극형식으로

$$z=|z|(\cos\alpha+i\sin\alpha),\quad w=|w|(\cos\beta+i\sin\beta)$$

로 나타낸다. 이 때, 덧셈정리를 사용하면

$$\begin{aligned} zw&=|z||w|(\cos\alpha+i\sin\alpha)(\cos\beta+i\sin\beta)\\ &=|z||w|\{\cos(\alpha+\beta)+i\sin(\alpha+\beta)\}\end{aligned}$$

가 된다. 마찬가지로

$$\frac{z}{w}=\frac{|z|}{|w|}\{\cos(\alpha-\beta)+i\sin(\alpha-\beta)\}$$

가 되고, 이것들에 의해 다음이 성립한다.

▶ 복소수의 곱과 몫

① **곱** $|zw|=|z||w|$, $\arg(zw)=\arg z+\arg w$

② **몫** $\left|\dfrac{z}{w}\right|=\dfrac{|z|}{|w|}$, $\arg\dfrac{z}{w}=\arg z-\arg w$

특히

$$|z^n|=|z|^n,\quad \arg z^n=n\arg z\quad (n\text{ 은 정수})$$

가 성립하는 것에 주의하자.

이 관계를 사용하면 다음 식에서 삼각함수의 덧셈정리를 이끌어 낼 수 있다.

$$\begin{cases}(\cos\alpha+i\sin\alpha)(\cos\beta+i\sin\beta)=\cos(\alpha+\beta)+i\sin(\alpha+\beta)\\[2mm] \cos(\alpha-\beta)+i\sin(\alpha-\beta)=\dfrac{\cos\alpha+i\sin\alpha}{\cos\beta+i\sin\beta}\end{cases}$$

문제 3 빈칸에 알맞은 것을 넣으시오.

$z=i$ 일 때 $|z^3|=$ [ア], $\arg z^3=$ [イ] $+2n\pi$ (n 은 정수) 이다.

답 : 문제 2 $\frac{3}{2}$ 문제 3 ア 1 イ $\frac{3}{2}\pi$

4 복소수의 곱과 회전이동

복소평면 위의 점 P(z) 와 복소수 w 를 생각한다. 이 때 점 Q(zw) 의 위치를 평면벡터 $\overrightarrow{OQ}$ 를 알아봄으로써 확인해 보자.

그러면

절댓값 $|\overrightarrow{OQ}|=|zw|=|z||w|$

편 각 ($\overrightarrow{OQ}$ 의 편각) $=\arg(zw)=\arg z+\arg w$

이다.

이로부터 $\overrightarrow{OP}$ 의 길이를 $|w|$ 배, 편각을 $\arg w$ 만큼 증가시킨다, 즉 점 O 를 중심으로 반시계 방향으로 $\arg w$ 만큼 회전한 것이 $\overrightarrow{OQ}$ 이다.

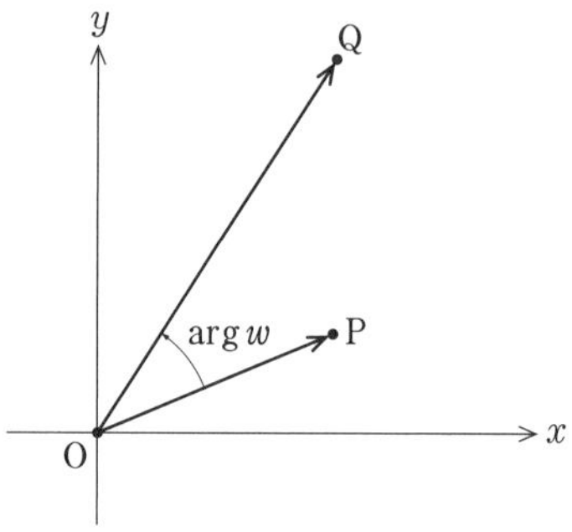

문제 4 빈칸에 알맞은 것을 넣으시오.

점 A(α)와 $\beta=\sqrt{3}+i$ 에 대하여 점 B($\alpha\beta$)를 생각하면 $|\overrightarrow{OB}|$ 는 $|\overrightarrow{OA}|$ 의 [ア] 배, $\angle AOB=$ [イ] 이다.

답 : 문제4 ア 2 イ $\frac{\pi}{6}$

제 4 장　도형의 정리와 응용

주요 용어

일본어	한국어	영어
ベクトル方程式(ほうていしき)	벡터방정식	vector equation
定点(ていてん)	정점	fixed point
方向(ほうこう)ベクトル	방향벡터	directional vector
法線(ほうせん)ベクトル	법선벡터	normal vector
回転移動(かいてんいどう)	회전이동	rotational transfer

요점정리

제 2 부에서는 지금까지 다음과 같은 방법으로 도형의 성질을 파악해 왔다.

제 1 장　xy 평면에서 점 P$(x,\ y)$ 로 놓고 실수 x 와 y 의 식을 만든다.

제 2 장　점 P$(\vec{p})$ 로 놓고 벡터 $\vec{p}$ 의 식을 만든다.

제 3 장　복소평면에서 점 P(z) 로 놓고 복소수 z 의 식을 만든다.

원의 방정식과 직선의 방정식에 대하여 세 종류의 방법을 비교해 보자.

1　원 방정식의 정리

(1)　xy 평면에서, 중심이 A$(a,\ b)$ 이고 반지름이 r 인 원의 방정식은

$(x-a)^2+(y-b)^2=r^2$　……①

(2)　중심이 A$(\vec{a})$, 반지름이 r 인 원의 벡터방정식은

$|\vec{p}-\vec{a}|=r$　……②

(3)　복소평면에서 중심이 α 이고 반지름이 r 인 원의 방정식은

$|z-\alpha|=r$　……③

$\vec{p}=(x,\ y)$, $\vec{a}=(a,\ b)$, $z=x+yi$, $\alpha=a+bi$ 로 놓으면, ①, ②, ③은 모두 $|\overrightarrow{\mathrm{AP}}|=r$ 이라는 의미가 된다.

문제 1　빈칸에 알맞은 것을 넣으시오.

복소평면에서 방정식 $|2z-4i|=6$ 을 만족시키는 점 z 전체는 중심 [ア], 반지름 [イ] 인 원이다.

답 : 문제 1　ア　$2i$　　イ　3

2 직선의 방정식의 정리

(1) xy 평면에서 점 $\mathrm{A}(a,\ b)$ 을 지나고 기울기 m 인 직선의 방정식은

$y=m(x-a)+b$ ……①

(2) 점 $\mathrm{A}(\vec{a})$ 를 지나고 방향벡터가 $\vec{l}$ 인 직선의 벡터방정식은

$\vec{p}=\vec{a}+k\vec{l}$ (k 는 실수) ……②

점 $\mathrm{A}(\vec{a})$ 를 지나고 법선벡터가 $\vec{n}$ 인 직선의 벡터방정식은

$\vec{n}\cdot(\vec{p}-\vec{a})=0$ ……③

(3) 고등학교의 교과서에서는 설명하지 않지만 (단, 예제 등에서 취급되는 경우는 많다), 복소평면에서 직선의 방정식은

$\bar{\alpha}z+\alpha\bar{z}=k$ ……④

(단, α 는 0 이 아닌 복소수, k 는 실수)

④의 형태의 식은 ①, ②, ③의 형태로 고쳐서 도형의 성질을 파악하면 된다.

문제 2 빈칸에 알맞은 것을 넣으시오.

방정식 $(1+i)z+(1-i)\bar{z}=2$ 에 대하여 $z=x+yi$ 로 놓으면 x 와 y 의 방정식은 [ア] 가 된다. 이것은 xy 평면에서는 기울기가 [イ], y 절편이 [ウ] 인 직선의 방정식이다.

답 : 문제 2 ア $y=x-1$ イ 1 ウ -1

제 3 부 미분적분의 응용

제 3 부의 목적은 코스 2 의 가장 주요항목인 미분적분을 잘 다루는 것이다.

이미 제 1 부의 제 1 장, 제 2 장에서 함수 $f(x)$의 도함수 $f'(x)$를 구하는 것에서 곡선 $y=f(x)$의 형태를 간단히 파악할 수 있다는 것을 강조해 왔다. 제 3 부에서는 새로운 방법을 몇가지 보완하여 여러 가지 함수로부터 도함수와 부정적분(원시함수)을 구하는 훈련을 하기로 한다.

여기서도 일본의 고등학교 교과서의 순서대로가 아닌, 아래와 같은 수학적인 관계가 깊은 순서대로 해설한다.

제 1 장 미분법 · 적분법의 방법 (수학 III)
　합성함수의 미분법과 치환적분 등 미분적분의 계산법을 중심으로 해설한다.

제 2 장 수열의 극한과 무한급수 (수학 B, III)
　점화식의 해법, 수열의 극한, 무한급수를 중심으로 해설한다.

제 3 장 미분법 · 적분법의 응용 (수학 III)
　곡선의 작도, 넓이, 부피 등, 미분적분의 응용 예에 관하여 해설한다.

특히 제 1 장은 효율적으로 습득할 수 있도록 취약하기 쉬운 몫의 미분법, 합성함수의 미분법, 치환적분, 부분적분에 초점을 맞추고 있다. 정확하게는 더욱 신속하게 계산할 수 있게 될 때까지 참을성 있게 반복하는 것이 중요하다.

함수를 미분하여 도함수를 구하거나 적분하여 부정적분(원시함수)을 얻는 것을 익히면 수학에서 할 수 있는 것이 단번에 늘어난다. 그러한 내용을 제 3 장에서 해설한다.

제 1 장 미분법 · 적분법의 방법

주요 용어

일본어	한국어	영어
原始関数（げんしかんすう）	원시함수	primitive function
不定積分（ふていせきぶん）	부정적분	indefinite integral
積分定数（せきぶんていすう）	적분상수	constant of integration
定積分（ていせきぶん）	정적분	definite integral
部分積分（ぶぶんせきぶん）	부분적분	integration by parts
移項（いこう）	이항	transposition
置換積分（ちかんせきぶん）	치환적분	integration by substitution

요점정리

1 자연로그의 밑

지수함수 $f(x)=a^x$ 에 대하여 $x=0$ 에 있어서의 미분함수 $f'(0)$와 도함수 $f'(x)$를 계산하면

$$f'(0)=\lim_{h\to 0}\frac{f(h)-f(0)}{h}=\lim_{h\to 0}\frac{a^h-1}{h}$$

$$f'(x)=\lim_{h\to 0}\frac{f(x+h)-f(x)}{h}=\lim_{h\to 0}\frac{a^{x+h}-a^x}{h}=a^x\left(\lim_{h\to 0}\frac{a^h-1}{h}\right)$$

가 된다. 이로부터 $f'(x)=f'(0)a^x$ 가 되고 $f'(0)$의 값을 알 수 있다면 도함수 $f'(x)$를 얻을 수 있음을 알 수 있다.

특히 $f'(0)=1$ 을 만족시키는 경우의 밑 a 를 자연로그의 밑이라고 하며 기호 e 로 나타낸다. 이 때 $(e^x)'=e^x$ 를 만족시킨다.

또한 e 를 밑으로 하는 로그 $\log_e x$ 를 x 의 자연대수라고 한다.

▶ 자연로그의 밑 e 의 성질

① $\lim_{h\to 0}\frac{e^h-1}{h}=1$

② 수열의 극한으로서 $e=\lim_{n\to\infty}\left(1+\frac{1}{n}\right)^n$ 가 성립한다.

③ e 는 $e=2.71818\cdots$를 만족시키는 무리수이다.

④ $(e^x)'=e^x$

보충 일본의 고등학교 교과서에서는 $\log_e x$ 를 생략하여 $\log x$ 로 쓰는 경우가 많다. 유럽과 미국의 교과서에서는 밑이 10 인 로그(상용로그)를 $\log x$ 로 쓰고, 자연로그 $\log_e x$ 는 $\ln x$ 로 쓰는 경우가 많지만 이 책에서는 일본의 교과서와 마찬가지로 $\log_e x$ 를 $\log x$ 로 쓴다.

문제 1　빈칸에 알맞은 기호를 넣으시오.

$\lim_{h\to 0}\frac{e^h-1}{h}=1$ 에 대하여 $t=e^h-1$ 로 놓고 계산하면 $\lim_{t\to 0}\frac{\log(1+t)}{t}=$ [ア] 를 얻는다. 따라서 $\lim_{t\to 0}(1+t)^{\frac{1}{t}}=$ [イ] 가 된다.

2 극한값의 공식

아래 공식은 아래 그림과 같이 함수 $f(x)$의 $x=0$ 에서 접선의 기울기가 1 인 것을 나타내고 있다. 실제 $\lim_{x\to 0}\frac{f(x)-f(0)}{x}=1$ 을 만족시키고 있다.

① $\lim_{x\to 0}\frac{\sin x}{x}=1$　　② $\lim_{x\to 0}\frac{\tan x}{x}=1$

③ $\lim_{x\to 0}\frac{e^x-1}{x}=1$　　④ $\lim_{x\to 0}\frac{\log(1+x)}{x}=1$

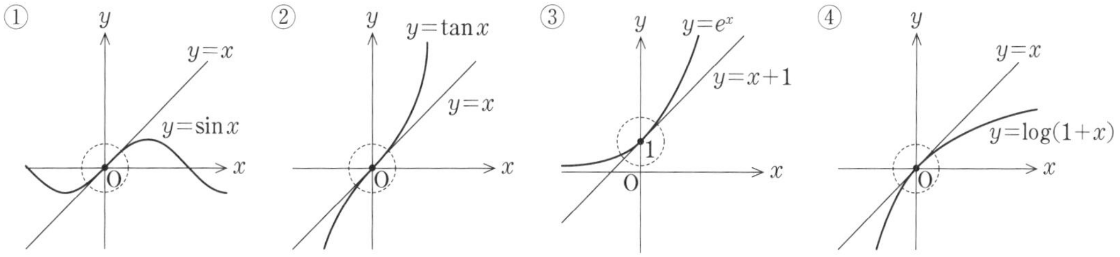

반대로 이 공식들을 외워두면

$x\fallingdotseq 0$ 일 때는 항상 $\sin x\fallingdotseq x$, $\tan x\fallingdotseq x$, $e^x\fallingdotseq x+1$, $\log(1+x)\fallingdotseq x$

라는 것처럼 $x=0$ 에 있어서의 접선의 방정식을 간단히 파악할 수 있다.

문제 2　다음의 극한값을 구하시오.

(1) $\lim_{x\to 0}\frac{\sin 3x}{x}$　　(2) $\lim_{x\to 0}\frac{\sin 3x}{\sin 2x}$　　(3) $\lim_{x\to 0}\frac{\log(1+2x)}{x}$

3 도함수의 공식

정리・공식은 그저 외우는 것만이 아니라, 이끌어 내는 방법과 함께 외우는 것이 중요하다.

① **곱의 미분법**　$\{f(x)g(x)\}'=f'(x)g(x)+f(x)g'(x)$

② **몫의 미분법**

$$\left\{\frac{f(x)}{g(x)}\right\}'=\frac{f'(x)g(x)-f(x)g'(x)}{\{g(x)\}^2},\quad 특히\ \left\{\frac{1}{g(x)}\right\}'=-\frac{g'(x)}{\{g(x)\}^2}$$

③ **합성함수의 미분법**

합성함수 $y=f(g(x))$에 대하여, $t=g(x)$로 놓으면 $y=f(t)$이고

$$\frac{dy}{dx}=\frac{dy}{dt}\cdot\frac{dt}{dx}=f'(t)g'(x)$$

답 : 문제 1　ア　1　　イ　e　　문제 2　(1)　3　　(2)　$\frac{3}{2}$　　(3)　2

▶ 주요한 함수의 미분

① $(\sin x)' = \cos x$, $(\cos x)' = -\sin x$, $(\tan x)' = \dfrac{1}{\cos^2 x}$

② $(e^x)' = e^x$, $(\log x)' = \dfrac{1}{x}$

③ 실수 α 에 대하여, $(x^\alpha)' = \alpha x^{\alpha-1}$

문제 3 빈칸에 알맞은 식을 넣으시오.

몫의 미분법을 사용하면 공식 $(\tan x)' = \left(\dfrac{\sin x}{\cos x}\right)' =$ [ア] $= \dfrac{1}{\cos^2 x}$ 이 다 . 또한 $y = x^\alpha$ 일 때 $\log y =$ [イ] 이며, 이 양변을 x 로 미분하면 $\dfrac{y'}{y} =$ [ウ] 가 된다 . 이로부터 $y' =$ [エ] 를 얻을 수 있다 .

4 부정적분 (원시함수)

함수 $F(x)$ 가 $F'(x) = f(x)$ 를 만족시킬 때 $F(x)$ 는 $f(x)$ 의 **부정적분**, 또는 **원시함수**라고 하며,

$$F(x) = \int f(x)dx$$

로 나타낸다 .

또한 $f(x)$ 의 부정적분 (원시함수) 을 $F(x)$ 라고 할 때 아래와 같이 정해지는 수

$$\int_a^b f(x)dx = F(b) - F(a)$$

를 $f(x)$ 의 a 부터 b 까지의 **정적분**이라고 부른다 . 또한 다음 기호

$$\left[F(x)\right]_a^b = F(b) - F(b)$$

를 사용하면 식을 작성할 때 편리하다 .

정적분과 부정적분 (원시함수) 은 넓이와 부피를 구할 때 활용된다 (제 3 장 참조).

▶ 부정적분 (원시함수) 의 공식 (C는 적분상수)

① 실수 α, β 에 대하여 $\int \{\alpha f(x) + \beta g(x)\}dx = \alpha \int f(x)dx + \beta \int g(x)dx$

② **부분적분법**

$$\int f'(x)g(x)dx = f(x)g(x) - \int f(x)g'(x)dx$$

③ **치환적분법**

$x = g(t)$ 로 놓으면

$$\int f(x)dx = \int f(g(t))\, g'(t)dt$$

이것은 $\dfrac{dx}{dt} = g'(t)$ 에 의해 「 $dx = g'(t)dt$ 」 라고 하여 계산하면 된다 .

답 : 문제 3 ア $\dfrac{(\sin x)'\cos x - \sin x(\cos x)'}{\cos^2 x}$ イ $\alpha \log x$ ウ $\dfrac{\alpha}{x}$ エ $\alpha x^{\alpha-1}$

▶ 주요한 함수의 적분 (C는 적분상수)

① $\alpha \neq -1$ 일 때 $\int x^{\alpha} dx = \frac{1}{\alpha+1} x^{\alpha+1} + C$

② $\int \sin x dx = -\cos x + C$　　$\int \cos x dx = \sin x + C$　　$\int \frac{1}{\cos^2 x} dx = \tan x + C$

③ $\int e^x dx = e^x + C$　　$\int \frac{1}{x} dx = \log|x| + C$

문제 4　다음의 부정적분을 구하시오.

(1) $\int \frac{(x-1)^2}{x} dx$　　　(2) $\int (1+2\cos x) dx$

보충 일본의 교과서에서는 원시함수와 부정적분의 구별을 하지 않으므로 이 책에서도 이 둘은 같은 의미인 것으로 한다. 또한 대학의 수학에서는 이 둘은 다른 의미로 정의된다.

답 : 문제 4 (1) $\frac{1}{2}x^2 - 2x + \log|x| + C$　(2) $x + 2\sin x + C$

제 2 장 수열의 극한과 무한급수

주요 용어

일본어	한국어	영어
漸化式(ぜんかしき)	점화식	recurrence formula
特性方程式(とくせいほうていしき)	특성방정식	characteristic equation
初期条件(しょきじょうけん)	초기조건	initial condition
無限級数(むげんきゅうすう)	무한급수	infinite series
部分和(ぶぶんわ)	부분합	partial sum
級数の和(きゅうすうのわ)	급수의 합	sum of series
偶数(ぐうすう)	짝수	even number
奇数(きすう)	홀수	odd number
命題(めいだい)	명제	proposition
対偶(たいぐう)	대우	contraposition

요점정리

1 2 항간 점화식의 해법

수열 $\{a_n\}$ 이 2 항간 점화식

$$a_{n+1} = pa_n + q \quad (n=1,\ 2,\ \cdots\cdots) \quad \cdots\cdots①$$

과 초기조건 $a_1 = a$ 를 충족할 때 (단, $p \neq 1$ 로 한다.),

(1) 일차방정식 $x = px + q$ ……②

를 생각한다.

(2) ①－②에 의해 등비형의 점화식을 만든다.

$$a_{n+1} - x = p(a_n - x) \quad (n=1,\ 2,\ \cdots\cdots) \quad \cdots\cdots③$$

(3) ③에 의해

$$a_n - x = p^{n-1}(a_1 - x) \qquad a_n = p^{n-1}(a_1 - x) + x \quad (n=1,\ 2,\ \cdots\cdots)$$

가 된다.

(4) ②를 풀어 x 에 대입하면 a_n 을 얻을 수 있다.

②를 ①의 **특성방정식**이라고 한다.

문제 1　빈칸에 알맞은 것을 넣으시오.

$\{a_n\}$ 이 $a_1=3,\ a_{n+1}+3a_n=8\ (n=1,\ 2,\ \cdots\cdots)$를 만족시킨다고 한다.

특성방정식 $x+3x=8$ 의 해는 $x=$ [ア] 이며 점화식은

$a_{n+1}-$ [ア] $=$ [イ] $(a_n-$ [ア] $)$

이 된다. 이로부터 $a_n=$ [ウ] 가 된다.

2 3항간 점화식의 해법

수열 $\{a_n\}$ 이 3 항간 점화식

$$a_{n+2}+pa_{n+1}+qa_n=0\ (n=1,\ 2,\ \cdots\cdots)\ \cdots\cdots①$$

과 초기조건 $a_1=a,\ a_2=b$ 를 충족할 때

(1) 이차방정식

$$x^2+px+q=0\quad\cdots\cdots②$$

의 두 해 $\alpha,\ \beta$를 구한다.

(2) 그렇다면 해와 계수의 관계로부터

$$\alpha+\beta=-p,\ \alpha\beta=q$$

에 의해 ②는

$$a_{n+2}-(\alpha+\beta)a_{n+1}+\alpha\beta\,a_n=0$$

이 되고 다음 두 개의 등비형의 점화식을 얻을 수 있다.

$$\begin{cases} a_{n+2}-\alpha a_{n+1}=\beta\ (a_{n+1}-\alpha a_n) \\ a_{n+2}-\beta a_{n+1}=\alpha\ (a_{n+1}-\beta a_n) \end{cases}\ (n=1,\ 2,\ \cdots\cdots)$$

(3)

$$\begin{cases} a_{n+1}-\alpha a_n=\beta^{n-1}(a_2-\alpha a_1)=\beta^{n-1}(b-\alpha a) \\ a_{n+1}-\beta a_n=\alpha^{n-1}(a_2-\beta a_1)=\alpha^{n-1}(b-\beta a) \end{cases}$$

가 되고 이것으로부터 a_{n+1} 을 소거하면 a_n 을 얻을 수 있다.

②를 ①의 **특성방정식**이라고 한다.

문제 2　빈칸에 알맞을 것을 넣으시오.

$\{a_n\}$ 이 $a_1=1,\ a_2=2,\ a_{n+2}-3a_{n+1}+2a_n=0\ (n=1,\ 2,\ \cdots\cdots)$ 을 만족시킨다고 한다. 이 점화식에 의해 두 개의 등비형의 점화식

$a_{n+2}-a_{n+1}=$ [ア] $(a_{n+1}-a_n)$

$a_{n+2}-$ [イ] $a_{n+1}=a_{n+1}-$ [イ] a_n 을 얻을 수 있다.

따라서 $a_n=$ [ウ] 이다.

답 : 문제 1　ア　2　　イ　-3　　ウ　$a_n=(-3)^{n-1}+2\ (n=1,\ 2,\ \cdots\cdots)$
　문제 2　ア　2　　イ　2　　ウ　$a_n=2^{n-1}\ (n=1,\ 2,\ \cdots\cdots)$

3 무한급수

수열 $\{a_n\}$ 에 대하여

$$\sum_{n=1}^{\infty} a_k = a_1 + a_2 + \cdots + a_n + \cdots$$

인 형태의 식을 **무한급수**라고 한다. 또한

$$S_n = \sum_{k=1}^{n} a_k = a_1 + a_2 + \cdots + a_n \quad (n=1,\ 2,\ \cdots)$$

라고 할 때 S_n 을 무한급수 $\sum_{n=1}^{\infty} a_n$ 의 제 n 항까지의 **부분합**이라고 부른다.

▶ 무한급수의 수렴과 발산

① **무한급수의 수렴**

부분합의 수열 $\{S_n\}$ 이 수렴하고 그 극한값이 S 일 때,

무한급수 $\sum_{n=1}^{\infty} a_n$ 은 S 에 **수렴한다**고 한다.

S 를 이 급수의 합이라고 부른다.

② **무한급수의 발산**

수열 $\{S_n\}$ 이 발산할 때 무한급수 $\sum_{n=1}^{\infty} a_n$ 은 **발산한다**고 한다.

무한급수의 수렴, 발산은 부분합의 수열 $\{S_n\}$ 이 수렴하는지 발산하는지 정해져 있다.

예　$a_n = (-1)^{n-1}$ $(n=1,\ 2,\ \cdots\cdots)$ 인 경우

n 이 짝수일 때, $S_n = 0$

n 이 홀수일 때, $S_n = 1$

따라서 극한값 $\lim_{n\to\infty} S_n$ 은 존재하지 않으며 무한급수 $\sum_{n=1}^{\infty} a_n$ 은 발산한다.

문제 3　빈칸에 알맞은 말을 넣으시오.

수열 $\{a_n\}$ 이 $a_n = \left(\frac{1}{2}\right)^n$ $(n=1,\ 2,\ \cdots\cdots)$ 일 때 $\{a_n\}$ 은 [ア]. 또한 $\sum_{n=1}^{\infty} a_n$ 은 [イ].

$a_n = 1 - \left(\frac{1}{2}\right)^n$ $(n=1,\ 2,\ \cdots\cdots)$ 일 때 $\{a_n\}$ 은 [ウ]. 또한 $\sum_{n=1}^{\infty} a_n$ 은 [エ].

답 : 문제 3　ア　수렴한다.　イ　수렴한다.　ウ　수렴한다.　エ　발산한다.

4 무한급수의 공식

부분합의 수열 $\{S_n\}$ 은 $a_n = S_n - S_{n-1}$ ($n=2$, 3, ……) 을 만족시킨다. 여기서 $n \to \infty$이라고 하면 다음이 성립한다.

> 무한급수 $\sum_{n=1}^{\infty} a_n$ 이 수렴한다면 $\lim_{n\to\infty} a_n = 0$

이 명제의 대우는 무한급수의 수렴・발산의 판정에 편리하다.

> $\lim_{n\to\infty} a_n \neq 0$ 이라면 무한급수 $\sum_{n=1}^{\infty} a_n$ 은 발산한다.

문제 4 빈칸에 알맞은 말을 넣으시오.

수열 $\{a_n\}$ 이 $a_n = \dfrac{n}{n+1}$ ($n=1$, 2, ……) 을 만족시킬 때, $\sum_{n=1}^{\infty} a_n$ 은 [ ].

참고 **수열의 극한의 최소관계**

두 개의 수열 $\{a_n\}$, $\{b_n\}$ 이

$$\lim_{n\to\infty} \frac{a_n}{b_n} = 0 \quad \cdots\cdots ①$$

을 만족시키는 경우, $n \to \infty$일 때 $\{a_n\}$ 은 $\{b_n\}$ 에 비해 무시할 수 있다고 한다. 이 때

$$a_n \ll b_n$$

라고 나타낸다. 고등학교 수학의 범위 밖이지만 간단하고 편리하므로 기억해 두자.

예 $n \to \infty$ 일 때 $n \ll n^2 \ll n^3 \ll \cdots\cdots \ll n^{1000000} \ll \cdots\cdots \ll 2^n \ll 3^n \ll$

(제 1 부 제 5 장 실전문제 3)

$\{n\}$ 이나 $\{n^2\}$ 보다 수열 $\{2^n\}$ 은 훨씬 빠른 속도로 증대한다.

예 $n \to \infty$일 때 $\log n \ll n \ll e^n$ 가 된다.

$$\lim_{n\to\infty} \frac{n}{e^n} = 0$$

이다 (별책 p.92 제 1 부 제 5 장 실전문제 3 해답해설 참조).

또한 $t = e^n$ 로 놓으면, $n = \log t$ 이며

$$\lim_{t\to\infty} \frac{\log t}{t} = 0 \quad 즉 \quad \lim_{n\to\infty} \frac{\log n}{n} = 0$$

이다.

따라서 수열 $\{\log n\}$ 보다 수열 $\{n\}$ 은 훨씬 빠른 속도로 증대한다.

답 : 문제 4 발산한다.

제 3 장 미분법 · 적분법의 응용

주요 용어

일본어	한국어	영어
凹凸(おうとつ)	요철	convexoconcave
変曲点(へんきょくてん)	변곡점	inflection point
下(した)に凸(とつ)	아래로 볼록	downward convex
上(うえ)に凸(とつ)	위로 볼록	upwards convex
第2次導関数(だいにじどうかんすう)	이계도함수	second derivative
媒介変数(ばいかいへんすう)	매개변수	parameter
パラメータ	매개변수	parameter
接(せつ)ベクトル	접선벡터	tangent vector
速度(そくど)	속도	velocity
加速度(かそくど)	가속도	acceleration
分割(ぶんかつ)	분할	division
体積(たいせき)	부피	volume

요점정리

1 곡선의 요철과 변곡점

① **구간 (a, b) 에서 아래로 볼록**

구간 (a, b) 에서 곡선 $y=f(x)$의 접선의 기울기가 증가할 때.

② **구간 (a, b) 에서 위로 볼록**

구간 (a, b) 에서 곡선 $y=f(x)$의 접선의 기울기가 감소할 때.

③ **$x=c$ 에서 변곡점**

$f''(c)=0$ 이 되고 전후로 곡선의 요철이 바뀌는 점.

① 아래로 볼록

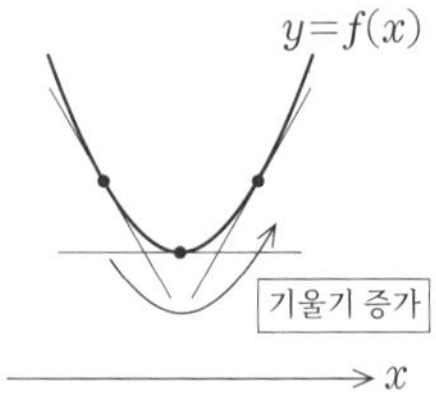

② 위로 볼록

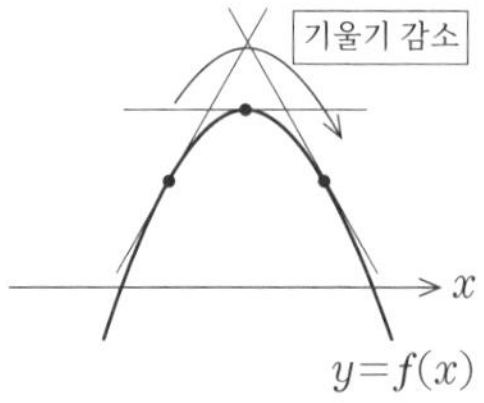

③ $x=c$ 에서 변곡점

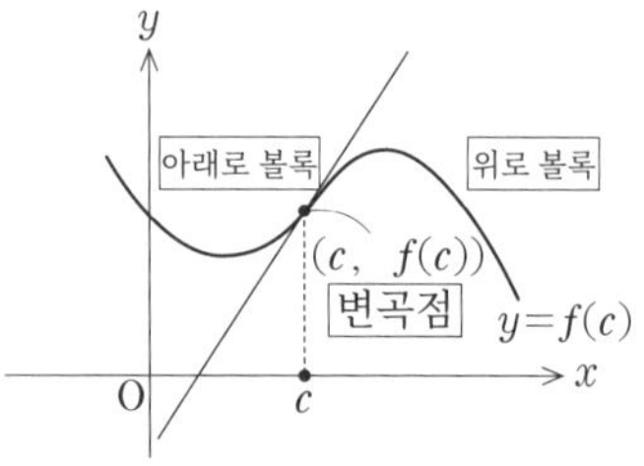

문제 1 빈칸에 알맞은 수 또는 말을 넣으시오.

$f(x)=x^3$ 일 때 $f''(0)=$ [ア], 동시에 (0, 0)는 변곡점[イ]. $f(x)=x^4$ 일 때 $f''(0)$ = [ウ], 동시에 (0, 0)은 변곡점[エ].

2 함수의 그래프의 작도

▶ 함수의 그래프의 작도 순서

① 정의역을 확인한다.

② 정의역의 경계부근에 있어서 $f(x)$의 움직임을 알아본다.

[예] 정의역이 $x \neq 0$ 인 경우는 $x \to \pm\infty$, $x \to \pm 0$ 에 있어서 $f(x)$의 움직임을 알아본다.

③ 미분하여 도함수 $f'(x)$를 구한다.

④ $f'(x)$의 양, 음, 즉 $f(x)$의 증감을 알아본다.

또한 요철을 알아보는 경우는 다음과 같다.

⑤ 다시 미분하여 이계도함수 $f''(x)$를 구한다.

⑥ $f''(x)$의 양, 음, 즉 그래프의 요철을 알아본다.

$f''(x) > 0 \implies$ 그래프는 아래로 볼록

$f''(x) < 0 \implies$ 그래프는 위로 볼록

문제 2 빈칸에 알맞은 식 또는 말을 넣으시오.

$f(x)=\sin 2x$ 에 대하여 $f'(x)=$ [ア], $f''(x)=$ [イ]이다. 이로부터,

구간 $\left[0, \dfrac{\pi}{2}\right]$에 있어서 곡선 $y=f(x)$는 [ウ] 볼록이다.

3 접선벡터, 속도, 가속도

xy 평면 위의 점 (x, y) 가 t 를 매개변수로서

$$\begin{cases} x=f(t) \\ y=g(t) \end{cases}$$

로 나타나는 경우를 생각한다.

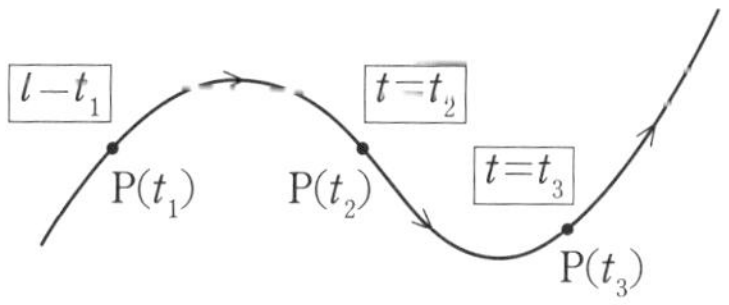

매개변수 t 가 움직이면 x, y 가 움직이고 점 (x, y) 는 오른쪽 그림과 같이 곡선을 그린다. 이 곡선을 C 라고 하고 점 $\big(f(t), g(t)\big)$ 를 $P(t)$라고 나타낸다.

답 : 문제 1 ア 0 イ 이다. ウ 0 エ 이 아니다.

문제 2 ア $2\cos 2x$ イ $-4\sin 2x$ ウ 위로

▶ 접선벡터

벡터

$$\vec{v}=\left(\frac{df}{dt},\ \frac{dg}{dt}\right)=(f'(t),\ g'(t))$$

를 곡선 C 의 **접선벡터**라고 한다.

오른쪽 그림과 같이 $\vec{v}\neq 0$ 을 만족시킬 때 $\vec{v}$ 는 점 $\mathrm{P}(t)$에 있어서 **접선의 방향벡터**이며 동시에 t 가 증가했을 때에 점 $\mathrm{P}(t)$가 이동하는 방향을 향하고 있다.

이 성질을 위해 접선벡터 $\vec{v}$ 의 방향을 쫓아감으로써 매개변수 표시된 곡선 C 를 그릴 수 있다.

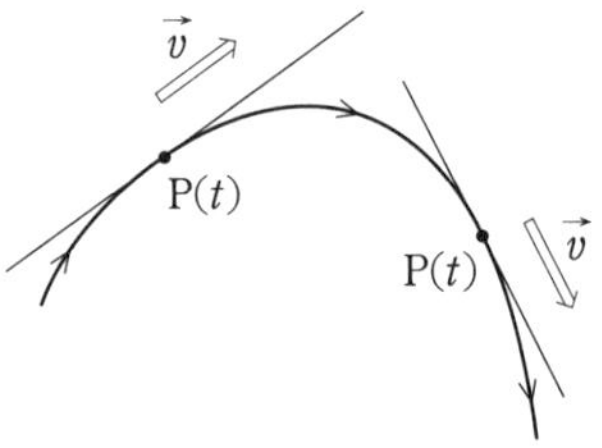

▶ 속도・가속도

특히 매개변수 t 가 시간을 나타낼 때는 접선벡터 $\vec{v}$ 를 **속도**라고 부른다.

또한 벡터

$$\vec{\alpha}=\left(\frac{d^2f}{dt^2},\ \frac{d^2g}{dt^2}\right)=(f''(t),\ g''(t))$$

를 **가속도**라고 부른다.

문제 3　빈칸에 알맞은 식을 넣으시오.

$x=r\cos\omega t,\ y=r\sin\omega t$ ($r,\ \omega$은 양의 정수)일 때 접선벡터는 $\vec{v}=$ [ア]이며, $|\vec{v}|=$ [イ] 이다.

4 정적분과 넓이

구간 $[a,\ b]$ 에 있어서 $f(x)\geqq 0$ 일 때 함수의 곡선과 x 축, 직선 $x=a,\ x=b$ 로 둘러싸이는 도형의 넓이 S 는

$$S=\int_{\alpha}^{\beta}f(x)dx$$

로 구할 수 있다.

▶ 정적분의 의미

함수 $f(x)$의 원시함수를 $F(x)$라고 하면 $F'(x)=f(x)$를 만족시킨다. 여기서 x 가 a 에 충분히 가깝다고 하면 곡선 $y=F(x)$는 접선 $y=F'(a)(x-a)+F(a)$와 거의 같다. 즉 $x\fallingdotseq a$ 일 때는 항상

$$F(x)\fallingdotseq F'(a)(x-a)+F(a)=f(a)(x-a)+F(a)$$

가 되며 정적분의 정의에 의해

$$F(x)-F(a)=\int_{a}^{x}f(x)dx\fallingdotseq f(a)(x-a)$$

가 된다.

답 : 문제 3　ア　$r\omega(-\sin\omega t,\ \cos\omega t)$　　イ　$r\omega$

예를 들어 오른쪽 위의 그림과 같이 $f(x) \geqq 0$ 인 경우는, 정적분 $\int_a^x f(x)dx$ 는 그림의 직사각형의 넓이

$f(a)(x-a)$와 거의 같다.

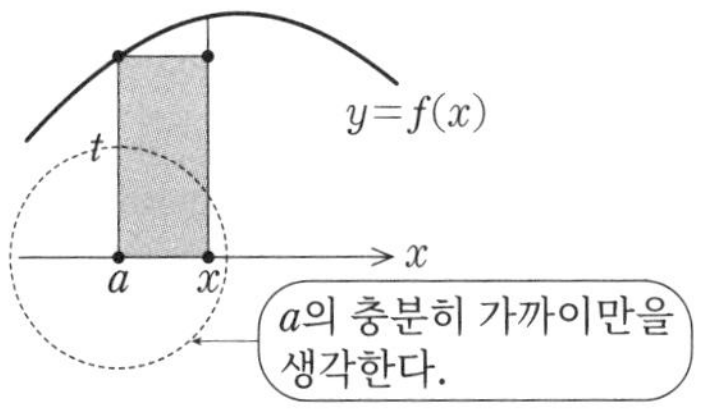

거기에서 오른쪽 아래의 그림과 같이 구간 $[a,\ b]$ 를 미세한 폭 Δx 로 분할하여 곡선 $y=f(x)$와 x 축으로 둘러싸인 도형을 작은 직사각형으로 나누어 생각하면

$$\sum_{k=0}^{n-1} f(x_k)\,\Delta x \fallingdotseq \sum_{k=0}^{n-1}\int_{x_k}^{x_{k+1}} f(x)dx = \int_a^b f(x)dx$$

가 된다. 거기에서 $n \to \infty$라는 극한을 생각하면 도형의 넓이 S 는

$$S = \int_a^b f(x)dx$$

라고 정적분으로 나타남을 알 수 있다.

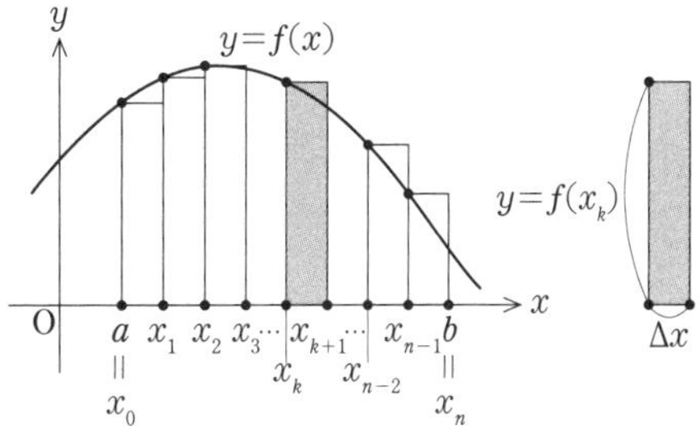

정적분을 생각하는 경우는 아래와 같이 기호가 대응하고 있다. 앞으로 넓이와 부피의 공식 의미를 간단히 읽을 수 있다.

	유한의 분할		**극한**
분할의 폭	$\Delta x = b-a$	$\Longleftrightarrow$	dx
합의 기호	Σ	$\Longleftrightarrow$	$\int$
작은 직사각형의 넓이	$f(x)\,\Delta x$	$\Longleftrightarrow$	$f(x)dx$
이들의 모임	$\Sigma\, f(x)\,\Delta x$	$\Longleftrightarrow$	$\int_a^b f(x)dx = $ (넓이)

오른쪽 그림과 같이 $f(x) < 0$ 이 되는 구간이 있는 경우는

$$\int_a^b f(x)dx = S_1 - S_2$$

가 되며 사선부의 넓이는 $\int_a^b |f(x)|\,dx = S_1 + S_2$

가 된다는 점에 주의하자.

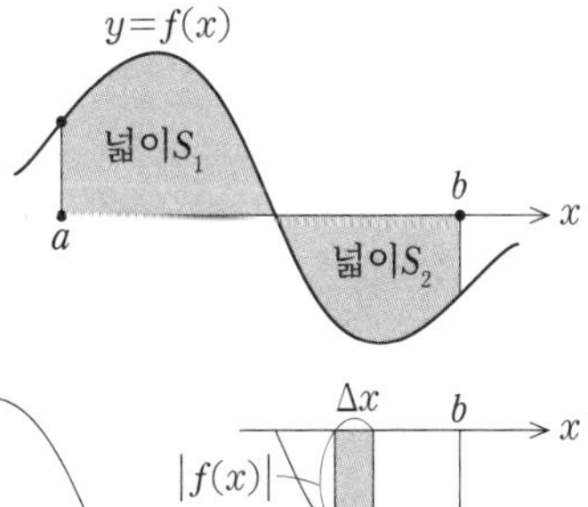

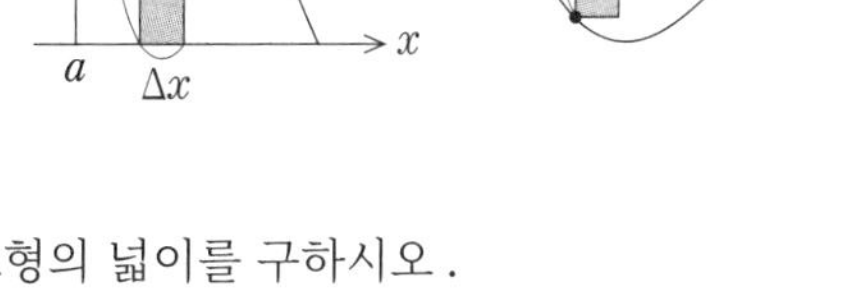

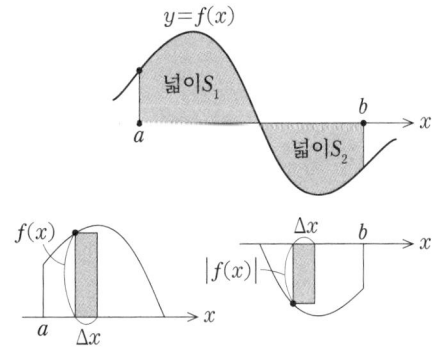

문제 4　곡선 $y=e^x$, 직선 $x=2$, x 축, y 축으로 둘러싸인 도형의 넓이를 구하시오.

답 : 문제 4　e^2-1

5 부피

▶ 입체의 부피

① $a \leqq x \leqq b$ 인 부분에 있는 입체를 x 좌표가 x 인 평면으로 잘랐을 때 절단면의 넓이를 $S(x)$ 라고 한다.
　이 때 입체의 부피 V 는

$$V = \int_a^b S(x)\,dx$$

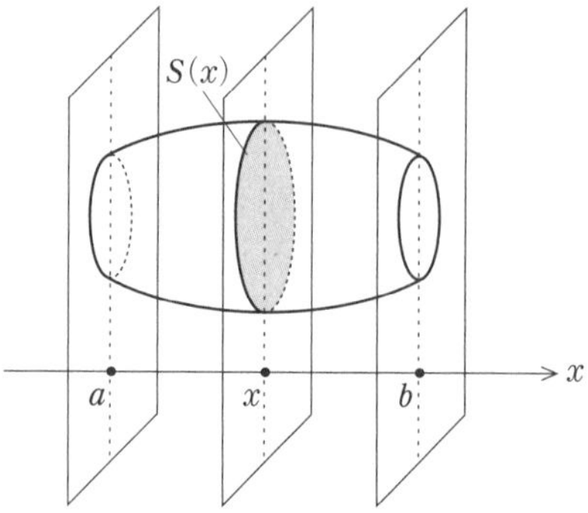

② 곡선 $y = f(x)$ 와 x 축 및 두 직선 $x = a$, $x = b$ 로 둘러싸인 도형을 x 축 주변으로 1 회전하여 얻어지는 회전체의 부피 V 는 $S(x) = \pi\{f(x)\}^2$ 에 의해

$$V = \pi \int_a^b \{f(x)\}^2\,dx$$

문제 5　곡선 $y = x^2 - 1$ 과 x 축으로 둘러싸인 도형을 x 축의 주변으로 1 회전하여 얻어지는 회전체의 부피를 구하시오.

6 호의 길이의 공식

곡선 C 가 매개변수 t 에 의해서

$x = f(t)$, $y = g(t)$

로 나타낼 경우 t 가 a 부터 b 까지 움직일 때의 곡선의 길이 s 는,

$$s = \int_a^b \sqrt{\left(\frac{dx}{dt}\right)^2 + \left(\frac{dy}{dt}\right)^2}\,dt = \int_a^b \sqrt{\{f'(t)\}^2 + \{g'(t)\}^2}\,dt$$

특히 곡선 C 가 $y = f(x)$ $(a \leqq x \leqq b)$ 인 경우는

$x = t$, $y = f(t)$

라고 놓으면

$$s = \int_a^b \sqrt{1 + \left(\frac{dy}{dx}\right)^2}\,dx = \int_a^b \sqrt{1 + \{f'(x)\}^2}\,dx$$

가 된다.

문제 6　곡선 $y = \frac{1}{2}(e^x + e^{-x})$ 의 $0 \leqq x \leqq 1$ 인 부분의 길이를 구하시오.

답 : 문제 5　$\frac{16}{15}\pi$　　문제 6　$\frac{1}{2}\left(e - \frac{1}{e}\right)$

기본문제 · 실전문제의 해답 해설

본문에 수록된 기본문제와 실전문제에 대한 해답과 상세한 해설을 수록하였습니다.

틀린 문제, 자신감이 없는 문제 등에 대해서는 반복하여 해설을 읽기 바랍니다.

제 1 부 미분적분을 향하여

해 답

1

A	3
B	2
C	3
D	3
E	7
F	6
G	2
H	1
I	3
J	9
K	9

제 1 장 함수의 움직임을 알아본다 .

기본문제

1 극한의 기호, 분수함수 (1)

해법의 포인트

$x\to1-0$ 일 때 $x-1\to-0$ 이며 $\dfrac{2}{x-1}\to-\infty$가 된다.

$x\to1+0$ 일 때 $x-1\to+0$ 이며 $\dfrac{2}{x-1}\to\infty$가 된다.

먼저

$$f(x)=\frac{3x-1}{x-1}=\frac{3(x-1)+2}{x-1}=\mathbf{3}+\frac{\mathbf{2}}{x-1}\quad(③,\ ②)$$

이다.

극한에 대하여

$$\lim_{x\to-\infty}f(x)=\mathbf{3}\quad(③)\qquad\qquad \lim_{x\to\infty}f(x)=\mathbf{3}\quad(③)$$
$$\lim_{x\to1-0}f(x)=-\boldsymbol{\infty}\quad(⑦)\qquad\qquad \lim_{x\to1+0}f(x)=\boldsymbol{\infty}\quad(⑥)$$

이 성립한다.

또한 곡선 $C:y=f(x)$는 곡선 $C_0:y=\dfrac{\mathbf{2}}{x}$ (②) 를 x 축 방향으로 **1**(①), y 축 방향으로 **3**(③) 만큼 평행이동한 것이다. 따라서 $x<1$ 의 범위에서는 $x_1<x_2$ 라면 $f(x_1)>f(x_2)$ 가 된다, 즉 함수 $f(x)$는 감소(⑨) 이다. 또한 $x>1$ 의 범위에서도 $f(x)$는 감소(⑨) 이다.

이로써 곡선 $C:y=f(x)$를 작도할 수 있다.

그림 1

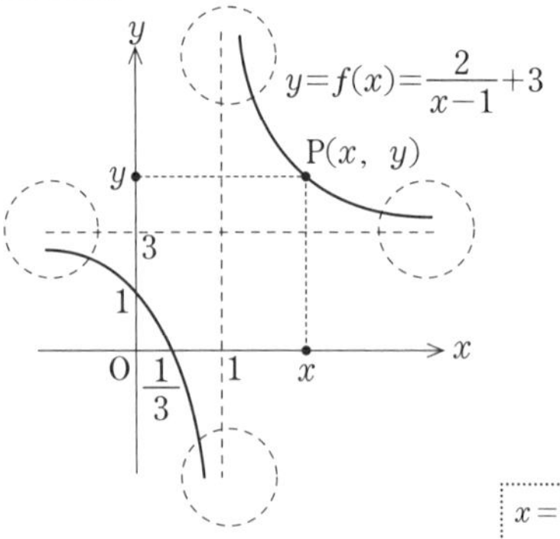

그림 2

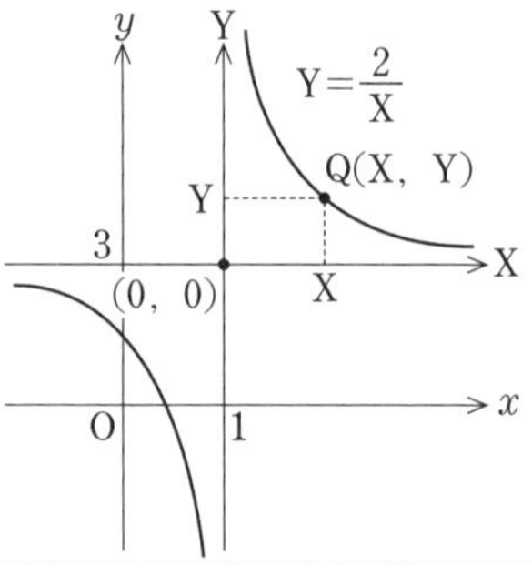

$x=\mathrm{X}+1,\ y=\mathrm{Y}+3$ 라고 하면

$\mathrm{Y}=\dfrac{2}{\mathrm{X}}$가 된다. 이 XY 그래프를 작도한다.

해 답

2

A	0
B	0
C	6
D	6
E	2
F	1
G	8
H	9

3

(1)	A	4
	B	1
	CD	−4
(2)	E	1
	F	2
	G	5
	H	5
	I	2

2 극한의 기호, 분수함수 (2)

해법의 포인트

$x \to 1-0$ 일 때 $(x-1)^2 \to +0$ 이며 $\dfrac{2}{(x-1)^2} \to \infty$가 된다.

$x \to 1+0$ 일 때 $(x-1)^2 \to +0$ 이며 $\dfrac{2}{(x-1)^2} \to \infty$가 된다.

분수함수 $f(x) = \dfrac{2}{(x-1)^2}$의 극한에 대하여

$\lim_{x \to -\infty} f(x) = \mathbf{0}$ (⓪)　　$\lim_{x \to \infty} f(x) = \mathbf{0}$ (⓪)

$\lim_{x \to 1-0} f(x) = \infty$ (⑥)　　$\lim_{x \to 1+0} f(x) = \infty$ (⑥)

이 성립한다.

또한 곡선 $C : y = f(x)$는 곡선 $C_0 : y = \dfrac{\mathbf{2}}{x^2}$ (②)를 x축 방향으로 **1** (①) 만큼 평행이동 한 것이다.

따라서 $x < 1$의 범위에서는 $x_1 < x_2$라면 $f(x_1) < f(x_2)$가 된다, 즉 함수 $f(x)$는 **증가** (⑧)이다.

또한 $x > 1$의 범위에서는 $f(x)$는 **감소** (⑨)이다.

따라서 곡선 $C : y = f(x)$를 작도할 수 있다.

그림 1

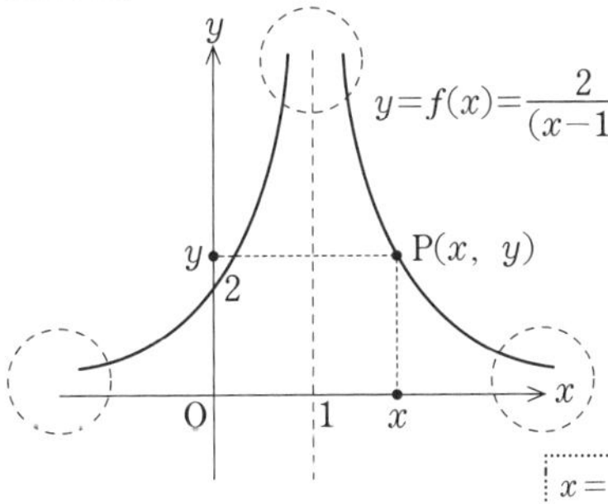

그림 2

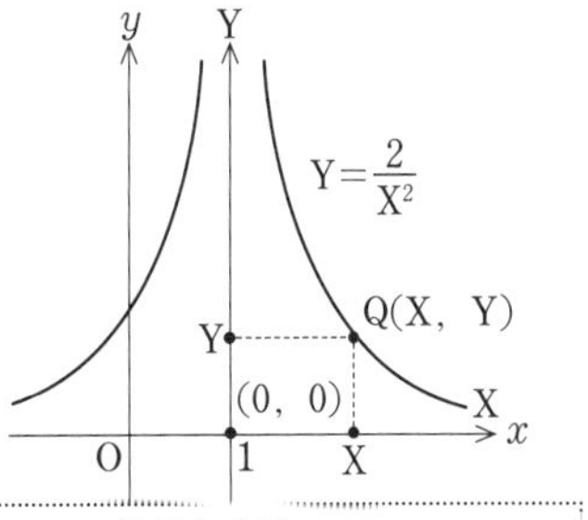

$x = X+1$, $y = Y$로 놓으면

$Y = \dfrac{2}{X^2}$가 된다. 이 XY 그래프를 작도한다.

3 역함수

해법의 포인트

x의 방정식 $f(x) = y$를 풀고 x를 y로 나타내면 역함수를 얻을 수 있다.

(1) $y = f(x) = x^2 + 2x - 3 = (x+1)^2 - 4$로 놓으면

$(x+1)^2 = y + 4$　　$x \geqq -1$이므로　$x + 1 = \sqrt{y+4}$

가 된다. 따라서 역함수는 $f^{-1}(x) = \sqrt{x+\mathbf{4}} - \mathbf{1}$이다.

또한 $x \geqq -1$이므로 y가 움직일 수 있는 범위는 $y \geqq -4$이다.

이로부터 역함수의 정의역은

$x \geqq \mathbf{-4}$

이다.

해 답

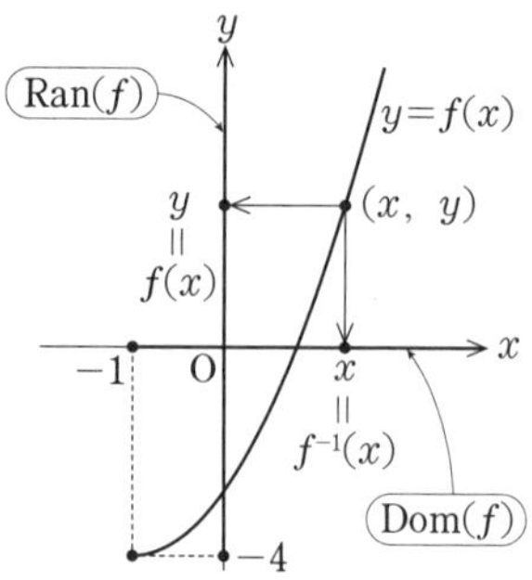

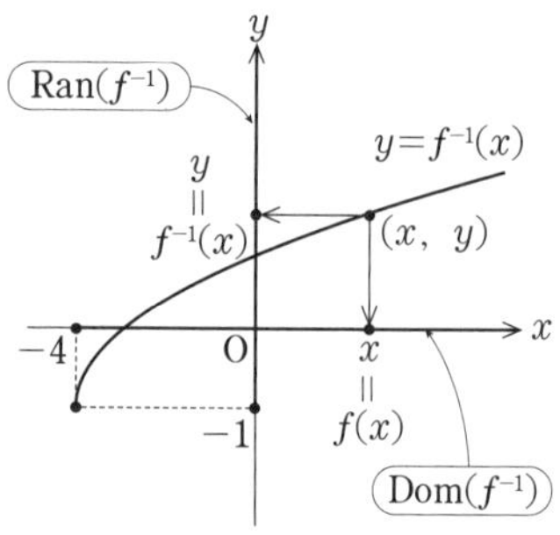

(2) $y=f(x)=\dfrac{5x-1}{2x-1}$로 놓으면

$$(2x-1)y=5x-1 \qquad (2y-5)x=y-1$$

이 된다 . 여기서 $2y-5=0$ 이 되면 등호가 성립하지 않는다 .

따라서 $2y-5\neq 0$ 이다 . 따라서 $x=\dfrac{y-1}{2y-5}$이 되고 역함수는

$f^{-1}(x)=\dfrac{\mathbf{x-1}}{\mathbf{2x-5}}$이다 .

또한 $x\neq\dfrac{1}{2}$일 때

$$y=f(x)=\frac{\frac{5}{2}(2x-1)+\frac{3}{2}}{2x-1}=\frac{5}{2}+\frac{3}{2(2x-1)}$$

이며, y 가 움직일 수 있는 범위는 $y\neq\dfrac{5}{2}$가 된다 . 이로부터 역함수의 정의역은

$$x\neq\mathbf{\frac{5}{2}}$$

이다 .

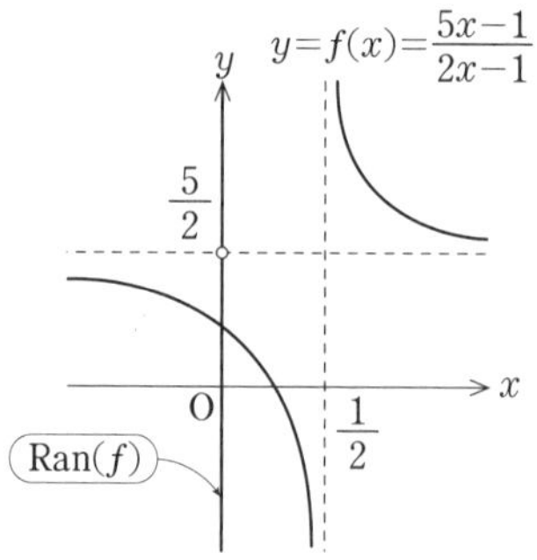

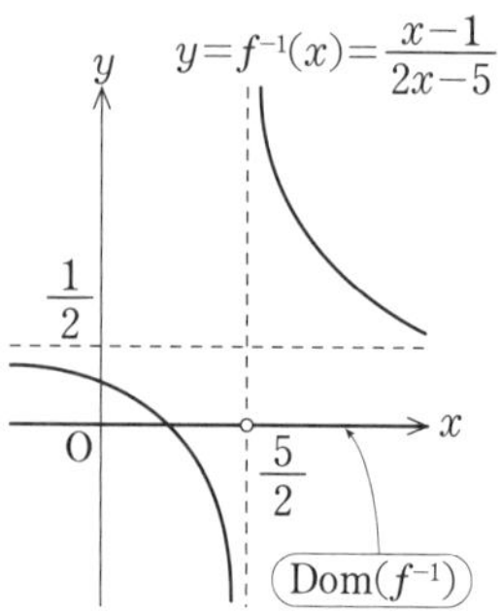

해 답

4

(1)	A	**3**
	B	**2**
	C	**1**
	D	**2**
	E	**3**
(2)	F	**4**

4 무리함수의 그래프와 부등식

해법의 포인트

곡선 $y=\sqrt{3-x}$ 와 직선 $y=x-1$ 을 작도하면 부등식이 풀린다.

(1) x 의 부등식

$$\sqrt{3-x} \leqq x-1 \quad \cdots\cdots ①$$

을 풀기위해 함수 $f(x)=\sqrt{3-x}$ 의 그래프 $y=f(x)$를 알아본다. $3-x \geqq 0$ 이므로 $f(x)$의 정의역은 $x \leqq \mathbf{3}$ 으로 하면 된다.

먼저 곡선 $y=f(x)$와 직선 $y=x-1$ 의 교점을 알아본다. 두 개의 식을 연립하여

$$3-x=(x-1)^2 \quad \therefore \quad x^2-x-2=(x-2)(x+1)=0$$

이 되지만, 그림에서 교점의 y 좌표는 양수이므로 $x=2$ 가 된다. 이로부터 교점의 좌표는 $(\mathbf{2},\ \mathbf{1})$ 이다.

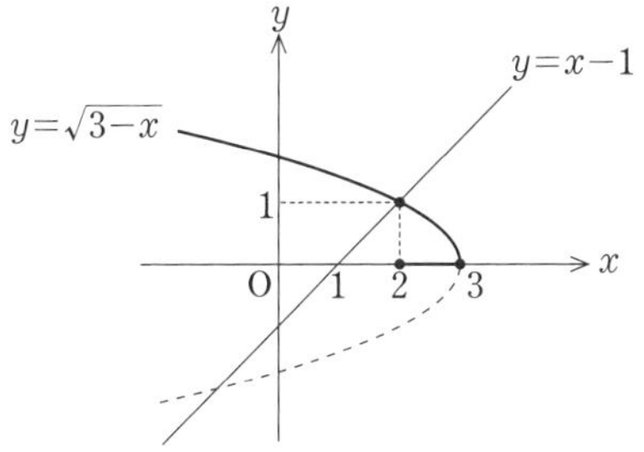

다음으로 곡선 $y=f(x)$와 직선 $y=x-1$ 의 y 좌표의 대소를 비교하면 부등식①의 해는 $\mathbf{2} \leqq x \leqq \mathbf{3}$ 이 된다.

(2) x 의 부등식

$$\sqrt{x+5} \leqq x-1 \quad \cdots\cdots ②$$

에 대하여 함수 $f(x)=\sqrt{x+5}\ (x \geqq -5)$ 를 생각한다.

그리면 곡선 $y=f(x)$와 직선 $y=x-1$ 의 관계는 다음 그림과 같이 되고 ②의 해는 $x \geqq \mathbf{4}$ 가 된다.

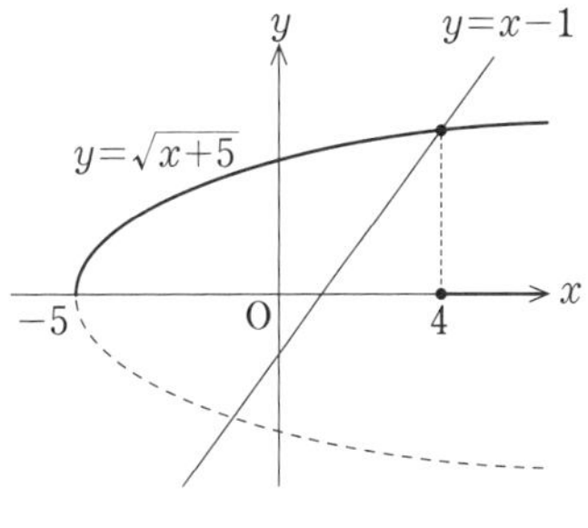

해 답

5

(1) A 0

B 1

C 1

(2) D 1

E 2

5 접선의 의미, 함수의 증감

문제문에서 x 가 a 에 충분히 가까울 때는 다음의 두 식

$$f(x)-f(a)=x+\frac{1}{x}-a-\frac{1}{a}=\left(1-\frac{1}{ax}\right)(x-a) \quad \cdots\cdots ①$$

$$f(x)-f(a)=\left(1-\frac{1}{a^2}\right)(x-a) \quad \cdots\cdots ②$$

은 근사적으로 같다고 간주할 수 있다 . 그래서 실제로

$$f(x)=\left(1-\frac{1}{ax}\right)(x-a)+f(a),$$

$$g(x)=\left(1-\frac{1}{a^2}\right)(x-a)+f(a)$$

는 어느 정도 가까운 값인지를 확인해 보자 . 차이를 따지자면

$$f(x)-g(x)=\left(1-\frac{1}{ax}-1+\frac{1}{a^2}\right)(x-a)=\frac{1}{a^2x}(x-a)^2$$

이다 . $x \fallingdotseq a$ 일 때는 $x-a \fallingdotseq 0$ 이고

$$f(x)-g(x)=\frac{1}{a^2x}(x-a)^2 \fallingdotseq \frac{1}{a^3}(x-a)^2$$

이 된다 . 그리하여 점 $\mathrm{A}(a,\ f(a))$의 충분히 가까이에서는 $f(x)$와 $g(x)$의 차이는 $x-a$ 보다 계속 작은 $(x-a)^2$ 의 정수배 정도의 크기임을 알 수 있다 .

여기서 직선

$$l: y=g(x)=\left(1-\frac{1}{a^2}\right)(x-a)+f(a)$$

은 곡선 C 의 **접점 A** 에 있어서 **접선**이라고 불린다 . 이것을 이용하면 **접점 A** 의 충분히 가까이에서는 곡선은 접선 $\boldsymbol{l}$ 과 거의 같다는 것을 알 수 있다 . 특히 $f(x)$의 증감은 $g(x)$의 증감과 같다고 생각해도 된다 .

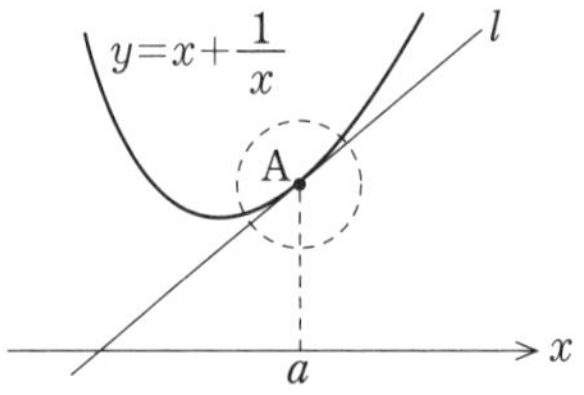

(1) l 의 기울기 $1-\frac{1}{a^2}$의 양 , 음을 알아보면, $0<a<1$ 일 때

$1-\frac{1}{a^2}<0$, $\quad a>1$ 일 때 $1-\frac{1}{a^2}>0$ 이 된다 .

따라서 함수 $f(x)$는 $\mathbf{0<x<1}$ 일 때 감소하고 $x>\mathbf{1}$ 일 때 증가한다 .

해 답

(2) $f(x)$는 $x=\mathbf{1}$ 일 때 최솟값 $\mathbf{2}$ 를 취한다.

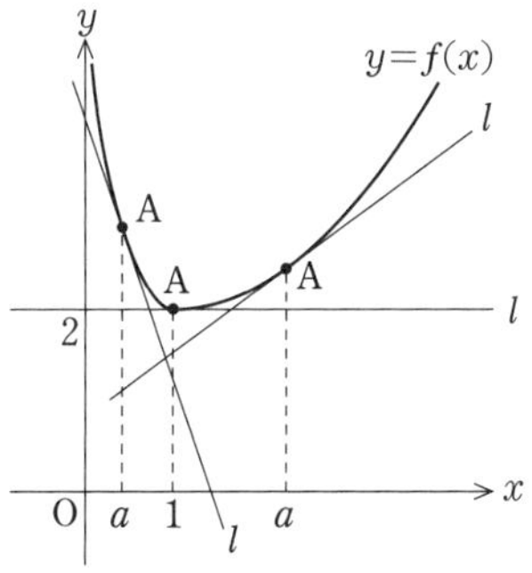

$y=x+\dfrac{1}{x}$의 그래프의 개형은 왼쪽 그림과 같다.

보충 접점의 충분히 가까운 곳에서는 곡선은 접선에 거의 일치한다. 복잡한 곡선에서도 접선을 구할 수 있다면 작도할 수 있다. 또한 접선의 기울기는 미분계수라고 불리는 양이며, 미분계수는 도함수를 구하면 바로 얻을 수 있다.(제 2 장 참조)

실전문제

1

(1)	A	1
	B	1
	C	0
	D	2
	E	2
	F	3
	G	2
	H	2
	I	3
	JK	11
	L	3
	M	2
	N	1
	O	1
	P	7
	Q	2
	R	0
	S	2
	T	1
	U	1
	V	7
	W	2
(2)	X	1

1

해법의 포인트

$t=g(x)$와 $y=h(t)$의 두 그래프를 그림으로써 합성함수 $y=f(x)=h(g(x))$가 취할 수 있는 값을 알 수 있다.

(1) (i) x를 $0 \leqq x \leqq 2$의 범위에서 움직일 때

$$t=g(x)=x^2-2x+2=(x-1)^2+1$$

은 다음 그림에서 $1 \leqq t \leqq 2$의 범위를 움직인다.

$x=\mathbf{1}$ 일 때 최솟값 $\mathbf{1}$ 을 취하고 $x=\mathbf{0}$, $\mathbf{2}$ 일 때 최댓값 $\mathbf{2}$ 를 취한다.

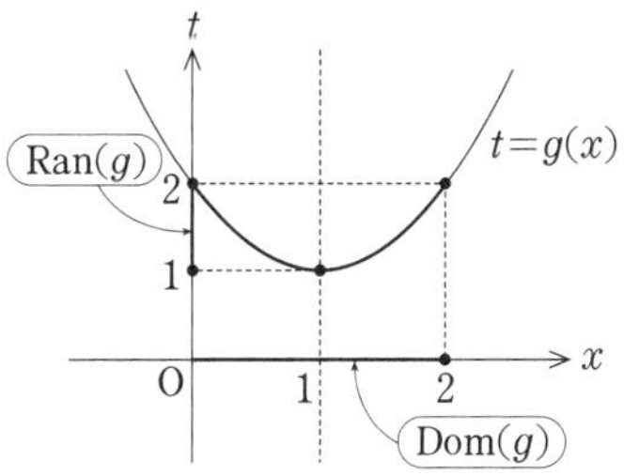

(ii) t를 $1 \leqq t \leqq 2$의 범위에서 움직일 때

$$y=h(t)=-\frac{3}{2}t^2+2t+3=-\mathbf{\frac{3}{2}}\left(t-\mathbf{\frac{2}{3}}\right)^2+\mathbf{\frac{11}{3}}$$

은 다음 그림에서 $1 \leqq y \leqq \dfrac{7}{2}$의 범위를 움직인다.

해 답

Y **2**
Z **3**

$t=\mathbf{2}$ 일 때 최솟값 $\mathbf{1}$ 을 취하고 $t=\mathbf{1}$ 일 때 최댓값 $\dfrac{\mathbf{7}}{\mathbf{2}}$을 취한다 .

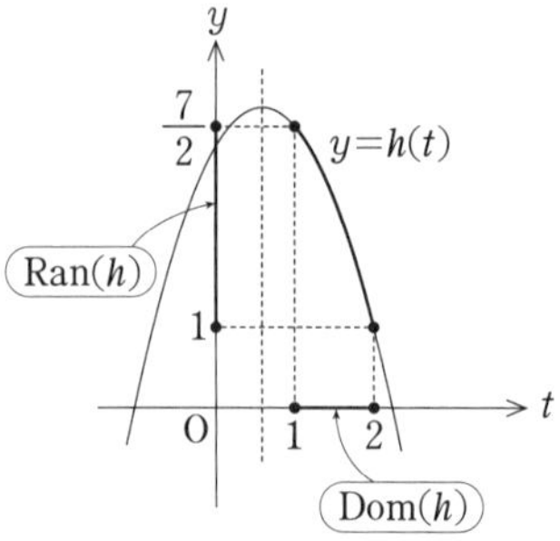

따라서 $f(x)$는 $x=\mathbf{0}$, $\mathbf{2}$ 일 때 최솟값 $\mathbf{1}$ 을 취하고 $x=\mathbf{1}$ 일 때 최댓값 $\dfrac{\mathbf{7}}{\mathbf{2}}$을 취한다 .

(2) $y=f(x)=(x^2-2x+a)^2+4(x^2-2x+a)+6$ 에 대하여

$$\begin{cases} t=g(x)=x^2-2x+a=(x-1)^2+a-1 \\ y=h(t)=t^2+4t+6=(t+2)^2+2 \end{cases}$$

라고 놓는다 . 그러면 $t \geqq a-1>0$ 이므로 y 는 $t=a-1$ 일 때 최솟값

$$h(a-1)=(a+1)^2+2=a^2+2a+3$$

을 취한다 .

따라서 $f(x)$는 $x=\mathbf{1}$ 일 때 최솟값 $a^2+\mathbf{2}a+\mathbf{3}$ 을 취한다 .

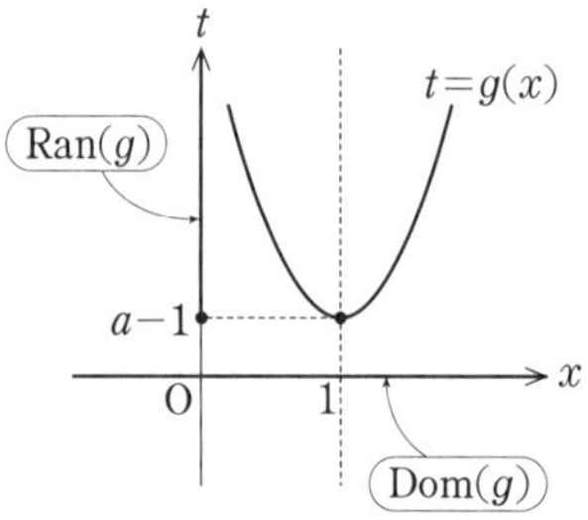

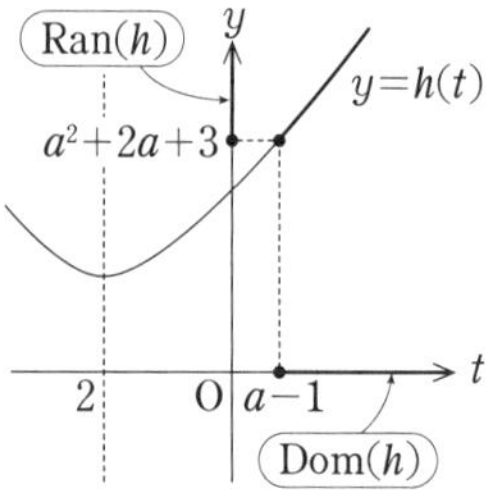

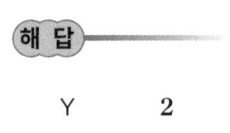

해 답

1

A	4
B	1
C	2
D	9
EF	37
GH	12
IJ	86
KL	37
M	5
NO	19
PQ	11
R	2

2

AB	−2
CD	−4
EF	−3
G	4
H	3
IJ	12
KL	−2
M	4
N	9
OPQ	−41

제 2 장 다항식함수

기본문제

1 다항식의 나눗셈, 항등식

해법의 포인트

나눈 형태 $f(x)=g(x)Q(x)+r(x)$는 항등식. 임의의 x로 성립하는 것은 특정한 x에 대해서도 성립한다.

$x=2+\sqrt{5}$ 일 때

$$(x-2)^2=(\sqrt{5})^2 \qquad x^2-4x-1=0$$

이다. 이로부터 $x=2+\sqrt{5}$는 이차방정식

$$g(x)=x^2-\mathbf{4}x-\mathbf{1}=0$$

의 해의 하나이다, 즉 $g(2+\sqrt{5})=0$을 만족시킨다.

여기서 $f(x)$를 $g(x)$로 나눈 형태로 하면

$$f(x)=g(x)(\mathbf{2}x+\mathbf{9})+\mathbf{37}x+\mathbf{12}$$

이다. 양변에 $x=2+\sqrt{5}$를 대입하면

$$f(2+\sqrt{5})=37(2+\sqrt{5})+12=\mathbf{86}+\mathbf{37}\sqrt{\mathbf{5}}$$

가 된다.

마찬가지로 $x=1+\sqrt{2}$ 일 때

$$(x-1)^2=(\sqrt{2})^2 \qquad x^2-2x-1=0$$

이다. 거기서 $f(x)$를 $h(x)=x^2-2x-1$로 나눈 형태로 하면

$$f(x)=h(x)(2x+5)+11x+8$$

이다. 이 양변에 $x=1+\sqrt{2}$를 대입하면 $h(1+\sqrt{2})=0$이므로

$$f(1+\sqrt{2})=11(1+\sqrt{2})+8=\mathbf{19}+\mathbf{11}\sqrt{\mathbf{2}}$$

가 된다.

2 해와 계수의 관계, 인수정리

해법의 포인트

삼차방정식의 해와 계수의 관계

삼차방정식 $ax^3+bx^2+cx+d=0$의 세 해를 α, β, γ라고 하면,

$$\alpha+\beta+\gamma=-\frac{b}{a}$$

$$\alpha\beta+\beta\gamma+\gamma\alpha=\frac{c}{a}$$

$$\alpha\beta\gamma=-\frac{d}{a}$$

인수정리를 이용하면

$$f(\alpha)=f(\beta)=f(\gamma)=0 \quad \cdots\cdots①$$

이므로 항등식

$$f(x)=x^3+2x^2-4x+3=(x-\alpha)(x-\beta)(x-\gamma) \quad \cdots\cdots②$$

가 성립한다.

여기서

$$(x-\alpha)(x-\beta)(x-\gamma)$$

해 답

$$= x^3 - (\alpha+\beta+\gamma)x^2 + (\alpha\beta+\beta\gamma+\gamma\alpha)x - \alpha\beta\gamma$$

이고, ②의 양변의 계수를 비교하면

$$\begin{cases} \alpha+\beta+\gamma = \mathbf{-2} \\ \alpha\beta+\beta\gamma+\gamma\alpha = \mathbf{-4} \\ \alpha\beta\gamma = \mathbf{-3} \end{cases}$$

이다. 이로부터

$$\frac{1}{\alpha}+\frac{1}{\beta}+\frac{1}{\gamma} = \frac{\alpha\beta+\beta\gamma+\gamma\alpha}{\alpha\beta\gamma} = \mathbf{\frac{4}{3}}$$

$$\alpha^2+\beta^2+\gamma^2 = (\alpha+\beta+\gamma)^2 - 2(\alpha\beta+\beta\gamma+\gamma\alpha) = \mathbf{12}$$

이다. 더욱이 ①을 이용하면

$$\begin{cases} \alpha^3 = -2\alpha^2+4\alpha-3 \\ \beta^3 = -2\beta^2+4\beta-3 \\ \gamma^3 = -2\gamma^2+4\gamma-3 \end{cases}$$

으로 차수를 낮출 수 있다. 따라서

$$\alpha^3+\beta^3+\gamma^3 = \mathbf{-2}(\alpha^2+\beta^2+\gamma^2) + \mathbf{4}(\alpha+\beta+\gamma) - 9$$
$$= \mathbf{-41}$$

이다.

3

A	3
B	2
C	3
D	2
E	4
F	3
G	4
H	3
I	3

3 도함수의 기본공식

$f(x) = x^3$ 일 때

$$f(x+h) - f(x) = (x+h)^3 - x^3$$
$$= x^3 + 3x^2h + 3xh^2 + h^3 - x^3$$
$$= (\mathbf{3}x^2)h + (h \text{ 의 이차 이상의 항})$$

$$\frac{f(x+h)-f(x)}{h} = 3x^2 + (h \text{ 의 일차 이상의 항})$$

$$f'(x) = \lim_{h\to 0}\frac{f(x+h)-f(x)}{h} = \mathbf{3}x^2$$

가 된다.

다음으로 $f(x) = x^4$ 일 때

$$f(x+h) - f(x) = (x+h)^4 - x^4$$
$$= x^4 + 4x^3h + 6x^2h^2 + 4xh^3 + h^4 - x^4$$
$$= (\mathbf{4}x^3)h + (h \text{ 의 이차 이상의 항})$$

$$\frac{f(x+h)-f(x)}{h} = 4x^3 + (h \text{ 의 일차 이상의 항})$$

$$f'(x) = \lim_{h\to 0}\frac{f(x+h)-f(x)}{h} = \mathbf{4}x^3$$

가 된다.

마찬가지로 $f(x) = x^n$ 에 대하여

$$f(x+h) - f(x) = (x+h)^n - x^n$$
$$= x^n + {}_nC_1x^{n-1}h + {}_nC_2x^{n-2}h^2 + \cdots\cdots + h^n - x^n$$
$$= (nx^{n-1})h + (h \text{ 의 이차 이상의 항})$$

해 답

$$\frac{f(x+h)-f(x)}{h}=nx^{n-1}+(h\text{ 의 일차 이상의 항})$$

$$f'(x)=\lim_{h\to 0}\frac{f(x+h)-f(x)}{h}=\boldsymbol{nx^{n-1}}\quad (③)$$

가 된다.

4

A	2
B	2
C	1
D	2
E	2
F	1
G	2
H	4
I	1
J	2
K	4
L	1

4 접선

해법의 포인트

미분계수의 기하학적 의미를 묻는 문제이다.

두 점 $A(a,\ f(a))$, $P(p,\ f(p))$를 지나는 직선의 기울기는

$$\frac{\Delta y}{\Delta x}=\frac{f(p)-f(a)}{p-a}=\frac{2(p^2-a^2)+p-a}{p-a}=\mathbf{2a+2p+1}$$

이고 직선 AP 의 방정식은

$$y=\left(\frac{\Delta y}{\Delta x}\right)(x-a)+f(a)$$

$$=(2a+2p+1)(x-a)+2a^2+a$$

$$=(\mathbf{2a+2p+1})x-\mathbf{2ap}$$

이 된다. 이 식에서 $p\to a$ 로 만들면 접선 l 의 방정식은

$$l:y=(\mathbf{4a+1})x-\mathbf{2a^2}$$

가 된다. 기하학적으로는 직선 AP 가 접선 l 에 가까워지는 것을 의미한다.

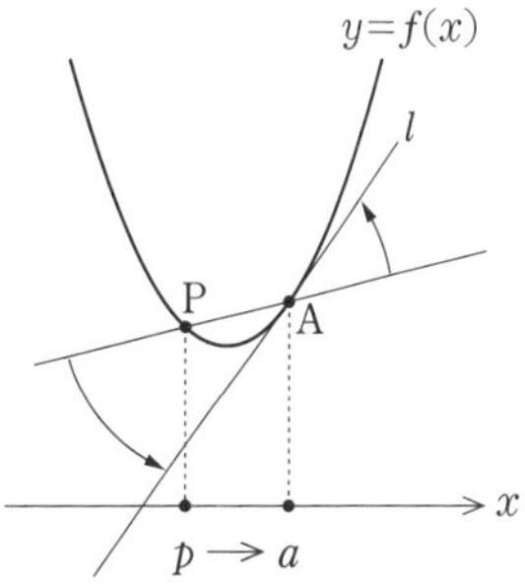

여기서 접선 l 의 기울기는 함수 $f(x)$의 $x=a$ 에 있어서 미분계수 $f'(a)$와 같다. 위의 계산을 극한값의 기호를 이용하여 나타내면

$$f'(a)=\lim_{p\to a}\frac{f(p)-f(a)}{p-a}=\lim_{p\to a}\frac{\Delta y}{\Delta x}=\mathbf{4a+1}$$

이다.

앞으로는 이 문제처럼 기하학적으로 고찰하지 않아도 도함수 $f'(x)=4x+1$ 을 이용하여 점 A 에 있어서 접선 l 의 기울기 $f'(a)=4a+1$ 을 얻을 수 있다. 또한 접선 l 의 방정식은

$$l:y=f'(a)(x-a)+f(a)=(4a+1)(x-a)+2a^2+a$$

$$=(4a+1)x-2a^2$$

라고 즉시 구할 수 있다.

보충 접점 $A(a,\ f(a))$의 충분히 가까운 곳에서는 곡선 $y=f(x)$는 접선 $y=f'(a)(x-a)+f(a)$에 충분히 가깝다. 즉

$x\fallingdotseq a$ 일 때는 항상 $f(x)\fallingdotseq f'(a)(x-a)+f(a)$ 라는 것이 접선의 지극히 중요한 성질이다. 이 때문에 복잡한 곡선에서도 직선으로 치환함으로써 간단히 형태를 알아보는 것이 가능해 진

해 답

1

A	**3**
B	**6**
C	**9**
DE	**−3**
F	**1**
GH	**−3**
I	**1**
JK	**−3**
LM	**27**
N	**1**
OP	**−5**
QR	**−5**
ST	**27**

다. 따라서 신속하게 접선의 기울기를 얻기 위해서 도함수 $f'(x)$를 구하는 것이 필요해 진다. 그 방법은 제 3 부에서 해설한다.

실전문제

1 x 의 방정식

$$x^3+3x^2-9x=k \quad \cdots\cdots①$$

의 좌변에 대하여 $f(x)=x^3+3x^2-9x$ 로 놓으면

$$f'(x)=\mathbf{3}x^2+\mathbf{6}x-\mathbf{9}=3(x-1)(x+3)$$

가 된다. 따라서 함수 $f(x)$의 증감은 아래와 같다.

x	$\cdots$	-3	$\cdots$	1	$\cdots$
$f'(x)$	$+$	0	$-$	0	$+$
$f(x)$	↗	극대	↘	극소	↗

이로부터 함수 $f(x)$는

$x<\mathbf{-3}$ 또는 $x>\mathbf{1}$ 일 때 증가하고,

$\mathbf{-3}<x<\mathbf{1}$ 일 때 감소한다.

게다가 $x=\mathbf{-3}$ 일 때 극댓값 **27** 을 취하고 $x=\mathbf{1}$ 일 때 극솟값 **−5** 를 취한다.

방정식①이 다른 실수 해를 세 개 가지는 것은
곡선 $y=f(x)$와 직선 $y=k$가 공유점을 세 개 갖는 것과 같은 값이다.
따라서 구하는 k 의 조건은 $\mathbf{-5}<k<\mathbf{27}$ 이다.

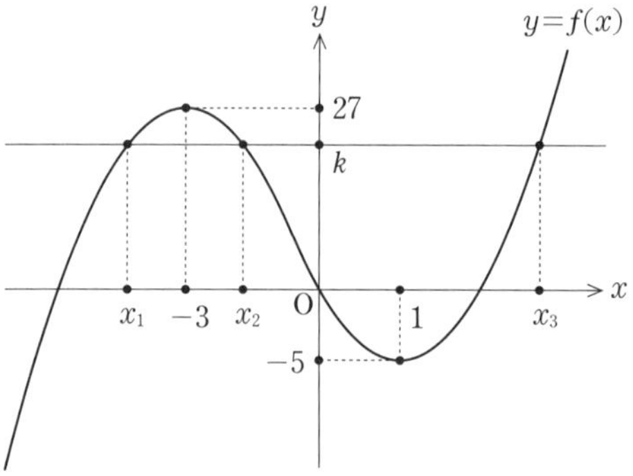

해 답

1

(1)	A	**1**
	B	**2**
	C	**0**
	D	**4**
(2)	E	**1**
	F	**0**
	G	**2**
	H	**5**
(3)	I	**0**
	J	**0**
	K	**2**
	L	**3**
	M	**4**

제 3 장　지수함수 · 로그함수

기본문제

1 지수함수와 로그함수의 그래프, 단조성

(1) 함수 $y=f(x)=2^x$ 의 그래프는 그림 1 과 같이 세 개의 성질을 갖는다.

그림 1

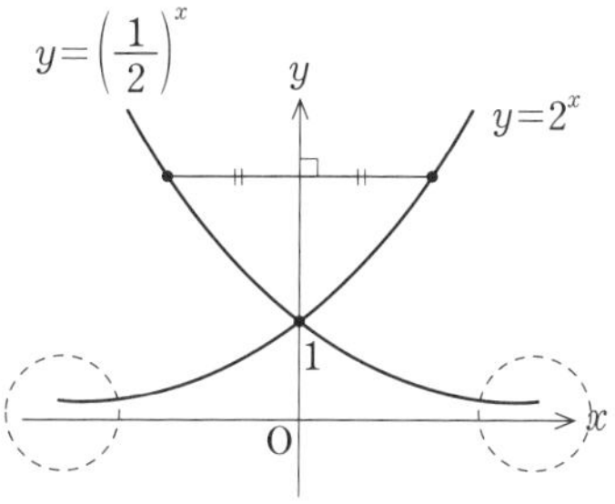

$\left(\frac{1}{2}\right)^x=2^{-x}$ 이므로 두 그래프는 y 축에 대하여 대칭

(i) 점 (0, 1) 을 지나는, 즉 $f(0)=\mathbf{1}$(**①**) 이다.

(ii) 극한에 대하여 다음이 성립한다.

$$\lim_{x\to\infty} f(x)=\boldsymbol{\infty}\,(\text{②}),\quad \lim_{x\to-\infty} f(x)=\mathbf{0}\,(\text{⓪})$$

(iii) $x_1<x_2$ 라면 $f(x_1)<f(x_2)$가 된다, 즉 $f(x)$는 증가(**④**) 이다.

(2) 함수 $y=f(x)=\left(\frac{1}{2}\right)^x$ 의 그래프는 그림 1 과 같이 세 개의 성질을 갖는다.

(i) 점 (0, 1) 을 지나는, 즉 $f(0)=\mathbf{1}$(**①**) 이다.

(ii) 극한에 대하여 다음이 성립한다.

$$\lim_{x\to\infty} f(x)=\mathbf{0}\,(\text{⓪}),\qquad \lim_{x\to-\infty} f(x)=\boldsymbol{\infty}\,(\text{②})$$

(iii) $x_1<x_2$ 라면 $f(x_1)>f(x_2)$가 된다, 즉 $f(x)$는 감소(**⑤**) 이다.

(3) 함수 $f(x)=\log_2 x$ 의 정의역은 $x>\mathbf{0}$(**⓪**) 이고,
곡선 $y=f(x)$는 그림 2 와 같이 세 개의 성질을 갖는다.

그림 2

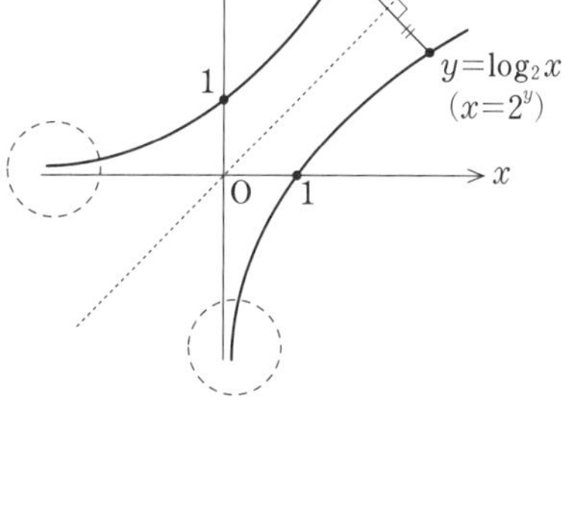

$y=\log_2 x$ 즉 $x=2^y$ 는, $y=2^x$ 과 $y=x$ 에 대하여 대칭

해 답

(i) 점 (1, 0) 을 지나는, 즉 $f(1)=\mathbf{0}$(⓪) 이다.

(ii) 극한에 대하여 다음이 성립한다.

$$\lim_{x\to\infty} f(x)=\infty \text{ (②)},\quad \lim_{x\to+0} f(x)=-\infty \text{ (③)}$$

(iii) $x_1<x_2$ 라면 $f(x_1)<f(x_2)$가 된다. 즉

$f(x)$는 증가 (④) 이다.

2

(1)	A	**5**
	B	**2**
	C	**1**
(2)	D	**5**
	E	**2**
	F	**2**
	G	**5**
(3)	H	**2**
	I	**1**
	J	**5**

2 역함수

해법의 포인트

x 의 방정식 $f(x)=y$ 를 풀고 x 를 y 의 식으로 나타내면 역함수를 얻을 수 있다.

(1) $y=5^x-2$ 로 놓으면

$$5^x=y+2 \qquad x=\log_5(y+2)$$

이다.

또한 x 가 실수 전체를 움직일 때 y 는 $y>-2$ 의 범위를 움직인다.

따라서

$$f^{-1}(x)=\log_{\mathbf{5}}(x+\mathbf{2}),\ \text{정의역은 } x>-2 \text{ (①)}$$

이다.

(2) $y=\log_5(x-2)+2$ 로 놓으면

$$\log_5(x-2)=y-2 \qquad x=5^{y-2}+2$$

이다.

또한 x 가 $x>2$ 의 범위를 움직일 때 y 는 실수 전체를 움직인다.

따라서

$$f^{-1}(x)=\mathbf{5}^{x-2}+\mathbf{2},\ \text{정의역은 실수 전체 (⑤)}$$

이다.

(3) $y=\dfrac{2^x-2^{-x}}{2}$ 로 놓으면

$$(2^x)^2-2y(2^x)-1=0 \qquad 2^x=y\pm\sqrt{y^2+1}$$

이 된다. 여기서 $2^x>0$ 이므로

$$2^x=y+\sqrt{y^2+1} \qquad x=\log_2\left(y+\sqrt{y^2+1}\right)$$

이 된다.

또한

$$\lim_{x\to\infty}2^x=\infty,\ \lim_{x\to\infty}2^{-x}=0,\ \lim_{x\to-\infty}2^x=0,\ \lim_{x\to-\infty}2^{-x}=\infty$$

이며 x 가 실수전체를 움직일 때 y 도 실수 전체를 움직인다.

따라서

$$f^{-1}(x)=\log_{\mathbf{2}}\left(x+\sqrt{x^2+\mathbf{1}}\right),\ \text{정의역은 실수 전체 (⑤)}$$

이다.

해 답

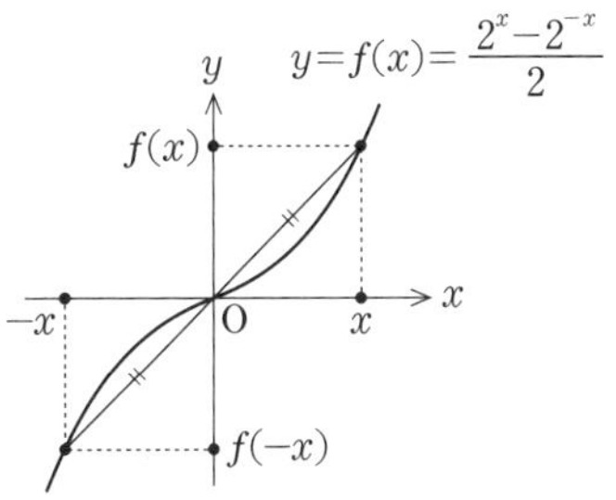

$f(x)=-f(-x)$ 이므로 원점에 대하여 대칭

3

문제 1

A	**2**
B	**5**

3 부등식, 자릿수의 평가식

해법의 포인트

$y=\log_{\frac{1}{2}}x$ 는 감소함수, $y=\log_{10}x$ 는 증가함수이므로

$\log_{\frac{1}{2}}a \leqq \log_{\frac{1}{2}}b \iff a \geqq b$

$\log_{10}a \leqq \log_{10}b \iff a \leqq b$

문제 1 부등식

$$\log_{\frac{1}{2}}(x+4) \leqq 2\log_{\frac{1}{2}}(x-2) \quad \cdots\cdots①$$

에 대하여 진수의 조건은

$$x+4>0 \text{ 이고 } x-2>0 \qquad x>2 \quad \cdots\cdots②$$

이 된다. 이 때 ①에 의해

$$\log_{\frac{1}{2}}(x+4) \leqq \log_{\frac{1}{2}}(x-2)^2$$

이 된다. 따라서

$$(x+4) \geqq (x-2)^2$$

가 되고

$$x^2-5x=x(x-5) \leqq 0 \qquad 0 \leqq x \leqq 5$$

가 된다. 따라서 ②에 의해 ①의 해는 $\mathbf{2}<x\leqq\mathbf{5}$ 이다.

문제 2

CD	**10**
EF	**10**
GH	**39**

문제 2 3^{80} 이 10 진법으로 m 자릿수일 때

$$\mathbf{10}^{m-1} \leqq 3^{80} < \mathbf{10}^m$$

이 성립한다. 따라서

$$m-1 \leqq \log_{10}\mathbf{3}^{80} < m$$

이 된다. 여기서

$$\log_{10}3^{80}=80\log_{10}3=80\cdot 0.4771=38.168$$

이므로, $m=\mathbf{39}$ 가 된다.

4

A	**1**
B	**2**
C	**4**
D	**0**
E	**1**
FG	**−1**
H	**0**

4 함수의 치역

$f(x)$의 분모, 분자에 2^x 를 곱하면

$$f(x)=\frac{2^x+2^{-x}}{2^x-2^{-x}}=\frac{4^x+1}{4^x-1}=\frac{4^x-1+2}{4^x-1}=\mathbf{1}+\frac{\mathbf{2}}{\mathbf{4}^x-\mathbf{1}}$$

이다.

여기서 $4^x-1=0$ 이 되는 것은 $x=\mathbf{0}$ 일 때이다. 정의역에 $x=\mathbf{0}$ 이 포함되지 않는 것은 이 때문이다.

다음으로 $\lim_{x\to\infty}(4^x-1)=\infty$, $\lim_{x\to-\infty}(4^x-1)=-1$ 이므로

해 답

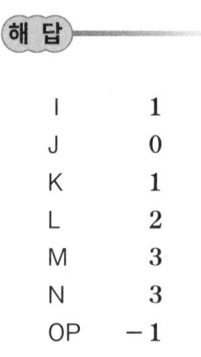

I	**1**
J	**0**
K	**1**
L	**2**
M	**3**
N	**3**
OP	**−1**
Q	**1**

$x \to \infty$일 때 $f(x) \to \mathbf{1}$, $x \to -\infty$일 때 $f(x) \to \mathbf{-1}$

를 만족시킨다.

또한 함수 $g(x) = \dfrac{1}{4^x - 1}$에 대하여

$x \to +0$ 일 때 $g(x) \to \boldsymbol{\infty}$ (⓪),

$x \to -0$ 일 때 $g(x) \to \boldsymbol{-\infty}$ (①)

가 성립한다 (그림 1).

그림 1

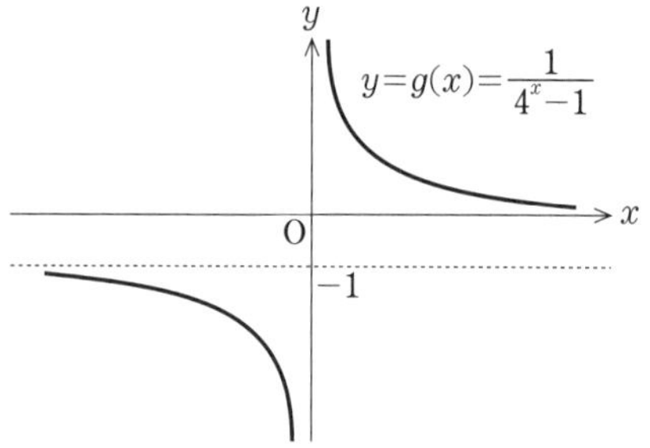

따라서

$x \to +0$ 일 때 $f(x) \to \boldsymbol{\infty}$ (⓪),

$x \to -0$ 일 때 $f(x) \to \boldsymbol{-\infty}$ (①)

이다.

게다가, 함수 $h(x) = 4^x$ 의 값은 실수 전체로 증가 (②) 하므로 함수 $f(x)$는

$x < 0$ 일 때 감소 (③) 하고 $x > 0$ 일 때 감소 (③)

한다.

따라서 $y = f(x)$가 취할 수 있는 값의 범위, 즉 $f(x)$의 치역은

$y < \mathbf{-1}$, $y > \mathbf{1}$

가 된다 (그림 2).

그림 2

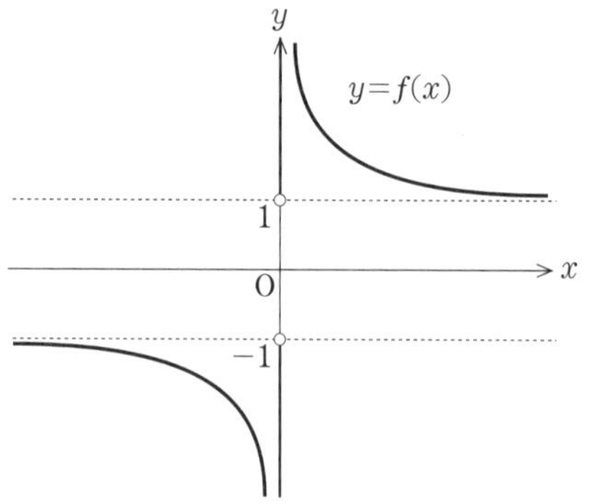

해 답

1

A	**0**
B	**2**
C	**6**
D	**9**
E	**2**
F	**9**
G	**2**
H	**3**
I	**9**

실전문제

1 x 의 방정식

$$2\log_3\frac{x}{27}\cdot\log_3 x=a \quad \cdots\cdots①$$

에 대하여 진수의 조건은 $x>\mathbf{0}$ 이다.

①의 좌변을 $x>0$ 의 범위로 정의된 함수

$$f(x)=2\log_3\frac{x}{27}\cdot\log_3 x \quad (x>0)$$

라고 생각한다.

여기서 $t=\log_3 x$ 로 놓으면 x가 $x>0$ 인 범위를 움직일 때 t는 실수 전체를 움직인다. 또한

$$f(x)=2(\log_3 x-\log_3 27)\log_3 x=2(\log_3 x-3)\log_3 x$$
$$=\mathbf{2}t^2-\mathbf{6}t=2\left(t-\frac{3}{2}\right)^2-\frac{9}{2}$$

이다. 이로부터 $f(x)$가 취할 수 있는 값의 범위는 $f(x)\geqq-\dfrac{\mathbf{9}}{\mathbf{2}}$이다.

방정식①이 실수 해를 갖는 것은 곡선 $y=f(x)$와 직선 $y=a$가 공유점을 갖는 것과 동치이므로 구하는 조건은 $a\geqq-\dfrac{\mathbf{9}}{\mathbf{2}}$이다.

특히 $a=-4$ 일 때

$$2t^2-6t=-4 \qquad t^2-3t+2=(t-1)(t-2)=0$$

이고 따라서 $t=\log_3 x=1,\ 2$ 이므로 ①의 해는 $x=\mathbf{3},\ \mathbf{9}$ 이다.

보충 $y=f(x)$를 $t=g(x)=\log_3 x,\ y=h(t)=2t^2-6t$ 라고 놓고 합성함수로 간주한다. 그러면

- g 의 정의역과 f 의 정의역은 $x>0$
- h 의 정의역과 g 의 치역은 실수 전체
- h 의 치역과 f 의 치역은 $y\geqq-\dfrac{9}{2}$

이다.

해 답

1

(1)	AB	−1
	C	3
	D	1
	E	2
	F	5
	G	6
(2)	H	3
	IJ	−1
	K	2
	L	1
	M	3
	N	5
	O	2

2

(1)	AB	−5
	C	6
	D	5
	E	6
(2)	FG	−1
	H	4
	I	3

제 4 장 삼각함수

기본문제

1 편각, 호도법, 호의 길이

(1) $-\dfrac{\pi}{6} \leqq \theta \leqq \dfrac{\pi}{4}$ 이므로 $-\dfrac{\pi}{3} \leqq 2\theta \leqq \dfrac{\pi}{2}$ 이다. 따라서 θ 가 $\theta = -\dfrac{\pi}{6}$에서 $\theta = \dfrac{\pi}{4}$만큼 증가할 때 점 P는 단위원 위를 반시계 방향으로 편각 $-\dfrac{\mathbf{1}}{\mathbf{3}}\pi$인 위치에서 편각 $\dfrac{\mathbf{1}}{\mathbf{2}}\pi$인 위치까지 움직인다.

이 때, 점 P 가 그리는 곡선의 길이는

$$1 \cdot \left\{\frac{1}{2}\pi - \left(-\frac{1}{3}\right)\pi\right\} = \frac{\mathbf{5}}{\mathbf{6}}\pi$$

이다.

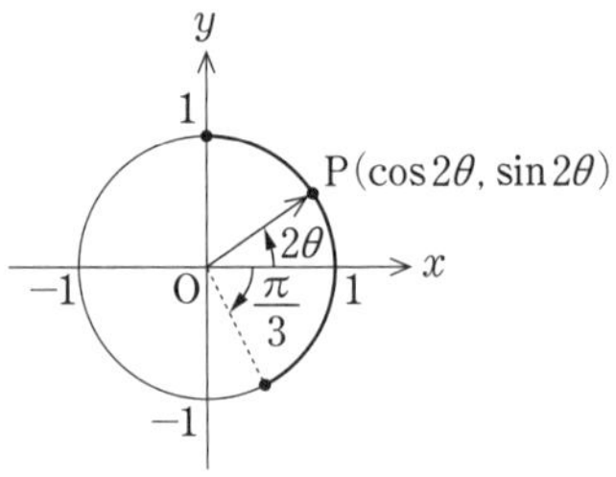

(2) 점 P는 원점 O가 중심, 반지름 **3** 인 원 C 위에 있다.

$-\dfrac{\pi}{4} \leqq \theta \leqq \dfrac{\pi}{6}$ 이므로 $-\dfrac{\pi}{2} \leqq 2\theta \leqq \dfrac{\pi}{3}$ 이다. 따라서 θ 가 $\theta = -\dfrac{\pi}{4}$에서 $\theta = \dfrac{\pi}{6}$만큼 증가할 때 점 P는 원 C 위를 반시계 방향으로 편각 $-\dfrac{\mathbf{1}}{\mathbf{2}}\pi$인 위치에서 편각 $\dfrac{\mathbf{1}}{\mathbf{3}}\pi$인 위치까지 움직인다.

이 때, 점 P가 그리는 곡선의 길이는

$$3 \cdot \left\{\frac{1}{3}\pi - \left(-\frac{1}{2}\right)\pi\right\} = \frac{\mathbf{5}}{\mathbf{2}}\pi$$

이다.

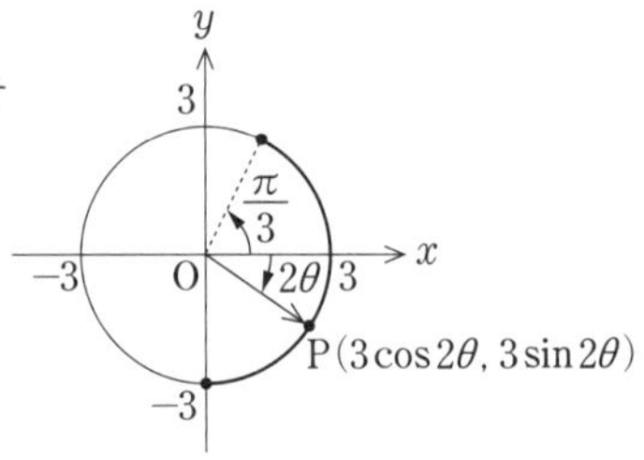

보충 뒤에서 벡터를 배우면

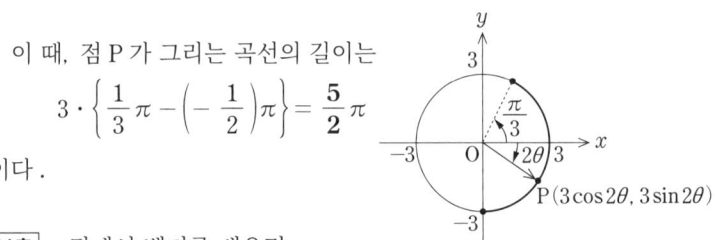

$$\overrightarrow{OP} = (3\cos 2\theta,\ 3\sin 2\theta) = 3(\cos 2\theta,\ \sin 2\theta)$$

로 쓸 수 있으며 (2)의 의미는 보다 명확해 진다.

2 간단한 방정식

해법의 포인트

단위원 $C : x^2 + y^2 = 1$ 위에 편각θ의 방향으로 점 P(θ)를 취하면, P(θ)의 좌표 $(x,\ y)$ 는 $(x,\ y) = (\cos\theta,\ \sin\theta)$ 를만족시킨다. 거기서 각각의 방정식을 만족시키는 점 P(θ) 가 어디에 있는지를 알아본다.

해 답

	J	**4**
(3)	KL	**−3**
	M	**4**
	N	**1**
	O	**4**
(4)	P	**0**
	Q	**1**
	R	**2**

3

(1)	A	**1**
	BC	**12**
	D	**5**
	EF	**12**
	GH	**13**
	IJ	**12**
	KL	**17**
	MN	**12**
(2)	O	**1**

(1) 점 $\mathrm{P}(\theta)$는 직선 $x=-\dfrac{\sqrt{3}}{2}$ 위에 있다.

따라서 구하는 해는

$$\theta=-\frac{\mathbf{5}}{\mathbf{6}}\pi,\ \frac{\mathbf{5}}{\mathbf{6}}\pi$$

이다.

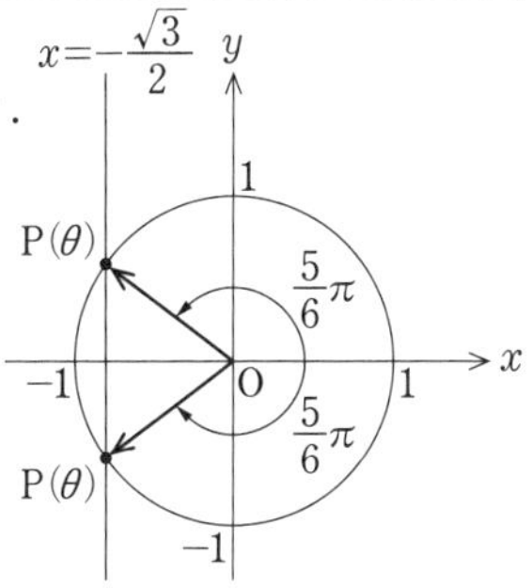

(2) 점 $\mathrm{P}(\theta)$는 직선 $y=-x$ 위에 있다.

따라서 구하는 해는

$$\theta=-\frac{\mathbf{1}}{\mathbf{4}}\pi,\ \frac{\mathbf{3}}{\mathbf{4}}\pi$$

이다.

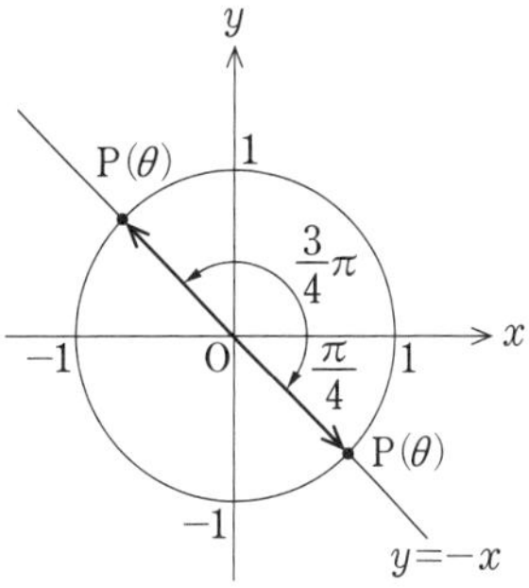

(3) 점 $\mathrm{P}(\theta)$는 직선 $y=x$ 위에 있다.

따라서 구하는 해는

$$\theta=-\frac{\mathbf{3}}{\mathbf{4}}\pi,\ \frac{\mathbf{1}}{\mathbf{4}}\pi$$

이다.

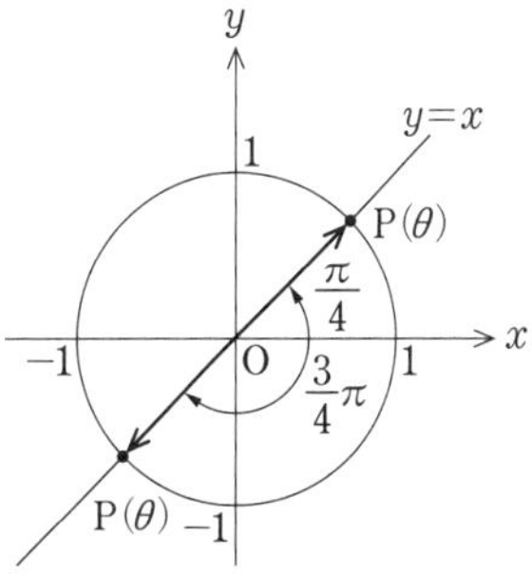

(4) 점 $\mathrm{P}(\theta)$는 직선 $x+y=1$ 위에 있다.

따라서 구하는 해는

$$\theta=\mathbf{0},\ \frac{\mathbf{1}}{\mathbf{2}}\pi$$

이다.

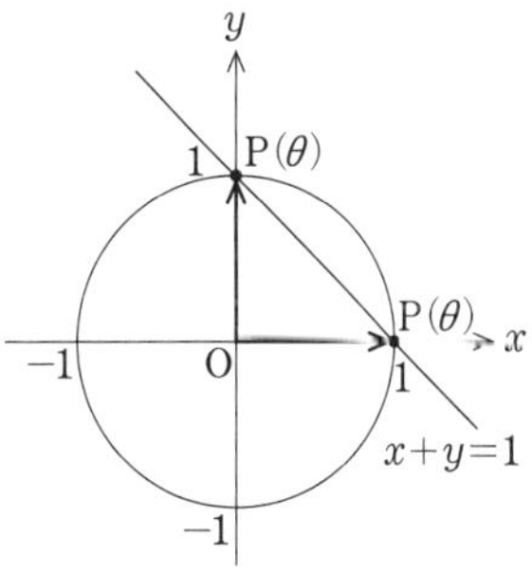

3 간단한 부등식

(1) 점 $\mathrm{P}(x,\ y)$가

$$(x,\ y)=(\cos 2\theta,\ \sin 2\theta)$$

를 만족시킬 때, 점 P는 단위원 위에서 편각 2θ인 위치에 있다. 또한

$$0 \leqq 2\theta \leqq 4\pi$$

이며 θ가 $\theta=0$에서 $\theta=2\pi$까지 증가할 때, 단위원 위를 반시계 방향으로 편각 0인 위치에서 편각 4π인 위치까지 움직이고 점 P는 원주 위를 두 바퀴 돈다.

게다가 부등식

$$\sin 2\theta \geqq \frac{1}{2} \quad \cdots\cdots①$$

해 답

P	4
Q	1
R	2
S	5
T	4
U	3
V	2

을 만족시킬 때, 점 P 는 영역 $y \geqq \frac{1}{2}$에 포함된다.

따라서 그림 1 에 의해 부등식 ①의 해는

$$\frac{1}{6}\pi \leqq 2\theta \leqq \frac{5}{6}\pi, \quad \frac{13}{6}\pi \leqq 2\theta \leqq \frac{17}{6}\pi$$

$$\mathbf{\frac{1}{12}}\pi \leqq \theta \leqq \mathbf{\frac{5}{12}}\pi, \quad \mathbf{\frac{13}{12}}\pi \leqq \theta \leqq \mathbf{\frac{17}{12}}\pi$$

가 된다.

그림 1

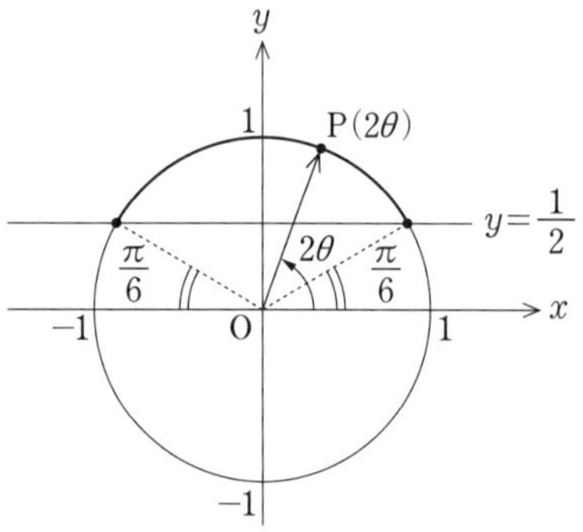

(2) 부등식

$$\sin 2\theta \geqq \cos 2\theta + 1 \quad \cdots\cdots②$$

을 만족시킬 때, 점 P 는 영역 $y \geqq x+1$ 에 포함된다.

따라서 그림 2 에 의해 부등식 ②의 해는

$$\frac{1}{2}\pi \leqq 2\theta \leqq \pi, \quad \frac{5}{2}\pi \leqq 2\theta \leqq 3\pi$$

$$\mathbf{\frac{1}{4}}\pi \leqq \theta \leqq \mathbf{\frac{1}{2}}\pi, \quad \mathbf{\frac{5}{4}}\pi \leqq \theta \leqq \mathbf{\frac{3}{2}}\pi$$

가 된다.

그림 2

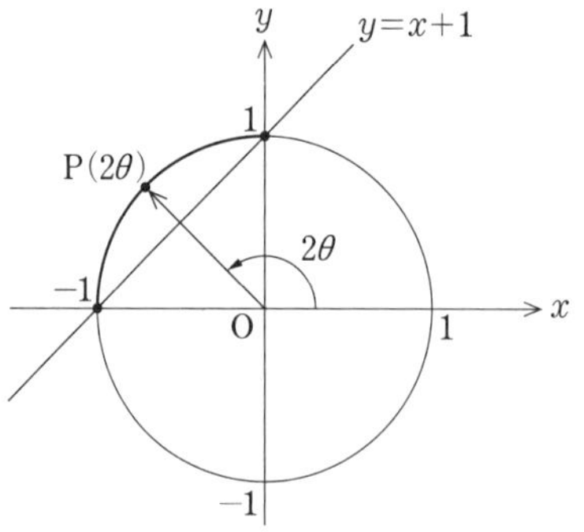

해 답

4

(1)	A	**2**
	B	**2**
	C	**1**
	D	**4**
(2)	E	**2**
	F	**1**
	G	**3**
(3)	H	**2**
	IJ	**11**
	K	**6**
(4)	L	**2**
	M	**5**
	N	**4**

4 극좌표 표시

해법의 포인트

점 P(x, y)를 작도하여 r과 θ를 파악한다.

(1) P(2, 2)일 때

$$r=\sqrt{2^2+2^2}=\mathbf{2\sqrt{2}}$$

이고 그림에 의해 $\theta=\mathbf{\frac{1}{4}}\pi$가 된다.

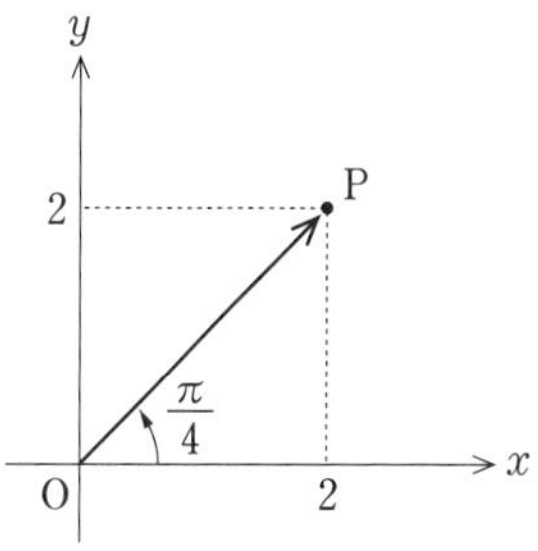

(2) P(1, $\sqrt{3}$)일 때

$$r=\sqrt{1^2+3}=\mathbf{2}$$

이고 그림에 의해 $\theta=\mathbf{\frac{1}{3}}\pi$가 된다.

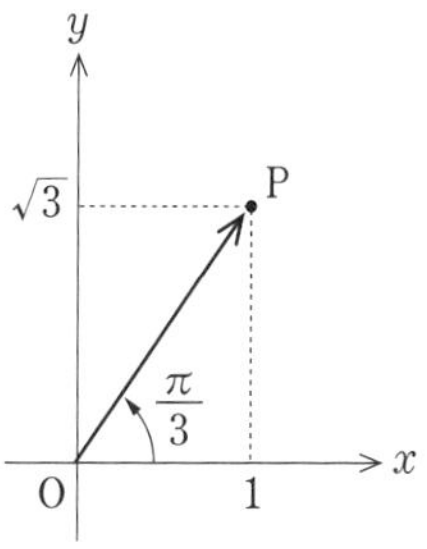

(3) P($\sqrt{3}$, -1)일 때

$$r=\sqrt{3+(-1)^2}=\mathbf{2}$$

이고 그림에 의해 $\theta=\mathbf{\frac{11}{6}}\pi$가 된다.

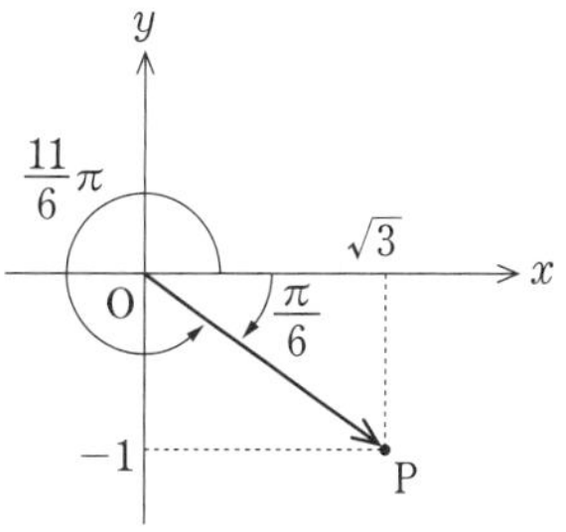

(4) P(-1, -1)일 때

$$r=\sqrt{(-1)^2+(-1)^2}=\mathbf{\sqrt{2}}$$

이고 그림에 의해 $\theta=\mathbf{\frac{5}{4}}\pi$가 된다.

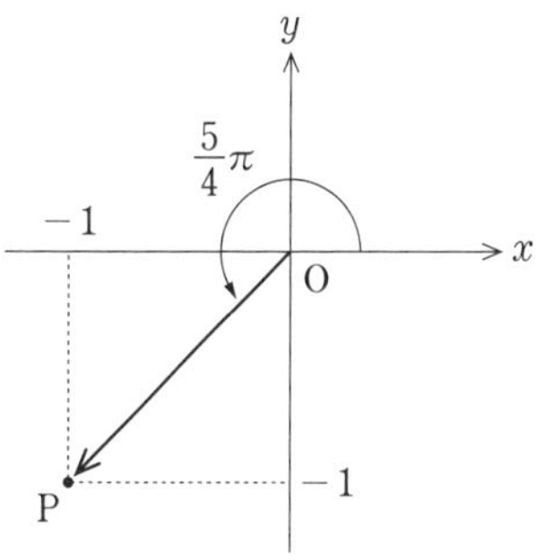

해 답

5

(1)	A	**2**
	B	**4**
	C	**2**
	D	**4**
(2)	E	**2**
	F	**2**
	G	**3**
	H	**2**
	I	**2**
	J	**5**
	K	**6**
(3)	L	**5**
	M	**3**
	N	**5**
	OP	**−4**
	Q	**5**

5 삼각함수의 합성

해법의 포인트

$(a,\ b)=(r\cos\alpha,\ r\sin\alpha)$가 되는 r, α와
$(b,\ a)=(r\cos\beta,\ r\sin\beta)$가 되는 r, β를 구하고 나서

$$\begin{aligned} a\sin\theta+b\cos\theta &= (r\cos\alpha)\sin\theta+(r\sin\alpha)\cos\theta \\ &= r(\sin\theta\cos\alpha+\cos\theta\sin\alpha) \\ &= r\sin(\theta+\alpha) \end{aligned}$$

$$\begin{aligned} a\sin\theta+b\cos\theta &= (r\sin\beta)\sin\theta+(r\cos\beta)\cos\theta \\ &= r(\cos\theta\cos\beta+\sin\theta\sin\beta) \\ &= r\cos(\theta-\beta) \end{aligned}$$

로 변형한다.

(1) $(1,\ 1)=\left(\sqrt{2}\cos\dfrac{\pi}{4},\ \sqrt{2}\sin\dfrac{\pi}{4}\right)$ 이기 때문에

$$\begin{aligned} \sin\theta+\cos\theta &= \left(\sqrt{2}\cos\frac{\pi}{4}\right)\sin\theta+\left(\sqrt{2}\sin\frac{\pi}{4}\right)\cos\theta \\ &= \sqrt{2}\left(\sin\theta\cos\frac{\pi}{4}+\cos\theta\sin\frac{\pi}{4}\right) \\ &= \mathbf{\sqrt{2}}\sin\left(\theta+\frac{\pi}{\mathbf{4}}\right) \end{aligned}$$

또한

$$\begin{aligned} \sin\theta+\cos\theta &= \left(\sqrt{2}\sin\frac{\pi}{4}\right)\sin\theta+\left(\sqrt{2}\cos\frac{\pi}{4}\right)\cos\theta \\ &= \sqrt{2}\left(\cos\theta\cos\frac{\pi}{4}+\sin\theta\sin\frac{\pi}{4}\right) \\ &= \mathbf{\sqrt{2}}\cos\left(\theta-\frac{\pi}{\mathbf{4}}\right) \end{aligned}$$

(2) $(\sqrt{2},\ -\sqrt{6})=\left(2\sqrt{2}\cos\left(-\dfrac{\pi}{3}\right),\ 2\sqrt{2}\sin\left(-\dfrac{\pi}{3}\right)\right)$

$(-\sqrt{6},\ \sqrt{2})=\left(2\sqrt{2}\cos\dfrac{5}{6}\pi,\ 2\sqrt{2}\sin\dfrac{5}{6}\pi\right)$

이기 때문에

$$\begin{aligned} &\sqrt{2}\sin\theta-\sqrt{6}\cos\theta \\ &= \left(2\sqrt{2}\cos\left(-\frac{\pi}{3}\right)\right)\sin\theta+\left(2\sqrt{2}\sin\left(-\frac{\pi}{3}\right)\right)\cos\theta \\ &= 2\sqrt{2}\left(\sin\theta\cos\left(-\frac{\pi}{3}\right)+\cos\theta\sin\left(-\frac{\pi}{3}\right)\right) \\ &= \mathbf{2\sqrt{2}}\sin\left(\theta-\frac{\pi}{\mathbf{3}}\right) \end{aligned}$$

또한

해 답

$$\sqrt{2}\sin\theta-\sqrt{6}\cos\theta$$
$$=\left(2\sqrt{2}\sin\frac{5}{6}\pi\right)\sin\theta+\left(2\sqrt{2}\cos\frac{5}{6}\pi\right)\cos\theta$$
$$=2\sqrt{2}\left(\cos\theta\cos\frac{5}{6}\pi+\sin\theta\sin\frac{5}{6}\pi\right)$$
$$=\mathbf{2\sqrt{2}}\cos\left(\theta-\frac{\mathbf{5}}{\mathbf{6}}\pi\right)$$

(3) $(3,\ -4)=(5\cos\alpha,\ 5\sin\alpha)$이므로

$$3\sin\theta-4\cos\theta=(5\cos\alpha)\sin\theta+(5\sin\alpha)\cos\theta$$
$$=5(\sin\theta\cos\alpha+\cos\theta\sin\alpha)$$
$$=\mathbf{5}\sin(\theta+\alpha)$$

가 된다. 단

$$\cos\alpha=\frac{\mathbf{3}}{\mathbf{5}},\quad \sin\alpha=-\frac{\mathbf{4}}{\mathbf{5}}$$

이다.

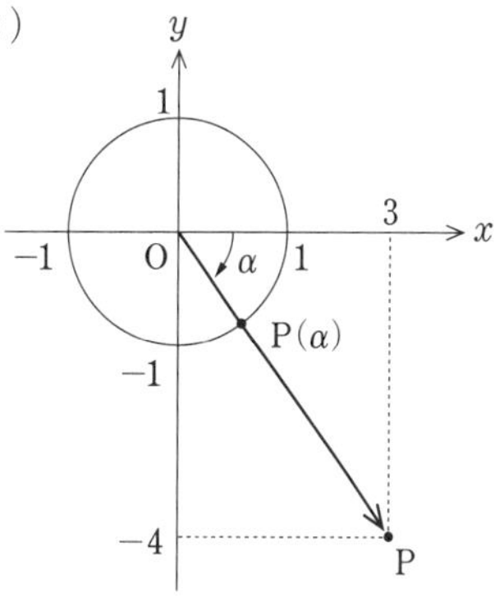

위 그림일 때는 $-\frac{\pi}{2}<\alpha<0$이다.

6

A	0
B	1
C	2
D	3
E	1
F	5
G	0
H	4
I	5
J	1
K	0
L	8

6 대칭성의 공식

해법의 포인트

점 $P(\theta)$의 대칭성의 공식이다. 결과만을 암기하는 것이 아니라, 증명방법과 함께 외우는 것이 중요하다.

삼각함수의 정의에 의해 난위원 위의 편각θ의 방향으로 점 $P(\theta)$를 취하면 점 $P(\theta)$의 x 좌표는 $\cos\theta$ (⓪) 이며 y 좌표는 $\sin\theta$ (①) 이다. 또한 $\theta\neq\frac{\pi}{2}+n\pi$ (n은 정수) 일 때, 직선 $OP(\theta)$의 기울기는 $\tan\theta$ (②) 이다.

점 $P(\theta)$와 점 $P(\pi-\theta)$는 y축에 대해 대칭이므로

$\cos(\pi-\theta)=-\cos\theta$ (③),

$\sin(\pi-\theta)=\sin\theta$ (①),

$\tan(\pi-\theta)=-\tan\theta$ (⑤)

를 만족시킨다.

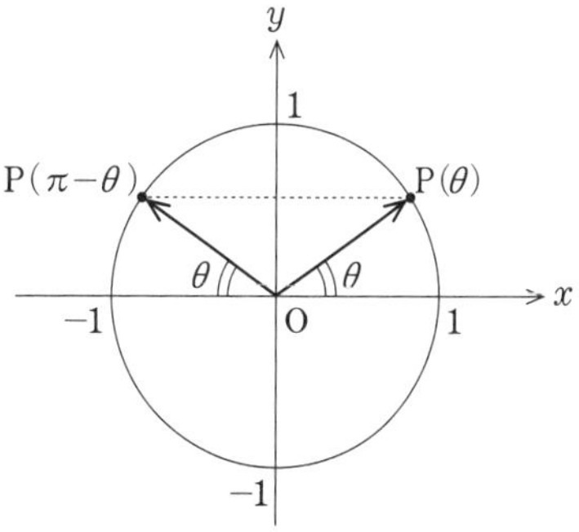

해 답

점 $P(\theta)$ 와 점 $P(-\theta)$ 는 x 축에 대하여 대칭이므로

$$\cos(-\theta) = \cos\theta \ (⓪),$$
$$\sin(-\theta) = -\sin\theta \ (④),$$
$$\tan(-\theta) = -\tan\theta \ (⑤)$$

를 만족시킨다.

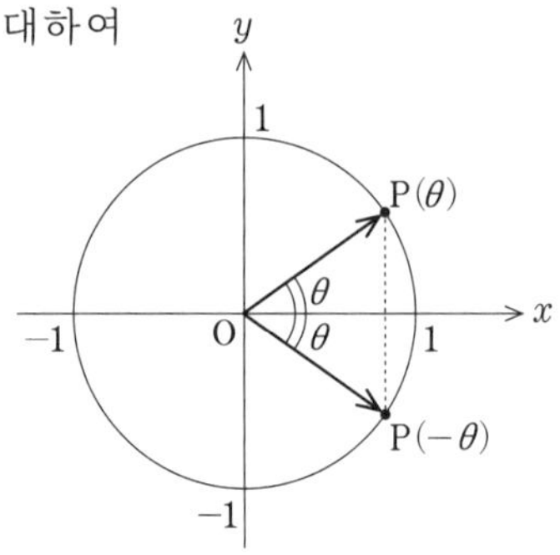

점 $P(\theta)$ 와 점 $P\left(\dfrac{\pi}{2}-\theta\right)$ 는 직선 $y=x$ 에 대하여 대칭이므로

$$\cos\left(\frac{\pi}{2}-\theta\right) = \sin\theta \ (①),$$
$$\sin\left(\frac{\pi}{2}-\theta\right) = \cos\theta \ (⓪),$$
$$\tan\left(\frac{\pi}{2}-\theta\right) = \frac{1}{\tan\theta} \ (⑧)$$

를 만족시킨다.

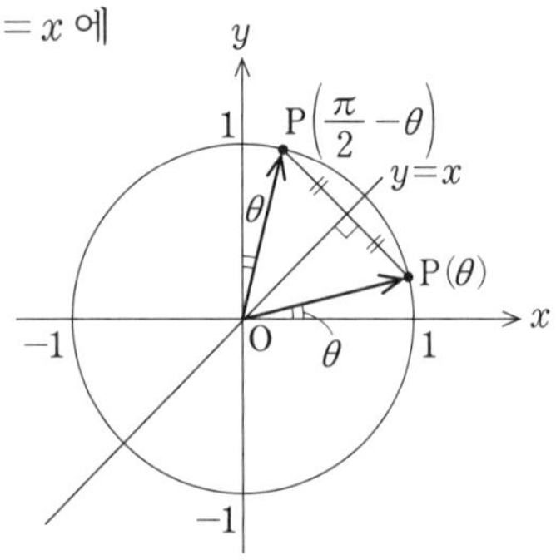

실전문제

1

(1)	A	**3**
(2)	B	**4**
	C	**4**
(3)	D	**2**
	E	**3**
	F	**5**
	G	**3**
	H	**3**
	I	**3**
	J	**2**
	K	**0**
	L	**5**
	M	**3**

1 xy 평면 위의 점 $P(x,\ y)$ 에서

$$x = \sqrt{3}\cos\left(\frac{1}{2}\theta + \frac{2}{3}\pi\right),\quad y = \sqrt{3}\sin\left(\frac{1}{2}\theta + \frac{2}{3}\pi\right)$$

를 만족시키는 것을 생각하면 반직선 OP 는 길이가 $\sqrt{3}$ 이고 편각이 $\dfrac{1}{2}\theta + \dfrac{2}{3}\pi$ 이다.

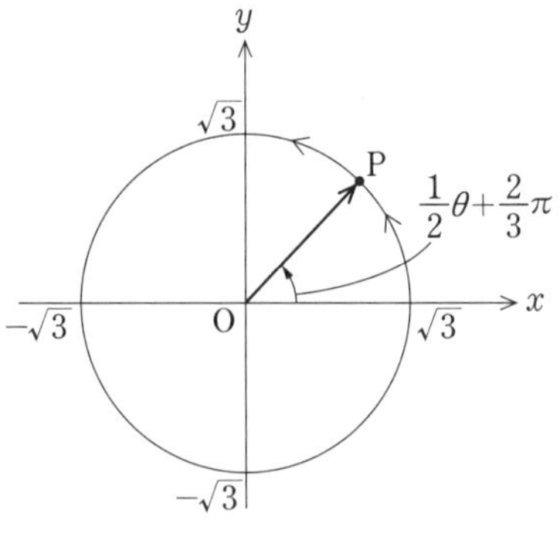

(1) 점 P 는 원점 O 가 중심, 반지름 $\mathbf{\sqrt{3}}$ 인 원 C 위에 있다.

해 답

(2) θ가 증가하면 점 P는 원 C 위를 반시계 방향으로 움직이고

$$\frac{1}{2}(\theta+4\pi)+\frac{2}{3}\pi=\left(\frac{1}{2}\theta+\frac{2}{3}\pi\right)+2\pi$$

를 만족시킨다. 따라서 정확히 $\mathbf{4}\pi$만큼 증가하면 편각이 2π만큼 증가한다. 즉 원주 위를 한 바퀴도는 것을 알 수 있다.

이로부터 함수 $f(\theta)$는 주기 $\mathbf{4}\pi$를 갖는다.

(3) θ의 값이 $0\leqq\theta\leqq2\pi$인 범위로 증가할 때, 점 P는 원 C 위를 반시계 방향으로 편각$\frac{\mathbf{2}}{\mathbf{3}}\pi$인 위치에서 편각$\frac{\mathbf{5}}{\mathbf{3}}\pi$인 위치까지 움직인다.

점 P의 y 좌표에 주목하면 다음 그림에 의해 $f(\theta)$가 취할 수 있는 값의 범위는

$$-\sqrt{\mathbf{3}}\leqq f(\theta)\leqq\frac{\mathbf{3}}{\mathbf{2}}$$

임을 알 수 있다.

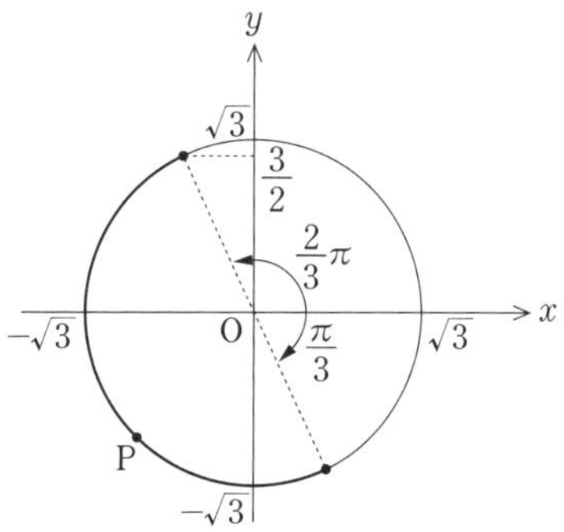

게다가 $f(\theta)$가 최대가 되는 것은 $\theta=\mathbf{0}$일 때 이며 $f(\theta)$가 최소가 되는 것은 $\theta=\frac{\mathbf{5}}{\mathbf{3}}\pi$일 때이다.

2

A	**2**
B	**4**
CD	**−1**
E	**2**
FG	**−3**
H	**4**
I	**3**
JK	**13**
L	**3**
MN	**−3**
O	**4**
P	**2**
Q	**3**

2 먼저

$$t=\sin x-\cos x=\sqrt{\mathbf{2}}\sin\left(x-\frac{\pi}{\mathbf{4}}\right)$$

이다. $0\leqq x\leqq\pi$에서 $-\frac{\pi}{4}\leqq x-\frac{\pi}{4}\leqq\frac{3}{4}\pi$이므로

$$-\frac{\sqrt{2}}{2}\leqq\sin\left(x-\frac{\pi}{4}\right)\leqq1\qquad\mathbf{-1}\leqq t\leqq\sqrt{\mathbf{2}}$$

가 된다.

게다가

$$t^2=\cos^2x+\sin^2x-2\sin x\cos x=1-\sin2x$$

이므로

$$f(x)=3(1-t^2)-4t=\mathbf{-3}t^2-\mathbf{4}t+\mathbf{3}$$

이 된다. 여기서 t의 이차함수

해 답

R	**4**
S	**2**
TU	**14**
V	**6**
W	**2**
XY	**14**
Z	**6**

$$y=-3t^2-4t+3=-3\left(t+\frac{2}{3}\right)^2+\frac{13}{3}\quad(-1\leqq t\leqq\sqrt{2})$$

를 생각하면 $f(x)$는 $t=-\frac{2}{3}$일 때 최대, $t=\sqrt{2}$ 일 때 최소가 된다.

따라서 $f(\theta)$의

최댓값은 $\mathbf{\frac{13}{3}}$, 최솟값은 $\mathbf{-3-4\sqrt{2}}$

이다.

게다가 $f(x)$가 최소가 되는 것은

$$t=\sqrt{2}=\sqrt{2}\sin\left(x-\frac{\pi}{4}\right)\qquad \sin\left(x-\frac{\pi}{4}\right)=1$$

일 때 이고 이 때

$$x-\frac{\pi}{4}=\frac{1}{2}\pi\qquad x=\mathbf{\frac{3}{4}}\pi$$

가된다.

게다가 $f(x)$가 최대가 되는 것은 $t=\sin x-\cos x=-\frac{2}{3}$일 때이다.

이 때

$$\cos^2x+\sin^2x=\left(\sin x+\frac{2}{3}\right)^2+\sin^2x=1$$

이므로

$$18\sin^2x+12\sin x-5=0$$

가 된다. 근의 공식으로부터

$$\sin x=\frac{-6\pm\sqrt{126}}{18}$$

$$=\frac{-2\pm\sqrt{14}}{6}$$

$0\leqq x\leqq\pi$에 의해 $\sin x\geqq 0$ 이므로

$$\sin x=\frac{-2+\sqrt{14}}{6}$$

$$\cos x=\sin x+\frac{2}{3}=\frac{2+\sqrt{14}}{6}$$

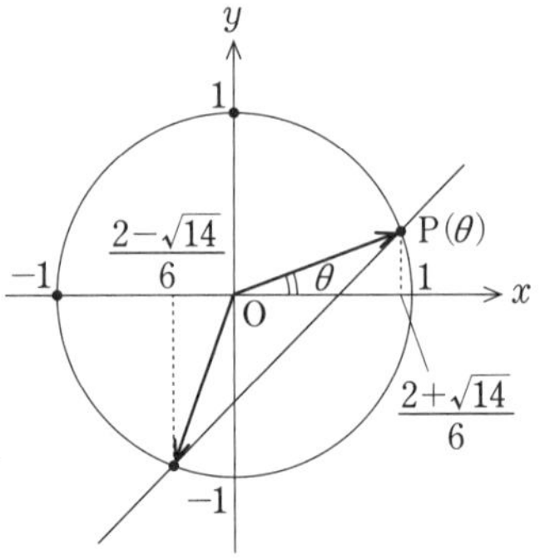

가 된다. 따라서

$\cos x=\mathbf{\frac{2+\sqrt{14}}{6}}$, $\sin x=\mathbf{\frac{-2+\sqrt{14}}{6}}$가 된다.

보충 $\sin\theta-\cos\theta=-\frac{2}{3}$ $(0\leqq\theta\leqq\pi)$를 만족시키는 θ는 그림과 같이 되어 있다.

해 답

제 5 장 수열과 수열의 극한

기본문제

1

(1) A **3**
BCD **−49**
E **3**
FG **52**
H I **18**
J **3**
KLM **101**

(2) N **1**
O **2**
P **1**
Q **1**
R **2**
S **1**
T **0**
U **2**
V **1**
W **1**
X **2**
Y **2**

1 등차수열, 등비수열

(1) 등차수열 $\{a_n\}$ 의 공차를 d 로 놓으면

$$a_5 - a_3 = 2d = -37-(-43) = 6 \qquad d = \mathbf{3}$$

이다. 또한

$$a_3 = a_1 + 2d = a_1 + 6 = -43 \qquad a_1 = \mathbf{-49}$$

이고 일반항은

$$a_n = -49 + 3(n-1) = \mathbf{3}n - \mathbf{52} \quad (n = 1,\ 2,\ \cdots\cdots)$$

이다. 게다가

$$a_n = 3n - 52 > 0 \qquad n > \frac{52}{3} = 17 + \frac{1}{3}$$

이므로 a_n 이 처음으로 양의 값이 되는 것은 제 **18** 항이다.
또한 첫째항부터 제 n 항까지의 합 S_n $(n = 1,\ 2,\ \cdots\cdots)$ 은

$$S_n = \left(\frac{a_1 + a_n}{2}\right)n = \frac{(-49 + 3n - 52)n}{2} = \frac{\mathbf{3}n^2 - \mathbf{101}n}{2}$$

이다.

(2) 등비수열 $\{b_n\}$ 의 공비를 r 로 놓으면

$$\frac{b_5}{b_2} = r^3 = \frac{1}{8} \qquad r = \frac{\mathbf{1}}{\mathbf{2}}$$

이다. 또한

$$b_2 = rb_1 = \frac{1}{2}b_1 = \frac{1}{2} \qquad b_1 = \mathbf{1}$$

이고 일반항은

$$b_n = b_1 r^{n-1} = \left(\frac{\mathbf{1}}{\mathbf{2}}\right)^{n-1} \quad (n = 1,\ 2,\ \cdots\cdots)$$

이다. 이 수열의 극한값은 $\lim_{n\to\infty} b_n = \mathbf{0}$ 이다.
게다가 첫째항부터 제 n 항까지의 합 S_n $(n = 1,\ 2,\ \cdots\cdots)$ 은

$$S_n = b_1\frac{1 - r^n}{1 - r} = \frac{1 - \left(\frac{1}{2}\right)^n}{1 - \frac{1}{2}} = \mathbf{2}\left\{\mathbf{1} - \left(\frac{\mathbf{1}}{\mathbf{2}}\right)^n\right\}$$

이다. 수열 $\{S_n\}$ 의 극한값은 $\lim_{n\to\infty} S_n = \mathbf{2}$ 이다.

2

A **6**
B **4**
C **5**
D **4**
E **5**
FGH **−30**

2 등차수열, 수열의 증감

먼저

$$S_n - S_{n-1} = a_n \quad (n = 2,\ 3,\ \cdots\cdots)$$

을 만족시키는 것에서 수열 $\{S_n\}$ 의 증감은 다음과 같다.

(i) $a_n = 3n - 15 > 0$ 일 때 $n > 5$ 이고 n 은 정수이므로 $n \geqq \mathbf{6}$ 가 된다. 이 때

해 답

$$S_n - S_{n-1} = a_n > 0 \qquad S_{n-1} < S_n \text{ (증가)}$$

이다 .

(ii) $a_n = 3n - 15 < 0$ 일 때 $n < 5$ 이고 n 은 정수이므로 $n \leqq \mathbf{4}$ 가 된다 . 이 때

$$S_n - S_{n-1} = a_n < 0 \qquad S_{n-1} > S_n \text{ (감소)}$$

이다 .

(iii) $a_n = 3n - 15 = 0$ 일 때 $n = \mathbf{5}$ 이고 이 때 $S_{n-1} = S_n$ 를 만족시킨다 .

따라서

$$S_1 > S_2 > S_3 > S_4 = S_5 < S_6 < S_7 < \cdots\cdots$$

이므로 S_n 은 $n = \mathbf{4}$, $\mathbf{5}$ 일 때 최소로 된다 .

또한 $a_{n+1} - a_n = 3$ 이므로 $\{a_n\}$ 은 등차수열로 $a_1 = -12$, $a_4 = -3$ 이므로

$$S_4 = \left(\frac{a_1 + a_4}{2}\right) \cdot 4 = \left(\frac{-12-3}{2}\right) \cdot 4 = -30$$

이고 S_n 의 최솟값은 $\mathbf{-30}$ 이다 .

보충 S_n 는

$$S_n = \frac{(a_1 + a_n)n}{2} = \frac{(-12 + 3n - 15)n}{2} = \frac{(3n - 27)n}{2}$$

을 만족시킨다 . 이로부터

$$S_4 = S_5 = -30$$

이다 . 또한 다음과 같이 증감표를 만들어도 된다 .

n	$\cdots$	5	$\cdots$
a_n	$-$	0	$+$
S_n	↘	$S_4 = S_5$	↗

실전문제

1

A	**2**
B	**1**
C	**7**
D	**3**
E	**5**

1

해법의 포인트

$a_k > 0$ 일 때는 $a_{k+1} - a_k > 0$ 를 대신하여 $\dfrac{a_{k+1}}{a_k} > 1$ 을 확인해도 된다 .

수열 $\{a_k\}$

$$a_k = {}_{2n}\mathrm{C}_k \quad (k = 0,\ 1,\ 2,\ \cdots\cdots,\ 2n-1,\ 2n)$$

에 대하여

$$\frac{a_{k+1}}{a_k} = \frac{{}_{2n}\mathrm{C}_{k+1}}{{}_{2n}\mathrm{C}_k} = \frac{\dfrac{(2n)!}{(k+1)!(2n-k-1)!}}{\dfrac{(2n)!}{k!(2n-k)!}}$$

해 답

$$= \frac{k!(2n-k)!}{(k+1)!(2n-k-1)!} = \frac{2n-k}{k+1}$$

이다.

(i) 부등식

$$\frac{a_{k+1}}{a_k} = \frac{2n-k}{k+1} > 1$$

이 성립할 때

$$2n-k > k+1 \qquad k < n - \frac{1}{2}$$

이 된다. k는 정수이므로 $k \leqq n-1$ (⑦) 이 된다.

이 때 $a_k < a_{k+1}$ 를 만족시킨다, 즉 a_k 는 증가한다.

(ii) 부등식

$$\frac{a_{k+1}}{a_k} = \frac{2n-k}{k+1} < 1$$

이 성립할 때

$$2n-k < k+1 \qquad k > n - \frac{1}{2}$$

이 된다. 따라서 k는 정수이므로 $k \geqq n$ (③) 이 된다.

이 때, $a_k > a_{k+1}$ 를 만족시키는, 즉 a_k 는 감소한다.

따라서

$$a_0 < a_1 < \cdots < a_{n-1} < a_n > a_{n+1} > \cdots > a_{2n}$$

이고 a_k는 $k=n$ (⑤) 일 때 최대로 된다.

2

(1)	A	**5**
	B	**2**
(2)	C	**1**
	D	**2**
	E	**2**
	F	**2**
(3)	G	**1**
	H	**7**
	I	**1**
	J	**8**
	K	**2**

2

(1) 다음 식

$$S_n = \left(\frac{1}{2}\right)^n + 2n \quad (n=1,\ 2,\ \cdots\cdots) \quad \cdots\cdots ①$$

에 있어서 $n=1$ 이라고 하면 $a_1 = S_1 - \frac{1}{2} + 2 = \frac{5}{2}$ 이다.

(2) ①에 의해 $n \geqq 2$ 일 때

$$\begin{aligned} a_n &= S_n - S_{n-1} \\ &= \left(\frac{1}{2}\right)^n + 2n - \left(\frac{1}{2}\right)^{n-1} - 2(n-1) \\ &= \left(\frac{1}{2}\right)^{n-1}\left(\frac{1}{2} - 1\right) + 2 = -\left(\frac{1}{2}\right)^n + 2 \end{aligned}$$

이다. 또한 극한값은 $\lim_{n\to\infty} a_n = 2$ 이다.

해 답

(3) 수열 $\{b_n\}$ 에 대하여

$$b_n = a_{3n} = -\left(\frac{1}{2}\right)^{3n} + 2 = -\left(\frac{1}{8}\right)^{n} + 2 \quad (n = 1,\ 2,\ \cdots\cdots)$$

첫째항 $-\frac{1}{8}$, 공비 $\frac{1}{8}$인 등비수열

이다. 이로부터 합 T_n $(n=1,\ 2,\ \cdots\cdots)$ 은

$$T_n = -\frac{1}{8}\sum_{k=1}^{n}\left(\frac{1}{8}\right)^{k-1} + \sum_{k=1}^{n} 2 = -\frac{1}{8}\left\{\frac{1-\left(\frac{1}{8}\right)^n}{1-\frac{1}{8}}\right\} + 2n$$

$$= -\frac{\mathbf{1}}{\mathbf{7}}\left\{1-\left(\frac{\mathbf{1}}{\mathbf{8}}\right)^{n}\right\} + \mathbf{2}n$$

이다.

3

AB	**24**
CD	**24**
E	**0**
F	**1**
G	**2**
H	**1**
I	**1**
J	**1**
K	**3**
L	**4**
M	**4**
N	**4**

3 이항 정리를 이용하면

$$2^n = (1+1)^n = {}_nC_0 + {}_nC_1 + \cdots\cdots + {}_nC_n$$

이다. 각 항은 양의 유리수이며 제 5 항을 꺼내면 부등식

$$2^n > {}_nC_4 = \frac{n(n-1)(n-2)(n-3)}{4\cdot 3\cdot 2\cdot 1} = \frac{n(n-1)(n-2)(n-3)}{\mathbf{24}}$$

가 성립한다. 이로부터

$$\frac{2^n}{n^3} > \frac{(n-1)(n-2)(n-3)}{24n^2}$$

이다. 따라서

$$0 < a_n < \frac{\mathbf{24}n^2}{(n-1)(n-2)(n-3)}$$

가 된다. 여기서

$$\lim_{n\to\infty}\frac{24n^2}{(n-1)(n-2)(n-3)} = \lim_{n\to\infty}\frac{24}{(n-1)\left(1-\frac{2}{n}\right)\left(1-\frac{3}{n}\right)} = 0$$

이고 수열 $\{a_n\}$ 의 극한값은 $\lim_{n\to\infty} a_n = \mathbf{0}$ 가 된다.

다음으로 증감을 알아본다.

$$\frac{a_{n+1}}{a_n} = \frac{\frac{(n+1)^3}{2^{n+1}}}{\frac{n^3}{2^n}} = \frac{(n+1)^3\cdot 2^n}{n^3\cdot 2^{n+1}} = \frac{\mathbf{1}}{\mathbf{2}}\left(\mathbf{1}+\frac{\mathbf{1}}{n}\right)^3$$

이다. 따라서 부등식 $\frac{a_{n+1}}{a_n} > 1$ 을 만족시킬 때

$$\left(1+\frac{1}{n}\right)^3 > 2 \quad \cdots\cdots ①$$

해 답

가 된다. 여기서

$$\left(1+\frac{1}{3}\right)^3=\frac{4^3}{3^3}=\frac{64}{27}>2,\quad \left(1+\frac{1}{4}\right)^3=\frac{5^3}{4^3}=\frac{125}{64}<2$$

이다. 수열 $\left\{\frac{1}{n}\right\}$ 은 단조감소하므로 부등식 ①을 만족시키는 n 의 범위는 $\mathbf{1 \leqq n \leqq 3}$ 이다.

따라서 $1 \leqq n \leqq 3$ 일 때 수열 $\{a_n\}$ 은 증가한다, 즉 $a_n < a_{n+1}$ 를 만족시킨다.

또한 $n \geqq \mathbf{4}$ 일 때, 부등식 $\frac{a_{n+1}}{a_n} < 1$ 을 만족시킨다. 이 때, 수열 $\{a_n\}$ 은 감소한다, 즉, $a_n > a_{n+1}$ 을 만족시킨다.

따라서 수열 $\{a_n\}$ 은 $n = \mathbf{4}$ 일 때 최솟값 $a_4 = \mathbf{4}$ 를 취한다.

보충 해답과 마찬가지로 임의의 자연수 M 과 $r > 1$ 을 만족시키는 임의의 정수 r 에 대하여 $\lim_{n\to\infty}\frac{n^M}{r^n}=0$ 이 성립함이 증명된다.

제 3 부 제 2 장에서도 나오므로 기억해 두자.

제 2 부 도형을 알아본다 .

해 답

1

A	**1**
B	**2**
C	**1**
D	**2**
EF	**−2**
GH	**−2**
I	**3**
JK	**−1**
L	**1**
M	**2**
N	**2**
OP	**−2**
QR	**13**
ST	**−1**
U	**6**
V	**1**

제 1 장 도형과 방정식

기본문제

1 직선의 방정식, 직선의 기울기

해법의 포인트

> 기울기 m 인 직선에 직교하는 직선의 기울기는 $-\dfrac{1}{m}$이다 .

직선 AB 의 기울기 m_1 은

$$m_1 = \frac{\Delta y}{\Delta x} = \frac{3-1}{5-1} = \frac{1}{2}$$

이다 . 따라서 직선 AB 의 방정식은

$$y = m_1(x-1)+1 = \mathbf{\frac{1}{2}}x + \mathbf{\frac{1}{2}}$$

이다 .

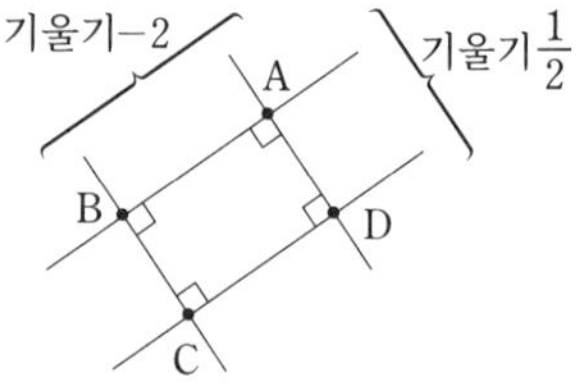

직선 BC 는 직선 AB 와 직교하므로 직선 BC 의 기울기를 m_2 라고 하면

$$m_2 = -\frac{1}{m_1} = \mathbf{-2}$$

따라서 직선 BC 의 방정식은

$$y = -2(x-1)+1 = \mathbf{-2x+3}$$

이며 점 C 의 좌표는 (2, **−1**) 이 된다 .

게다가 직선 CD 는 직선 AB 에 평행이므로 직선 CD 의 기울기는 $\dfrac{1}{2}$이다.

따라서 직선 CD 의 방정식은

$$y = \frac{1}{2}(x-2)-1 = \mathbf{\frac{1}{2}}x - \mathbf{2} \quad \cdots\cdots①$$

이다 . 또한 직선 DA 는 직선 BC 에 평행이므로 직선 DA 의 기울기는 −2 이다 . 따라서 직선 DA 의 방정식은

$$y = -2(x-5)+3 = \mathbf{-2x+13} \quad \cdots\cdots②$$

이다 .

①과 ②를 연립하면 $x=6$, $y=1$ 이 된다 . 따라서

$$a = \mathbf{-1}, \quad b = \mathbf{6}, \quad c = \mathbf{1}$$

이다 .

해 답

2

AB	-2
C	3
D	4
E	5
F	5
G	4

2 점과 직선의 거리

해법의 포인트

> 점 A$(x_0,\ y_0)$ 와 직선 $l : ax+by+c=0$ 과의 거리 d 는
> $$d=\frac{|ax_0+by_0+c|}{\sqrt{a^2+b^2}}$$

직선 AB 의 기울기 m 은 $m=\dfrac{-3-1}{3-1}=-2$ 이고 직선 AB 의 방정식은

$$y=-2(x-1)+1=\mathbf{-2}x+\mathbf{3} \qquad 2x+y-3=0$$

이다. 이로부터 점 C$(-2,\ 3)$ 와 직선 AB 의 거리 d 는

$$d=\frac{|2\cdot(-2)+1\cdot3-3|}{\sqrt{2^2+1^2}}=\frac{4}{\sqrt{5}}=\frac{\mathbf{4\sqrt{5}}}{\mathbf{5}}$$

이다.

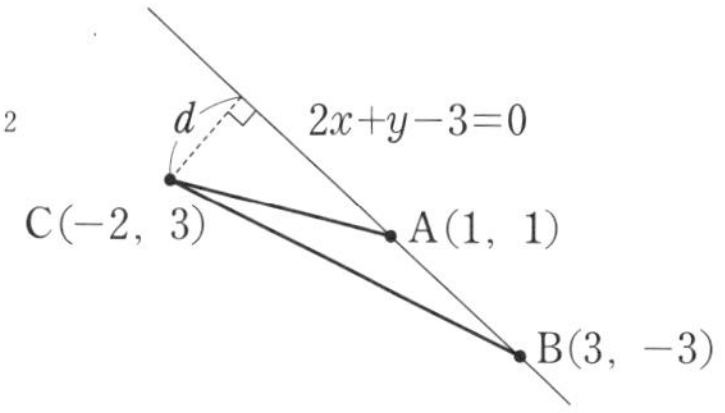

또한

$$|\mathrm{AB}|^2=(3-1)^2+(-3-1)^2$$
$$=4+16=20$$
$$\mathrm{AB}=2\sqrt{5}$$

이다.

따라서 삼각형 ABC 의 넓이는

$$S=\frac{1}{2}\cdot d\cdot \mathrm{AB}=\frac{1}{2}\cdot\frac{4}{\sqrt{5}}\cdot 2\sqrt{5}=\mathbf{4}$$

이다.

실전문제

1

(1)	A	3
	BC	-3
	D	3
	E	5
	F	3
	G	5
(2)	H	3
	I	3
	J	5
	K	3
	L	3
	M	5
	N	5
	O	3

1

(1) 원 C 의 방정식은

$$x^2+y^2-6x+6y+9=(x-3)^2+(y+3)^2-18+9=0$$
$$(x-3)^2+(y+3)^2=9$$

가 된다. 따라서 C 의 중심 A 의 좌표는 $(\mathbf{3},\ \mathbf{-3})$ 이고, 반지름은 **3** 이다.

또한 중심 A 와 직선 l 의 거리 d 는

$$d=\frac{|3+2(-3)+k|}{\sqrt{1^2+2^2}}=\frac{|k-3|}{\sqrt{5}}$$

$$k>3 \text{ 이므로, } d=\frac{k-3}{\sqrt{5}}=\frac{\mathbf{\sqrt{5}(k-3)}}{\mathbf{5}}$$

이 된다.

해 답

	P	**6**
	Q	**5**
	R	**5**
(3)	S	**8**

(2) 원 C 와 직선 l 이 접할 때

$$\frac{k-3}{\sqrt{5}}=3 \qquad k=\mathbf{3+3\sqrt{5}}$$

이다 . 따라서 $l : x+2y+3+3\sqrt{5}=0$ 이다 .

l 의 기울기는 $-\frac{1}{2}$이고 l 에 직교하여 중심 A 를 지나는 직선의 방정식은

$$y=2(x-3)-3=2x-9$$

이다 . 이것은 직선 AT 의 방정식이다 .

l 과 직선 AT 의 방정식을 연립하면

$$x+2(2x-9)+3+3\sqrt{5}=0$$

따라서 $x=3-\frac{3\sqrt{5}}{5} \qquad y=-3-\frac{6\sqrt{5}}{5}$

이고 접점 T 의 좌표는 $\left(\mathbf{3-\frac{3\sqrt{5}}{5}},\ \mathbf{-3-\frac{6\sqrt{5}}{5}}\right)$ 이다 .

(3) 삼각형 ABC 는 이등변삼각형이고 점 A 와 직선 l 과의 거리는 $\sqrt{3^2-2^2}=\sqrt{5}$ 가 된다 . 따라서

$$\frac{k-3}{\sqrt{5}}=\sqrt{5} \qquad k=\mathbf{8}$$

이 된다 .

2

(1)	A	**1**
	B	**2**
	C	**4**
	D	**1**
	E	**3**
	F	**2**
	GH	**36**
	I	**5**
	J	**2**
	K	**5**
	L	**4**
(2)	M	**1**
	N	**3**
	OP	**−3**

2

(1) l 의 식으로부터 s 를 소거한다 .

$$l : \begin{cases} x=2s+4 \\ y=s-2 \end{cases} \qquad m : \begin{cases} x=-3t+3 \\ y=t+1 \end{cases}$$

그러면 $s=y+2$ 이므로

$$x=2(y+2)+4 \qquad l : y=\mathbf{\frac{1}{2}}x-\mathbf{4}$$

가 된다 . 다음으로 m 의 식으로부터 t 를 소거한다 . $t=y-1$ 이므로

$$x=-3(y-1)+3 \qquad m : y=-\mathbf{\frac{1}{3}}x+\mathbf{2}$$

가 된다 . 두 식을 연립하면

$$\frac{1}{2}x-4=-\frac{1}{3}x+2 \qquad x=\frac{36}{5},\ y=-\frac{2}{5}$$

가 된다 . 따라서 l 과 m 의 교차점의 좌표는 $\left(\mathbf{\frac{36}{5}},\ -\mathbf{\frac{2}{5}}\right)$ 이다 .

여기서 l 과 m 의 기울기에 대하여

$$\tan\theta_1=\frac{1}{2},\ \tan\theta_2=-\frac{1}{3},\ \left(-\frac{\pi}{2}<\theta_2<\theta_1<\frac{\pi}{2}\right)$$

를 만족시키는 θ_1, θ_2 가 존재한다 .

해 답

이로부터

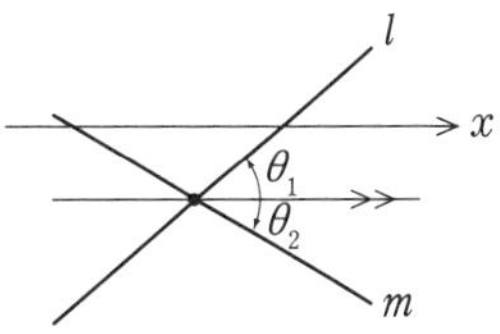

$$\tan(\theta_1-\theta_2)=\frac{\tan\theta_1-\tan\theta_2}{1+\tan\theta_1\tan\theta_2}$$

$$=\frac{\frac{1}{2}+\frac{1}{3}}{1+\frac{1}{2}\cdot\left(-\frac{1}{3}\right)}$$

$$=\frac{3+2}{6-1}=1$$

이다 . 따라서 l 과 m 이 이루는 각도 θ는 $\theta=\theta_1-\theta_2$ 이고, $\theta=\dfrac{\pi}{4}$ 가 된다 .

(2) 직선 $n : y=2x+1$ 의 기울기에 대하여 $\tan\theta=2$ $\left(-\dfrac{\pi}{2}<\theta<\dfrac{\pi}{2}\right)$ 를 만족시키는 θ가 존재한다 .

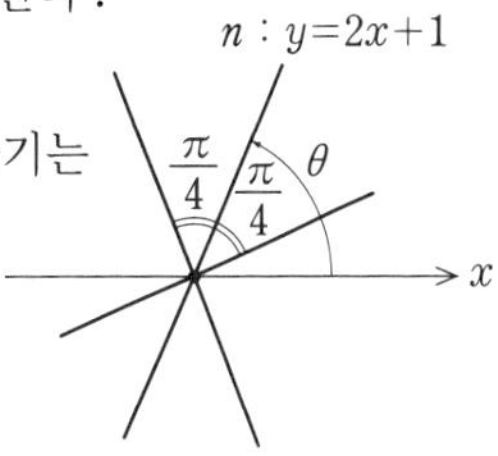

직선 n 과 $\dfrac{\pi}{4}$의 각도를 이루는 직선의 기울기는

$$\tan\left(\theta+\frac{\pi}{4}\right)=\frac{\tan\theta+\tan\frac{\pi}{4}}{1-\tan\theta\tan\frac{\pi}{4}}$$

$$=\frac{2+1}{1-2}=-3$$

$$\tan\left(\theta-\frac{\pi}{4}\right)=\frac{\tan\theta-\tan\frac{\pi}{4}}{1+\tan\theta\tan\frac{\pi}{4}}$$

$$=\frac{2-1}{1+2}=\frac{1}{3}$$

이고 구하는 기울기는 $\mathbf{\dfrac{1}{3}}$ 과 $\mathbf{-3}$ 이다 .

해 답

제 2 장 벡터

기본문제

1

A	**4**
B	**2**
C	**1**
D	**1**
EF	**−1**
G	**6**
H	**1**

1 벡터와 도형

해법의 포인트

$\vec{a}=(a_1,\ a_2)$, $\vec{b}=(b_1,\ b_2)$ 일 때는 $\vec{a}\cdot\vec{b}=a_1b_1+a_2b_2$ 이다.
또한

$$\vec{a}\perp\vec{b} \implies \vec{a}\cdot\vec{b}=0$$

직사각형 ABCD에 대하여

$$\overrightarrow{BA}=\overrightarrow{OA}-\overrightarrow{OB}=(5,\ 3)-(1,\ 1)=(\mathbf{4},\ \mathbf{2})$$
$$\overrightarrow{BC}=\overrightarrow{OC}-\overrightarrow{OB}=(2,\ a)-(1,\ 1)=(\mathbf{1},\ a-\mathbf{1})$$
$$\overrightarrow{CD}=\overrightarrow{OD}-\overrightarrow{OC}=(b,\ c)-(2,\ a)=(b-2,\ c-a)$$

이다. 따라서 $\overrightarrow{BA}\perp\overrightarrow{BC}$ 이므로

$$\overrightarrow{BA}\cdot\overrightarrow{BC}=4\cdot1+2(a-1)=2a+2=0 \qquad a=\mathbf{-1}$$

이다. 또한 $\overrightarrow{BA}=\overrightarrow{CD}$ 이므로

$$(4,\ 2)=(b-2,\ c+1)$$
$$(b,\ c)=(4,\ 2)+(2,\ -1)=(6,\ 1)$$

이고, 따라서 $b=\mathbf{6}$, $c=\mathbf{1}$ 이다.

2

A	**2**
BC	**−4**
DE	**−3**
F	**2**
G	**4**

2 벡터와 삼각형의 넓이

해법의 포인트

삼각형 ABC의 넓이 S는

$$S=\frac{1}{2}\sqrt{|\overrightarrow{AB}|^2|\overrightarrow{AC}|^2-(\overrightarrow{AB}\cdot\overrightarrow{AC})^2}$$

먼저

$$\overrightarrow{AB}=\overrightarrow{OB}-\overrightarrow{OA}=(3,\ -3)-(1,\ 1)=(\mathbf{2},\ \mathbf{-4})$$
$$\overrightarrow{AC}=\overrightarrow{OC}-\overrightarrow{OA}=(-2,\ 3)-(1,\ 1)=(\mathbf{-3},\ \mathbf{2})$$

이고

$$|\overrightarrow{AB}|^2=2^2+(-4)^2=20$$
$$|\overrightarrow{AC}|^2=(-3)^2+2^2=13$$
$$\overrightarrow{AB}\cdot\overrightarrow{AC}=2(-3)+(-4)\cdot2=-14$$

가 된다. 따라서 삼각형 ABC의 넓이 S는

$$S=\frac{1}{2}\sqrt{|\overrightarrow{AB}|^2|\overrightarrow{AC}|^2-(\overrightarrow{AB}\cdot\overrightarrow{AC})^2}$$
$$=\frac{1}{2}\sqrt{20\cdot13-(-14)^2}=\frac{1}{2}\sqrt{64}=\mathbf{4}$$

이다. 또는

$$S=\frac{1}{2}|2\cdot2-(-4)\cdot(-3)|=\frac{1}{2}\cdot8=4$$

라고 계산하여도 된다.

해 답

3

(1)	A	**1**
	BC	**−2**
	D	**1**
	E	**2**
	F	**3**
	G	**2**
(2)	H	**2**
	I	**3**
(3)	J	**2**
	KL	**−3**
	M	**4**

3 직선의 벡터방정식

해법의 포인트

점 $A(\overrightarrow{a})$ 를 지나고 방향벡터가 $\overrightarrow{l}$ 인 직선의 벡터방정식은

$$\overrightarrow{p}=\overrightarrow{a}+k\overrightarrow{l}\ \ (k \text{ 는 실수})$$

이다 . 점 $A(\overrightarrow{a})$ 를 지나고 법선벡터가 $\overrightarrow{n}$ 인 직선의 벡터는

$$\overrightarrow{n}\cdot(\overrightarrow{p}-\overrightarrow{a})=0$$

이다 .

(1) 직선 l 위의 임의의 점을 $P(\overrightarrow{p})$ 라고 하면 l 의 벡터방정식은 $\overrightarrow{AP}=k\overrightarrow{l}$ 이므로

$$l : \overrightarrow{p}=\overrightarrow{OA}+k\overrightarrow{l}=(\mathbf{1},\ \mathbf{-2})+k\overrightarrow{l}$$

라고 쓸 수 있다 . 여기서 $\overrightarrow{p}=(x,\ y)$ 라고 하면

$$(x,\ y)=(1,\ -2)+k(2,\ -1)=(2k+1,\ -k-2)$$

이다 . 그러면 $k=-y-2$ 이므로

$$x=2(-y-2)+1 \qquad l : y=-\frac{\mathbf{1}}{\mathbf{2}}x-\frac{\mathbf{3}}{\mathbf{2}}$$

이다 .

(2) 직선 n 위의 임의의 점을 $P(x,\ y)$ 라고 하면 $\overrightarrow{n}\cdot\overrightarrow{BP}=0$ 을 만족시킨다 . 따라서 직선 n 의 방정식은

$$(2,\ -1)\cdot(x-2,\ y-1)=2(x-2)-(y-1)=0$$

$$n : \mathbf{2}x-y-\mathbf{3}=0$$

이다 .

(3) 두 직선 $l,\ m$ 을 성분으로 표시하면

$$l : (x,\ y)=(2,\ 1)s+(4,\ -2)$$

$$m : (x,\ y)=(-3,\ 1)t+(3,\ 1)$$

이고 l 은 방향벡터 $\overrightarrow{l}=(\mathbf{2},\ 1)$ 를 갖고 m 은 방향벡터 $\overrightarrow{m}=(\mathbf{-3},\ 1)$ 을 갖는다 . 여기서 l 과 m 이 이루는 각도를

$\theta\left(0\leqq\theta\leqq\frac{\pi}{2}\right)$ 라고 하면

$$\cos\theta=\left|\frac{\overrightarrow{l}\cdot\overrightarrow{m}}{|\overrightarrow{l}||\overrightarrow{m}|}\right|=\left|\frac{-5}{\sqrt{5}\sqrt{10}}\right|=\frac{1}{\sqrt{2}}$$

이다 . 따라서 $\theta=\frac{\pi}{\mathbf{4}}$가 된다 .

보충 1, 2, 3 (3)에 대하여 제 1 장의 기본문제 1, 2와 실전문제 2의 해답과 비교해보자 . 벡터를 이용하면 답안이 간결하게 정리된다 .

해답

4

(1)	A	2
	B	4
	C	2
	D	5
	E	6
(2)	F	3
	G	0
	H	1
(3)	I	2
	J	6
	K	2
	L	6

4 단위벡터와 방향, 편각

해법의 포인트

평면 위의 임의의 두 점 A, B 에 대하여

$$\overrightarrow{AB} = r\vec{e}(\theta) \quad (r = |\overrightarrow{AB}|)$$

라고 나타낸다. 이것은 평면벡터의 극좌표 표시이다.
특히, 평면벡터의 방향은 편각θ로 나타낸다.

(1) $\overrightarrow{OA} = (1,\ 1)$, $\overrightarrow{OB} = (1-\sqrt{3},\ 2)$, $\overrightarrow{AB} = (-\sqrt{3},\ 1)$이고

$$\overrightarrow{OA} = \sqrt{2}\left(\cos\frac{\pi}{4},\ \sin\frac{\pi}{4}\right) = \sqrt{\mathbf{2}}\,\vec{e}\left(\frac{\pi}{\mathbf{4}}\right),$$

$$\overrightarrow{AB} = 2\left(\cos\frac{5}{6}\pi,\ \sin\frac{5}{6}\pi\right) = \mathbf{2}\,\vec{e}\left(\frac{\mathbf{5}}{\mathbf{6}}\pi\right)$$

라고 나타낸다.

(2) 벡터의 내적의 정의에 의해

$$\vec{e}(\alpha)\cdot\vec{e}(\beta)$$
$$= |\vec{e}(\alpha)||\vec{e}(\beta)|\cos(\alpha-\beta)$$
$$= \cos(\alpha-\beta) \quad (\textcircled{3})$$

이다.

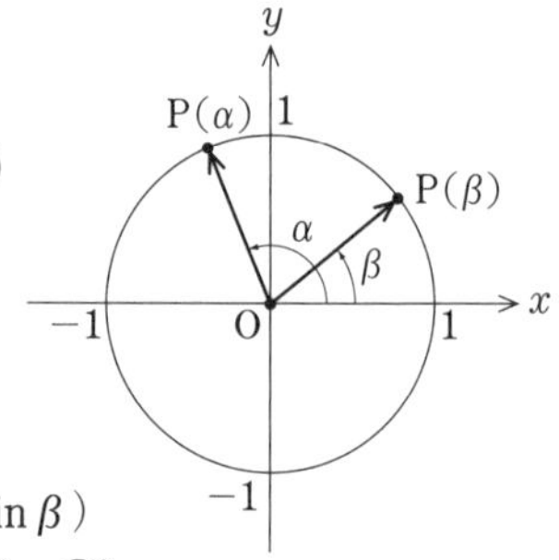

성분을 이용하여 내적을 계산하면

$$\vec{e}(\alpha)\cdot\vec{e}(\beta)$$
$$= (\cos\alpha,\ \sin\alpha)\cdot(\cos\beta,\ \sin\beta)$$
$$= \cos\alpha\cos\beta + \sin\alpha\sin\beta \quad (\textcircled{0},\ \textcircled{1})$$

라고 나타낸다. 이로부터 삼각함수의 덧셈정리

$$\cos(\alpha-\beta) = \cos\alpha\cos\beta + \sin\alpha\sin\beta$$

를 얻는다.

(3) I 를 다음과 같이 벡터의 내적으로 간주하여 계산하면

$$I = \sqrt{3}\cos\theta + \sin\theta = (\sqrt{3},\ 1)\cdot(\cos\theta,\ \sin\theta)$$

$$= \left(\mathbf{2}\vec{e}\left(\frac{\pi}{\mathbf{6}}\right)\right)\cdot\vec{e}(\theta) = 2\cos\left(\frac{\pi}{6}-\theta\right) = \mathbf{2}\cos\left(\theta - \frac{\pi}{\mathbf{6}}\right)$$

가 된다. 이것은 삼각함수의 합성이다.

5

A	3
B	2
CD	−1
E	2
F	1
G	3
HI	−2
J	2

5 내적, 정사영

해법의 포인트

$\overrightarrow{CD}\cdot\vec{a} = 0$ 에 의해 s 를 구할 수 있다.

먼저

$$\vec{a} = \overrightarrow{OA} - \overrightarrow{OB} = (5,\ 3) - (2,\ 1) = (\mathbf{3},\ \mathbf{2})$$
$$\vec{b} = \overrightarrow{OC} - \overrightarrow{OB} = (1,\ 3) - (2,\ 1) = (\mathbf{-1},\ \mathbf{2})$$

이다. 점 D 는 직선 AB 위에 있으므로 $\overrightarrow{BD} = s\vec{a}$ (s 는 실수) 라고 쓸 수 있다. 이것을 시작점을 C 로 한 식으로 바꾸면

해 답

K	**1**
LM	**13**
NO	**29**
PQ	**13**
RS	**15**
TU	**13**

$$\overrightarrow{CD}=\overrightarrow{CB}+\overrightarrow{BD}=-\vec{b}+s\vec{a}=(\mathbf{1}+\mathbf{3}s,\ -\mathbf{2}+\mathbf{2}s)$$

이다. $\overrightarrow{CD}$는 $\vec{a}$와 수직이고

$$\overrightarrow{CD}\cdot\vec{a}=3(1+3s)+2(-2+2s)=13s-1=0 \qquad s=\frac{\mathbf{1}}{\mathbf{13}}$$

이 된다. 따라서

$$\overrightarrow{OD}=\overrightarrow{OB}+\overrightarrow{BD}=(2,\ 1)+\frac{1}{13}(3,\ 2)=\frac{1}{13}(29,\ 15)$$

이므로 점 D의 좌표는 $\left(\frac{\mathbf{29}}{\mathbf{13}},\ \frac{\mathbf{15}}{\mathbf{13}}\right)$ 이다.

보충 오른쪽 그림에서 $\overrightarrow{OH}$를, $\overrightarrow{OB}$의 $\overrightarrow{OA}$방향에 대한 정사영벡터라고 부른다.

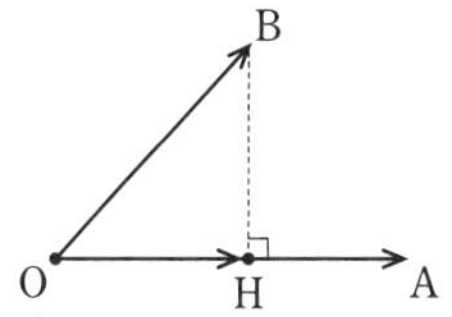

이 때

$$\overrightarrow{OH}=\left(\frac{\overrightarrow{OB}\cdot\overrightarrow{OA}}{|\overrightarrow{OA}|^2}\right)\overrightarrow{OA}$$

가 성립한다. 이것을 공식으로 알고 있으면 바로

$$\overrightarrow{BD}=\left(\frac{\overrightarrow{BC}\cdot\overrightarrow{BA}}{|\overrightarrow{BA}|^2}\right)\overrightarrow{BA}=\frac{1}{13}\vec{a}$$

로 구해진다.

실전문제

1

(1)	A	**1**
	B	**2**
	C	**1**
	D	**5**
	E	**1**
	F	**3**
	GH	**15**
	I	**8**
	J	**3**
	K	**8**
	L	**5**
	M	**8**
(2)	NOP	**−10**
	Q	**5**
	RS	**33**
	T	**8**

1

(1) $\overrightarrow{OE}$에 대하여

$$\overrightarrow{OE}=\frac{\mathbf{1}}{\mathbf{2}}(\overrightarrow{OC}+\overrightarrow{OD})=\frac{\mathbf{1}}{\mathbf{5}}\vec{a}+\frac{\mathbf{1}}{\mathbf{3}}\vec{b}$$

이다. 여기서 점 F는 직선 OE 위에 있으므로

$$\overrightarrow{OF}=k\overrightarrow{OE}=\frac{1}{5}k\vec{a}+\frac{1}{3}k\vec{b} \quad (k\text{는 실수})$$

라고 할 수 있다. 게다가 점 F는 직선 AB 위에 있으므로

$$\frac{1}{5}k+\frac{1}{3}k=\frac{8}{15}k=1 \qquad k=\frac{\mathbf{15}}{\mathbf{8}}$$

가 된다. 따라서

$$\overrightarrow{OF}=\frac{\mathbf{3}}{\mathbf{8}}\vec{a}+\frac{\mathbf{5}}{\mathbf{8}}\vec{b}$$

이다.

(2) 삼각형 OAB의 세 변의 길이가 OA=5, OB=6, AB=9일 때

$$|\overrightarrow{AB}|^2=|\vec{b}-\vec{a}|^2=|\vec{b}|^2+|\vec{a}|^2-2\vec{a}\cdot\vec{b}$$

이므로

해 답

$$81=36+25-2\vec{a}\cdot\vec{b} \qquad \vec{a}\cdot\vec{b}=\mathbf{-10}$$

이다. 그러면

$$|3\vec{a}+5\vec{b}|^2=9|\vec{a}|^2+30\vec{a}\cdot\vec{b}+25|\vec{b}|^2$$
$$=9\cdot25-300+25\cdot36$$
$$=25(9-12+36)=25\cdot33$$

이므로

$$|\overrightarrow{OF}|=\frac{1}{8}|3\vec{a}+5\vec{b}|=\frac{1}{8}\sqrt{25\cdot33}=\mathbf{\frac{5\sqrt{33}}{8}}$$

이다.

2

(1)	A	**2**
(2)	B	**2**
	C	**2**
	D	**1**
	E	**3**
	F	**2**
	G	**1**
	H	**2**
	I	**3**
(3)	J	**3**
	K	**2**
(4)	LM	**−3**
	N	**2**
	O	**6**
	P	**5**

2

(1) 원 C 의 중심은 (1, 3) 이고 반지름은 2 이다. 따라서

$$|\overrightarrow{AP}|=|\overrightarrow{OP}-\overrightarrow{OA}|=|\vec{p}-\vec{a}|=\mathbf{2}$$

가 된다. 이것은 원 C 의 벡터방정식이다.

(2) $\overrightarrow{AP}$ 의 편각을 θ라고 하면

$$\overrightarrow{AP}=\mathbf{2}(\cos\theta,\ \sin\theta)$$

이다.

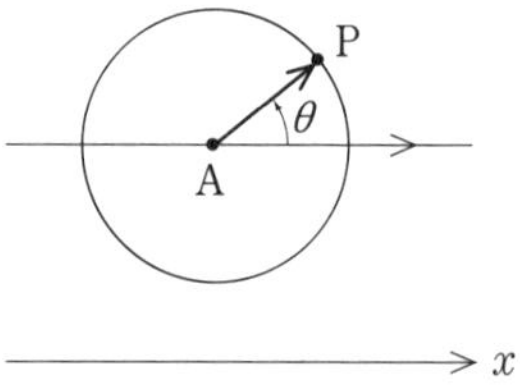

이로부터

$$\overrightarrow{OP}=\overrightarrow{OA}+\overrightarrow{AP}$$
$$=(1,\ 3)+2(\cos\theta,\ \sin\theta)$$

이고

$$(x,\ y)=\mathbf{2}(\cos\theta,\ \sin\theta)+(\mathbf{1},\ \mathbf{3})$$
$$=(\mathbf{2}\cos\theta+\mathbf{1},\ \mathbf{2}\sin\theta+\mathbf{3})$$

이 된다. 이것은 원 C 의 매개변수 표시이다.

(3) l 의 법선벡터는 $\overrightarrow{AP}$ 이고 l 위의 임의의 점을 Q$(x,\ y)$ 로 놓으면

$$\overrightarrow{AP}\cdot\overrightarrow{PQ}=(2\cos\theta, 2\sin\theta)\cdot(x-(2\cos\theta+1), y-(2\sin\theta+3))$$
$$=0$$

이 된다.

따라서 l 의 방정식은

$$(2\cos\theta)\{x-(2\cos\theta+1)\}+(2\sin\theta)\{y-(2\sin\theta+3)\}=0$$
$$(\cos\theta)x+(\sin\theta)y$$
$$=2\cos^2\theta+2\sin^2\theta+\cos\theta+3\sin\theta=\cos\theta+3\sin\theta+2$$

이므로

$$l:(\cos\theta)x+(\sin\theta)y=\cos\theta+\mathbf{3}\sin\theta+\mathbf{2}$$

이다.

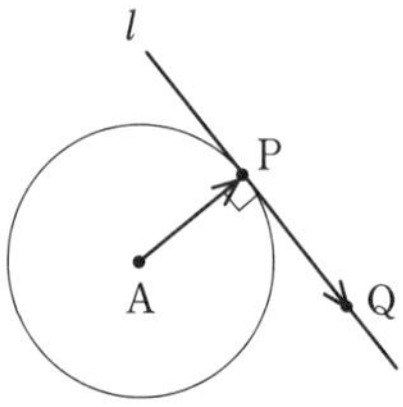

해 답

(4) l 이 원점을 지날 때 $\cos\theta + 3\sin\theta + 2 = 0$ 을 만족시킨다 .
이로부터

$$1 + 3\tan\theta + \frac{2}{\cos\theta} = 0 \qquad \frac{1}{\cos\theta} = -\frac{3\tan\theta + 1}{2}$$

이 된다 . 따라서

$$1 + \tan^2\theta = \frac{1}{\cos^2\theta} = \frac{(3\tan\theta + 1)^2}{4}$$

$$5\tan^2\theta + 6\tan\theta - 3 = 0$$

이고, 따라서

$$\tan\theta = \mathbf{\frac{-3 \pm 2\sqrt{6}}{5}}$$

가 된다 .

3

(1)	A	**1**
	B	**2**
(2)	C	**1**
	D	**3**
	E	**1**
	F	**3**
	G	**1**
	H	**3**
(3)	I	**6**
	J	**3**
	K	**2**
	LM	**12**

3

(1) 삼각형 ABC, ACD, ADB 는 한 변의 길이가 1 인 정삼각형이고

$$\overrightarrow{a} \cdot \overrightarrow{b} = \overrightarrow{b} \cdot \overrightarrow{c} = \overrightarrow{c} \cdot \overrightarrow{a} = 1 \cdot 1 \cdot \cos\frac{\pi}{3} = \mathbf{\frac{1}{2}}$$

이다 .

(2) 점 H 는 평면 BCD 위에 있으므로

$$\overrightarrow{\mathrm{AH}} = x\overrightarrow{a} + y\overrightarrow{b} + z\overrightarrow{c} \text{ 이고 } x + y + z = 1 \quad \cdots\cdots①$$

라고 할 수 있다 .

여기서 $\overrightarrow{\mathrm{AH}}$ 는 평면 BCD 에 수직이고

$$\begin{cases} \overline{\mathrm{AH}} \cdot \overline{\mathrm{BC}} = (x\overline{a} + y\overline{b} + z\overline{c}) \cdot (\overline{b} - \overline{a}) = 0 \\ \overline{\mathrm{AH}} \cdot \overline{\mathrm{BD}} = (x\overline{a} + y\overline{b} + z\overline{c}) \cdot (\overline{c} - \overline{a}) = 0 \end{cases}$$

이다 .

이로부터

$$\begin{cases} -x|\overline{a}|^2 + y|\overline{b}|^2 + (x - y)\overline{a} \cdot \overline{b} + z\overline{b} \cdot \overline{c} - z\overline{c} \cdot \overline{a} = 0 \\ -x|\overline{a}|^2 + z|\overline{c}|^2 - y\overline{a} \cdot \overline{b} + y\overline{b} \cdot \overline{c} + (x - z)\overline{a} \cdot \overline{c} = 0 \end{cases}$$

$$\begin{cases} -x + y + \frac{1}{2}(x - y + z - z) = -\frac{1}{2}x + \frac{1}{2}y = 0 \\ -x + z + \frac{1}{2}(-y + y + x - z) = -\frac{1}{2}x + \frac{1}{2}z = 0 \end{cases}$$

$$x = y = z$$

가 된다 .

따라서 ①에 의해

$$x = \mathbf{\frac{1}{3}}, \quad y = \mathbf{\frac{1}{3}}, \quad z = \mathbf{\frac{1}{3}} \qquad \overrightarrow{\mathrm{AH}} = \frac{1}{3}(\overrightarrow{a} + \overrightarrow{b} + \overrightarrow{c})$$

이다 .

해 답

(3) (1), (2)에 의해

$$|\vec{a}+\vec{b}+\vec{c}|^2=|\vec{a}|^2+|\vec{b}|^2+|\vec{c}|^2+2(\vec{a}\cdot\vec{b}+\vec{b}\cdot\vec{c}+\vec{c}\cdot\vec{a})$$
$$=3+3=6$$

이다.

따라서 $|\overrightarrow{\mathrm{AH}}|=\frac{1}{3}|\vec{a}+\vec{b}+\vec{c}|=\mathbf{\frac{\sqrt{6}}{3}}$이다.

또한 삼각형 BCD 의 넓이는

$$\triangle\mathrm{BCD}=\frac{1}{2}\cdot 1\cdot 1\cdot \sin\frac{\pi}{3}=\frac{\sqrt{3}}{4}$$

이다. 따라서 정사면체 ABCD 의 부피 V 는

$$V=\frac{1}{3}\cdot|\overrightarrow{\mathrm{AH}}|\cdot\triangle\mathrm{BCD}=\mathbf{\frac{\sqrt{2}}{12}}$$

이다.

해 답

1

AB	**16**
CD	**25**
E	**5**
FG	**46**
H	**5**
I	**2**
JK	**45**
L	**2**
M	**3**
N	**4**

2

(1)	A	**4**
	B	**2**
	C	**4**
	D	**3**
	E	**4**
	F	**3**
	GH	**16**

제 3 장 복소평면 표시

기본문제

1 복소수와 평면 벡터의 관계

복소평면 위의 세 점 O(0), A(α), B(β)에 대하여

$$|\alpha|=|\overrightarrow{OA}|=4,\quad |\beta|=|\overrightarrow{OB}|=5,\quad |\alpha-\beta|=|\overrightarrow{BA}|=6$$

이 성립한다. 이로부터

$$\alpha\overline{\alpha}=|\alpha|^2=|\overrightarrow{OA}|^2=\mathbf{16},\quad \beta\overline{\beta}=|\beta|^2=|\overrightarrow{OB}|^2=\mathbf{25}$$

이고, 게다가

$$|\alpha-\beta|^2=(\alpha-\beta)\overline{(\alpha-\beta)}=(\alpha-\beta)(\overline{\alpha}-\overline{\beta})$$
$$=\alpha\overline{\alpha}+\beta\overline{\beta}-(\alpha\overline{\beta}+\overline{\alpha}\beta)=36$$

이므로

$$\alpha\overline{\beta}+\overline{\alpha}\beta=16+25-36=\mathbf{5}$$

이다. 따라서

$$|\alpha+\beta|^2=(\alpha+\beta)(\overline{\alpha}+\overline{\beta})$$
$$=\alpha\overline{\alpha}+\beta\overline{\beta}+(\alpha\overline{\beta}+\overline{\alpha}\beta)$$
$$=16+25+5=46$$

이므로, $|\alpha+\beta|=\sqrt{\mathbf{46}}$가 된다.

게다가

$$\overrightarrow{OA}\cdot\overrightarrow{OB}=\frac{1}{2}\left(|\overrightarrow{OA}|^2+|\overrightarrow{OB}|^2-|\overrightarrow{BA}|^2\right)$$
$$=\frac{1}{2}(16+25-36)=\mathbf{\frac{5}{2}}$$

가 된다. 이로부터

$$\overrightarrow{AB}\cdot\overrightarrow{OB}=(\overrightarrow{OB}-\overrightarrow{OA})\cdot\overrightarrow{OB}$$
$$=|\overrightarrow{OB}|^2-\overrightarrow{OA}\cdot\overrightarrow{OB}$$
$$=25-\frac{5}{2}=\mathbf{\frac{45}{2}}$$

가 된다. 따라서

$$\cos\angle ABO=\frac{\overrightarrow{BA}\cdot\overrightarrow{BO}}{|\overrightarrow{BA}||\overrightarrow{BO}|}=\frac{\overrightarrow{AB}\cdot\overrightarrow{OB}}{|\overrightarrow{BA}||\overrightarrow{OB}|}=\frac{\frac{45}{2}}{6\cdot 5}=\mathbf{\frac{3}{4}}$$

이다.

2 절댓값과 편각

해법의 포인트

절댓값과 편각을 각각 비교한다.

(1) 사차방정식

$$z^4=-2\sqrt{2}+2\sqrt{2}\,i\quad\cdots\cdots①$$

의 우변을 극형식으로 하면

해 답

	I	**2**
	J	**2**
	K	**3**
	LM	**16**
	N	**2**
	O	**3**
	PQ	**16**
	R	**2**
(2)	S	**2**
	T	**1**
	U	**4**
	V	**3**
	W	**1**
	X	**4**
	Y	**3**

$$-2\sqrt{2}+2\sqrt{2}\,i=4\left(\cos\frac{3}{4}\pi+i\sin\frac{3}{4}\pi\right)$$

이다 . 여기서 ①의 양변의 절댓값과 편각을 각각 비교하면

$$\begin{cases}|z|^4=\mathbf{4} & |z|=\ \mathbf{2}\\ \arg z^4=\mathbf{4}\arg z=\dfrac{\mathbf{3}}{\mathbf{4}}\pi+2n\pi & (n\text{ 은 정수})\end{cases}$$

이고 $\arg z=\dfrac{\mathbf{3}}{\mathbf{16}}\pi+\dfrac{n}{\mathbf{2}}\pi$가 된다 .

따라서 ①의 해는

$$z=\sqrt{\mathbf{2}}\left\{\cos\left(\frac{\mathbf{3}}{\mathbf{16}}\pi+\frac{n}{\mathbf{2}}\pi\right)+i\sin\left(\frac{\mathbf{3}}{\mathbf{16}}\pi+\frac{n}{\mathbf{2}}\pi\right)\right\}$$

$(n=0,\ 1,\ 2,\ 3)$

의 네 개이다 .

(2) 육차방정식

$z^6=-64i$ ……②

에 대하여 마찬가지로 양변의 절댓값과 편각을 각각 비교하면

$$\begin{cases}|z|^6=|-64i|=64 & |z|=\mathbf{2}\\ \arg z^6=6\arg z=\arg(-64i)=\dfrac{3}{2}\pi+2n\pi & (n\text{ 은 정수})\end{cases}$$

이므로

$$\arg z=\frac{\pi}{4}+\frac{n}{3}\pi$$

가 된다 . 따라서 ②의 해는 여섯개가 있고

$$z=\mathbf{2}\left\{\cos\left(\frac{\mathbf{1}}{\mathbf{4}}\pi+\frac{n}{\mathbf{3}}\pi\right)+i\sin\left(\frac{\mathbf{1}}{\mathbf{4}}\pi+\frac{n}{\mathbf{3}}\pi\right)\right\}$$

이다 . 단, $n=0,\ 1,\ 2,\ 3,\ 4,\ 5$ 이다 .

3

A	**2**
B	**3**
C	**4**
D	**3**
E	**3**
F	**2**
G	**1**
H	**2**
IJ	**−9**
K	**3**
L	**2**
M	**1**

3 복소수의 곱, 회전이동

해법의 포인트

$z=r(\cos\theta+i\sin\theta)$를 곱하면 절댓값은 r 배가 되고 편각은 θ만큼 증가한다 .

선분 AB 를 3 : 2 로 내분하는 점 C 에 대하여

$$\overrightarrow{OC}=\frac{2\overrightarrow{OA}+3\overrightarrow{OB}}{5}$$

가 성립한다 . 따라서

$$z=\frac{\mathbf{2}\alpha+\mathbf{3}\beta}{5}=\frac{2(1+9i)+3(6-i)}{5}=\mathbf{4}+\mathbf{3}i$$

이다 .

해 답

N	**9**
O	**3**
P	**2**
Q	**6**
R	**3**
S	**2**
T	**1**
U	**6**
V	**3**
W	**2**

4

(1)	A	**2**
	B	**4**
	C	**2**
	D	**4**
(2)	E	**2**
	F	**6**
	G	**3**
	H	**9**
	I	**3**
	J	**2**

또한, 회전에 의해 벡터의 절댓값은 변화하지 않고 편각만 변화한다. 따라서

$$w=\left(\cos\frac{\pi}{6}+i\sin\frac{\pi}{6}\right)\alpha=\left(\frac{\sqrt{3}}{2}+\frac{1}{2}i\right)(1+9i)$$

$$=\frac{-9+\sqrt{3}}{2}+\left(\frac{1+9\sqrt{3}}{2}\right)i$$

$$v=\left\{\cos\left(-\frac{\pi}{3}\right)+i\sin\left(-\frac{\pi}{3}\right)\right\}\beta$$

$$=\left(\frac{1}{2}-\frac{\sqrt{3}}{2}i\right)(6-i)$$

$$=\frac{6-\sqrt{3}}{2}-\left(\frac{1+6\sqrt{3}}{2}\right)i$$

이다.

보충 평면 벡터

$$\overrightarrow{OC}=\frac{2\overrightarrow{OA}+3\overrightarrow{OB}}{5}=\frac{1}{5}\{2(1,\ 9)+3(6,\ -1)\}$$

$$=\frac{1}{5}(20,\ 15)=(4,\ 3)$$

를 먼저 구하고 나서 $z=4+3i$ 라고 해도 된다.

4 도형으로의 응용

해법의 포인트

절댓값으로부터 벡터의 길이, 편각으로부터 벡터의 방향(각도)을 알 수 있다.

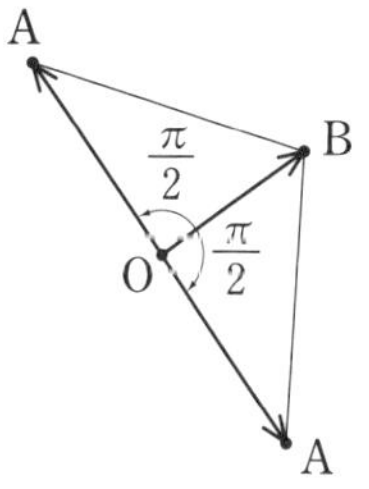

(1) $\alpha^2+4\beta^2=(\alpha-2i\beta)(\alpha+2i\beta)=0$ 이므로 $\alpha=\pm\mathbf{2}i\beta$ 이다. 이 양변에 대하여 절댓값과 편각을 각각 알아보면

$$\begin{cases}|\alpha|=|\pm 2i\beta|=2|\beta|=\mathbf{4},\\ \arg\alpha=\arg\beta+\arg(\pm 2i)=\arg\beta\pm\dfrac{\pi}{\mathbf{2}}\end{cases}$$

가 된다.

따라서 삼각형 OAB 의 넓이는

$$\triangle\mathrm{OAB}=\frac{1}{2}\cdot 4\cdot 2=\mathbf{4}$$

이다.

해 답

(2) $\dfrac{\gamma-\alpha}{\beta-\alpha}=1+\sqrt{3}\,i$ 이므로

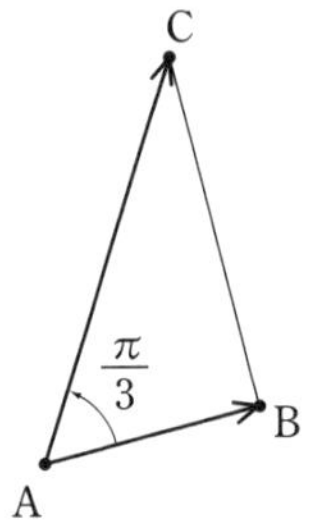

$$\gamma-\alpha=(\beta-\alpha)(1+\sqrt{3}\,i)$$
$$=(\beta-\alpha)\cdot 2\left(\cos\frac{\pi}{3}+i\sin\frac{\pi}{3}\right)$$

가 된다. 이 양변에 대하여 절댓값과 편각을 각각 알아보면

$$\begin{cases} |\gamma-\alpha|=|\beta-\alpha|2\left|\cos\dfrac{\pi}{3}+i\sin\dfrac{\pi}{3}\right| \\ \qquad =\mathbf{2}|\beta-\alpha|=\mathbf{6} \\ \arg(\gamma-\alpha)=\arg(\beta-\alpha)+\arg 2\left(\cos\dfrac{\pi}{3}+i\sin\dfrac{\pi}{3}\right) \\ \qquad =\arg(\beta-\alpha)+\dfrac{\pi}{\mathbf{3}} \end{cases}$$

가 된다.

따라서 삼각형 ABC 의 넓이는

$$\triangle ABC=\frac{1}{2}\cdot 3\cdot 6\sin\frac{\pi}{3}=\frac{\mathbf{9}}{\mathbf{2}}\sqrt{\mathbf{3}}$$

이 된다.

실전문제

1	
A	5
B	1
C	2
D	2
E	2
FG	−1
H	2
I	2
J	4
K	1
L	2
M	5

1 **방정식**

$$z\bar{z}+(1+2i)z+(1-2i)\bar{z}+1=0 \quad \cdots\cdots①$$

이므로

$$\{z+(1-2i)\}\{\bar{z}+(1+2i)\}-\mathbf{5}+1=0 \quad \cdots\cdots②$$
$$(z+1-2i)\overline{(z+1-2i)}=|z+1-2i|^2=4$$

가 된다. 이로부터

$$|z+\mathbf{1}-\mathbf{2}i|=\mathbf{2}$$

가 된다. 따라서 ①은 반지름 **2**, 중심 $\mathbf{-1}+\mathbf{2}i$ 인 원의 방정식이다.

여기서 $z=x+yi$ (x, y 는 실수) 라고 하면 ①은

$$(x+yi)(x-yi)+(1+2i)(x+yi)$$
$$+(1-2i)(x-yi)+1=0$$
$$x^2+y^2+\mathbf{2}x-\mathbf{4}y+1=0 \quad \cdots\cdots③$$

라고 나타낸다. 게다가 ②는

$$\{(x+1)+(y-2)i\}\{(x+1)-(y-2)i\}-5+1=0$$
$$(x+\mathbf{1})^2+(y-\mathbf{2})^2-\mathbf{5}+1=0$$

라고 나타낸다. 따라서 ②는 ③의 좌변을 제곱완성하는 계산임을 알 수 있다.

해 답

2

A	**4**
B	**4**
C	**4**
D	**4**
E	**8**
F	**1**
G	**1**
H	**8**
I	**1**
JK	**−1**

2 점화식

$$z_{n+1}=\left(\frac{\sqrt{2}}{2}+\frac{\sqrt{2}}{2}i\right)z_n=\omega z_n \quad (n=1,\ 2,\ \cdots\cdots)$$

에 의해 z_n 은 ω를 공비로 하는 등비수열이다. 따라서 초기조건 $z_1=1$ 에 의해

$$z_n=\omega^{n-1} \quad (n=1,\ 2,\ \cdots\cdots)$$

가 되고

$$z_1+z_2+\cdots\cdots+z_n=\frac{1-\omega^n}{1-\omega}$$

가 된다. 여기서, ω를 극형식으로 고치면

$$\omega=\cos\left(\frac{\pi}{\mathbf{4}}\right)+i\sin\left(\frac{\pi}{\mathbf{4}}\right)$$

$$\omega^n=\cos\left(\frac{\pi}{4}n\right)+i\sin\left(\frac{\pi}{4}n\right)$$

가 된다. 따라서

$$z_1+z_2+\cdots\cdots+z_n=\frac{1-\cos\left(\frac{\pi}{\mathbf{4}}n\right)-i\sin\left(\frac{\pi}{\mathbf{4}}n\right)}{1-\omega}$$

가 된다.

게다가 이 값이 0 이 될 때

$$\cos\left(\frac{\pi}{4}n\right)+i\sin\left(\frac{\pi}{4}n\right)=1$$

$$\frac{\pi}{4}n=2m\pi \quad (m=1,\ 2,\ \cdots\cdots)$$

가 된다. 따라서 n 의 최솟값 n_0 은 $n_0=\mathbf{8}$ 이다.

다음으로 $z=z_1z_2\cdots\cdots z_n$ 의 절댓값과 편각을 각각 계산하면

$$|z|=|z_1||z_2|\cdots\cdots|z_n|$$
$$\arg z=\arg z_1+\arg z_2+\cdots\cdots+\arg z_n$$

이다. 여기서 $k=1,\ 2,\ \cdots\cdots,\ n$ 에 대하여

$$|z_k|=|\omega^{k-1}|=|\omega|^{k-1}=1$$
$$\arg z_k=\arg\omega^{k-1}=(k-1)\omega$$
$$=\frac{\pi}{4}(k-1)+2l\pi \quad (l \text{ 은정수})$$

이다. 따라서 $|z|=\mathbf{1}$ 이고 또한

$$\arg z=\sum_{k=1}^{n}\frac{\pi}{4}(k-1)+2m\pi$$
$$=\frac{\mathbf{1}}{\mathbf{8}}n(n-\mathbf{1})\pi+2m\pi \quad (m \text{ 은 정수})$$

가 된다.

특히 $n=8$ 일 때는 $\arg z=7\pi+2m\pi$ 이고 따라서 $z=\mathbf{-1}$ 이다.

해 답

1

A	1
B	2
C	3
D	1
E	1
F	3
G	5
H	3
I	3
J	3
KL	10

2

(1)	A	6
	B	5
	C	3
	DE	13
(2)	FG	10
	HI	10

제 4 장 도형의 정리와 응용

기본문제

1 직선의 방정식

해법의 포인트

복소수의 식을 보고 의미를 알기 어렵다면 x 와 y 의 식으로 한다. 또는 벡터의 방정식을 만든다 . 자신이 파악하기 쉬운 형태로 변형하면 된다 .

방정식

$$z=1+2i+k(3+i) \quad (k \text{ 는 실수}) \quad \cdots\cdots①$$

에 대하여 A$(1+2i)$ 라고 하고 게다가 $3+i$ 에 대응하는 벡터를 $\vec{l}$ 라고 하면 ①은

$$\overrightarrow{OP}=\overrightarrow{OA}+k\vec{l} \quad (k \text{ 는 실수}) \quad \cdots\cdots②$$

가 된다 . 따라서 $\overrightarrow{AP}=k\vec{l}$ 이고 xy 평면에서 점 P 가 그리는 도형은 점 A$(\mathbf{1},\ \mathbf{2})$ 를 지나고 방향벡터가 $\vec{l}=(\mathbf{3},\ \mathbf{1})$ 인 직선이다 .

게다가 $z=x+yi$ (x, y 는 실수) 라고 하면 ②에 의해

$$(x,\ y)=(1,\ 2)+k(3,\ 1)=(1+3k,\ 2+k)$$

가 된다 . 따라서 $k=y-2$ 이므로

$$x=1+3(y-2) \qquad y=\frac{\mathbf{1}}{\mathbf{3}}x+\frac{\mathbf{5}}{\mathbf{3}}$$

가 된다 .

다음으로 ①의 켤레복소수는

$$\bar{z}=1-2i+k(3-i) \quad \cdots\cdots③$$

이다 . 따라서 ①과 ③에 의해

$$k=\frac{z-1-2i}{3+i}=\frac{\bar{z}-1+2i}{3-i}$$

가 되고, 따라서

$$(z-1-2i)(3-i)=(\bar{z}-1+2i)(3+i)$$
$$(i-3)z+(i+3)\bar{z}+(1+2i)(3-i)-(1-2i)(3+i)=0$$
$$(i-3)z+(i+3)\bar{z}+10i=0$$
$$(1+\mathbf{3}i)z+(1-\mathbf{3}i)\bar{z}+\mathbf{10}=0$$

가 된다 .

2 직선의 기울기, 방향 벡터

(1) l 의 기울기 3 에 대하여

$$\tan\theta=3 \quad \left(-\frac{\pi}{2}<\theta<\frac{\pi}{2}\right)$$

를 만족시키는 θ가 있다 .

따라서 구하는 기울기 m 은

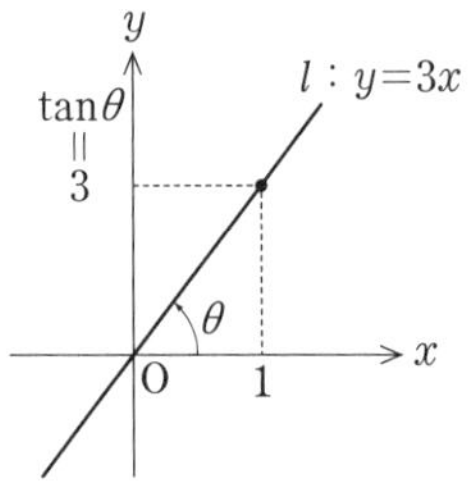

해 답

	J	1
	K	3
	L	3
	M	3
	N	3
(3)	O	1
	P	3
	Q	3
	R	3
	S	3
	T	1
	U	3
	V	3
	W	3
	X	3

$$m=\tan\left(\theta+\frac{\pi}{3}\right)=\frac{\tan\theta+\tan\frac{\pi}{3}}{1-\tan\theta\tan\frac{\pi}{3}}$$

$$=\frac{3+\sqrt{3}}{1-3\sqrt{3}}=-\frac{\mathbf{6+5\sqrt{3}}}{\mathbf{13}}$$

이다.

(2) l 의 방향 벡터 $\vec{l}=(1,\ 3)$의 편각을 θ로하면

$$\vec{l}=(1,\ 3)=\sqrt{\mathbf{10}}\ (\cos\theta,\ \sin\theta)\quad(0\leqq\theta\leqq 2\pi)$$

로 나타낸다. 그러면 직선 l' 의 방향 벡터 $\vec{l'}$ 은

$$\vec{l'}=\sqrt{\mathbf{10}}\left(\cos\left(\theta+\frac{\pi}{3}\right),\ \sin\left(\theta+\frac{\pi}{3}\right)\right)$$

가 된다. 덧셈정리에 의해

$$\cos\left(\theta+\frac{\pi}{3}\right)=\cos\theta\cos\frac{\pi}{3}-\sin\theta\sin\frac{\pi}{3}$$

$$=\frac{1}{\sqrt{10}}\cdot\frac{1}{2}-\frac{3}{\sqrt{10}}\cdot\frac{\sqrt{3}}{2}=\frac{1-3\sqrt{3}}{2\sqrt{10}}$$

$$\sin\left(\theta+\frac{\pi}{3}\right)=\sin\theta\cos\frac{\pi}{3}+\cos\theta\sin\frac{\pi}{3}$$

$$=\frac{3}{\sqrt{10}}\cdot\frac{1}{2}+\frac{1}{\sqrt{10}}\cdot\frac{\sqrt{3}}{2}=\frac{3+\sqrt{3}}{2\sqrt{10}}$$

이므로,

$$\vec{l'}=\frac{1}{2}(\mathbf{1-3\sqrt{3},\ 3+\sqrt{3}})$$

따라서 구하는 기울기는

$$m=\frac{3+\sqrt{3}}{1-3\sqrt{3}}=-\frac{6+5\sqrt{3}}{13}$$

이다.

(3) 복소평면에서 직선 l 을 생각한다. (2)의 방향벡터 $\vec{l}$ 에 대응하는 복소수 $1+3i$ 에 대하여

$$(1+3i)\left(\cos\frac{\pi}{3}+i\sin\frac{\pi}{3}\right)=\frac{1}{2}\{\mathbf{1-3\sqrt{3}}+i(\mathbf{3+\sqrt{3}})\}$$

이다. 이것에 대응하는 벡터가 직선 l' 의 방향 벡터 $\vec{l'}$ 이고

$$\vec{l'}=\frac{1}{2}(\mathbf{1-3\sqrt{3},\ 3+\sqrt{3}})$$

이 된다. 따라서 구하는 기울기는 (2)와 마찬가지로 계산할 수 있으며 $m=-\dfrac{6+5\sqrt{3}}{13}$이 된다.

해 답

보충 도형과 방정식, 벡터, 복소평면과 푸는 방법은 다르지만 모두 삼각함수의 덧셈정리의 응용문제이다.

특히 회전이동과 삼각함수의 덧셈정리와의 관계를 잘 이해해 두자.

실전문제

1

A	0
B	4
C	3
D	4
E	3
F	3
G	8
H	6
I	2
J	3
K	3
L	6
M	2
N	3
O	3
P	6
Q	2
R	3
S	3

1 $\overrightarrow{OA}$ 는 접선 l 의 법선벡터이고 $\overrightarrow{OA}\cdot\overrightarrow{AP}=\mathbf{0}$ 를 만족시킨다. 따라서

$$\overrightarrow{OA}\cdot(\overrightarrow{OP}-\overrightarrow{OA})=\overrightarrow{OA}\cdot\overrightarrow{OP}-|\overrightarrow{OA}|^2=\overrightarrow{OA}\cdot\overrightarrow{OP}-4=0$$

이므로 $\overrightarrow{OA}\cdot\overrightarrow{OP}=\mathbf{4}$ 이다. 이로부터

$$(1,\ \sqrt{3})\cdot(x,\ y)=x+\sqrt{3}\,y=4 \qquad l: x+\sqrt{\mathbf{3}}\,y=\mathbf{4}$$

가 된다.

여기서 $\alpha=1+\sqrt{3}\,i$ 로 놓으면, $|\overrightarrow{OP}-\overrightarrow{OA}|=|z-\alpha|$ 이므로

$$|\overrightarrow{OP}-\overrightarrow{OA}|^2=(\overrightarrow{OP}-\overrightarrow{OA})\cdot(\overrightarrow{OP}-\overrightarrow{OA})$$
$$=|z-\alpha|^2=(z-\alpha)(\overline{z}-\overline{\alpha})$$
$$|\overrightarrow{OP}|^2-2\overrightarrow{OA}\cdot\overrightarrow{OP}+|\overrightarrow{OA}|^2=|z|^2-(\alpha\overline{z}+\overline{\alpha}z)+|\alpha|^2$$

가 된다. 따라서

$$\overrightarrow{OA}\cdot\overrightarrow{OP}=\frac{\alpha\overline{z}+\overline{\alpha}z}{2}=\frac{(1+\sqrt{3}\,i)\overline{z}+\overline{(1+\sqrt{3}\,i)}z}{2}$$

이므로 l 의 방정식을 $z,\ \overline{z}$ 로 나타내면

$$l:(1-\sqrt{\mathbf{3}}\,i)z+(1+\sqrt{\mathbf{3}}\,i)\overline{z}=\mathbf{8}$$

이 된다.

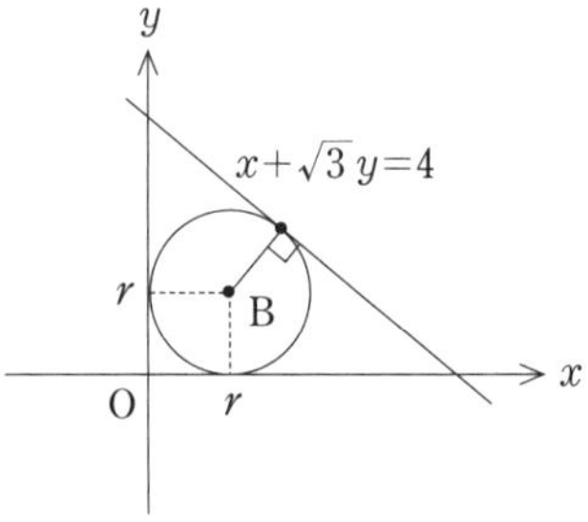

게다가 l 과 실수축 및 허수축에 둘러싸여 생기는 삼각형에 있어서 내접원의 반지름을 r 이라고 하면 중심 B 의 좌표는 $(r,\ r)$ 이다.

따라서 점 B와 l 의 거리에 주목하면

$$\frac{|r+\sqrt{3}\,r-4|}{\sqrt{1+3}}=\frac{|r+\sqrt{3}\,r-4|}{2}=r$$

$$|r+\sqrt{3}\,r-4|=2r$$

이다. 여기서 점 $B(r,\ r)$ 는 영역 $x+\sqrt{3}\,y<4$ 에 포함되는 것에 주의하면

$$|r+\sqrt{3}\,r-4|=-(r+\sqrt{3}\,r-4)=2r$$
$$r=\frac{4}{3+\sqrt{3}}=\frac{6-2\sqrt{3}}{3}$$

이 된다.

해 답

따라서 구하는 원의 중심은 $\frac{\mathbf{6-2\sqrt{3}}}{\mathbf{3}}+\left(\frac{\mathbf{6-2\sqrt{3}}}{\mathbf{3}}\right)i$ 이고

반지름은 $\frac{\mathbf{6-2\sqrt{3}}}{\mathbf{3}}$이다.

2

(1)	A	**3**
	B	**1**
(2)	CD	**−8**
	E	**4**
	FG	**13**
	HI	**15**
	J	**4**
	K	**1**
	L	**4**
	M	**3**
	N	**6**
	O	**2**
	P	**2**
	Q	**1**

2

(1) $z=3\cos\theta+i\sin\theta$에 대하여 $|z|^2$를 계산하면

$$|z|^2=z\bar{z}=9\cos^2\theta+\sin^2\theta=8\cos^2\theta+1$$

이다. 따라서 $|z|^2$는 $\theta=0,\ \pi$일 때 최댓값 9를 취하고

$\theta=\frac{\pi}{2},\ \frac{3}{2}\pi$일 때 최솟값 **1**을 취한다.

따라서 $|z|$의 최댓값은 **3** 이고 최솟값은 **1** 이다.

(2) $|z-2i|^2$를 계산하면

$$\begin{aligned}|z-2i|^2&=(3\cos\theta)^2+(\sin\theta-2)^2\\&=9\cos^2\theta+\sin^2\theta-4\sin\theta+4\\&=\mathbf{-8}\sin^2\theta-\mathbf{4}\sin\theta+\mathbf{13}\\&=-8\left(\sin\theta+\frac{1}{4}\right)^2+\frac{27}{2}\end{aligned}$$

이다. 따라서 $|z-2i|^2$는 $\sin\theta=-\frac{1}{4}$일 때 최댓값 $\frac{27}{2}$을 취하고

이 때 $\cos\theta=\pm\frac{\sqrt{15}}{4}$가 된다. 또한 $\sin\theta=1$일 때, 즉 $\theta=\frac{\pi}{2}$일

때 최솟값 **1**을 취한다.

따라서 $|z-2i|$는 $(\cos\theta,\ \sin\theta)=\left(\pm\frac{\sqrt{\mathbf{15}}}{\mathbf{4}},\ -\frac{\mathbf{1}}{\mathbf{4}}\right)$일 때,

최댓값 $\frac{\mathbf{3\sqrt{6}}}{\mathbf{2}}$을 취하고 $\theta=\frac{\pi}{\mathbf{2}}$일 때 최솟값 **1**을 취한다.

보충 이 도형이 타원 $\frac{x^2}{9}+y^2=1$인 것을 알고 있다면 (1)은 명백하다.

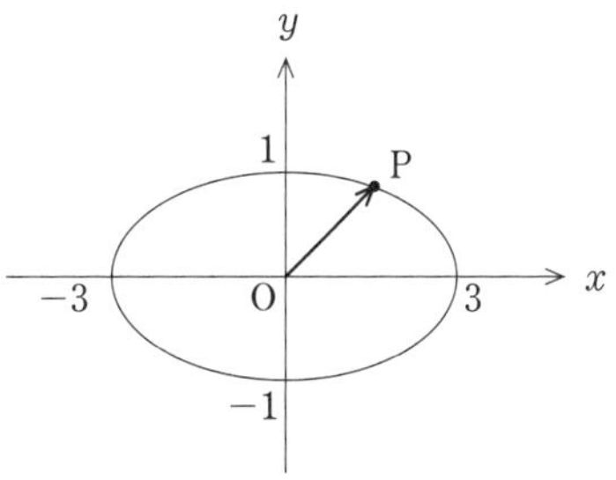

제 3 부 미분적분의 응용

해 답

1

A	**9**
B	**4**
C	**3**
D	**1**
E	**6**
F	**2**
G	**3**
H	**5**

제 1 장 미분법 · 적분법의 방법

기본문제

1 합성함수의 미분공식

(i) $x=2$ 일 때 $t=g(2)=\mathbf{9}$ 이다.

또한 $\dfrac{dt}{dx}=g'(x)=2x$ 이므로

$x=2$ 에 있어서 접선 l_1 의 방정식은

$$l_1 : t-9=g'(2)(x-2)$$
$$=\mathbf{4}(x-2)$$

이다.

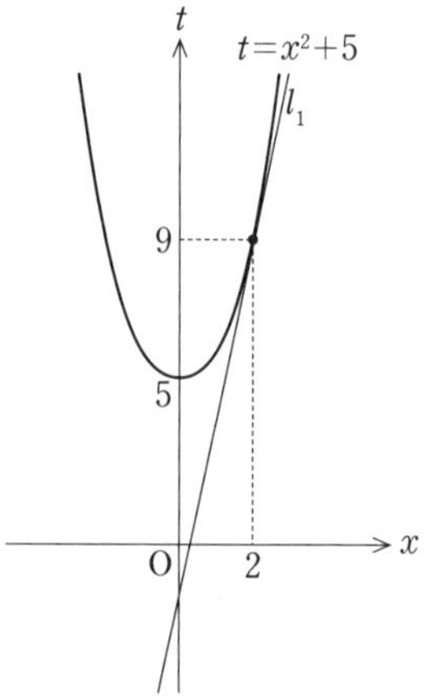

(ii) $t=9$ 일 때 $y=h(9)=\mathbf{3}$ 이다.

또한 $\dfrac{dy}{dt}=h'(t)=\dfrac{1}{2\sqrt{t}}$ 이므로

$t=9$ 에 있어서 접선 l_2 의 방정식은

$$l_2 : y-3=h'(9)(t-9)=\frac{\mathbf{1}}{\mathbf{6}}(t-9)$$

이다.

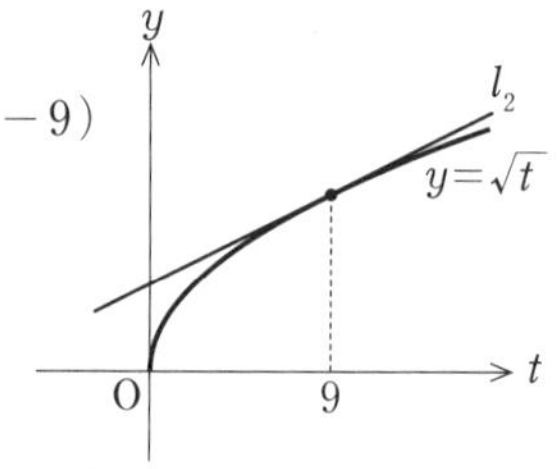

따라서 접선 l 의 방정식은

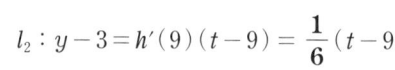

$$l : y-3=\frac{1}{6}\cdot 4(x-2)=\frac{\mathbf{2}}{\mathbf{3}}(x-2)$$

이다.

여기서, 합성함수의 미분공식 $\dfrac{dy}{dx}=\dfrac{dy}{dt}\cdot\dfrac{dt}{dx}$ 을 이용하면

$$f'(x)=\frac{dy}{dx}=\frac{dy}{dt}\cdot\frac{dt}{dx}=\frac{1}{2\sqrt{t}}\cdot(2x)=\frac{x}{\sqrt{x^2+\mathbf{5}}}$$

이다. 이로부터 $f'(2)=\dfrac{2}{3}$ 이고, 접선 l 의 방정식은

$$l : y=f'(2)(x-2)+f(2)=\frac{2}{3}(x-2)+3$$

으로 구할 수 있다.

합성함수의 값 자체는 두 개의 그래프를 동시에 파악할 필요가 있고 일반적으로 복잡한 움직임을 갖는다. 하지만 합성함수의 도함수의 값에 대해서는 곱하기만 하면 되는 간단한 것이다. 공식을 이용하여 도함수를 구하는 것에서, 함수의 증감을 직접 알 수 있기 때문에 앞으로는 두 개의 그래프를 일일이 고찰할 필요가 없다.

해 답

보충 $\frac{dt}{dx}$는 곡선 $t=g(x)$의 접선의 기울기이고 $\frac{dy}{dt}$는 곡선 $y=h(t)$의 접선의 기울기이다. 이로부터 합성함수의 미분공식 $\frac{dy}{dx}=\frac{dy}{dt}\cdot\frac{dt}{dx}$를 얻을 수 있다.

실제로 $x=x_0$ 일 때 $t_0=g(x_0)$, $y_0=h(t_0)=f(x_0)$가 된다.

$x=x_0$ 일 때의 곡선 $t=g(x)$의 접선을 l_1,
$t=t_0$ 일 때의 곡선 $y=h(t)$의 접선을 l_2,
$x=x_0$ 일 때의 곡선 $y=f(x)$의 접선을 l

라고 하면 각각의 방정식은 다음과 같다.

$l_1 : t-t_0=g'(x_0)(x-x_0)$

$l_2 : y-y_0=h'(t_0)(t-t_0)$

이므로 $l : y-y_0=h'(t_0)g'(x_0)(x-x_0)$

따라서

$$\frac{dy}{dx}=h'(t_0)g'(x_0)=\frac{dy}{dt}\cdot\frac{dt}{dx}$$

이다.

2

(1)	A	1
	B	1
	C	2
(2)	DE	−4
	F	4
	G	3
(3)	H	2
	I	2
	J	3
(4)	K	1
	L	1
	M	1
	N	3

2 몫의 미분, 합성함수의 미분 (1)

해법의 포인트

몫의 미분법 $\left\{\frac{f(x)}{g(x)}\right\}'=\frac{f'(x)g(x)-f(x)g'(x)}{\{g(x)\}^2}$

합성함수의 미분법 $\frac{dy}{dx}=\frac{dy}{dt}\cdot\frac{dt}{dx}$

(1) 몫의 미분법을 이용한다.

$$f'(x)=\frac{(x)'(x^2-x+1)-x(x^2-x+1)'}{(x^2-x+1)^2}$$

$$=\frac{x^2-x+1-x(2x-1)}{(x^2-x+1)^2}=\frac{-x^2+\mathbf{1}}{(x^2-x+\mathbf{1})^2}$$

(2) 몫의 미분법을 이용하는 것 보다 다음과 같이 계산하는 것이 빠르다.

$$f'(x)=\{(x^2+4)^{-2}\}'=-2(x^2+4)^{-3}(x^2+4)'$$

$$=-2(x^2+4)^{-3}\cdot(2x)=\frac{\mathbf{-4}x}{(x^2+\mathbf{4})^{\mathbf{3}}}$$

(주의) 여기서 몫의 미분법을 적용하면 약분의 작업이 들어가는 만큼 계산이 늘어난다.

$$f'(x)=-\frac{\{(x^2+4)^2\}'}{(x^2+4)^4}=-\frac{2(x^2+4)(x^2+4)'}{(x^2+4)^4}$$

$$=-\frac{2(x^2+4)(2x)}{(x^2+4)^4}=\frac{-4x}{(x^2+4)^3}$$

해 답

(3) $f'(x)=\{(2x^2+3)^{\frac{1}{2}}\}'=\frac{1}{2}(2x^2+3)^{-\frac{1}{2}}(2x^2+3)'$

$$=\frac{1}{2}(2x^2+3)^{-\frac{1}{2}}\cdot(4x)=\mathbf{\frac{2x}{\sqrt{2x^2+3}}}$$

(4) $f'(x)=\left\{\left(\frac{x-1}{x+1}\right)^{\frac{1}{2}}\right\}'=\frac{1}{2}\left(\frac{x-1}{x+1}\right)^{-\frac{1}{2}}\left(\frac{x-1}{x+1}\right)'$

$$=\frac{1}{2}\left(\frac{x+1}{x-1}\right)^{\frac{1}{2}}\cdot\frac{(x-1)'(x+1)-(x-1)(x+1)'}{(x+1)^2}$$

$$=\frac{1}{2}\left(\frac{x+1}{x-1}\right)^{\frac{1}{2}}\cdot\frac{2}{(x+1)^2}=(x-1)^{-\frac{1}{2}}(x+1)^{-\frac{3}{2}}$$

$$=\mathbf{\frac{1}{\sqrt{(x-1)(x+1)^3}}}$$

3

(1)	A	**2**
	B	**3**
(2)	C	**3**
	D	**2**
	E	**3**
(3)	F	**4**
	G	**1**
	H	**2**
	I	**1**
(4)	J	**1**

3 몫의 미분, 합성함수의 미분 (2)

(1) $f'(x)=(\cos^{-2}x)'=-2\cos^{-3}x(\cos x)'$

$$=-2\cos^{-3}x\cdot(-\sin x)=\mathbf{\frac{2\sin x}{\cos^3 x}}$$

(2) $f'(x)=(\tan 3x)'=\frac{1}{\cos^2 3x}(3x)'=\mathbf{\frac{3}{\cos^2 3x}}$

(3) $f'(x)=\{\log(2x^2+x-1)\}'=\frac{1}{2x^2+x-1}(2x^2+x-1)'$

$$=\mathbf{\frac{4x+1}{2x^2+x-1}}$$

(4) $f'(x)=\left\{\log\left(\frac{1+\sin x}{\cos x}\right)\right\}'=\left(\frac{1+\sin x}{\cos x}\right)^{-1}\left(\frac{1+\sin x}{\cos x}\right)'$

$$=\frac{\cos x}{1+\sin x}\cdot\frac{(1+\sin x)'\cos x-(1+\sin x)(\cos x)'}{\cos^2 x}$$

$$=\frac{\cos x}{1+\sin x}\cdot\frac{(\cos x)\cos x-(1+\sin x)(-\sin x)}{\cos^2 x}$$

$$=\frac{\cos x}{1+\sin x}\cdot\frac{1+\sin x}{\cos^2 x}=\mathbf{\frac{1}{\cos x}}$$

해 답

보충 $\dfrac{dt}{dx}$는 곡선 $t=g(x)$의 접선의 기울기이고 $\dfrac{dy}{dt}$는 곡선 $y=h(t)$의 접선의 기울기이다. 이로부터 합성함수의 미분공식 $\dfrac{dy}{dx}=\dfrac{dy}{dt}\cdot\dfrac{dt}{dx}$를 얻을 수 있다.

실제로 $x=x_0$일 때 $t_0=g(x_0)$, $y_0=h(t_0)=f(x_0)$가 된다.

$x=x_0$일 때의 곡선 $t=g(x)$의 접선을 l_1,
$t=t_0$일 때의 곡선 $y=h(t)$의 접선을 l_2,
$x=x_0$일 때의 곡선 $y=f(x)$의 접선을 l

라고 하면 각각의 방정식은 다음과 같다.

$l_1 : t-t_0=g'(x_0)(x-x_0)$

$l_2 : y-y_0=h'(t_0)(t-t_0)$

이므로 $l : y-y_0=h'(t_0)g'(x_0)(x-x_0)$

따라서

$$\frac{dy}{dx}=h'(t_0)g'(x_0)=\frac{dy}{dt}\cdot\frac{dt}{dx}$$

이다.

2

(1)	A	1
	B	1
	C	2
(2)	DE	-4
	F	4
	G	3
(3)	H	2
	I	2
	J	3
(4)	K	1
	L	1
	M	1
	N	3

2 몫의 미분, 합성함수의 미분 (1)

해법의 포인트

몫의 미분법 $\left\{\dfrac{f(x)}{g(x)}\right\}'=\dfrac{f'(x)g(x)-f(x)g'(x)}{\{g(x)\}^2}$

합성함수의 미분법 $\dfrac{dy}{dx}=\dfrac{dy}{dt}\cdot\dfrac{dt}{dx}$

(1) 몫의 미분법을 이용한다.

$$f'(x)=\frac{(x)'(x^2-x+1)-x(x^2-x+1)'}{(x^2-x+1)^2}$$

$$=\frac{x^2-x+1-x(2x-1)}{(x^2-x+1)^2}=\frac{-x^2+\mathbf{1}}{(x^2-x+\mathbf{1})^2}$$

(2) 몫의 미분법을 이용하는 것 보다 다음과 같이 계산하는 것이 빠르다.

$$f'(x)=\left\{(x^2+4)^{-2}\right\}'=-2(x^2+4)^{-3}(x^2+4)'$$

$$=-2(x^2+4)^{-3}\cdot(2x)=\frac{\mathbf{-4}x}{(x^2+\mathbf{4})^{\mathbf{3}}}$$

(주의) 여기서 몫의 미분법을 적용하면 약분의 작업이 들어가는 만큼 계산이 늘어난다.

$$f'(x)=-\frac{\left\{(x^2+4)^2\right\}'}{(x^2+4)^4}=-\frac{2(x^2+4)(x^2+4)'}{(x^2+4)^4}$$

$$=-\frac{2(x^2+4)(2x)}{(x^2+4)^4}=\frac{-4x}{(x^2+4)^3}$$

해 답

(3) $f'(x)=\{(2x^2+3)^{\frac{1}{2}}\}'=\frac{1}{2}(2x^2+3)^{-\frac{1}{2}}(2x^2+3)'$

$$=\frac{1}{2}(2x^2+3)^{-\frac{1}{2}}\cdot(4x)=\frac{\mathbf{2x}}{\sqrt{\mathbf{2x^2+3}}}$$

(4) $f'(x)=\left\{\left(\frac{x-1}{x+1}\right)^{\frac{1}{2}}\right\}'=\frac{1}{2}\left(\frac{x-1}{x+1}\right)^{-\frac{1}{2}}\left(\frac{x-1}{x+1}\right)'$

$$=\frac{1}{2}\left(\frac{x+1}{x-1}\right)^{\frac{1}{2}}\cdot\frac{(x-1)'(x+1)-(x-1)(x+1)'}{(x+1)^2}$$

$$=\frac{1}{2}\left(\frac{x+1}{x-1}\right)^{\frac{1}{2}}\cdot\frac{2}{(x+1)^2}=(x-1)^{-\frac{1}{2}}(x+1)^{-\frac{3}{2}}$$

$$=\frac{\mathbf{1}}{\sqrt{(x-\mathbf{1})(x+\mathbf{1})^3}}$$

3

(1)	A	**2**
	B	**3**
(2)	C	**3**
	D	**2**
	E	**3**
(3)	F	**4**
	G	**1**
	H	**2**
	I	**1**
(4)	J	**1**

3 몫의 미분, 합성함수의 미분 (2)

(1) $f'(x)=(\cos^{-2}x)'=-2\cos^{-3}x(\cos x)'$

$$=-2\cos^{-3}x\cdot(-\sin x)=\frac{\mathbf{2\sin x}}{\mathbf{\cos^3 x}}$$

(2) $f'(x)=(\tan 3x)'=\frac{1}{\cos^2 3x}(3x)'=\frac{\mathbf{3}}{\mathbf{\cos^2 3x}}$

(3) $f'(x)=\{\log(2x^2+x-1)\}'=\frac{1}{2x^2+x-1}(2x^2+x-1)'$

$$=\frac{\mathbf{4x+1}}{\mathbf{2x^2+x-1}}$$

(4) $f'(x)=\left\{\log\left(\frac{1+\sin x}{\cos x}\right)\right\}'=\left(\frac{1+\sin x}{\cos x}\right)^{-1}\left(\frac{1+\sin x}{\cos x}\right)'$

$$=\frac{\cos x}{1+\sin x}\cdot\frac{(1+\sin x)'\cos x-(1+\sin x)(\cos x)'}{\cos^2 x}$$

$$=\frac{\cos x}{1+\sin x}\cdot\frac{(\cos x)\cos x-(1+\sin x)(-\sin x)}{\cos^2 x}$$

$$=\frac{\cos x}{1+\sin x}\cdot\frac{1+\sin x}{\cos^2 x}=\frac{\mathbf{1}}{\mathbf{\cos x}}$$

해 답

4

(1)	A	**3**
(2)	B	**2**
	C	**2**
(3)	D	**2**
(4)	E	**5**
	FG	**24**
(5)	H	**6**

4 치환적분

해법의 포인트

$t=f(x)\ (a \leqq x \leqq b)$ 로 치환하면,

(i) 미분의 관계식 $dt=f'(x)dx$

(ii) 문자의 움직일 수 있는 범위

x 가 a 부터 b 까지 움직였을 때의 t 의 범위

를 알아본다.

(1) $I=\int_1^2 \frac{2x-1}{x^2-x+1}dx$ 에 대하여 $t=x^2-x+1$ 이라고 놓으면

$dt=(2x-1)dx$

x	1	↗	2
t	1	↗	3

이다. 따라서

$$I=\int_1^3 \frac{1}{t}dt=\Big[\log|t|\Big]_1^3=\log \mathbf{3}$$

(2) $I=\int_0^{\frac{\pi}{4}} \sin\left(2x+\frac{\pi}{4}\right)dx$ 에 대하여, $t=2x+\frac{\pi}{4}$라고 놓으면

$dt=2dx \qquad dx=\frac{1}{2}dt$

x	0	↗	$\frac{\pi}{4}$
t	$\frac{\pi}{4}$	↗	$\frac{3}{4}\pi$

이다. 따라서

$$I=\int_{\frac{\pi}{4}}^{\frac{3}{4}\pi} \sin t\left(\frac{1}{2}dt\right)=\frac{1}{2}\Big[-\cos t\Big]_{\frac{\pi}{4}}^{\frac{3}{4}\pi}=\frac{\sqrt{\mathbf{2}}}{\mathbf{2}}$$

(3) $I=\int_0^{\frac{\pi}{2}} \frac{\sin 2x}{1+\sin^2 x}dx$ 에 대하여, $t=1+\sin^2 x$ 라고 놓으면

$dt=2\sin x\cos x dx=\sin 2x dx$

x	0	↗	$\frac{\pi}{2}$
t	1	↗	2

이다. 따라서

$$I=\int_1^2 \frac{1}{t}dt=\Big[\log|t|\Big]_1^2=\log \mathbf{2}$$

(4) $I=\int_0^{\frac{\pi}{3}} \sin^3 x dx$ 에 대하여, $t=\cos x$ 라고 놓으면

$dt=-\sin x dx \qquad \sin x dx=-dt$

x	0	↗	$\frac{\pi}{3}$
t	1	↘	$\frac{1}{2}$

이다. 따라서

$$I=\int_0^{\frac{\pi}{3}} \sin^2 x\sin x dx=\int_0^{\frac{\pi}{3}} (1-\cos^2 x)\sin x dx$$

$$=\int_1^{\frac{1}{2}} (1-t^2)(-dt)=\int_{\frac{1}{2}}^1 (1-t^2)dt$$

해 답

$$= \left[t - \frac{1}{3}t^3 \right]_{\frac{1}{2}}^{1} = \mathbf{\frac{5}{24}}$$

(5) $I = \int_0^1 \frac{1}{\sqrt{4-x^2}}dx$ 에 대하여 $x = 2\sin\theta$라고 놓으면

$dx = 2\cos\theta d\theta$

x	0	↗	1
θ	0	↗	$\frac{\pi}{6}$

이다. 또한

$$\sqrt{4-x^2} = \sqrt{4-4\sin^2\theta} = 2\sqrt{\cos^2\theta} = 2|\cos\theta|$$

이고, $0 \leqq \theta \leqq \frac{\pi}{6}$일 때, $\cos\theta \geqq 0$ 이므로

$$2|\cos\theta| = 2\cos\theta$$

가 된다. 따라서

$$I = \int_0^{\frac{\pi}{6}} \frac{1}{2\cos\theta}(2\cos\theta d\theta) = \int_0^{\frac{\pi}{6}} d\theta = \mathbf{\frac{\pi}{6}}$$

5

(1)	AB	**−2**
(2)	C	**2**
(3)	D	**1**
	E	**0**
	F	**1**
	G	**2**
	H	**1**
	I	**2**

5 부분적분

해법의 포인트

부분적분법

$$\int f(x)(g(x))'dx = f(x)g(x) - \int f'(x)g(x)dx$$

(1) $\int_0^{\pi} x\cos x dx = \int_0^{\pi} x(\sin x)'dx = \left[x\sin x\right]_0^{\pi} - \int_0^{\pi}(x)'\sin x dx$

$$= -\int_0^{\pi}\sin x dx = \left[\cos x\right]_0^{\pi} = \mathbf{-2}$$

(2) $\int_1^e (\log x)^2 dx = \int_1^e \log x(x\log x - x)'dx$

$$= \left[\log x(x\log x - x)\right]_1^e - \int_1^e (\log x)'(x\log x - x)dx$$

$$= -\int_1^e \frac{1}{x}(x\log x - x)dx$$

$$= -\int_1^e (\log x - 1)dx$$

$$= -\left[(x\log x - x) - x\right]_1^e = e - \mathbf{2}$$

해 답

(3) I, J 에 대하여 각각 부분적분을 적용하면

$$I=\int_0^{\pi} e^x(\sin x)'dx=\left[e^x\sin x\right]_0^{\pi}-\int_0^{\pi}(e^x)'\sin x dx$$

$$=-\int_0^{\pi} e^x\sin x dx=-J$$

$$J=\int_0^{\pi} e^x(-\cos x)'dx=\left[e^x(-\cos x)\right]_0^{\pi}-\int_0^{\pi}(e^x)'(-\cos x)dx$$

$$=e^{\pi}+1+\int_0^{\pi} e^x\cos x dx=e^{\pi}+1+I$$

가 된다. 따라서

$$\begin{cases} I-J=-e^{\pi}-\mathbf{1} \\ I+J=\mathbf{0} \end{cases} \qquad I=-\frac{e^{\pi}+\mathbf{1}}{\mathbf{2}},\ J=\frac{e^{\pi}+\mathbf{1}}{\mathbf{2}}$$

이다.

실전문제

1

(1)	A	**0**
	B	**2**
	C	**2**
	D	**1**
	E	**3**
(2)	F	**5**
	G	**5**
	H	**0**
	I	**3**
	J	**2**
	K	**0**
(3)	L	**2**
	M	**3**
	N	**3**

1

(1) $h(x)=x^4-4x^3+4x^2+2$ 라고 놓으면

$$h'(x)=4x^3-12x^2+8x=4x(x-1)(x-2)$$

이므로 $h(x)$의 증감과 치역은 다음과 같다.

x	0	$\cdots$	1	$\cdots$	2
$h'(x)$	0	+	0	−	0
$h(x)$	2	↗	3	↘	2

$2\leqq h(x)\leqq 3$

(i) $a>1$ 일 때 함수 $f(x)=\log_a h(x)$는 증가이다. 따라서, $f(x)$는 $x=\mathbf{0}$, $\mathbf{2}$ 일 때 최솟값 $g(a)=\log_a\mathbf{2}$ 를 취한다.

(ii) $0<a<1$ 의 경우 함수 $f(x)=\log_a h(x)$는 감소이다. 따라서 $f(x)$는 $x=\mathbf{1}$ 일 때 최솟값 $g(a)=\log_a\mathbf{3}$ 을 취한다.

(2) (1)에 의해

$$g(a)=\begin{cases} \log_a 2=\dfrac{\log_2 2}{\log_2 a}=\dfrac{1}{\log_2 a} & \cdots\cdots \quad a>1 \\ \log_a 3=\dfrac{\log_3 3}{\log_3 a}=\dfrac{1}{\log_3 a} & \cdots\cdots \quad 0<a<1 \end{cases}$$

이다. a 의 함수 $\log_2 a$, $\log_3 a$ 는 증가이므로 $g(a)$는 $0<a<1$ 에 있어서 감소 (⑤) 이며
$a>1$ 에 있어서 감소 (⑤) 이다.

또한 다음을 만족시킨다.

$$\lim_{a\to+0} g(a)=\mathbf{0}\ (⓪),\qquad \lim_{a\to1-0} g(a)=-\infty\ (③),$$
$$\lim_{a\to1+0} g(a)=\infty\ (②),\qquad \lim_{a\to\infty} g(a)=\mathbf{0}\ (⓪)$$

해 답

보충 $a>1$ 일 때 $\log_2 a>0$ 이고,

$\lim_{a\to 1+0}\log_2 a=+0$, 즉 양의 값을 유지한 채 0 에 가까워진다 . 따라서

$\lim_{a\to 1+0}\dfrac{1}{\log_2 a}=\infty$가 된다 . 또한 함수의 그래프는 오른쪽 그림과 같다 .

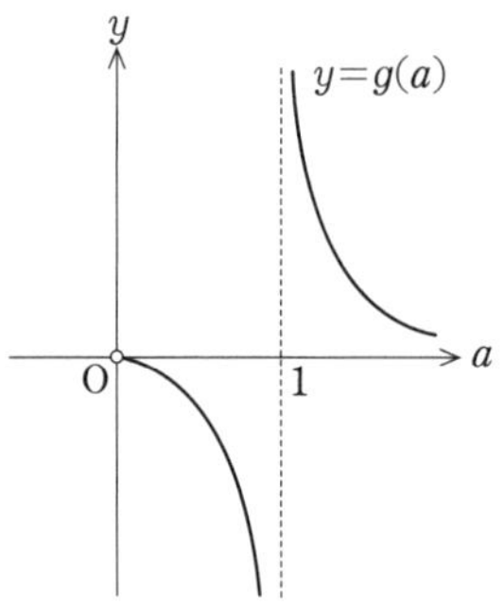

(3) (2)에 의해 $0<a<1$ 일 때 $g(a)<0$ 이고 $a>1$ 일 때 $g(a)>0$ 이다 .

따라서 $g(a)=2=\log_a 2$ 일 때 $a^2=2$ 이므로 $a=\mathbf{\sqrt{2}}$ 이다 .

또한 $g(a)=-2=\log_a 3$ 일 때 $a^{-2}=3$ 이므로 $a=\mathbf{\dfrac{\sqrt{3}}{3}}$이다 .

2

A	**3**
B	**2**
CD	**−2**
EF	**12**
GH	**16**
I	**9**
JK	**36**
L	**1**
M	**6**
N	**6**
O	**3**
P	**4**

2 $y=x^3$ 이므로 $y'=3x^2$ 이고 점 $A(a,\ a^3)$ 에 있어서 접선 l 의 방정식은

$$l: y=3a^2(x-a)+a^3=\mathbf{3}a^2x-\mathbf{2}a^3$$

이다 . 이 식과 $y=x^3$ 를 연립하여 y 를 소거하면

$$x^3-3a^2x+2a^3=(x-a)^2(x+2a)=0 \qquad x=a,\ -2a$$

가 된다 .

따라서 점 B 의 x 좌표는 $\mathbf{-2}a$ 이고 $B(-2a,\ -8a^3)$ 에 있어서 곡선 C 의 접선 m 의 방정식은

$$m: y=3(-2a)^2(x+2a)-8a^3=\mathbf{12}a^2x+\mathbf{16}a^3$$

이다 .

여기서 l 과 m 의 기울기에 대하여

$$\tan\alpha=3a^2,\ \ \tan\beta=12a^2\left(-\frac{\pi}{2}<\alpha<\beta<\frac{\pi}{2}\right)$$

를 만족시키는 α, β가 존재한다 (α, β는 직선과 x 축 양의 방향과 이루는 각도이다 . 제 2 부 제 1 장 참조). 이로부터

$$\tan(\beta-\alpha)=\frac{\tan\beta-\tan\alpha}{1+\tan\alpha\tan\beta}=\frac{9a^2}{1+36a^4}$$

이고, l 과 m 이 이루는 각도 θ에 대하여

$$\tan\theta=\frac{\mathbf{9}a^2}{\mathbf{36}a^4+\mathbf{1}}=\frac{1}{4a^2+\dfrac{1}{9a^2}}$$

가 된다 .

여기서 산술평균・기하평균의 관계에 의해

$$4a^2+\frac{1}{9a^2}\geqq 2\sqrt{(4a^2)\left(\frac{1}{9a^2}\right)}=\frac{4}{3}$$

이고 등호는 $4a^2=\dfrac{1}{9a^2}$일 때 즉 $a=\dfrac{\sqrt{6}}{6}$일 때 성립한다 . 따라서

해 답

$\tan\theta$ 는, $a=\dfrac{\sqrt{6}}{6}$일 때 최댓값 $\dfrac{3}{4}$을 취한다.

보충 $t=a^2$ 라고 놓으면 $t>0$ 이다. 그리하여 t 의 함수

$$f(t)=\tan\theta=\frac{9t}{36t^2+1}\quad(t>0)$$

를 생각하여 아래와 같이 계산하여도 된다.

$$f'(t)=\frac{-9(6t-1)(6t+1)}{(36t^2+1)^2}$$

따라서 $t=\dfrac{1}{6}$에서 최대가 된다.

해 답

1

(1)	A	**1**
	B	**3**
	C	**1**
	D	**3**
	E	**3**
(2)	F	**3**
	G	**2**
	H	**1**
	I	**3**
	J	**3**
	K	**2**
	L	**3**
	M	**2**

제 2 장 수열의 극한과 무한급수

기본문제

1 점화식과 극한

해법의 포인트

2 항점화식, 3 항점화식은 등비형점화식으로 변형하여 푼다.

(1) 점화식 $a_{n+1}=-\dfrac{1}{3}a_n+4$ 에 의해

$$a_{n+1}-3=-\frac{1}{3}(a_n-3)\quad (n=1,\ 2,\ \cdots\cdots)$$

가 된다. 따라서

$$a_n-3=\left(-\frac{1}{3}\right)^{n-1}(a_1-3)=\left(-\frac{1}{3}\right)^{n-1}$$

$$a_n=\left(-\frac{\mathbf{1}}{\mathbf{3}}\right)^{n-1}+\mathbf{3}\quad (n=1,\ 2,\ \cdots\cdots)$$

이다. 따라서 극한값은 $\lim_{n\to\infty}a_n=\mathbf{3}$ 이다.

(2) 점화식 $3a_{n+2}-4a_{n+1}+a_n=0$ 에 의해

$$\begin{cases} a_{n+2}-\dfrac{1}{3}a_{n+1}=a_{n+1}-\dfrac{1}{3}a_n & (n=1,\ 2,\ \cdots\cdots) \\ a_{n+2}-a_{n+1}=\dfrac{1}{3}(a_{n+1}-a_n) & (n=1,\ 2,\ \cdots\cdots) \end{cases}$$

가된다. 이로부터

$$\begin{cases} a_{n+1}-\dfrac{1}{3}a_n=a_2-\dfrac{1}{3}a_1=1 \\ a_{n+1}-a_n=\left(\dfrac{1}{3}\right)^{n-1}(a_2-a_1)=-\left(\dfrac{1}{3}\right)^{n-1} \end{cases}$$

이다. 따라서 a_{n+1} 을 소거하면

$$\frac{2}{3}a_n=\left(\frac{1}{3}\right)^{n-1}+1$$

$$a_n=\frac{\mathbf{3}}{\mathbf{2}}\left(\frac{\mathbf{1}}{\mathbf{3}}\right)^{n-1}+\frac{\mathbf{3}}{\mathbf{2}}\quad (n=1,\ 2,\ \cdots\cdots)$$

이다. 따라서 극한값은 $\lim_{n\to\infty}a_n=\dfrac{\mathbf{3}}{\mathbf{2}}$이다.

해 답

2

A	0
B	1
C	2
D	1
E	3
F	1
G	3
H	1
I	3
J	4
K	1
L	3
M	3
N	2
O	1
P	3
Q	3
R	4

2 등비급수

해법의 포인트

n 이 충분히 클 때 $n \ll n^2 \ll \cdots\cdots \ll 3^n$ 이다.

수열 $\{a_n\}$ 의 극한값은

$$\lim_{n\to\infty} a_n = \lim_{n\to\infty} \frac{n}{3^n} = 0$$

이다.

다음으로

$$S_n = \sum_{k=1}^{n} k\left(\frac{1}{3}\right)^k \quad (n=1,\ 2,\ \cdots\cdots)$$

에 대하여

$$S_n - \frac{1}{3}S_n = \frac{1}{3} + 2\left(\frac{1}{3}\right)^2 + \cdots\cdots + n\left(\frac{1}{3}\right)^n$$
$$-\left\{\left(\frac{1}{3}\right)^2 + \cdots\cdots + (n-1)\left(\frac{1}{3}\right)^n + n\left(\frac{1}{3}\right)^{n+1}\right\}$$
$$= \frac{1}{3} + \left(\frac{1}{3}\right)^2 + \cdots\cdots + \left(\frac{1}{3}\right)^n - n\left(\frac{1}{3}\right)^{n+1}$$
$$= \frac{1}{3}\left\{\frac{1-\left(\frac{1}{3}\right)^n}{1-\frac{1}{3}}\right\} - n\left(\frac{1}{3}\right)^{n+1}$$
$$= \frac{1}{2}\left\{1-\left(\frac{1}{3}\right)^n\right\} - n\left(\frac{1}{3}\right)^{n+1}$$
$$= \frac{2}{3}S_n$$

이다. 따라서

$$S_n = \frac{3}{4}\left\{1-\left(\frac{1}{3}\right)^n\right\} - \frac{3}{2}n\left(\frac{1}{3}\right)^{n+1}$$

이다. 따라서 무한급수의 합은

$$\sum_{n=1}^{\infty} a_n = \lim_{n\to\infty} S_n = \frac{3}{4}$$

이다.

해 답

1

(1)	A	**1**
	B	**1**
	C	**2**
	D	**1**
	E	**4**
	F	**2**
	G	**3**
	H	**3**
	IJ	**16**
	K	**8**
	LM	**15**
(2)	N	**1**
	O	**2**
	PQ	**−2**
	R	**6**

실전문제

1

(1) $a_0=\int_0^{\frac{\pi}{2}} dx=\frac{\pi}{2}$, $a_1=\int_0^{\frac{\pi}{2}}\cos x dx=\left[\sin x\right]_0^{\frac{\pi}{2}}=\mathbf{1}$

$$\begin{aligned}a_{n+2}&=\int_0^{\frac{\pi}{2}}\cos^{n+2}x dx=\int_0^{\frac{\pi}{2}}\cos^{n+1}x(\sin x)'dx\\&=\left[\cos^{n+1}x\sin x\right]_0^{\frac{\pi}{2}}-\int_0^{\frac{\pi}{2}}(\cos^{n+1}x)'\sin x dx\\&=(n+1)\int_0^{\frac{\pi}{2}}\cos^n x\sin^2 x dx\\&=(n+1)\int_0^{\frac{\pi}{2}}\cos^n x(1-\cos^2 x)dx\\&=(n+1)(a_n-a_{n+2})\quad(n=0,\ 1,\ 2,\ \cdots\cdots)\end{aligned}$$

가 된다. 이로부터

$$a_{n+2}=\frac{n+1}{n+\mathbf{2}}a_n\quad(n=0,\ 1,\ 2,\ \cdots\cdots)$$

이다. 따라서

$$a_2=\frac{1}{2}a_0=\frac{\mathbf{1}}{\mathbf{4}}\pi,\quad a_3=\frac{2}{3}a_1=\frac{\mathbf{2}}{\mathbf{3}},$$

$$a_4=\frac{3}{4}a_2=\frac{\mathbf{3}}{\mathbf{16}}\pi,\quad a_5=\frac{4}{5}a_3=\frac{\mathbf{8}}{\mathbf{15}}$$

이다.

(2) $b_0=\int_0^1 e^x dx=\left[e^x\right]_0^1=e-1$

$$\begin{aligned}b_{n+1}&=\int_0^1 x^{n+1}e^x dx=\int_0^1 x^{n+1}(e^x)'dx\\&=\left[x^{n+1}e^x\right]_0^1-\int_0^1(x^{n+1})'e^x dx\\&=e-(n+1)\int_0^1 x^n e^x dx\\&=e-(n+1)b_n\quad(n=0,\ 1,\ 2,\ \cdots\cdots)\end{aligned}$$

가 된다. 따라서

$$b_1=e-b_0=e-(e-1)=\mathbf{1}$$
$$b_2=e-2b_1=e-\mathbf{2}$$
$$b_3=e-3b_2=e-3(e-2)=\mathbf{-2}e+\mathbf{6}$$

이다.

해 답

2

A	6
B	2
C	4
D	1
E	2
F	1
G	2
H	1
I	2
J	1
K	2
L	1
M	2

3

(1)	A	0
	B	1
	C	1
	D	1
	E	2
(2)	F	2
	G	1
(3)	H	1
	I	6
	J	1

2 수열 $\{a_n\}$ 을 정하는 점화식

$$a_1=\frac{1}{6},\quad a_n-a_{n+1}=(2n+4)a_na_{n+1}\quad(n=1,\ 2,\ \cdots\cdots)$$

에 대하여

$$b_1=\frac{1}{a_1}=\mathbf{6}$$

이다 . 또한 양변을 a_na_{n+1} 로 나누면

$$b_{n+1}-b_n=\frac{1}{a_{n+1}}-\frac{1}{a_n}=\mathbf{2}n+\mathbf{4}\quad(n=1,\ 2,\ \cdots\cdots)$$

가 된다 . 이로부터 $n\geqq 2$ 에 대하여

$$b_n=b_1+\sum_{k=1}^{n-1}(2k+4)=6+2\sum_{k=1}^{n-1}k+4\sum_{k=1}^{n-1}1$$
$$=6+n(n-1)+4(n-1)=(n+1)(n+2)$$

가 된다 . 이것은 $n=1$ 로도 성립하므로

$$b_n=(n+\mathbf{1})(n+\mathbf{2})\quad(n=1,\ 2,\ \cdots\cdots)$$

이다 . 따라서

$$a_n=\frac{1}{b_n}=\frac{1}{(n+1)(n+2)}$$
$$=\frac{1}{(n+\mathbf{1})}-\frac{1}{(n+\mathbf{2})}\quad(n=1,\ 2,\ \cdots\cdots)$$

가 된다 .

게다가 $n=1,\ 2,\ \cdots\cdots$에 대하여

$$\sum_{k=1}^{n}a_k=\sum_{k=1}^{n}\left(\frac{1}{k+1}-\frac{1}{k+2}\right)$$
$$=\left(\frac{1}{2}-\frac{1}{3}\right)+\left(\frac{1}{3}-\frac{1}{4}\right)+\cdots\cdots+\left(\frac{1}{n+1}-\frac{1}{n+2}\right)$$
$$=\frac{\mathbf{1}}{\mathbf{2}}-\frac{\mathbf{1}}{n+\mathbf{2}}$$

이 성립한다 . 따라서 무한급수의 합은 $\sum_{n=1}^{\infty}a_n=\frac{\mathbf{1}}{\mathbf{2}}$ 이 된다 .

3

(1) $a_1=[\,0\,]=\mathbf{0}$, $a_2=[\,1\,]=\mathbf{1}$, $a_3=[\sqrt{2}\,]=\mathbf{1}$,
$a_4=[\sqrt{3}\,]=\mathbf{1}$, $a_5=[\,2\,]=\mathbf{2}$

(2) $a_n=m$ 을 만족시킬 때

$$m\leqq\sqrt{n-1}<m+1\qquad m^2+1\leqq n<(m+1)^2+1$$

가 된다 . 따라서

$$(m+1)^2+1-(m^2+1)=2m+1$$

이므로 구하는 n 의 개수는 $\mathbf{2}m+\mathbf{1}$ 이다 .

K	**4**
L	**1**
M	**2**
N	**3**

(3) $k=n^2$ 일 때

$$n-1 \leqq \sqrt{n^2-1} < n \qquad a_{n^2}=n-1$$

이고, $k=n^2+1$ 일 때 $a_{n^2+1}=n$ 이 된다. 따라서 (2)에 의해

$$\begin{aligned} b_n &= 0+(1+1+1)+(2+2+2+2+2)+\cdots\cdots \\ &\quad \cdots\cdots+\{(n-1)+(n-1)+\cdots\cdots+(n-1)\} \\ &= 1\cdot3+2\cdot5+\cdots\cdots+(n-1)(2n-1) \\ &= \sum_{k=1}^{n-1}k(2k+1)=2\sum_{k=1}^{n-1}k^2+\sum_{k=1}^{n-1}k \\ &= \frac{1}{3}(n-1)n(2n-1)+\frac{1}{2}(n-1)n \\ &= \frac{1}{6}(n-1)n\{2(2n-1)+3\} \\ &= \mathbf{\frac{1}{6}(n-1)n(4n+1)} \end{aligned}$$

이 된다.

따라서

$$\lim_{n\to\infty}\frac{b_n}{n^3}=\lim_{n\to\infty}\frac{1}{6}\left(1-\frac{1}{n}\right)\left(4+\frac{1}{n}\right)=\mathbf{\frac{2}{3}}$$

이다.

보충 다음과 같은 군수열

$$a_n : 0,\ |1,\ 1,\ 1|,\ |2,\ 2,\ 2,\ 2,\ 2|,\ |3,\ 3,\ 3,\ \cdots\cdots$$

을 생각하면 (3)의 식이 명확해진다.

해 답

1

A	0
BC	−2
D	4
E	4
F	2
G	4
HI	12
J	4
K	3
LM	−2
N	1
O	2
P	2
Q	1
R	2
S	0
T	2
U	3
V	1
W	2

제 3 장 미분법 · 적분법의 응용

기본문제

1 함수의 그래프

해법의 포인트

함수 $f(x)$ 의 증감은 $f'(x)$ 의 양, 음,
요철은 $f''(x)$ 의 양, 음
으로 알아본다.

$x\to\pm\infty$일 때 $f(x)=\dfrac{2x}{x^2+4}=\dfrac{2}{x+\dfrac{4}{x}}\to\mathbf{0}$ 이다.

다음으로 함수를 미분하면

$$f'(x)=2\cdot\frac{(x)'(x^2+4)-x(x^2+4)'}{(x^2+4)^2}$$

$$=2\cdot\frac{x^2+4-x(2x)}{(x^2+4)^2}=\frac{\mathbf{-2(x^2-4)}}{\mathbf{(x^2+4)^2}}$$

$$f''(x)=-2\cdot\frac{(x^2-4)'(x^2+4)^2-(x^2-4)\{(x^2+4)^2\}'}{(x^2+4)^4}$$

$$=-2\cdot\frac{(2x)(x^2+4)^2-(x^2-4)\{4x(x^2+4)\}}{(x^2+4)^4}$$

$$=\frac{\mathbf{4x(x^2-12)}}{\mathbf{(x^2+4)^3}}$$

가 된다. 이로부터 함수의 증감, 그래프의 요철은 아래와 같다.

x	$\cdots$	$-2\sqrt{3}$	$\cdots$	-2	$\cdots$	0	$\cdots$	2	$\cdots$	$2\sqrt{3}$	$\cdots$
$f'(x)$	−	−	−	0	+	+	+	0	−	−	−
$f''(x)$	−	0	+	+	+	0	−	−	−	0	+
$f(x)$	↘	변곡점	↘	극소	↗	변곡점	↗	극대	↘	변곡점	↘

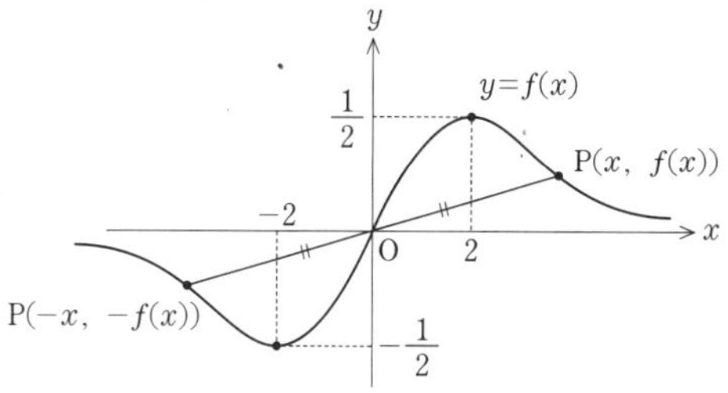

따라서 함수 $f(x)$는 $x=\mathbf{-2}$ 일 때 최솟값 $-\dfrac{\mathbf{1}}{\mathbf{2}}$을 취하고 $x=\mathbf{2}$ 일 때 최댓값 $\dfrac{\mathbf{1}}{\mathbf{2}}$을 취한다.

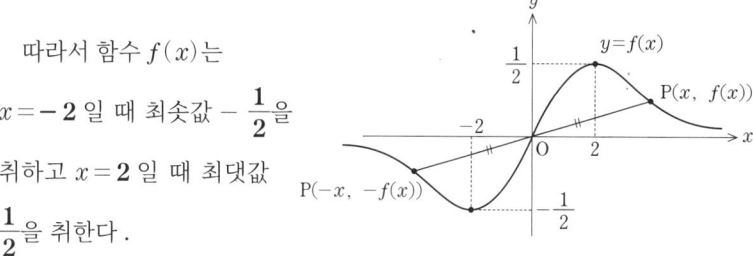

또한 곡선 $y=f(x)$는 변곡점을 세 개 가지며 변곡점들의 x 좌표는 $x=\mathbf{0}$, $x=\pm\mathbf{2\sqrt{3}}$ 이다.

게다가 $f'(0)=\dfrac{1}{2}$이므로 곡선 $y=f(x)$ 의 원점 O에 있어서 접선의 방정식은 $y=\dfrac{\mathbf{1}}{\mathbf{2}}x$ 이다.

해 답

2

(1)	A	**3**
	B	**0**
(2)	C	**1**
	D	**2**
	E	**1**
	F	**1**
	G	**1**
	H	**2**
	I	**3**
	J	**2**
(3)	K	**1**
	L	**2**
	M	**4**
	N	**8**

보충 실은 $f(-x)=-f(x)$이고 원점 O 에 관해 대칭이다. 따라서 $x \geqq 0$ 의 범위에서만 알아보고 이것을 대칭으로 반복하면 된다. 이렇게 하면 노력이 반감된다.

2 함수의 그래프, 정적분

해법의 포인트

$e^{-x}>0$ 이므로 $f'(x)$는 이차함수 $y=-(x-1)(x-2)$와 같은 부호변화를 한다.

(1) $\lim_{x\to-\infty} f(x)=\lim_{x\to-\infty} x^2\left(1-\frac{1}{x}+\frac{1}{x^2}\right)e^{-x}=\infty$ (**③**)

$\lim_{x\to\infty} f(x)=\lim_{x\to\infty}\frac{x^2-x+1}{e^x}=\mathbf{0}$ (**⓪**)

(2)
$$\begin{aligned} f'(x) &= (x^2-x+1)'e^{-x}+(x^2-x+1)(e^{-x})' \\ &= (2x-1)e^{-x}+(x^2-x+1)(-e^{-x}) \\ &= (-x^2+3x-2)e^{-x} \\ &= -(x-\mathbf{1})(x-\mathbf{2})e^{-x} \end{aligned}$$

가 된다. 따라서 함수의 증감은 다음과 같다.

x	$(-\infty)$	$\cdots$	1	$\cdots$	2	$\cdots$	(∞)
$f'(x)$	/	−	0	+	0	−	/
$f(x)$	(∞)	↘	극소	↗	극대	↘	(0)

따라서 $f(x)$는 $x=\mathbf{1}$ 일 때에 최솟값 $\frac{1}{e^1}$을 취하고 $x=\mathbf{2}$ 일 때에 최댓값 $\frac{\mathbf{3}}{e^2}$을 취한다.

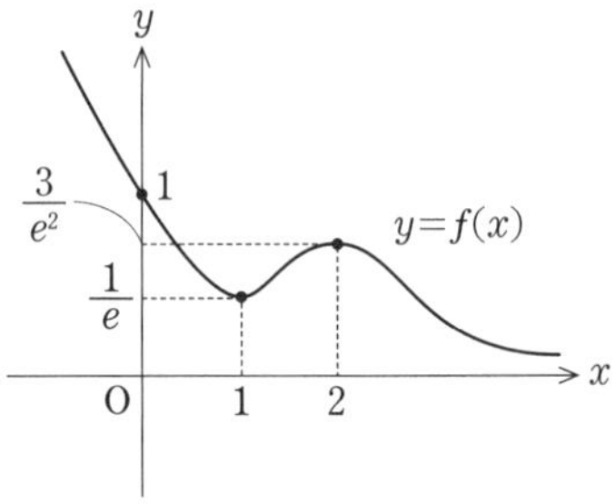

(3) 다음과 같이 부분적분을 2 회 반복하여 계산한다. 구하는 넓이는

$$\begin{aligned} S &= \int_1^2 (x^2-x+1)e^{-x}dx \\ &= \Big[(x^2-x+1)(-e^{-x})\Big]_1^2+\int_1^2(2x-1)e^{-x}dx \\ &= -3e^{-2}+e^{-1}+\Big[(2x-1)(-e^{-x})\Big]_1^2+\int_1^2 2e^{-x}dx \\ &= -3e^{-2}+e^{-1}-3e^{-2}+e^{-1}+\Big[-2e^{-x}\Big]_1^2 \\ &= -6e^{-2}+2e^{-1}-2e^{-2}+2e^{-1} \\ &= \frac{\mathbf{4}e-\mathbf{8}}{e^2} \end{aligned}$$

이다.

해 답

3

(1)	A	**1**
	B	**0**
	C	**1**
	D	**1**
	E	**6**
(2)	F	**4**
	GH	**15**

3 부피

해법의 포인트

・입체를 평면으로 잘라서 단면적을 알아보는 것으로 입체의 부피를 구할 수 있다.

・$\int_{\alpha}^{\beta}(x-\alpha)(x-\beta)dx=-\frac{1}{6}(\beta-\alpha)^3$

・$f(x)$가 우함수, 즉 곡선 $y=f(x)$가 y축에 대하여 대칭일 때

$$\int_{-a}^{a}f(x)dx=2\int_{0}^{a}f(x)dx$$

(1) 입체의 평면 $y=t(0\leqq t\leqq 1)$에 의한 단면은

$$0\leqq x\leqq t,\quad t\leqq z\leqq 1$$

에 의한 직사각형이다.

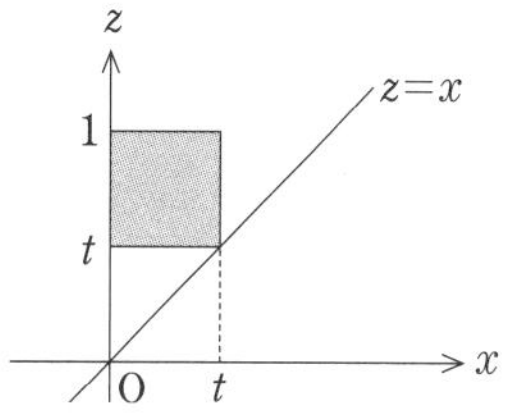

단면적은 $S(t)=t(1-t)$이고 구하는 부피는

$$V=\int_{0}^{1}S(t)dt$$

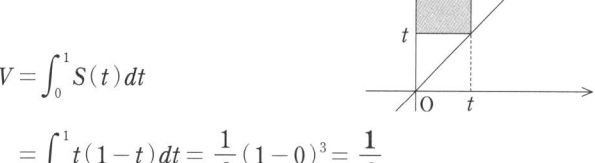

$$=\int_{0}^{1}t(1-t)dt=\frac{1}{6}(1-0)^3=\mathbf{\frac{1}{6}}$$

이다.

(2) 입체 $0\leqq x\leqq y^2\leqq z\leqq 1$의 평면 $y=t\ (-1\leqq t\leqq 1)$에 의한 단면은

$$0\leqq x\leqq t^2,\quad t^2\leqq z\leqq 1$$

에 의해 직사각형이다.

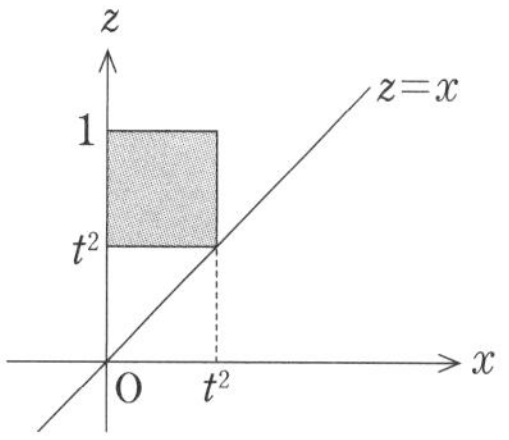

단면적은 $S(t)=t^2(1-t^2)$이고 구하는 부피 V는

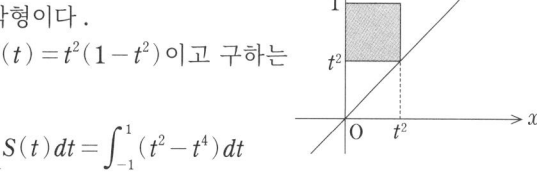

$$V=\int_{-1}^{1}S(t)dt=\int_{-1}^{1}(t^2-t^4)dt$$

$$=2\int_{0}^{1}(t^2-t^4)dt=2\left[\frac{1}{3}t^3-\frac{1}{5}t^5\right]_0^1=\mathbf{\frac{4}{15}}$$

가 된다.

보충 $f(x)$가 기함수, 즉 곡선 $y=f(x)$가 원점대칭일 때

$$\int_{-a}^{a}f(x)dx=0$$

해 답

1

	A	0
(1)	B	4
	C	0
(2)	DE	−4
	FG	−3
	H	1
	I	1
(3)	J	1
	K	0
(4)	LM	−4
	N	0
	OP	−3

실전문제

1 x 의 방정식

$$2\log x+1=ax^2 \quad \cdots\cdots①$$

에 대하여 진수의 조건은 $x>0$ 이다. 이 때 ①은

$$\frac{2\log x+1}{x^2}=a \quad \cdots\cdots②$$

와 같은 값이며 그리하여 함수

$$f(x)=\frac{2\log x+1}{x^2} \quad (x>0)$$

를 생각한다.

(1) $\lim_{x\to+0} f(x)=-\infty$ (**4**), $\lim_{x\to\infty} f(x)=0$ (**0**)

(2) $f'(x)=\{(2\log x+1)x^{-2}\}'$

$$=\left(\frac{2}{x}\right)x^{-2}+(2\log x+1)(-2x^{-3})$$

$$=-4x^{-3}\log x$$

이고 $f(x)$의 증감은 아래와 같다.

x	(0)	$\cdots$	1	$\cdots$
$f'(x)$	/	+	0	−
$f(x)$	$(-\infty)$	↗	극대	↘

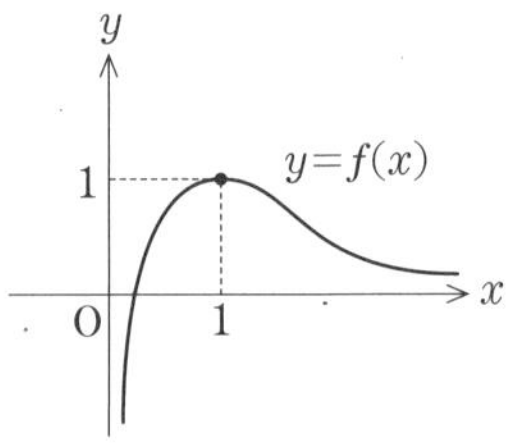

따라서 $f(x)$는 $x=1$ 일 때에 최댓값 **1** 을 취한다.

(3) 곡선 $y=f(x)$와 직선 $y=a$ 의 교점의 x 좌표가 ②의 실수해이다. 따라서 방정식 ①의 실수해의 개수는 아래와 같다.

$a>1$ 일 때 0 개
$a=1$ 일 때 1 개
$0<a<1$ 일 때 2 개
$a\leqq 0$ 일 때 1 개

(4) x 의 방정식

$$x^2-3=ae^{x^2} \quad \cdots\cdots③$$

는

$$(x^2-3)e^{-x^2}=a \quad \cdots\cdots④$$

와 같은 값이다. 그리하여 함수

$$g(x)=(x^2-3)e^{-x^2} \quad (x \text{ 는 실수})$$

를 생각한다. 그리하면 극한에 대하여

$$\lim_{x\to-\infty} g(x)=\lim_{x\to\infty} g(x)=0$$

이다. 또한

$$g'(x)=(2x)e^{-x^2}+(x^2-3)(-2x)e^{-x^2}$$

해 답

$=(-2x^3+8x)e^{-x^2}$
$=-2(x-2)x(x+2)e^{-x^2}$

에 의해 함수 $g(x)$ 의 증감은 아래와 같다.

x	$(-\infty)$	$\cdots$	-2	$\cdots$	0	$\cdots$	2	$\cdots$	∞
$g'(x)$	/	+	0	−	0	+	0	−	/
$g(x)$	(0)	↗	극대	↘	극소	↗	극대	↘	(0)

따라서 $x=\pm 2$ 에서 최댓값 e^{-4} 을 취하고 $x=0$ 에서 최솟값 -3 을 취한다.

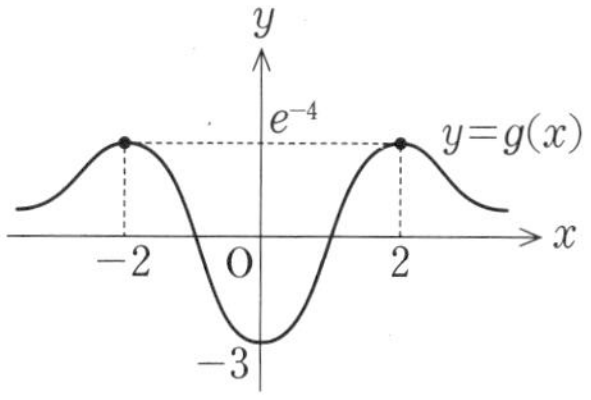

따라서 ④, 즉 ③의 실수해의 개수는 아래와 같다.

$a>e^{-4}$ 일 때 0 개
$a=e^{-4}$ 일 때 2 개
$0<a<e^{-4}$ 일 때 4 개
$-3<a\leqq 0$ 일 때 2 개
$a=-3$ 일 때 1 개
$a<-3$ 일 때 0 개

보충 $g(-x)=g(x)$이므로 그래프는 y 축에 관해 대칭이다. 이 사실을 깨달으면 $x\geqq 0$ 의 부분만 알아보고 y 축 대칭을 이용하면 절반의 노력으로 그래프를 그릴 수 있다.

2

(1) A 1
B 2
(2) C 1
D 2
E 2
F 0
G 0
(3) H 0
I 2
J 2
K 4
L 1
M 5
N 4

2 $f(x)$의 극한에 대하여

$$\lim_{x\to\infty} f(x)=\lim_{x\to\infty}\frac{\sqrt{x}}{e^x}=0$$

가 성립한다.

(1) $f'(x)=(x^{\frac{1}{2}}e^{-x})'=\frac{1}{2}x^{-\frac{1}{2}}e^{-x}+x^{\frac{1}{2}}(-e^{-x})$

$$=\left(\frac{1}{2}-x\right)\frac{e^{-x}}{\sqrt{x}}$$

이고 $f(x)$의 증감은 아래와 같다.

x	0	$\cdots$	$\frac{1}{2}$	$\cdots$	(∞)
$f'(x)$	+	+	0	−	/
$f(x)$	0	↗	극대	↘	(0)

(2) (1)에 의해 $f(x)$는 $x=\frac{1}{2}$일 때 최댓값 $\frac{1}{\sqrt{2e}}$을 취하고 $x=0$ 일 때 최솟값 0 을 취한다.

해 답

(3) 구하는 입체의 부피는

$$V=\int_0^2\pi(\sqrt{x}\,e^{-x})^2dx=\pi\int_0^2 xe^{-2x}dx$$

$$=\pi\left\{\left[-\frac{1}{2}xe^{-2x}\right]_0^2+\int_0^2\left(\frac{1}{2}e^{-2x}\right)dx\right\}$$

$$=\pi\left(-e^{-4}+\left[-\frac{1}{4}e^{-2x}\right]_0^2\right)$$

$$=\pi\left(-e^{-4}-\frac{1}{4}e^{-4}+\frac{1}{4}\right)=\frac{\pi}{4}(\mathbf{1}-\mathbf{5}e^{-4})$$

이다.

3

AB	−2
C	2
D	2
E	2
F	2
G	2
H	1
I	2
J	3
KL	−2
M	3
N	2
O	8
P	1
QR	16
S	4
T	3
U	2
VW	16
X	3

3 함수 $x(t)=2\cos t+\cos 2t$, $y(t)=2\sin t-\sin 2t$ 를 미분하여

$$x'(t)=\mathbf{-2}\sin t-\mathbf{2}\sin\mathbf{2}t$$
$$y'(t)=\mathbf{2}\cos t-\mathbf{2}\cos\mathbf{2}t$$

가 된다.

여기서 $t=\frac{\pi}{3}$일 때의 곡선 C 의 접선벡터, 즉 접선 l 의 방향벡터를 $\vec{l}$ 로 하면

$$\vec{l}=\left(x'\left(\frac{\pi}{3}\right),\ y'\left(\frac{\pi}{3}\right)\right)=(-2\sqrt{3},\ 2),$$

$$\overrightarrow{\mathrm{OP}\left(\frac{\pi}{3}\right)}=\left(x\left(\frac{\pi}{3}\right),\ y\left(\frac{\pi}{3}\right)\right)=\frac{1}{2}(1,\ \sqrt{3})$$

이다. 따라서 l 의 벡터방정식은

$$(x,\ y)=\frac{\mathbf{1}}{\mathbf{2}}(1,\ \sqrt{\mathbf{3}})+k(\mathbf{-2}\sqrt{\mathbf{3}},\ \mathbf{2})\quad(k\text{ 는 실수})$$

라고 쓸 수 있다.

게다가

$$(x'(t))^2+(y'(t))^2=4(\sin t+\sin 2t)^2+4(\cos t-\cos 2t)^2$$
$$=4\{2-2(\cos t\cos 2t-\sin t\sin 2t)\}$$
$$=\mathbf{8}(\mathbf{1}-\cos 3t)$$
$$=\mathbf{16}\sin^2\frac{3}{2}t$$

$$\sin^2\theta=\frac{1-\cos 2\theta}{2}$$

이다. 이로부터 곡선 C 의 길이 L 은

$$L=\int_0^{\frac{2}{3}\pi}\sqrt{(x'(t))^2+(y'(t))^2}\,dt=\int_0^{\frac{2}{3}\pi}4\left|\sin\frac{3}{2}t\right|dt$$

이다. 여기서 $0\leqq t\leqq\frac{2}{3}\pi$에 있어서 $\sin\frac{3}{2}t\geqq 0$ 이므로

$$L=\int_0^{\frac{2}{3}\pi}\mathbf{4}\sin\frac{\mathbf{3}}{\mathbf{2}}t\,dt$$

가 된다. 따라서

해 답

$$L=4\left[-\frac{2}{3}\cos\frac{3}{2}t\right]_0^{\frac{2}{3}\pi}=-\frac{8}{3}(\cos\pi-\cos 0)=\mathbf{\frac{16}{3}}$$

이다.

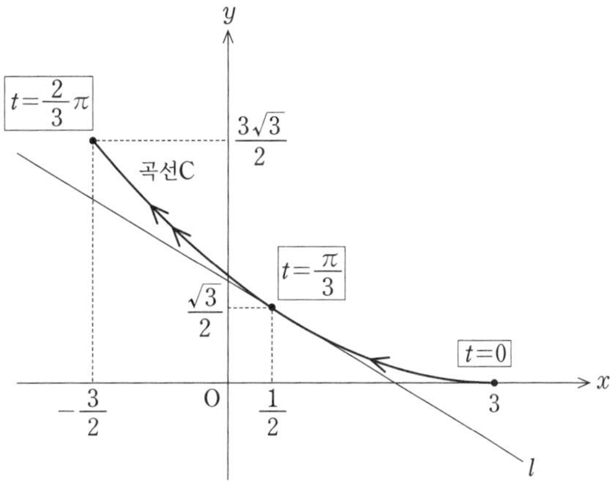

저자 : 오쿠야마 가케루

도쿄대학 이학부 졸업 . 도쿄도립대학 대학원 이학 연구과 박사과정 학점 취득 . 일본수학회 소속 . 대학 비상근 강사, 대기업 학원 강사 등으로, 전문인 수학 연구와 함께, 고등학교 수학 교육의 실천을 쌓았다 . 현재, 유럽과 미국 각국에서 고등학교 수학 교육과 일본의 고등학교 수학 교육의 비교 · 조사도 실시하고 있다 .

번역본 감수 : 최 인 규 (영인에듀 일본입시연구소장)

일본유학시험 대비 개념서 하이레벨 수학 코스 2
별책 한국어 본문 번역본 · 해답해설

발 행 일 : 2020년 9월 20일(초판)
저 자 : 오쿠야마 가케루
발 행 인 : 송 부 영
발 행 처 : (주)해외교육사업단
출 판 등 록 : 제16-1456호
주 소 : 서울특별시 서초구 강남대로 381, (두산709호)
전 화 : 02-736-1010
이 메 일 : song@hed.co.kr
홈 페 이 지 : www.hedgroup.co.kr

*이 도서의 국립중앙도서관 출판예정도서목록(CIP)은 서지정보유통지원시스템 홈페이지(http://seoji.nl.go.kr)와 국가자료종합목록 구축시스템(http://kolis-net.nl.go.kr)에서 이용하실 수 있습니다. (CIP 제어번호: CIP2020036761)

HED 글로벌 인재육성, 1984년설립
(주)해외교육사업단